JN422504

성경의 맥을 따라 읽으라

The New Testament

성경의 맥을 따라 읽으라

구순옥 지음

[신약 성경]

아침향기

머리말

친구의 전도를 받고 처음 교회에 나간 그 시절이 생각난다. 주일날 목사님의 설교 말씀을 듣고 집에 와서 해당 본문과 전후의 앞 뒷장을 읽었다. 나의 신앙생활은 성경읽기로 시작되었다.

요즈음에는 성경 안에 책별로 안내문이 실려 있고 어려운 단어는 해설도 덧붙여 있어서 그나마 많은 도움이 된다. 그러나 그 시절에는 달랑 성경 본문과 참고 성경 구절만 있을 뿐이었다. 그럼에도 말씀을 읽는 재미에 푹 빠졌다. 다른 어떤 책과 비교할 수 없는 독특한 내용이었지만 지루하지 않았다. 성경을 읽으면서 신학이라는 전혀 새로운 학문에 관심을 갖게 되었고 결국 신학대학원에 입학하는 예상하지 못한 일이 벌어지고 말았다. 학교에서 신구약 개론과 성경을 책별로 배우면서 '아! 성경은 이런 책이구나. 그럼 이런 강의 듣지 못한 일반 성도들은 어떻게 이해하고 파악할까' 하는 안타까운 마음이 끊임없이 스쳤다. 지금은 교회 마다 성경 공부 시간이 다양하게 준비되어 있지만, 당시에는 구역 공과와 주일학교 공과 정도의 교육이 전부였다.

신학교를 졸업하던 바로 그 해 여름에, 남편이 뒤늦게 공부하느라 온 가족이 미국으로 가게 되었다. 한인교회에 다니면서 진로를 생각하다 결국 기독교 교육을 공부하게 되었다. 다락방과 감리교 출판부서가 있던 지역이라 자연스럽게 여기에 연결되면서(Nashville, TN), 성경 공부 교재와 번역하는 일을 도왔다. 한인교회에서는 성인을 위한 성경공부를 인도하며 차츰 평신도의 입장에서 생각하게 되었다. 그들은 무엇을 궁금해 하는가? 성경을 어떻게 읽고 있는가? 덕분에 많은 것을 배우고 깨닫는 은혜를 누렸다.

서울에 돌아와 모교회(남서울교회)에서 사역을 시작하게 되었다. 그 때가 1996년 12월이었다. 새 가족을 맞이하고 관리하는 일을 맡게 되었다. 해가 바뀌어 신구약 성경 읽기를 성도들과 함께 시작하면서 내가 인도하는 성경 공부반이 개설되었다. 비록 15명이 채 안 되는 성도들이 모였지만, 교재를 직접 만들어 함께 공부하면서 여러 해가 지나갔다. 성도들도 차츰 성경 공부에 재미를 붙였다. 은혜롭고 재미있다는 성도들의 반응에 힘을 얻어 오늘날까지 성경 읽기반은 계속되고 있다. 해마다 교재에 조금씩 변화를 주면서 어느덧 14년의 세월이 지나갔다. 많은 성도들이 사용하는 교재를 책으로 출판하면 좋겠다고 말씀하셨다. 내 스스로도 은퇴하기 이전에 책으로 묶어야지 생각은 했지만 실천에 옮기지 못하고 2012년 12월 은퇴하였다. 그제야 사역에 쫓겨 다니는 분주함을 내려놓고 넉넉한 마음으로 지난 한 해 동안 성경 읽기반을 인도하면서 원고를 정리하고 출판할 마음을 갖게 되었다.

지난 14년 동안 신구약 읽기반에 참여한 성도들로부터 성경의 전체적인 흐름을 알게 되었다는 반응이 가장 많았다. 대부분의 성도들이 성경의 전체적인 흐름과 맥을 파악하지 못한 채 설교 말씀 위주로 성경을 만나고 있다. 선포되는 말씀을 통해 하나님의 은혜는 경험하지만, 말씀을 감싸고 있는 역사와 배경을 이해하기는 쉽지 않다. 이를 보완하기 위해 말씀의 참고서로 준비하였다. 그리고 성도들이 어떻게 이 책을 쉽게 내 것으로 만들어 갈 수 있을까에 많은 주의를 기울였다.

첫 번째 제안은 목사님의 지난 주일날 설교 말씀을 상기해 보는 것이다. 본문이 창세기의 요셉과 형제들에 대한 말씀이라고 가정해 보자. 그럼 이번 한 주 동안에 이 책의 창세기 부분을 읽어 본다. 창세기 전체를 다 읽기 어려우면 야곱과 요셉에 대한 부분을 찾아보는 것도 좋다. 야곱과 요셉 이야기의 앞부분에는 무슨 내용이 있는가? 이 책의 창세기를 소설책 읽어가듯이 읽자. 창세기의 전체적인 흐름과 맥이 잡혀 갈 것이다. 매주 이렇게 계속해서 이 책의 내용과 만나 간다면, 어느 날 전체가 보이면서 말씀의 의미를 새롭게 발견할 수 있으리라!

두 번째 제안은 창세기를 한 달 동안 한번 읽어 보자 한 달에 못하면 두 달에 걸쳐서라도! 이런 나름의 계획을 세우고 창세기를 읽어 간다. 이 책을 옆에 앉혀 놓고서! 이렇게 창세기, 출애굽기 순서대로 성경과 본서를 함께 읽어 가는 것이 가장 좋은 방법이다. 일단 구약의 전체를 마무리한 이후에 신약으로 넘어가는 것이 좋겠다.

세 번째 제안은 교회 내의 성경 읽기반을 통해 성경을 읽으면서 이 책을 참고서로 읽는 방법이다. 어느 방법을 택하든 간에 하나님의 구원 역사를 보다 넓은 시야로 읽으면서 크신 하나님을 경험할 수 있을 것 같다. 시대 별로 당대의 역사와 배경을 알아 가면서 하나님의 은혜를 누리기를 기대한다.

그동안 매 학기 초마다 강의안을 중심으로 복사본 만드느라 사무실의 직원들이 얼마나 분주했는지 모른다. 참 죄송한 마음이었다. 이제 이 책이 나오면 한결 부담을 덜 수 있지 않을까 싶다. 성경을 읽으면서 누린 은혜와 감동을 교회 안에서 나눌 수 있도록 기회와 지혜를 부어주신 하나님께 가장 먼저 감사드린다! 강의를 위해 늘 격려해 주신 이철 목사님, 은퇴 이후에도 계속 강의할 수 있도록 배려해 주신 시원스러운 화종부 목사님, 지난 10 여년 간 친구처럼 가깝게 지내면서 말씀을 함께 나누었던 남서울교회의 성도들, 몇 년 전부터 책 출간을 강력하게 주장하며 밀어붙여 왔던 룸메이트 유진방 집사, 모두에게 감사드린다! 출판 과정에서 온갖 수고를 다하신 강신억 목사님과 편집 및 교정을 위해 애쓰신 모든 스텝들에게도 감사의 인사를 드리고 싶다.

바라기는 이 작은 책이 성경에 대해 궁금해 하는 성도들에게, 보다 넓은 시각으로 성경의 전체를 파악하면서 역사 안에 전개되어진 하나님의 구원 역사를 알고자 하는 성도들에게, 그 옛날 초등학교 시절 교과서 옆에 두고 참고하며 공부하던 전과지도서와 같은 역할을 해 준다면 더 바랄 게 없겠다.

2014년 5월 **구순옥**

글 싣는 순서

부록

지도 찾아보기

[신약 성경]

400여 년간의 공백기가 지나가고
신약은 시작되고 있다.

세례 요한, 예수 그리스도, 12 사도들, 초대 교회,
바울의 신앙 여정, 사도 요한의 계시록으로
이어지는 신약의 세계!

우리는 메시야로 오신 예수님을 영접하고,
다시 오실 예수님을 사모하며 기다린다.

마라나 타!(예수님 어서 오시옵소서!) 고전 16:22, 계 22:20

신약 성경

The New Testament

제1과

간추린 구약과 신약의 역사적 흐름

창조와 타락, 노아 홍수, 바벨탑 사건(세속사+구속사)

→ 하나님의 부르심(아브라함, 구속사의 시작 BC 2090)

→ 족장시대: 아브라함, 이삭, 야곱, 이스라엘의 12지파

→ 이스라엘의 애굽 이주(BC 1876)

→ 출애굽시대(BC 1446)(모세) → 여호수아

→ 사사시대(350년 BC 1390–1050) → 사무엘

→ 왕조시대: 사울(BC 1050–1010) → 다윗(BC 1010–970) → 솔로몬(BC 970–930)

→ 분열왕국시대:

남유다(르호보암)----------→ 바벨론에 멸망(BC 586)

북이스라엘(여로보암)-------→ 앗수르에 멸망(BC 722)

→ 바벨론 포로시대(1차 여호야김, 2차 여호야긴, 3차 시드기야 BC 586)

→ 1차 포로귀환시대(스룹바벨 BC 537, 성전재건 완성 BC 516)

→ 2차 포로귀환시대(에스라의 개혁운동 BC 458)

→ 3차 포로귀환시대(느헤미야 BC 444 성벽수축 완공)

→ 신구약 중간시대(400년)

→ 세례 요한(BC 4–3)

→ 예수 그리스도 탄생(BC 3) → 공생애(AD 27) → 12 사도의 부르심

→ 예수의 죽음과 부활 → 선교 대명령과 승천(AD 30)

→ 오순절 성령강림 → 초대 예루살렘 교회

→ 집사의 제도 → 환난과 박해 → 스데반 집사의 순교

→ 바울의 회심(AD 34)

→ 안디옥 교회(그리스도인) → 사도 야고보의 순교와 헤롯의 죽음(AD 44)

→ 바울의 1차 전도여행(AD 47-49) → 예루살렘 공의회

→ 바울의 2 · 3차 전도여행(AD 50-58)

→ 바울의 로마 압송, 1차 투옥(AD 61-63) → 2차 투옥과 순교(AD 67-68)

→ 밧모섬의 사도 요한(AD 95-96) → 사도 요한 죽음(AD 100)

♥♥ 신약의 역사 ♥♥

• BC 4-3년: 예수 그리스도 탄생(로마의 아우구스투스 황제시대 BC 27-AD 14)

누가복음 2장 1절에 등장하는 가이사 아구스도는 시저 이후 최초의 로마 황제인 아우구스투스이다. 그의 이름은 원래 옥타비아누스. 그는 시저의 측근 안토니우스와 손잡고 시저를 암살한 부르터스 형제를 제거한다. 그 후 안토니우스와 이집트의 클레오파트라의 연합 세력과 다시 전쟁을 일으키는데, 이 전쟁이 바로 악티늄 해전(BC 31)이다. 이 해전에서 승리함으로 당시 네 지역으로 분할 통치되던 로마를 실질적으로 통합해 최초의 로마황제가 된다. 그는 위대한 통치자라는 뜻인 '아우구스투스'라는 칭호를 스스로 정하여 그 이름으로 불리게 되었다.

• AD 14-37년: 티베리우스 황제시대(AD 26: 본디오 빌라도 유대 총독 부임)

27: 세례 요한에게 세례 받으심, 마귀에게 시험 받으심

- 공생애 시작(갈릴리에서) 12 제자 세우심, 산상설교
- 유대와 베뢰아 지역에서 활동

30: 겟세마네의 기도

그리스도의 죽으심과 부활, 승천(행 1:9–11)

오순절 성령 강림(행 2:1–4)과 예루살렘 교회

스데반 집사 순교(행 7:60)

34: 사울의 다메섹 회심(행 9:1–9)

37: 바울의 예루살렘 1차 방문(행 9:26)

• AD 37–41: 칼리굴라 황제시대

• AD 41–54: 클라디우스 황제시대

44: 요한의 형제 야고보 순교(행 12:1–2), 베드로 투옥(행 12:4)

47–49: 바울의 1차 전도여행(행 13:1–14:28)

49–50: 예루살렘 공의회(행 15:6–21)

50–52: 바울의 2차 전도여행(행 15:36–18:23)

〈데살로니가전후서, 갈라디아서 기록〉

• AD 54–68: 네로 황제시대

53–57: 바울의 3차 전도여행(행 18:23–21:16)

〈여행 끝 무렵 57년 고린도에서 로마서 기록〉

55–57: 고린도전후서 기록(에베소에서)

58–59: 바울의 체포, 로마로 압송(행 27:1–28:15)

61–63: 바울의 로마투옥(행 28:16)과 석방

〈감옥에서 에베소서 · 골로새서 · 빌레모서 · 빌립보서 기록〉

62: 예수님의 형제 야고보 순교

63–65: 〈석방 이후 디모데전서, 디도서 기록〉

64: 로마 대화재

65: 마태복음 · 마가복음 기록

65–70: 누가복음 기록

66–67: 바울의 로마감옥 2차 투옥과 순교
〈로마감옥에서 디모데후서 기록〉

• AD 68–69: 혼란기

• AD 69–79: 베스파시안 황제시대

68: 베드로의 순교

70: 예루살렘 성전 함락

• AD 79–81: 디도 황제시대

• AD 81–96: 도미티안 황제시대

85–90: 요한복음 기록

95–100: 사도 요한 밧모섬에서 요한계시록 기록.
밧모섬에서 유배생활 하다가 출옥하여 에베소에서 여생을 보냄.

♥ 신약 시대 로마의 황제들

아우구스투스 (BC 27–AD 14) → 티베리우스 (14–37) → 칼리굴라 (37–41) → 클라디우스 (41–54) →

네로 (54–68) → 베스파시안 (69–79) → 디도 (79–81) → 도미티안 (81–96)

♥♥ 신약성경에 대해서 ♥♥

신약은 27권의 책으로 역사서, 서신서, 예언서로 분류된다.

- **역사서**〈마태복음 · 마가복음 · 누가복음 · 요한복음 · 사도행전〉
- **서신서**〈로마서 · 고린도전후서 · 갈라디아서 · 에베소서 · 빌립보서 · 골로새서 · 데살로니가전후서 · 디모데전후서 · 디도서 · 빌레몬서 · 히브리서 · 야고보서 · 베드로전후서 · 요한일이삼서 · 유다서〉
- **예언서**〈요한계시록〉

＊신약의 저자들은 히브리서를 제외하고는 분명히 나타나 있다.

마태복음	마태(12 사도 중 하나)
마가복음	마가(베드로의 제자)
누가복음/사도행전	누가(바울의 제자)
요한복음/요한일이삼서/요한계시록	요한(12 사도 중 하나)
로마서/고전후/갈/엡/빌/골/살전후/딤전후/딛/몬(총13권)	바울(이방인을 위한 사도)
히브리서	저자 미상
야고보서	야고보(예수님 동생)
베드로전후서	베드로(12 사도 중 하나)
유다서	유다(예수님 동생)

신약성경이 기록된 이후 언제 정경이 되었는가?

그 과정은 세월이 흐르면서 교회에 의해 공인되었다. 공인 기준은 사도에 의해 기록되었는가, 내용이 영적인 진리인가, 하나님의 감동 감화로 기록된 증거가 있는가, 당시 교회에서 폭넓게 받아들여졌는가 등이다.

AD 397년 카르타고 회의에서 만장일치로 신약 27권이 정경으로 확정되었다. 그러나 중요한 사실은 신약 27권은 저자가 기록한 그 시기부터 교회 내에서 이미 정경으로 사용되어 왔으며, 이 회의에서 정경으로 널리 천명되었다는 것이다.

신약성경은 모두 헬라어로 기록되었다(복음서에서 예수님의 말씀 일부분이 아람어로 기록). 당시 팔레스타인 지역에서는 로마어 · 헬라어 · 아람어 등이 통용되고 있었다(요 19:20 참조).

정경 이외에 외경과 위경이 있다. 외경은 구약과 신약의 중간 시대에 기록된 14권의 책들이다. 로마 가톨릭은 이 중에서 11권을 선택해 제2의 정경으로 인정하고 있다(1546년 트렌트 공회). 그러나 개신교에서는 이 책들이 신구약 중간시대 유대인들의 종교 · 문화 · 역사에 대해 기록한 가치 있는 문서이지만, 정경으로는 인정하지 않았다(웨스트민스터 신앙고백서 1647년). 위경은 허위문서이며 묵시서, 교훈집, 전설적인 이야기들로 역사상 정경으로 공인된 기록은 없다.

제2과

공관복음서 (마태 · 마가 · 누가)

마태복음

1. 마태복음을 어떻게 읽을 것인가

구약의 수많은 선지자들이 예언한 오실 메시야! 구약의 이스라엘 백성들이 그토록 고대하던 메시야! 그 분이 바로 예수 그리스도 이심을 알려주고자 했다. 그래서 마태복음을 유대인을 위한 복음이라고 불렀다. 구약과 신약을 연결하여 "아브라함과 다윗의 자손"(1:1)이라는 서문으로 시작하고 있다. 1장의 계보를 통해 마태복음은 예수님이 '왕으로 오신 메시야' 이심을 선포하고 있다. 예수님의 행적과 설교 · 교훈을 시간의 흐름에 따라 주제별로 기록하여 다른 복음서에 비해 다소 길지만, 질서정연하게 전개하고 있다.

마태복음의 특징은 예수님께서 비유(산상수훈 5-7장, 열두 제자의 파송 설교 10장, 천국에 대한 비유 13장, 겸손과 용서에 대한 교훈 18장, 종말에 대한 가르침 23-25장 등)의 방식으로 말씀을 선포하셨다는 것이다. 4 복음서 가운데 교회라는 명칭이 유일하게 마태복음에만 언급되고 있다(마 16:16-19, 18:17-18), 이는 마태복음이 유대인들을 향해 기록되었지만 결국 이방인들에게 전파될 것임을 시사하고 있다.

기억할 말씀

마 1:1-17

아브라함과 다윗의 자손 예수 그리스도의 계보라 아브라함이 이삭을 낳고 이삭은 야곱을 낳고 야곱은 유다와 그의 형제들을 낳고 유다는 다말에게서 베레스와 세라를 낳고 베레스는 헤스론을 낳고 헤스론은 람을 낳고 람은 아미나답을 낳고 아미나답은 나손을 낳고 나손은 살몬을 낳고 살몬은 라합에게서 보아스를 낳고 보아스는 룻에게서 오벳을 낳고 오벳은 이새를 낳고 이새는 다윗 왕을 낳으니라 다윗은 우리아의 아내에게서 솔로몬을 낳고 솔로몬은 르호보암을 낳고 르호보암은 아비야를 낳고 아비야는 아사를 낳고 아사는 여호사밧을 낳고 여호사밧은 요람을 낳고 요람은 웃시야를 낳고 웃시야는 요담을 낳고 요담은 아하스를 낳고 아하스는 히스기야를 낳고 히스기야는 므낫세를 낳고 므낫세는 아몬을 낳고 아몬은 요시야를 낳고 바벨론으로 사로잡혀 갈 때에 요시야는 여고냐와 그의 형제들을 낳으니라 바벨론으로 사로잡혀 간 후에 여고냐는 스알디엘을 낳고 스알디엘은 스룹바벨을 낳고 스룹바벨은 아비훗을 낳고 아비훗은 엘리아김을 낳고 엘리아김은 아소르를 낳고 아소르는 사독을 낳고 사독은 아킴을 낳고 아킴은 엘리웃을 낳고 엘리웃은 엘르아살을 낳고 엘르아살은 맛단을 낳고 맛단은 야곱을 낳고 야곱은 마리아의 남편 요셉을 낳았으니 마리아에게서 그리스도라 칭하는 예수가 나시니라 그런즉 모든 대 수가 아브라함부터 다윗까지 열네 대요 다윗부터 바벨론으로 사로잡혀 갈 때까지 열네 대요 바벨론으로 사로잡혀 간 후부터 그리스도까지 열네 대더라

"또 내가 네게 이르노니 너는 베드로라 내가 이 반석 위에 내 교회를 세우리니 음부의 권세가 이기지 못하리라"(마16:18)

전체적인 흐름을 살펴보면, 1부(1:1-11:1)는 왕으로 오신 예수님의 복음 선포와 능력 행하심, 열두 제자를 부르심 등의 내용을 담고 있다.

2부(11:2-28:20)는 왕으로 오신 예수님을 거부하는 세상, 왕이신 예수님의 선포와 가르침, 고난과 십자가 죽음, 부활과 선교 위임명령 등을 담고 있다.

마태와 마가와 누가는 예수님의 선교 위임명령을 각자 복음서의 결론으로 마무리하고 있다(마 28:19-20, 막 16:15-18, 눅 24:46-49). 전 세계 모든 민족들에게 예수 그리스도의 복음을 전하고 그들을 예수의 제자로 만들라는 것이다!

"그러므로 너희는 가서 모든 민족을 제자로 삼아 아버지와 아들과 성령의 이름으로 세례를 베풀고 내가 너희에게 분부한 모든 것을 가르쳐 지키게 하라 볼지어다 내가 세상 끝날까지 너희와 항상 함께 있으리라 하시니라" (마28:19-20)

다른 복음서와는 달리 마태복음은 예수님의 승천 기록이 없다. 오히려 세상 끝날까지 함께 하신다고 했다(28:20). 이것은 마태복음 서두의 임마누엘의 약속을 다시 한 번 결론적으로 강조하기 위함이다(1:23).

2. 저자 · 기록연대 · 기록동기

저자와 기록연대: 알패오의 아들 마태(막 2:14 본명은 레위이며, 부름 받은 이후의 이름이 마태)가 저자이다. 그는 로마제국을 위해 세금을 거두는 세리였다. 민족적 반역자이자 사회적 기피인물이다. 예수님의 12 제자 중의 한 사람으로 부름 받았다. 예수님의 부르심에 자신의 모든 것을 내려놓고 즉시 순

종하는 태도를 취했다(마 9:9). 마태복음을 기록한 연대는 정확히 알려지지 않고 있다. 다만 AD 70년 예루살렘 멸망에 대한 기록이 없는 것으로 보아 그 이전인 것은 분명하다.

기록동기: 구약의 선지자들을 통해 예언된 오실 메시야(그리스도)를 기다리는 유대인들에게 예수가 바로 그 메시야 이심을 알리고자 기록하였다. 또한 예수께서 승천하신 후 30여년의 세월이 지남에 따라 예수와 함께 한 목격자들이 세상을 떠나가자, 성도들은 율법과 복음 사이에서 혼란을 겪기 시작했다. 전통적인 유대교로 다시 돌아가는 성도들도 있었다. 마태복음은 예수의 계보와 함께 구약을 인용하여 예수가 구약에서 예언된 메시야 이심을 선포함으로 유대적 배경을 짙게 하고 있다.

3. 마태복음의 파노라마

주제	왕으로 오신 예수의 가르침			고난과 부활을 통한 구약의 성취			
내용 구분	1:1	4:12	8:1	11:2	16:13	20:29	28:1-20
	왕으로 오심	왕의 선포	왕의 능력 행하심	왕을 거부하는 세상	왕의 가르침	왕의 고난과 죽음	왕의 부활
문체	설교체의 복음서(구약을 많이 인용하고 있다)						
장소	베들레헴 나사렛	갈릴리				유대	
기간	기록배경: BC 4-AD 30년경 기록연대: AD 65년 이후						

1) 왕의 출현(1-10장)

예수의 계보와 탄생 1장, 동방박사들의 방문과 경배 2:1-12,
아기 예수의 애굽 피난 2:13-23, 세례 요한의 외침 3:1-12,
예수님의 세례 받으심 3:13-17, 시험 받으신 예수 4:1-11,
천국 복음을 전파하는 예수 4:12-25, 산상수훈과 교훈들 5-7장,
예수님의 권능 8-9장, 열두 제자 10장,

기억할 말씀

마 1:20-21
이 일을 생각할 때에 주의 사자가 현몽하여 이르되 다윗의 자손 요셉아 네 아내 마리아 데려오기를 무서워하지 말라 그에게 잉태된 자는 성령으로 된 것이라 아들을 낳으리니 이름을 예수라 하라 이는 그가 자기 백성을 그들의 죄에서 구원할 자이심이라 하니라

마 5:17-18
내가 율법이나 선지자를 폐하러 온 줄로 생각하지 말라 폐하러 온 것이 아니요 완전하게 하려 함이라 진실로 너희에게 이르노니 천지가 없어지기 전에는 율법의 일점 일획도 결코 없어지지 아니하고 다 이루리라

마 7:7-12
구하라 그리하면 너희에게 주실 것이요 찾으라 그리하면 찾아낼 것이요 문을 두드리라 그리하면 너희에게 열릴 것이니 구하는 이마다 받을 것이요 찾는 이는 찾아낼 것이요 두드리는 이에게는 열릴 것이니라 너희 중에 누가 아들이 떡을 달라 하는데 돌을 주며 생선을 달라 하는데 뱀을 줄 사람이 있겠느냐 너희가 악한 자라도 좋은 것으로 자식에게 줄 줄 알거든 하물며 하늘에 계신 너희 아버지께서 구하는 자에게 좋은 것으로 주시지 않겠느냐 그러므로 무엇이든지 남에게 대접을 받고자 하는 대로 너희도 남을 대접하라 이것이 율법이요 선지자니라

2〉 왕의 고난과 부활(11-28장)

세례 요한과 만남 11:1-20, 참된 안식 11:25-30,
안식일 논쟁 12:1-21, 바리새인들의 비판과 하나님 나라 12:22-45
하나님 나라의 가족 12:46-50, 비유의 말씀 13장(씨 뿌리는 자 · 겨자씨 · 누룩)
세례 요한의 죽음 14:1-12, 오병이어와 물 위를 걸으시는 기적 14:13-36,
외식에 대한 책망 15:1-20, 치유와 칠병이어의 기적 15:21-39,
표적을 요구하는 바리새인들 16:1-12, 베드로의 신앙고백 16:13-20,
고난에 대한 예고 16:21-28, 변화산 사건 17:1-13,
귀신들린 소년을 고치심 17:14-27, 하나님 나라에서 큰 자 18:1-14,
형제의 범죄에 대한 가르침 18:15-35, 이혼에 대한 교훈 19:1-12,
천국에 대한 가르침 19:13-30, 포도원 품꾼의 비유 20:1-16,
예수님의 고난에 대한 예고 20:17-19, 참된 지도자 20:20-28,
맹인을 고치심 20:29-34, 예루살렘 입성과 성전 정화 21:1-17,
무화과나무 저주 21:18-22, 비유의 말씀 21:23-22:14,
납세 · 부활 · 율법에 대한 논쟁과 말씀 22:15-46,
종교 지도자들(서기관과 바리새인)의 위선에 대한 책망과 경고 23:1-36,
예루살렘 멸망에 대한 예언 23:37-39, 말세의 징조와 대환난 · 재림 24장,
재림에 대한 비유(열 처녀 · 달란트) 25장,
고난 예고와 향유를 부은 사건 26:1-13, 가룟 유다의 배반 26:14-16,
최후의 만찬과 베드로의 부인을 예고 26:17-35, 겟세마네 기도 26:36-46,
체포와 심문 26:47-68, 베드로의 부인 26:69-75,
십자가 죽음 27장, 부활 28:1-15, 선교 대명령 28:16-20

4. 마태복음 해석의 키워드

★예수의 계보(마태복음과 누가복음의 차이)

마태는 예수님이 구약에 약속된 메시야 이심을 증언하기 위해 1장 서두에

계보부터 다루고 있다. 아브라함과 야곱의 자손이요, 그 중에서도 유다지파의 다윗으로부터 이어지는 유다 왕들의 혈통인 아버지 요셉의 계보를 보여줌으로 구약과 신약을 연결하면서, 예수님은 다윗의 후손이요 유대인의 왕으로 오셨음을 강조한다. 유대인을 위해 복음서를 기록한 마태는 왕의 계보를 중시하였음을 알 수 있다(마 1:1). 아브라함부터 다윗까지의 시기는 족장시대와 사사시대 이전이며(14대), 다윗 이후부터 유다 왕 요시야 시대까지 14대는 왕정시대, 그 이후 요시야에서 요셉까지 14대는 바벨론 포로시대부터 신구약 중간시대의 계보이다.

누가는 예수님으로부터 거슬러 올라가 인류의 조상인 아담과 창조주 하나님에게까지 그 계보를 연결시키고 있다. 마태와 달리 누가는 이방인을 위한 복음서를 기록할 목적으로, 인간으로서의 예수님 혈통에 더 관심을 갖고 있다.

예수님은 궁극적으로 하나님의 아들이시며, 사람의 근원은 하나님으로부터 시작됨을 알려 주고 있는 것이다(눅 3:38).

마태와 누가복음에서 예수 계보의 차이는 무엇인가?

1〉 마태는 아브라함부터 예수까지 내려가는 방식으로, 누가는 예수부터 하나님까지 올라가는 방식으로 기록하고 있다.

2〉 마태는 족보를 책의 서문에 기록한다. 반면에 누가는 예수의 공생애 시작 직전에 기록한다.

3〉 마태와 누가 모두 아브라함부터 다윗 때까지의 계보는 같지만, 다윗 이후부터의 족보는 대부분 다르다.

4〉 마태복음의 계보에는 이방 여인의 이름이 언급되고 있는데 비해 누가복음의 족보에는 이방 여인들의 이름이 생략된다. 두 계보에서 다윗 이후 사람들의 이름이 다른데, 이에 대해 학자들마다 해석이 다르다. 첫째 해석은 마태의 족보는 예수의 왕권을 강조하고자 왕들의 이름을 중심으로, 누가의 족보는 인간 예수를 중심으로 기록했기 때문에 부자 관계에 충실했다는 것이다. 둘째 해석은 마태의 계보는 요셉의 족보를 중심으로, 누가는 마리아의 족보를 중심으로 기록했다고 보는 견해이다.

기억할 말씀

마 11:28-30
수고하고 무거운 짐 진 자들아 다 내게로 오라 내가 너희를 쉬게 하리라 나는 마음이 온유하고 겸손하니 나의 멍에를 메고 내게 배우라 그리하면 너희 마음이 쉼을 얻으리니 이는 내 멍에는 쉽고 내 짐은 가벼움이라 하시니라

마 12:50
누구든지 하늘에 계신 내 아버지의 뜻대로 하는 자가 내 형제요 자매요 어머니이니라 하시더라

마 16:15-19
이르시되 너희는 나를 누구라 하느냐 시몬 베드로가 대답하여 이르되 주는 그리스도시요 살아 계신 하나님의 아들이시니이다 예수께서 대답하여 이르시되 바요나 시몬아 네가 복이 있도다 이를 네게 알게 한 이는 혈육이 아니요 하늘에 계신 내 아버지시니라 또 내가 네게 이르노니 너는 베드로라 내가 이 반석 위에 내 교회를 세우리니 음부의 권세가 이기지 못하리라 내가 천국 열쇠를 네게 주리니 네가 땅에서 무엇이든지 매면 하늘에서도 매일 것이요 네가 땅에서 무엇이든지 풀면 하늘에서도 풀리리라 하시고

마 24:29-31
그 날 환난 후에 즉시 해가 어두워지며 달이 빛을 내지 아니하며 별들이 하늘에서 떨어지며 하늘의 권능들이 흔들리리라 그 때에 인자의 징조가 하늘에서 보이겠고 그 때에 땅의 모든 족속들이 통곡하며 그들이 인자가 구름을 타고 능력과 큰 영광으로 오는 것을 보리라 그가 큰 나팔소리와 함께 천사들을 보내리니 그들이 그의 택하신 자들을 하늘 이 끝에서 저 끝까지 사방에서 모으리라

기억할 말씀

창 3:15
내가 너로 여자와 원수가 되게 하고 네 후손도 여자의 후손과 원수가 되게 하리니 여자의 후손은 네 머리를 상하게 할 것이요 너는 그의 발꿈치를 상하게 할 것이니라 하시고

5〉 마태복음의 족보는 '낳고 · 낳고' 로 이어지는데(1:1–16) 비해 누가복음은 '그 위는 · 그 위는' 이란 표현을 사용하고 있다. 또한 창세기에 나타난 아담 자손의 계보(창 5:1–32)는 '낳았고 · 죽었더라' 는 표현으로 이어진다. '낳았고 · 죽었더라' 고 기록한 이유는 인간이 죄로 말미암아 죽을 수밖에 없는 존재임을 밝히고 있는 것이다. 그러나 마태복음에서는 여자의 후손(3:15)인 예수 그리스도가 사망 권세를 깨뜨리시고 모든 믿는 자들에게 구원(영생)과 하나님의 자녀가 되는 권세를 선물로 주셨기에 '낳고 · 낳고' 로 이어지고 있다. 창세기는 인간의 죄로 인한 죽음의 역사를, 마태복음에서는 예수 그리스도로 말미암아 전 인류를 향한 구원의 역사를 나타내고 있다. 누가복음은 '그 위는' 이란 표현을 통해 인류가 하나님으로부터 왔음을 알려주고 있다.

★족보의 네 여인

히브리인들은 관례상 족보에 여자의 이름을 언급하지 않는다. 그러나 마태복음의 족보에는 네 여인의 이름이 올라가 있다. 라합(룻 4:21)과 룻(룻 4:13)은 이방인이었고, 다말(창 38:29–30)과 우리야의 아내 밧세바(삼하 12:24)는 문제가 많은 여인들이었다. 다말은 유다의 며느리였는데, 시아버지와의 관계를 통해 베레스와 세라를 낳았다. 라합은 여리고의 기생 출신으로 살몬의 아내가 되어 보아스를 낳았다. 룻은 이방여인(모압)으로 나오미의 며느리였는데, 후에 보아스와 결혼하여 오벳을 낳아 다윗의 증조모가 되었다. 솔로몬의 어머니 밧세바는 다윗의 충신 우리야의 아내였다.

예수님은 이 땅에 여자의 후손(창 3:15)으로 죄인인 인간의 몸을 통해 오셨다. 하지만 죄 가운데 오신 것이 아니라, 모든 죄인들을 구원하시려고 오셨다(마 1:21). 죄 많은 여인들이 예수님의 계보에 올라간 것은 죄인인 우리도 하나님의 구원받은 백성이요, 하나님의 자녀가 될 수 있음을 시사한다.

★동정녀 탄생

예수님의 동정녀 탄생은 이미 구약에 예언되었다(사 7:14). 그의 오심은 남

자로 말미암지 않고 처녀의 몸에서 성령으로 잉태되었다. 마리아는 처녀의 몸으로 예수 그리스도를 낳았다. 예수 그리스도가 인간을 구원하시기 위해 아담이 지은 죄, 곧 원죄를 입지 않고 죄가 없는 몸으로 오셨음을 의미한다. 인류의 죄를 구속하기 위해 이 땅에 오셔서 인간이 되시고, 온전한 희생제물이 되시려고 죄와는 무관한 존재로 오신 것이다. 처녀의 몸을 통해 성령으로 잉태되는 특별한 탄생과정을 취하심으로써, 예수 그리스도는 참 인간이요 참 하나님으로서 온 인류의 죄의 문제를 해결하실 수 있는 권세를 지니게 되었다(마 1:18, 눅 1:34).

동정녀 탄생의 또 다른 의미는 예수님께서 육체를 입고 오셨기에 눈물을 흘리시고, 함께 잡수시고, 결국에는 우리의 죄를 위해 십자가에서 고통 가운데 희생 제물(화목 제물)로 돌아가셨다는 것이다. 예수 그리스도의 대속의 십자가 죽음은 하나님의 심판을 대신 담당하신 것이다. 이를 믿음으로 고백하는 자는 예수님의 보혈로 하나님과 화목하게 되고 구원받아 하나님의 자녀가 된다. 예수 그리스도의 동정녀 탄생과 성육신을 통해 하나님의 구원 역사가 인류의 역사 가운데 일어나게 되었다(롬 9:5, 히 4:15).

★왕으로 오신 예수님

예수님은 비록 인간의 육신을 입고 성육신하셨지만 하나님의 아들로서 신적인 권세를 가진 분이시다. 탄생 당시 동방의 박사들은 '유대인의 왕으로 나신 이가 어디 계시냐' 고 물으면서, 그 아기에게 경배하러 왔다고 말했다(2:1–12). 동방박사들은 아기 예수님께 세 가지 예물(황금 · 유향 · 몰약)을 드렸다. 그들이 드린 예물은 특별한 의미를 갖는다. 황금은 예수의 왕 되심을 상징하며, 유향은 제사드릴 때 분향을 위해 사용하는 향료이다. 몰약은 시체에 바르는데, 예수의 수난과 죽음을 상징한다. 이 역시 예수의 왕 되심을 증거하는 장면이다. 예수님은 성령의 인도하심을 받아 마귀의 유혹에 말씀으로 대처하심으로 완전하게 승리하셨다(4:1–11). 마귀에게 이토록 완전하게 승리할 자가 또 있겠는가!

예수께서는 겸손하여 나귀를 타고 예루살렘에 승리의 입성을 하셨다

기억할 말씀

눅 1:34–35
마리아가 천사에게 말하되 나는 남자를 알지 못하니 어찌 이 일이 있으리이까 천사가 대답하여 이르되 성령이 네게 임하시고 지극히 높으신 이의 능력이 너를 덮으시리니 이러므로 나실 바 거룩한 이는 하나님의 아들이라 일컬어지리라

마 2:1–12
헤롯 왕 때에 예수께서 유대 베들레헴에서 나시매 동방으로부터 박사들이 예루살렘에 이르러 말하되 유대인의 왕으로 나신 이가 어디 계시냐 우리가 동방에서 그의 별을 보고 그에게 경배하러 왔노라 하니 …… 박사들이 왕의 말을 듣고 갈새 동방에서 보던 그 별이 문득 앞서 인도하여 가다가 아기 있는 곳 위에 머물러 서 있는지라 그들이 별을 보고 매우 크게 기뻐하고 기뻐하더라 집에 들어가 아기와 그의 어머니 마리아가 함께 있는 것을 보고 엎드려 아기께 경배하고 보배합을 열어 황금과 유향과 몰약을 예물로 드리니라 그들은 꿈에 헤롯에게로 돌아가지 말라 지시하심을 받아 다른 길로 고국에 돌아가니라

(21:5). 인간의 눈으로는 헤아리기 힘든 상황 속에서도 왕의 위엄과 권세를 나타내셨다(27:11). 십자가에서 돌아가시고 삼일 만에 부활하심으로 사망 권세를 이기셨다. 마태는 우리와 함께 하시는 임마누엘의 약속(1:23)을 결론에서 강조하기 위해 승천기사를 기록하지 않는다. 이로서 모든 믿는 자들의 왕이 되시고 영원한 메시야가 되셨다. 이 예수님을 하나님의 아들로 믿는 자에게 하나님 나라의 백성이 되는 축복을 주셨다.

하나님 나라는 하나님의 주권과 뜻이 실현되는 하나님이 다스리는 나라이다. 하나님 나라는 예수님의 가르침의 핵심이다. 예수를 믿는 모든 자에게 이미 하나님 나라는 임했고(12:28), 오늘도 하나님 나라는 역사 안에서 임하고 있으며, 예수님의 재림을 통하여 하나님 나라는 완성된다(19:28).

★산상수훈의 말씀(5:1-16)

예수님의 산상수훈은 복 있는 삶에 대한 가르침이다. 이 복은 세상이 추구하는 인생의 복과는 시작부터 다르다. 세상에서 누리는 성취와 누림의 개념이 아니라 하나님의 나라에서 누리는 영적인 축복이다.

1〉 심령이 가난한 자는 하나님께로 나아간 자이다. 나의 연약함을 인정하고 하나님의 도우심을 바라는 자이다. 이들은 하나님 나라에 들어갈 수 있는 복을 누린다.

2〉 애통하는 자는 하나님 앞에서 자신의 부족함을 인식하여 그 마음이 슬픈 자이다. 이들은 하나님으로부터 위로를 받는 복을 누린다.

3〉 온유한 자는 나를 주장하지 않고 상대방을 먼저 생각하는 자이다. 이들은 땅을 기업으로 받는 복을 누린다. 땅에서의 삶에서 풍성한 화평을 누린다(시 37:11).

4〉 의에 주리고 목마른 자는 하나님의 의(믿음)에 목말라하는 자요, 여기에 자신의 삶의 초점과 목표를 두고 사는 자이다. 이런 삶을 사는 자에게 하나님은 인생에서 배부름(만족)을 누리는 복을 허락하신다.

5〉 긍휼히 여기는 자는 다른 사람의 고통이나 아픔을 함께 나누려는 자이다. 그들은 하나님으로부터 긍휼히 여김을 받는 복을 누린다.

6〉 마음이 청결한 자는 육적인 욕망을 내려놓는 자이다. 그들은 삶 속에서 하나님을 만나는 복을 누린다.

7〉 화평하게 하는 자는 갈등 많은 인간관계 안에서 어떻게 해서든지 화평을 위해 노력하는 자이다. 그들은 하나님의 아들이라고 일컬음을 받는 복을 누린다. 성도들뿐만 아니라 세상 사람에게서도 하나님의 자녀로 불려진다.

8〉 의를 위하여 박해를 받은 자는 믿음 때문에 세상으로부터 온갖 어려움을 겪는 자이다. 그들은 천국을 소유하는 복을 누린다. 어려움 속에서도 천국에서 사는 기쁨과 만족함을 누린다.

예수님은 8가지 복에 이어 '너희는 세상의 소금이요 빛' 이라고 말씀하신다. 팔복을 누리기 위한 삶은 실천이 뒤따를 때에만 가능하다는 것이다. 세상의 소금과 빛이 되는 삶은 산상수훈의 8가지 실천을 통해서 이루어진다. 자신은 하늘의 복을 누리고 세상에는 소금과 빛의 역할을 하게 된다. 이는 남을 먼저 대접하라는 적극적인 사랑의 표현인 마태복음 7장 12절에서 다시금 반복되고 요약되고 있다.

> "그러므로 무엇이든지 남에게 대접을 받고자 하는 대로 너희도 남을 대접하라 이것이 율법이요 선지자니라"(마7:12)

★율법의 완성이신 예수님(5:17-18)

바리새인들과 서기관들은 예수님의 가르침에 대해 율법을 폐지하는 자로 여겼다. 그들은 율법의 형식과 외식주의에 빠져 율법의 진정한 가르침을 오도한 것이다. 율법은 하나님 사랑과 이웃 사랑에 기초하고 있다. 죄가 없으신 예수님은 율법을 어긴 자에게 요구되는 형벌을 대신 지신 것이다. 십자가의 죽음으로 율법이 요구하는 죄에 대한 대가를 치루셨다. 인간의 죄(아담의 죄)로 인해 하나님과의 관계가 깨어지고 하나님 나라에서 쫓겨난 인간을 향해, 예수님은 십자가의 죽음으로 말미암아 하나님과의 관계를 다시 회복할 수 있는 길을 마련하신 것이다(요 3:16). 이것이 바로 하나님의 사랑이다. 하나님의 사랑(십자가의 예수를 통한 구원의 역사)으로 하나님의 자녀가 되었다. 하나님의

기억할 말씀

마 5:17-18
내가 율법이나 선지자를 폐하러 온 줄로 생각하지 말라 폐하러 온 것이 아니요 완전하게 하려 함이라 진실로 너희에게 이르노니 천지가 없어지기 전에는 율법의 일점 일획도 결코 없어지지 아니하고 다 이루리라

사랑을 통해 이웃을 사랑하게 됨으로 율법이 완성된다(5:17-20, 22:36-40). 예수님의 하나님 사랑과 이웃 사랑의 가르침은 지식적인 이해가 아닌 구체적인 삶 안에서의 실천이다. 이것이 바로 율법의 완성인데, 이를 온전히 이룬 자는 예수님 밖에 없다. 예수님께 구원받고 하나님의 자녀가 되었지만, 우리는 삶속에서 온전히 율법을 지키지 못하기에 오늘도 율법의 완성이신 예수님을 바라보며 기도한다. 또한 성령의 인도하심을 위해 기도한다.

★주기도문의 교훈(6:9-13)

예수님께서는 제자들에게 기도를 가르쳐 주셨다. 예수님의 기도는 오늘을 사는 우리의 기도에도 늘 적용되어 바른 기도를 해야 할 것이다. 앞부분은 하나님을 부르며 그 분의 뜻과 다스림을 위한 기도이고, 뒷부분은 그것이 우리의 삶 속에서 이루어지기를 간구하고 있다.

1〉 '하늘에 계신 우리 아버지여' : 하늘에 계신이란 말은 공간적인 하늘에 계신다는 의미가 아니라 하나님은 초월적인 분으로 만물을 창조하시고 섭리, 역사하시며 종말에 심판하실 그 분 하나님을 가리킨다. 하나님이 나의 아버지라는 신앙고백과 함께 아버지께 기도한다(롬 8:15). 기도할 때마다 하나님 아버지를 부르면서 기도한다.

2〉 '이름이 거룩히 여김을 받으시오며' : 하나님의 이름이 거룩히 여김을 받는다는 것은 하나님은 세상과 구별된 분이며, 홀로 거룩하시고 지존하신 분으로 하나님만이 경배의 대상이라는 고백이다. 또한 하나님의 이름만이 온 세계에 높여짐을 받는 존귀와 영광의 하나님을 의미한다.

3〉 '나라가 임하시오며 뜻이 하늘에서 이루어진 것 같이 땅에서도 이루어지이다' : 하나님의 나라와 뜻이 이 땅에서 이루어지기를 기도하는 것은 하나님의 주권과 통치와 다스림이 우리가 살고 있는 세상과 삶 속에서 성취되기를 기도하는 것이다. 하나님 나라는 예수님께서 성육신하심으로 이미 이 땅에 임하였고, 오늘 우리의 신앙고백과 삶을 통해 임하고 있다. 예수께서 재림하실 그 때에 하나님 나라는 완성된다(눅 21:27, 계 21:1-8).

4〉 '오늘 우리에게 일용할 양식을 주시옵고' : 우리의 현실적인 삶 속에서

꼭 필요한 것을 구하는 기도이다. 주목할 것은 일 주일 혹은 한 달, 일 년치의 분량이 아닌 하루치의 양식을 주시기를 기도하고 있다. 광야에서 이스라엘 백성들에게 하나님은 매일 아침 그날 먹을 만나를 주셨다. 안식일을 위해서만 이틀치의 만나를 주셨다.

5〉 '우리가 우리에게 죄 지은 자를 사하여 준 것 같이 우리 죄를 사하여 주시옵고' : 하나님은 예수 그리스도를 통해 우리의 죄를 용서하셨다. 하나님이 용서하신 것처럼 이웃의 부족함과 잘못을 용서하라는 것이다. 이는 자신이 죄인임을 인정하고, 상대방의 죄를 용서하는 삶의 과정을 통해 하나님께 용서를 구하는 기도이다. 그러므로 나의 죄성을 깨닫는 회개의 기도가 포함되어 있다. 내가 죄인이요 연약한 존재임을 고백하는 기도는 이웃의 죄와 부족함을 용서하게 한다. 나의 죄에 대한 회개를 통해 우리는 이웃의 죄를 용서할 수 있는 마음이 일어난다. 이웃을 용서함으로 하나님으로부터 나의 수많은 죄의 근성과 삶에 대해 용서를 구할 수 있다.

6〉 '우리를 시험에 들게 하지 마시옵고 다만 악에서 구하시옵소서' : 여기에서 말하는 시험은 하나님께서 연단하시고자 주시는 시험(test)과는 다르다. 이는 세상이 주는 여러 가지 유혹(temptation)을 의미한다. 죄에 쉽게 빠져드는 우리의 나약함을 지켜 주시고, 사탄의 세력에서 보호해 주시기를 기도하고 있다. 악은 인간의 죄성과 함께 사탄의 온갖 위협과 역사를 의미한다.

7〉 '나라와 권세와 영광이 아버지께 영원히 있사옵나이다 아멘' : 이 구절은 역대상 29장 10-13절에 있는 다윗의 감사기도를 바탕으로 하는 송영이다. 모든 권세와 영광은 오직 하나님께 있음을 고백하며 하나님을 찬양하면서 기도를 마무리하고 있다. 주기도문의 주제는 바로 여기에 있다. "모든 영광을 하나님께!"

★말세의 징조와 예수의 재림(24-26장)

• 주의 임하심과 세상 끝(종말 · 말세)을 나타내는 징조들

1〉 많은 사람(거짓 선지자)이 예수의 이름으로 와서 그리스도라 하여 많은

기억할 말씀

마 6:9-13

그러므로 너희는 이렇게 기도하라 하늘에 계신 우리 아버지여 이름이 거룩히 여김을 받으시오며 나라가 임하시오며 뜻이 하늘에서 이루어진 것 같이 땅에서도 이루어지이다 오늘 우리에게 일용할 양식을 주시옵고 우리가 우리에게 죄 지은 자를 사하여 준 것 같이 우리 죄를 사하여 주시옵고 우리를 시험에 들게 하지 마시옵고 다만 악에서 구하시옵소서 (나라와 권세와 영광이 아버지께 영원히 있사옵나이다 아멘

사람을 미혹한다. 그러나 성도는 이를 두려워하지 말고 미혹을 받지 않도록 주의해야 한다(24:3-6). 이때는 아직 끝이 아니라 종말에 대한 징조이다.

2〉 난리와 난리 소문을 듣고 민족이 민족을, 나라가 나라를 대적하며, 세계 곳곳에 기근과 지진이 일어난다(눅 21:10-11).

3〉 성도들을 박해한다(눅 21:12).

4〉 불법이 성하므로 성도들마저 하나님을 향한 사랑이 식어진다(24:12).

5〉 천국 복음이 온 세상에 전파된 후에 종말이 온다(24:14).

6〉 전염병이 돈다(눅 21:11).

7〉 마지막 때가 되면 먼저 배교하는 일이 일어난다(살후 2:3).

8〉 자기를 사랑하며 돈을 사랑하며 자랑하며 교만하며 비방하며 부모를 거역하며 감사하지 아니하며 거룩하지 아니하며 무정하며 원통함을 풀지 아니하며 모함하며 절제하지 못하며 사나우며 선한 것을 좋아하지 아니하며 배신하며 조급하며 자만하며 쾌락을 사랑하기를 하나님 사랑하는 것보다 더하며 경건의 모양은 있으나 경건의 능력은 부인하는 자들이 일어난다(딤후 3:1-5).

• 예수의 재림(종말)

1〉 인자가 구름을 타고 능력과 큰 영광으로 온다(24:30). 모든 천사와 함께 올 때에 자기 영광의 보좌에 앉아 계신다(25:31, 26:64).

2〉 종말의 때, 예수께서 구름타고 오실 날은 아무도 모른다. 오직 하나님 아버지만이 아신다(24:36, 행 1:7).

3〉 성도는 주님이 오실 날을 알지 못하기에 깨어있어야 한다(24:42-44, 25:13).

4〉 모든 민족을 주님 앞에 모으고 각각 양(구원받은 자)과 염소(구원받지 못한 자)로 구분하여, 양은 예비된 나라를 상속받는다(영생). 그러나 염소는 저주를 받아 그들을 위해 예비된 영원한 불(계 20:14)에 들어가게 된다(25:32-46).

★예수님의 기도(26:36-46)

예수님께서 공생애 중 기도하는 내용이 4 복음서에 많이 있지만, 특별히 십자가 고난을 앞두고 하신 겟세마네의 기도는 중요한 의미를 갖는다. 이 기도에서 예수님은 우리에게 기도가 무엇인지를 가르쳐 주신다.

1〉 당시 예수님은 매우 고민하여 죽게 되었다고 하시면서, 제자들에게 나와 함께 머물러 있으면서 깨어있으라고 말씀하셨다. 기도는 하나님 앞에서 자신의 큰 고민을 토로하는 것이다.

2〉 얼굴을 땅에 대시고 엎드려 기도하셨다. 예수님은 간절히 기도하셨다.

3〉 예수께서는 "나의 원대로 마시옵고 아버지의 원대로 하옵소서"라고 기도하신다. 어떤 상황에서도 내 뜻과 의지대로가 아니라 하나님의 뜻을 구하는 것이 기도이다.

4〉 동일한 내용(아버지의 원대로 하옵소서)의 기도를 세 번이나 반복해서 하셨다. 이러한 반복을 통해 다시금 하나님 아버지의 뜻을 확인하셨다.

5〉 잠자고 있는 제자들에게 시험에 들지 않게 깨어 기도하라고 말씀하셨다. 시험에 빠지지 않으려면 기도해야 한다.

★예수님의 십자가 죽음(27:50-54)

십자가에서 여섯 시간 동안 고통당하시다 마침내 오후 3시에 운명하셨다. 이때 여러 가지 특별한 현상이 일어났다(막 15:37-39, 눅 23:44-49). 예수가 메시야요, 하나님의 아들이시요, 구원자이심을 분명하게 증거하고 있다.

1〉 해가 빛을 잃고 갑자기 온 주위가 어두워졌다(눅 23:44).

2〉 성소 휘장이 위로부터 아래까지 찢어져 둘이 되었다(마 27:51, 막 15:38). 성전의 지성소와 성소 사이에 가로막혀 있던 휘장이 찢어진 것이다. 지성소는 1년에 한번 오직 대제사장만이 휘장을 열고 들어갈 수 있었다. 이 휘장이 찢어진 것은 예수의 죽으심으로 구약의 제사의식이 종식되고 모든 성도들이 직접 하나님께 나아가게 되었음을 상징하고 있다. 예수의 십자가 보혈로 하나님께 나아갈 수 있게 된 것이다(히 9:1-4, 10:14-22).

3〉 예수를 향하여 서있던 백부장은 예수의 운명하심과 지진과 그 일어난

기억할 말씀

마 26:36-46

이에 예수께서 제자들과 함께 겟세마네라 하는 곳에 이르러 제자들에게 이르시되 내가 저기 가서 기도할 동안에 너희는 여기 앉아 있으라 하시고 베드로와 세베대의 두 아들을 데리고 가실새 고민하고 슬퍼하사 이에 말씀하시되 내 마음이 매우 고민하여 죽게 되었으니 너희는 여기 머물러 나와 함께 깨어 있으라 하시고 조금 나아가사 얼굴을 땅에 대시고 엎드려 기도하여 이르시되 내 아버지여 만일 할 만하시거든 이 잔을 내게서 지나가게 하옵소서 그러나 나의 원대로 마시옵고 아버지의 원대로 하옵소서 하시고 제자들에게 오사 그 자는 것을 보시고 베드로에게 말씀하시되 너희가 나와 함께 한 시간도 이렇게 깨어 있을 수 없더냐 시험에 들지 않게 깨어 기도하라 마음에는 원이로되 육신이 약하도다 하시고 다시 두 번째 나아가 기도하여 이르시되 내 아버지여 만일 내가 마시지 않고는 이 잔이 내게서 지나갈 수 없거든 아버지의 원대로 되기를 원하나이다 하시고 다시 오사 보신즉 그들이 자니 이는 그들의 눈이 피곤함일러라 또 그들을 두시고 나아가 세 번째 같은 말씀으로 기도하신 후 이에 제자들에게 오사 이르시되 이제는 자고 쉬라 보라 때가 가까이 왔으니 인자가 죄인의 손에 팔리느니라 일어나라 함께 가자 보라 나를 파는 자가 가까이 왔느니라

일들을 보고 심히 두려워하였다. 예수가 진실로 하나님의 아들이었다고 고백하면서 하나님께 영광을 돌렸다. 이 사람은 정녕 의인이었다고 말했다(마 27:54, 막 15:39, 눅 23:47).

4〉 이를 구경하던 무리도 다 가슴을 치며 돌아갔다(눅 23:48).

5〉 땅이 진동하며 바위가 터지고 무덤들이 열리며 잠자던 성도의 몸이 많이 일어났다. 예수의 부활 후에는 잠자던 성도들이 무덤에서 나와서 거룩한 성에 들어가 많은 사람들에게 나타나 보였다(마 27:51–53).

★예수님의 부활(마 28:1–10, 막 16:1–14, 눅 24:1–49, 요 20:11–21:25)

1〉 안식일이 지나고 첫날 새벽에 막달라 마리아와 여인들은 무덤을 보려고 왔다, 그때 큰 지진이 나면서 천사가 하늘에서 내려와 돌을 굴러내고 그 위에 앉아있었다. 여인들은 무서워 떨었다. 천사는 무서워 말라고 하면서, 십자가에 못 박혀 돌아가신 예수는 살아나셨다고 했다. 여인들은 무서웠지만 큰 기쁨으로 이 소식을 빨리 제자들에게 알리려고 달음질했다. 이때 부활하신 예수께서 여인들에게 "평안하냐 무서워하지 말라 가서 내 형제들에게 갈릴리로 가라 하라 거기서 나를 보리라"고 말씀하셨다. 그러나 제자들은 여인들이 전한 말을 믿지 않았다.

2〉 그 후 엠마오로 가던 두 제자들이 부활하신 예수님을 만났고 이 소식을 다른 제자들에게 알렸지만 그들 역시 믿지 않았다.

3〉 예수께서는 열 한 제자에게 나타나시고 그들의 믿음 없음과 완악함을 꾸짖으셨다. 이때 예수께서 나타나시고 "너희에게 평강이 있을지어다 성령을 받으라 너희가 누구의 죄든지 사하면 사하여질 것이요 누구의 죄든지 그대로 두면 그대로 있으리라"고 말씀하셨다(요 20:19–23).

4〉 도마에게 예수께서 나타나시고 "너는 나를 본 고로 믿느냐 보지 못하고 믿는 자들은 복되도다"고 말씀하셨다(요 20:24–30).

5〉 디베랴 호수에서 나타나시고 어부인 제자들에게 "그물을 배 오른편에 던지라 그리하면 잡으리라"고 말씀하셨다. 이에 순종하여 그물을 던졌더니 물고기가 많아 그물을 들 수 없을 정도였다(요 21:1–6). 이는 예수께서 부활

하신 이후 세 번째 제자들에게 나타나신 사건이다.

6〉 베드로에게 예수님은 “내 양을 먹이라”고 세 번이나 말씀하셨다(요 21:15-25).

예수님은 부활하신 이후 여인들과 제자들에게 나타나시고 평강을 선포하셨다. 또한 성령을 받으라는 말씀과 함께 선교 위임명령을 유언으로 남기셨다. 모든 시대의 제자들에게 복음 전할 것을 명령하셨다.

★예수님의 유언(선교 위임명령 28:18-20)

예수님께서 오고 가는 전 세대의 성도들을 향해 주신 유언의 말씀을 한마디로 표현하자면 복음을 전하라는 것이다. 하늘과 땅의 모든 권세를 가진 주님이 복음을 언제, 어떻게, 누구에게, 전해야 할지를 말씀하셨다. 먼저 예수님이 하나님으로부터 부여받은 권세를 갖고 지구상의 모든 민족에게 나아가라고 하신다. 그들을 예수님의 제자로 삼고 하나님 아버지와 아들 예수 그리스도와 성령의 이름으로 세례를 베풀고 예수님께서 이 땅에 오셔서 선포하신 말씀을 가르쳐 이를 지키게 하라고 명령하셨다. 예수님께서 재림하실 세상 끝날까지 가르쳐 지키라고 하셨다. 이것이 성도들이 이 세상을 살아가면서 해야 할 사명이다. 이를 위해 예수님께서는 성도들과 항상 함께 하신다는 약속을 주셨다. 성도들은 예수님께서 함께 하심으로 성령의 능력을 입고 어떤 상황 속에서도 세상 끝날까지 이 명령에 순종해야 한다.

5. 더 깊은 연구와 삶의 적용

1. 마태복음을 읽으면서 나는 어떤 하나님을 경험하였는가?

2. 예수님의 계보를 통해 마태는 우리에게 무엇을 알려주고 있는가?

기억할 말씀

마 28:18-20
예수께서 나아와 말씀하여 이르시되 하늘과 땅의 모든 권세를 내게 주셨으니 그러므로 너희는 가서 모든 민족을 제자로 삼아 아버지와 아들과 성령의 이름으로 세례를 베풀고 내가 너희에게 분부한 모든 것을 가르쳐 지키게 하라 볼지어다 내가 세상 끝날까지 너희와 항상 함께 있으리라 하시니라

마 4:23
예수께서 온 갈릴리에 두루 다니사 그들의 회당에서 가르치시며 천국 복음을 전파하시며 백성 중의 모든 병과 모든 약한 것을 고치시니

기억할 말씀

마 27:50-54
예수께서 다시 크게 소리 지르시고 영혼이 떠나시니라 이에 성소 휘장이 위로부터 아래까지 찢어져 둘이 되고 땅이 진동하며 바위가 터지고 무덤들이 열리며 자던 성도의 몸이 많이 일어나되 예수의 부활 후에 그들이 무덤에서 나와서 거룩한 성에 들어가 많은 사람에게 보이니라 백부장과 및 함께 예수를 지키던 자들이 지진과 그 일어난 일들을 보고 심히 두려워하여 이르되 이는 진실로 하나님의 아들이었도다 하더라

3. 예수 그리스도는 왜 이 땅에 오셨으며(1:21), 그의 사역은 무엇인가?(마 4:23)

4. 예수님께서 사탄의 시험받으신 내용을 묵상하면서, 오늘 우리는 어떤 시험에 잘 빠지며 이를 어떻게 극복해 나가는가?

5. 마태복음 5장의 산상수훈을 읽고 황금률(7:12)의 의미를 생각해 보자.

6. 말세의 징조는 어떻게 나타난다고 말씀하시는가?(24:5-14)

   거짓 그리스도, 전쟁, 기근, 지진, 박해, 거짓 선지자, 불법의 성행, 사랑이 식음, 복음의 확산. 그 외에도 전염병(눅 21:11), 성도의 타락(딤후 3:1-5), 배교(살후 2:3).

7. 예수님은 겟세마네에서 어떻게 기도하셨는가?(26:36-46)

8. 예수님께서 십자가에서 운명하실 때 어떤 일이 일어났는가?(마 27:50-54, 막 15:38)

9. 예수님의 지상명령은 우리가 이 땅에서 할 일을 제시해 준다(마 28:10-20).

마가복음

1. 마가복음을 어떻게 읽을 것인가

마가복음은 "하나님의 아들 예수 그리스도의 복음의 시작이라"(1:1)고 선포한다. 왕으로 오신 예수를 기록한 마태복음과 달리 마가복음은 이 땅에 종으로서 오신 행적을 강조하였다. 특히 예수의 고난에 대한 기록을 중점적으로 다루고 있다(전체의 40%). 또한 이방인(로마인)을 위해 기록되었기에 구약의 인용이나 유대인들의 풍습에 대한 묘사가 다른 복음서에 비해 적다. 예수의 설교나 가르침 보다는 행적과 사건(이적)을 중심으로 펼쳐지고 있기에 네 복음서 중에서 가장 분량이 짧고, 문체가 간결하여 이방인들이 이해하기 쉽다. 초신자들이 쉽게 읽을 수 있는 복음서이다. 마가복음은 복음서 중에서 가장 먼저 기록되었다고 전해진다.

마가복음을 읽으면서 예수가 누구인가를 알아가게 된다. 누가복음을 읽으면서 역사 안에서의 예수를 만나며, 마태복음을 읽으면서 왕이시며 메시야로 오신 예수를 접하게 된다. 이런 과정을 겪고 요한복음을 읽어보자. 신앙고백의 대상인 예수 그리스도에 대해 사도 요한의 해석이 첨가된 요한복음을 만나면, 자연스럽게 예수가 나의 구주임을 확실하게 고백하기에 이를 수 있다. 물론 예수에 대한 신앙고백은 개개인의 상황과 경험에 따라 다르다. 하지만 복음서를 읽어가면서 내가 고백한 신앙고백을 다시금 확인할 수 있으리라!

마가복음은 초대 예루살렘 교회의 지도자였던 사도 베드로의 제자인 마가가 베드로의 증언과 가르침을 바탕으로 기록하였다. 예수는 이 땅에 종의 모습으로 오셔서 복음을 전파하시고, 이적과 기사를 행하시고, 온갖 수난과 배척을 당하시고, 십자가에 돌아가시고, 결국에는 사망 권세를 이기시고, 부활하시고, 승천하셨음을 기록하고 있다.

기억할 말씀

막 1:1-8
하나님의 아들 예수 그리스도의 복음의 시작이라 선지자 이사야의 글에 보라 내가 내 사자를 네 앞에 보내노니 그가 네 길을 준비하리라 광야에 외치는 자의 소리가 있어 이르되 너희는 주의 길을 준비하라 그의 오실 길을 곧게 하라 기록된 것과 같이 세례 요한이 광야에 이르러 죄 사함을 받게 하는 회개의 세례를 전파하니 온 유대 지방과 예루살렘 사람이 다 나아가 자기 죄를 자복하고 요단 강에서 그에게 세례를 받더라 요한은 낙타털 옷을 입고 허리에 가죽 띠를 띠고 메뚜기와 석청을 먹더라 그가 전파하여 이르되 나보다 능력 많으신 이가 내 뒤에 오시나니 나는 굽혀 그의 신발끈을 풀기도 감당하지 못하겠노라 나는 너희에게 물로 세례를 베풀었거니와 그는 너희에게 성령으로 세례를 베푸시리라

로마에서 기록된 본서는 당시 신앙생활에 큰 어려움을 겪던 성도들에게 큰 위로와 힘을 실어주었다. 더 나아가 예수의 복음을 전 세계에 전하기 위해 기록한 것이다.

"때가 찼고 하나님의 나라가 가까이 왔으니 회개하고 복음을 믿으라"(막1:15)

마가복음은 다른 어떤 복음서 보다 예수에 대한 내용 전개가 쉽고 간결하다. 예수님의 탄생 기록은 생략한 채, 세례 요한의 사역과 함께 회개를 선포하고 있다(1:1-7). 1-10장(전반부)은 예수님의 세례와 사탄의 시험, 그 이후 예수님의 말씀과 이적을 일으킨 사역의 현장이다. 11-16장(후반부)은 일반 백성들과 당시 지도자층으로부터 배척당하고 온갖 수모 속에서도 맡겨진 사명을 이루시고자 십자가에 달려 돌아가신 고난 받는 종으로서의 섬김이 잘 드러나 있다.

"인자가 온 것은 섬김을 받으려 함이 아니라 도리어 섬기려 하고 자기 목숨을 많은 사람의 대속물로 주려 함이니라"(막10:45)

2. 저자 · 기록연대 · 기록동기

저자와 기록연대: 요한 마가는 베드로의 제자로 그의 증언과 가르침을 중심으로 예수에 대해 기록하였다. 마가는 바울의 1차 전도여행에 동행했지만 도중에 돌아오고 말았다. 이로 인해 바울은 2차 전도여행에서 마가의 동행을 거부한다. 결국 마가는 바나바와 함께 구브로로 가면서 바울의 사역에서 빠졌지만(행 15:36-41), 바울의 말년에 이르러 서로 화해하고 인정받는 사역자가 되었다(딤후 4:11). 기록연대는 바울의 순교 이후 마가가 베드로를 통해 들었던 설교를 중심으로 AD 65-70년 사이에 기록한 것으로 추정하고 있다.

기록동기: 로마에서 박해 때문에 믿음을 지켜 나가기 힘든 초기 그리스도인들과 예수 그리스도의 구원에 대한 확신을 얻지 못한 자들을 위해 기록되었다. 특히 마가는 예수에 관한 교훈이나 해설 보다는 예수의 사역의 현장(이적의 사건들)을 소개하였다. 박해받고 있는 로마교회의 성도들에게 하나님의 아들 예수가 영광스러운 지위를 버리고 이 세상에 인간의 몸을 입고 오셔서 종으로서 섬기며 고난과 희생당하심을 강조하고 있다(10:45). 당시의 성도들에게 신앙의 확신과 소망을 주고자 하였다.

3. 마가복음의 파노라마

주제	종으로서 섬김			종으로서 희생	
내용 구분	1:1	2:13	8:27	11:1	16:1-20
	종으로 오심	거부와 배척	가르침과 훈련	사역과 고난	부활과 승천
문체	예수의 생애를 기록한 복음서				
장소	갈릴리 및 베뢰아			유대 및 예루살렘	
기간	배경연대: AD 27-30년경 기록연대: AD 65 이후 로마에서 기록됨				

1) 종으로서 섬김(1-10장)

복음의 시작 1:1-16, 제자를 부르심 1:17-20,

예수의 새 교훈과 사역 1:21-45, 중풍병자를 고치신 예수 2:1-12,

예수의 가르침 2:13-27, 예수 살해 음모 3:1-12, 열두 제자 임명 3:13-19,

바알세불 논쟁 3:21-30, 예수의 참된 가족 3:31-35,

씨 뿌리는 자와 등불의 비유 4:1-34, 풍랑을 잔잔하게 하심 4:35-41,

치유의 역사 5:1-43, 배척당하신 예수 6:1-6, 열두 제자 파송 6:7-13,

예수의 이적 6:30-56, 바리새인 비판 7:1-23, 수로보니게 여인 7:24-37,

칠병이어의 기적과 바리새인의 누룩 8:1-21, 맹인 치유 8:22-26,

베드로의 고백과 수난 예고 8:27-9:1, 변화산 사건과 기도 9:2-29,

고난 예고와 천국에 대한 가르침 9:30-37, 제자들에 대한 가르침 9:38-50,
이혼에 대한 교훈 10:1-13, 예수의 축복하심 10:13-16,
부자와 천국 10:17-31, 섬기는 자의 자세 10:35-52

2〉 종으로서 희생(11-16장)
예수의 예루살렘 입성 11:1-11,
무화과나무 저주와 성전 정결 사건 11:12-26,
악한 포도원 농부의 비유 12:1-12, 논쟁(납세 · 부활) 12:13-27,
가장 큰 계명 12:28-44, 종말과 재림에 대한 예언 13:1-37,
마리아의 향유 사건 14:1-10, 최후의 만찬과 겟세마네 기도 14:11-42,
예수의 체포 14:43-52, 산헤드린에서의 증언 14:53-65,
베드로의 부인과 빌라도의 심문 14:66-15:5, 빌라도의 판결 15:6-15,
예수의 죽음과 장사 15:21-47, 부활하신 예수 16:1-14,
예수의 지상명령 16:15-20

4. 마가복음 해석의 키워드

★요한의 세례와 예수의 세례(1:4-11)

광야에서 낙타털 옷을 입고, 허리에 가죽 띠를 띠고 메뚜기와 석청을 먹던 세례 요한의 사역과 함께 마가복음은 시작되고 있다. 그는 메시야의 오심을 준비하는 자로 광야에 살면서 죄 사함을 받는 회개의 세례를 전파하였다(마 3:1-12, 눅 3:3). 일찍이 이사야 선지자는 세례 요한을 가리켜 '주의 길을 예비하는 자' 라고 했다(사 40:3). 요한은 자신과 예수를 어떻게 비유하고 있는가? 당시 로마시대에는 노예가 주인의 신발끈을 풀어주는데, 예수 앞에서 자신은 예수의 신발끈을 풀기도 감당할 수 없는 하급 종의 신분이라는 것이다.

'하나님의 나라가 가까웠으니 회개하라' 는 세례 요한의 선포는 메시야 오심을 준비하기 위해 삶의 전면적인 변화를 일으키는 회개, 즉 완전한 변화를

기억할 말씀

막 3:14-15
이에 열둘을 세우셨으니 이는 자기와 함께 있게 하시고 또 보내사 전도도 하며 귀신을 내쫓는 권능도 가지게 하려 하심이러라

막 8:34-37
무리와 제자들을 불러 이르시되 누구든지 나를 따라오려거든 자기를 부인하고 자기 십자가를 지고 나를 따를 것이니라 누구든지 자기 목숨을 구원하고자 하면 잃을 것이요 누구든지 나와 복음을 위하여 자기 목숨을 잃으면 구원하리라 사람이 만일 온 천하를 얻고도 자기 목숨을 잃으면 무엇이 유익하리요 사람이 무엇을 주고 자기 목숨과 바꾸겠느냐

막 10:44-45
너희 중에 누구든지 으뜸이 되고자 하는 자는 모든 사람의 종이 되어야 하리라 인자가 온 것은 섬김을 받으려 함이 아니라 도리어 섬기려 하고 자기 목숨을 많은 사람의 대속물로 주려 함이니라

촉구한 것이다. 그러나 이 세례가 구원은 아니다. 구원을 준비하라는 선포이다. 오실 메시야, 예수 그리스도의 이름으로 받는 세례, 성령과 불의 세례를 받으라는 것이다(행 2:1-4). 성령의 강림은 예수께서 승천하신 후 약속대로(요 15:26) 임했다. 모든 성도들은 성령의 인도함에 따라 예수를 주로 고백하기에 이른다(고전 12:3). 베드로 사도는 이에 대해 너희가 회개하여 예수 그리스도의 이름으로 세례를 받고 죄 사함을 받으면 성령의 선물을 받는다고 초대 예루살렘 성도들에게 설교했다(행 2:38). 요한의 세례는 메시야 오심을 준비하는 회개의 역사라면, 예수의 이름으로 받는 세례는 죄 사함 받고 성령의 선물을 받는 구원의 역사이다.

★세리와 죄인의 친구이신 예수님(2:13-17)

하나님의 아들, 예수께서 세리와 죄인들과 함께 식탁의 교제를 나누셨다. 여기에서 죄인이란 세상의 법을 위반한 의미의 죄인이 아니라 유대의 정결법에 위배되는 소외당한 자로 거지와 병자들을 지칭한다. 율법 준수를 자랑으로 여기면서 가난하고 소외당한 무리들을 정죄하며 무시했던 바리새인들과는 달리 예수님은 그들과 교제하셨다. 또한 당시 유대사회에서 가장 손가락질 당하는 세리 레위(마태)를 부르시고 함께 하셨다. 바리새인과 서기관들은 어찌하여 세리와 죄인들과 함께 먹느냐고 질문을 던졌다. “건강한 자에게는 의사가 쓸 데 없고 병든 자에게라야 쓸 데 있느니라 나는 의인을 부르러 온 것이 아니요 죄인을 부르러 왔노라”(2:17)고 말씀하셨다. 여기에서 건강한 자란 스스로 의인으로 여겼던 바리새인이나 서기관들을, 병든 자란 세리나 죄인 등 당시 유대사회에서 소외당한 계층의 사람을 가리킨다. 예수님은 자기 의를 내세우는 자들을 위해 오신 것이 아니라, 자신의 나약함과 죄성을 인정하고 도움을 청했던 죄인들을 구원하시려고 이 땅에 오셨다. 이 예수님은 어떤 분이신가?

1〉 죄의 몸을 입고 이 땅에 오셨지만 예수님만이 죄가 없으시다.

2〉 예수님은 죄를 사하는 권세를 가지신 분이다(2:10, 히 9:22).

3〉 죄인을 부르시려고 이 땅에 오셨다(2:17).

4〉 죄인을 위해 이 땅에 오셔서 고난당하시고 십자가에서 돌아가셨다

기억할 말씀

막 13:5-10
예수께서 이르시되 너희가 사람의 미혹을 받지 않도록 주의하라 많은 사람이 내 이름으로 와서 이르되 내가 그라 하여 많은 사람을 미혹하리라 난리와 난리의 소문을 들을 때에 두려워하지 말라 이런 일이 있어야 하되 아직 끝은 아니니라 민족이 민족을, 나라가 나라를 대적하여 일어나겠고 곳곳에 지진이 있으며 기근이 있으리니 이는 재난의 시작이니라 너희는 스스로 조심하라 사람들이 너희를 공회에 넘겨주겠고 너희를 회당에서 매질하겠으며 나로 말미암아 너희가 권력자들과 임금들 앞에 서리니 이는 그들에게 증거가 되려 함이라 또 복음이 먼저 만국에 전파되어야 할 것이니라

막 15:37-41
예수께서 큰 소리를 지르시고 숨지시니라 이에 성소 휘장이 위로부터 아래까지 찢어져 둘이 되니라 예수를 향하여 섰던 백부장이 그렇게 숨지심을 보고 이르되 이 사람은 진실로 하나님의 아들이었도다 하더라 멀리서 바라보는 여자들도 있었는데 그 중에 막달라 마리아와 또 작은 야고보와 요세의 어머니 마리아와 또 살로메가 있었으니 이들은 예수께서 갈릴리에 계실 때에 따르며 섬기던 자들이요 또 이 외에 예수와 함께 예루살렘에 올라온 여자들도 많이 있었더라

행 2:38
베드로가 이르되 너희가 회개하여 각각 예수 그리스도의 이름으로 세례를 받고 죄 사함을 받으라 그리하면 성령의 선물을 받으리니

기억할 말씀

막 2:23-28

안식일에 예수께서 밀밭 사이로 지나가실새 그의 제자들이 길을 열며 이삭을 자르니 바리새인들이 예수께 말하되 보시오 저들이 어찌하여 안식일에 하지 못할 일을 하나이까 예수께서 이르시되 다윗이 자기와 및 함께 한 자들이 먹을 것이 없어 시장할 때에 한 일을 읽지 못하였느냐 그가 아비아달 대제사장 때에 하나님의 전에 들어가서 제사장 외에는 먹어서는 안 되는 진설병을 먹고 함께 한 자들에게도 주지 아니하였느냐 또 이르시되 안식일이 사람을 위하여 있는 것이요 사람이 안식일을 위하여 있는 것이 아니니 이러므로 인자는 안식일에도 주인이니라

(롬 4:25).

5〉 죄인을 의롭게 하셨다(롬 3:28).

★예수님과 안식일(2:23-28, 출 23:10-12)

안식일에 예수님은 이삭을 잘라서 제자들로 먹게 하였다. 바리새인들이 안식일에 하지 못할 일을 했다고 반박하자 예수님은 다윗이 제사장만 먹을 수 있는 진설병을 군사들과 함께 먹은 일을 말씀하셨다(삼상 21:6). 안식일에 회당에서 말씀을 가르치시면서 18년 동안 귀신들려 앓던 여인을 고치신다. 회당장이 분을 내자 사탄의 매임에 있던 자가 이 안식일에 매임에서 풀려나는 것은 합당한 일이라고 말씀하셨다(눅 13:16). 율법교사들과 바리새인들이 안식일에 병 고치는 것이 합당하냐고 물었을 때 누가 소가 우물에 빠졌으면 안식일에라도 곧 끌어낼 것이라고 비유로 말씀하셨다(눅 14:1-6). 이는 무엇을 의미하는가?

1〉 안식일은 사람을 위하여 있는 날이다. 안식일을 지키는 의식보다 사람이 사는 것이 더 중요하다.

2〉 안식일은 하나님의 날이다. 안식일의 주인은 바로 예수시다.

3〉 안식일에 선을 행하는 것은 합당한 일이요 옳은 일이다(마 12:12 눅 13:10-17).

바리새인들, 율법교사들, 회당장 등은 종교적인 형식에 빠져 있었다. 그들의 외식적인 규례를 예수께서는 단호하게 꾸짖으셨다. 안식일은 단순히 육체적인 일을 쉬는 날이 아니다. 죄에서 놓임 받는 복음을 선포함으로 많은 사람들을 고치고 회복시키는 날이다. 병자들을 고치고 회복시킴으로 진정한 안식을 누리는 날이다. 안식일에도 주님은 역사하시고 개입하신다. 이 날의 주인은 바로 예수님이시다.

★헤롯당(3:6)

헤롯 대왕을 지지하던 세력들로 유대 백성들이 소망하며 기다리는 메시야를 대적하며 반대하던 무리들이다. 바리새인들과 하나 되어 예수를 체포하고

십자가에 못 박히도록 협력하였다(마 22:16, 막 12:13).

★예수님의 대적자들(3:22-30)

예수님께서는 사역의 현장에서 수많은 대적자를 만나신다. 어떤 부류의 사람들인가?

1〉 당시의 지식층이요 종교 지도자들인 제사장과 율법사와 서기관들이다. 특별히 서기관들은 예수님에게 바알세불(귀신의 왕)이 들렸다고 하였다(3:22, 눅 5:21-26).

2〉 예수님의 고향 사람들은 예수를 믿지 않고 배척했다(6:1-6).

3〉 부활을 믿지 않는 사두개인들은 부활을 문제 삼아 예수를 시험하였다(12:18-27).

4〉 정치적인 권력과 세력을 가진 로마정부와 헤롯당들(마 22:16).

5〉 부자들과 성전 앞의 상인들조차 예수가 떠나기를 간구했다(마 8:28-34).

6〉 유대의 일반 백성들도 예수를 외면하고 십자가에 못 박히게 하였다(마 27:22-26).

★예수님의 섬김(막 10:36, 44-45)

예수님은 많은 부류의 사람들로부터(고향 친척 · 바리새인 · 사두개인 · 대제사장 · 서기관 · 장로 등) 배척을 받고 온갖 수모를 당하셨지만(6:1-6), 하나님의 아들이시며 본질적으로 하나님 자체이시다. 그 분은 온전한 섬김의 도를 보이시고 인류의 죄를 대신지시고자 대속물로 자신의 몸을 바치시기 위해 성육신하신 것이다. 예수님의 섬김은 하나님의 뜻에 순종하심으로 십자가에 죽기까지 하였다. 고통과 수치의 십자가 죽음을 통해 인류를 향한 최고의 섬김을 완수하시고 하나님의 구원 역사를 이루신 것이다.

★예수님의 부활(16:1-20)

예수님의 부활 의미를 알려면 먼저 죽음의 의미부터 살펴보아야 한다. 예

기억할 말씀

막 3:22-30

예루살렘에서 내려온 서기관들은 그가 바알세불이 지폈다 하며 또 귀신의 왕을 힘입어 귀신을 쫓아낸다 하니 예수께서 그들을 불러다가 비유로 말씀하시되 사탄이 어찌 사탄을 쫓아낼 수 있느냐 또 만일 나라가 스스로 분쟁하면 그 나라가 설 수 없고 만일 집이 스스로 분쟁하면 그 집이 설 수 없고 만일 사탄이 자기를 거슬러 일어나 분쟁하면 설 수 없고 망하느니라 사람이 먼저 강한 자를 결박하지 않고는 그 강한 자의 집에 들어가 세간을 강탈하지 못하리니 결박한 후에야 그 집을 강탈하리라 내가 진실로 너희에게 이르노니 사람의 모든 죄와 모든 모독하는 일은 사하심을 얻되 누구든지 성령을 모독하는 자는 영원히 사하심을 얻지 못하고 영원한 죄가 되느니라 하시니 이는 그들이 말하기를 더러운 귀신이 들렸다 함이러라

기억할 말씀

히 2:14-15
자녀들은 혈과 육에 속하였으매 그도 또한 같은 모양으로 혈과 육을 함께 지니심은 죽음을 통하여 죽음의 세력을 잡은 자 곧 마귀를 멸하시며 또 죽기를 무서워하므로 한평생 매여 종 노릇 하는 모든 자들을 놓아 주려 하심이니

막 4:33-34
예수께서 이러한 많은 비유로 그들이 알아 들을 수 있는 대로 말씀을 가르치시되 비유가 아니면 말씀하지 아니하시고 다만 혼자 계실 때에 그 제자들에게 모든 것을 해석하시더라

수님의 죽음은 인류의 죄를 대속한 죽음이요(롬 4:25), 세상을 십자가에 못 박은 죽음이다(갈 6:14). 하나님과 불화의 관계 속에 있는 인류에게 하나님께 나아갈 수 있는 길(화해)을 예비하였다(히 10:1-20). 예수님의 죽음은 인류를 대표해서 하나님께 화목의 제물이요 희생의 제물이 되신 것이다. 예수 그리스도를 구주로 영접한 모든 믿는 자에게 생명(영생)을 주신 죽음이다(요 12:24-25). 십자가에 죽으시고 삼일 만에 부활하신 예수님은 사망권세를 이기셨다. 오직 예수님만이 사망의 권세를 이기시고 승리하셨다. 그의 죽으심과 부활로 이제 옛 사람은 십자가에 죽고 새 사람이 되었다. 예수께서는 부활하심으로 사탄의 권세를 이기신 것이다. 사탄의 종이요 죄의 종이 된 모든 사람들이 죄의 용서함을 받고, 하나님의 자녀 되게 하시려고 십자가에서 보혈을 흘리셨다(히 2:14-15).

★예수님의 비유들(parable)

복음 사역의 수행자이시고, 그 복음에 대한 가장 위대한 교사였던 예수님은 교훈이나 설교의 한 방법으로 비유를 즐겨 사용하셨다. 비유란 문자 그대로 어느 한 사물이나 사건을 다른 한 사물에 빗대어 말하는 것이다. 특히 심오하고 난해한 추상적 사상을 일상생활의 친근한 구체적 사물에 빗대어 이해를 돕는 문학적 기법이다. 예수님의 비유들은 이와 같이 추상적 진리를 친근하고 쉽게 이해시키려는 측면이 있다. 하지만 특별한 경우에는 고의로 복음을 비방하거나 복음을 무시하려는 자들에게 복음의 진리에 담긴 의미를 강변하면서도 직접적인 언급을 피하려는 경우에도 사용되었다(막 4:33-34, 마 13:34-53 참고).

★지옥(9:43-48)

지옥에 해당되는 원어 '게헨나'는 예루살렘 남서쪽에 위치한 힌놈 골짜기의 이름이다. 구약 시대 이스라엘은 이곳에서 우상 몰렉에게 유아를 살인하여 제물로 바쳤다. 요시야 왕이 종교개혁을 일으켜 이를 금했다. 이렇게 유대의 극악한 죄악상이 펼쳐져 더렵혀진 지역의 이름으로, 성경에서 지옥은 꺼지지

않는 불(9:43, 마 3:12,), 영원한 불(마 18:8-9), 불과 유황으로 고난 받는 곳(계 14:10) 등으로 묘사되고 있다.

이 지옥은 누가 가는가? 회개하고 예수를 구주로 영접한 자가 하나님의 자녀임에 반해 예수를 구주로 영접하지 않은 자는 하나님의 심판으로 이 땅의 삶을 끝내고 지옥에 갈 수밖에 없다. 또한 예수께서는 산상수훈에서 형제에게 노하는 자는 심판을 받으며, 형제를 라가(미련하고 무가치한 자)로 욕하는 자는 지옥불에 들어간다고 했다.

★악한 포도원 농부들에 대한 비유(12:1-12)

이 비유의 말씀에서 포도원 주인은 하나님이시다. 농부들은 예수 그리스도를 십자가에 돌아가시게 만드는 유대 지도자들과 백성이며, 종들은 하나님께서 보내신 선지자이다. 사랑하는 아들은 예수님이시며 포도원은 하나님의 나라(천국)이다. 농부들이 종들을 죽이고 아들까지 죽이자, 주인은 그들을 진멸하고 포도원을 다른 사람들에게 줄 것이라고 했다. 이 비유는 우리에게 무엇을 설명하고 있는가?

1〉 천국에 들어가는 것(구원)은 하나님의 역사이시다.

2〉 유대의 지도자들은 결국 예수를 십자가에 못 박아 죽게 할 것이다.

3〉 하나님은 유대 백성이 죽게 만든 예수님을 결국에는 머릿돌이 되게 하신다.

4〉 예수께서 돌아가시고 난 이후 부활하시고 승천하시면서 많은 유대인들이 예수를 믿는 역사가 일어났지만, 결국에는 다른 사람들 즉 이방인에게 복음이 증거 되는 성령의 역사가 일어날 것임을 시사하고 있다.

★복음의 이방전파(16:15-20)

예수님은 부활하신 이후 40일 동안 이 땅에서 지내시면서 부활을 의심하던 제자들에게 직접 나타나 보이셨다. 또 승천하시기 전에 온 천하 만민에게 복음을 전파하라는 전도의 사명을 모든 성도들에게 명령하셨다. 예수 믿고 세례받는 자는 구원을 받고, 믿지 않는 자는 정죄를 받는다고 말씀하시면서 전도

기억할 말씀

막 9:43-48
만일 네 손이 너를 범죄하게 하거든 찍어버리라 장애인으로 영생에 들어가는 것이 두 손을 가지고 지옥 곧 꺼지지 않는 불에 들어가는 것보다 나으니라 (없음) 만일 네 발이 너를 범죄하게 하거든 찍어버리라 다리 저는 자로 영생에 들어가는 것이 두 발을 가지고 지옥에 던져지는 것보다 나으니라 (없음) 만일 네 눈이 너를 범죄하게 하거든 빼버리라 한 눈으로 하나님의 나라에 들어가는 것이 두 눈을 가지고 지옥에 던져지는 것보다 나으니라 거기에서는 구더기도 죽지 않고 불도 꺼지지 아니하느니라

기억할 말씀

막 16:15-20
또 이르시되 너희는 온 천하에 다니며 만민에게 복음을 전파하라 믿고 세례를 받는 사람은 구원을 얻을 것이요 믿지 않는 사람은 정죄를 받으리라 믿는 자들에게는 이런 표적이 따르리니 곧 그들이 내 이름으로 귀신을 쫓아내며 새 방언을 말하며 뱀을 집어올리며 무슨 독을 마실지라도 해를 받지 아니하며 병든 사람에게 손을 얹은즉 나으리라 하시더라 주 예수께서 말씀을 마치신 후에 하늘로 올려지사 하나님 우편에 앉으시니라 제자들이 나가 두루 전파할새 주께서 함께 역사하사 그 따르는 표적으로 말씀을 확실히 증언하시니라]

막 8:34-37
무리와 제자들을 불러 이르시되 누구든지 나를 따라오려거든 자기를 부인하고 자기 십자가를 지고 나를 따를 것이니라 누구든지 자기 목숨을 구원하고자 하면 잃을 것이요 누구든지 나와 복음을 위하여 자기 목숨을 잃으면 구원하리라 사람이 만일 온 천하를 얻고도 자기 목숨을 잃으면 무엇이 유익하리요 사람이 무엇을 주고 자기 목숨과 바꾸겠느냐

하라고 선포하셨다. 특히 마가복음에서는 전도의 사명을 예수께서 명령하실 때에 마태복음이나 누가복음의 내용과 다르다. 마가복음에서는 귀신을 쫓아내며 새 방언을 말하며 뱀을 집어 올리며 무슨 독을 마실지라도 해를 받지 아니하는 이적과 표적의 역사를 복음전파와 함께 말씀하셨다.

이에 비해 마태복음에서는 모든 민족을 제자로 삼아 아버지와 아들과 성령의 이름으로 세례를 베풀라고 명령하셨다(마 28:18-20). 마가복음에서는 믿는 자에게 임할 표적을 강조하면서 전도의 사명을 명령하셨다. 또한 누가복음에서는 예수의 이름으로 죄 사함을 얻는 회개가 모든 족속에게 전파되리라고 말씀하시면서, 복음에 대한 증인이 되라고 명령하셨다. 그리고 믿는 자에게 약속하신 성령을 부어 주실 것이라고 말씀하셨다(눅 24:46-49). 이처럼 복음전파에 대한 선교 위임명령은 마태와 마가 · 누가 복음서에 분명하게 기록되어 있지만 복음서를 읽는 독자들에 따라 강조점이 다르다.

5. 더 깊은 연구와 삶의 적용

1. 마가복음을 읽으면서 나는 어떤 하나님을 경험하였는가?

2. 영원히 사하심을 받지 못하는 죄는 무엇인가?(3:20-30)

3. 예수를 따르는 자는 어떤 삶을 살아야 하는가?(8:34-37)

4. 예수님의 섬김을 통해 나는 무엇을 배우는가?(10:44-45)

5. 종말에 대해 성도는 어떤 자세를 취해야 한다고 말씀하셨는가?(13:33-37)

1)깨어 있으라
2)두려워하지 말라(살후 2:1-3)

3〉미혹을 받지 말라(마 24:5)

4〉환난을 참으라(눅 21:19)

5〉정결한 삶을 살아라(롬 13:12-14)

6〉재림을 사모하라(계 22:20)

7〉복음을 전파하라(마 24:14)

8〉기도하라(벧전 4:7)

9〉모이기를 힘쓰라(히 10:25)

6. 마태복음과 마가복음 · 누가복음의 지상명령은 어떻게 다른가?(마 20:19-20, 막 16:15-1, 눅 24:46-49)

기억할 말씀

막 13:33-37
주의하라 깨어 있으라 그 때가 언제인지 알지 못함이라 가령 사람이 집을 떠나 타국으로 갈 때에 그 종들에게 권한을 주어 각각 사무를 맡기며 문지기에게 깨어 있으라 명함과 같으니 그러므로 깨어 있으라 집 주인이 언제 올는지 혹 저물 때일는지, 밤중일는지, 닭 울 때일는지, 새벽일는지 너희가 알지 못함이라 그가 홀연히 와서 너희가 자는 것을 보지 않도록 하라 깨어 있으라 내가 너희에게 하는 이 말은 모든 사람에게 하는 말이니라 하시니라

누가복음

1. 누가복음을 어떻게 읽을 것인가

마태복음은 왕(메시야)으로 오신 예수님을!

마가복음은 고난 받는 종으로 오신 예수님을!

누가복음은 사람의 아들, 인자로 오신 예수님을!

요한복음은 하나님의 아들로 오신 예수님을 강조하면서 각각 기록되었다.

이방인 성도 데오빌로에게 복음을 가르치기 위해 보낸 서신이 누가복음이다. 유대의 전통이나 구약 성경에 대해 아무런 지식이 없는 자들이 처음 성경을 읽을 때, 누가복음은 큰 도움을 줄 수 있는 서신이다. 특별히 누가는 예수의 생애를 기록함에 있어 역사에 입각하여 순서대로 기록하였기에 다른 복음서에 비해 쉽게 이해할 수 있다. 인자(the Son of Man)로 오신 예수님을 설명하기 위해 세례 요한과 예수의 출생과 성장 과정도 기록하고 있다. 여기에 덧붙여 하나님이 인류의 조상이심을 선포하고 있다.

"그 위는 하나님이시니라"(눅 3:38)

모든 인류를 향한 복음임을 넌지시 암시하고 있다. 예수님의 탄생 소식을 전하는 자가 누가복음에서는 목자들로 나타나고 있다(마태복음은 동방의 박사들이 별을 따라 아기 예수를 찾아와 경배). 또한 아기 예수의 결례의식 등 예수님의 소년 시절에 대한 내용도 오직 누가복음에만 기록되어 있다(2:21-52). 예수님의 인성을 강조하기 위해 족보와 성장과정 등을 소상하게 알려주고 있다.

4장 이후부터 예수님의 사역이 구체적으로 펼쳐진다. 질병과 죄 · 가난 등 고통 속에 있는 자들과 이방인이나 여자 등 소외당한 자들을 향해 초점을 맞추고, 그들을 구원하시는 예수님의 사역을 설명하였다. 예수께서 십자가에서 돌아가시기 전 한 강도를 향해 구원을 선포하시는 내용도 오직 누가복음에만 기록되고 있다(23:43).

"내가 진실로 네게 이르노니 오늘 네가 나와 함께 낙원에 있으리라"

전체적인 내용을 살펴보면, 1:1–4:13은 예수님의 족보와 탄생 · 공생애를 시작하기 이전 유년기에 대한 언급과 세례 요한에 관한 내용을 담고 있다. 4:14–9:50은 예수님의 능력 행하심과 가르침 등의 사역에 대해 기록하였고, 9:51–19:27은 예수님을 따르는 자들이 점점 많아지면서 더욱 심해진 예수님에 대한 박해와 적대의 사실들을 다루고 있다. 19:28–24:53에는 예수의 십자가 고난과 부활의 승리, 승천을 기록하고 있다.

누가복음의 마지막에 예수께서 승천하시기 이전에 선포하신 말씀(24:48 '너희는 이 모든 일의 증인이라')을 기록하면서 사도행전 1장의 말씀(행 1:8 '예루살렘과 온 유대와 사마리아와 땅 끝까지 이르러 내 증인이 되리라')과 연결하고 있다.

2. 저자 · 기록연대 · 기록동기

저자와 기록연대: 누가는 바울의 동역자로 전도여행에도 함께 하였고 '사랑받는 의사' (골 4:14)로 불리었다. 또 사도행전의 저자이기도 하다. 기록연대와 장소는 정확하게 알려져 있지 않지만, 로마에서 AD 65–70년경에 기록된 것으로 추정된다. 네 복음서 중에서 가장 포괄적인 내용을 담고 있으며 역사를 바탕으로 연대기적으로 기록하고 있다.

기록동기: 누가복음은 이방인 성도였던 데오빌로에게 보내는 서신 형식으

기억할 말씀

눅 1:1–4
우리 중에 이루어진 사실에 대하여 처음부터 목격자와 말씀의 일꾼 된 자들이 전하여 준 그대로 내력을 저술하려고 붓을 든 사람이 많은지라 그 모든 일을 근원부터 자세히 미루어 살핀 나도 데오빌로 각하에게 차례대로 써 보내는 것이 좋은 줄 알았노니 이는 각하가 알고 있는 바를 더 확실하게 하려 함이로라

로 기록됐다. 유대인 보다는 이방인 독자들을 향해 민족과 신분에 구분 없이 모든 인류의 구세주 되신 예수 그리스도를 전하기 위함이다. 또한 구원의 확신이 없는 자와 기독교 신앙에 대해 확고하게 뿌리를 내리지 못한 이방 성도들에게 당시 횡행하던 이단과 불신자들의 유혹에서 벗어나도록 신앙의 지침과 확고한 증거를 제시하고자 하였다.

3. 누가복음의 파노라마

주제	예수(인자)에 대한 소개			예수의 사역	배척당하신 예수		예수의 고난과 부활	
내용 구분	1:1	3:1	3:21	4:14	9:51	12:1	19:28	24:1-53
	탄생 · 어린시절	세례 요한	세례와 시험	갈릴리 사역	배척 당하심	교훈과 가르침	고난과 죽음	부활과 승천
문체	역사적 서술이 담긴 서신형태의 복음서							
장소	유대			갈릴리	유대		예루살렘	
기간	배경연대: AD 27-30년경 기록연대: AD 65-70년경 마가복음 기록 이후							

1) 인자 예수님에 대한 소개(1-4:13)

기록 목적과 탄생 예언 1:1-38, 마리아의 찬가 1:39-56,
세례요한의 탄생과 사가랴의 찬양 1:57-80,
예수의 탄생과 목자들의 방문 2:1-20,
성전에서의 예언 2:21-39, 예수의 어린 시절 2:40-52,
세례요한의 사역 3:1-20, 예수의 세례 3:21-22,
예수의 족보 3:23-38, 사탄의 시험 4:1-13,

2) 인자의 사역(4:14-9:50)

예수의 사역 시작 4:14-30, 치유의 사역 4:31-44,
제자를 부르심 5:1-32, 비유의 말씀(새 포도주) 5:33-39,
안식일과 열두 제자의 선택 6:1-16, 예수의 설교말씀과 제자도 6:17-49,

기억할 말씀

눅 2:13-14
홀연히 수많은 천군이 그 천사들과 함께 하나님을 찬송하여 이르되 지극히 높은 곳에서는 하나님께 영광이요 땅에서는 하나님이 기뻐하신 사람들 중에 평화로다 하니라

눅 3:23-38
예수께서 가르치심을 시작하실 때에 삼십 세쯤 되시니라 사람들이 아는 대로는 요셉의 아들이니 요셉의 위는 헬리요 그 위는 맛닷이요 그 위는 레위요 그 위는 멜기요 그 위는 얀나요 그 위는 요셉이요 …… 그 위는 에노스요 그 위는 셋이요 그 위는 아담이요 그 위는 하나님이시니라

예수의 치유사역과 말씀 7:1-34, 옥합을 바친 여인 7:35-50,
비유의 말씀들 8:1-21, 이적과 치유 8:22-56, 열두 제자 파송 9:1-9,
오병이어 사건 9:10-17, 베드로 신앙고백과 고난 예고 9:18-27,
예수의 변모와 두 번째 고난 예고 9:28-50,

3〉 배척당하신 인자 예수님(9:51-19:27)

배척당하신 예수 9:51-56, 제자의 자격 9:57-62,
칠십 인의 파송 10:1-20, 하나님의 나라와 영생 10:21-37,
마리아와 마르다 10:38-42, 기도의 의미 11:1-13,
예수와 바알세불 11:14-28, 진정한 표적과 말씀 11:29-54,
위선과 염려 · 충성에 대한 교훈 12장, 회개와 천국에 대한 교훈 13장,
안식일 논쟁과 비유의 말씀 14:1-24, 제자도 14:25-35,
회개에 대한 비유 말씀들 15장, 불의한 청지기 16:1-13,
부자와 나사로의 비유 16:19-31, 죄와 용서에 대한 교훈 17:1-19,
예수 재림의 예언 17:20-37, 기도에 대한 충고 18:1-17,
부자와 하나님 나라 18:18-30, 맹인 치유 18:35-43,
삭개오의 구원과 열 므나 비유 19:1-27,

4〉 인자 예수님의 고난과 부활(19:28-24:53)

예루살렘 입성과 성전 정화 19:28-48, 예수의 권세에 대한 논쟁 20:1-8,
악한 농부 비유 20:9-18, 종교 지도자와 예수의 논쟁 20:19-26,
죽은 자의 부활 20:27-40, 다윗의 자손 20:41-44,
종말의 징조와 박해 21:7-36, 유다의 음모와 체포된 예수 22장,
빌라도의 심문과 판결 23:1-25, 예수의 십자가 죽음 23:26-56,
예수의 부활과 엠마오의 두 제자 24:1-35,
제자들에게 나타나신 예수와 승천 24:36-53

기억할 말씀

눅 5:31-32
예수께서 대답하여 이르시되 건강한 자에게는 의사가 쓸 데 없고 병든 자에게라야 쓸 데 있나니 내가 의인을 부르러 온 것이 아니요 죄인을 불러 회개시키러 왔노라

눅 8:21
예수께서 대답하여 이르시되 내 어머니와 내 동생들은 곧 하나님의 말씀을 듣고 행하는 이 사람들이라 하시니라

눅 11:11-13
너희 중에 아버지 된 자로서 누가 아들이 생선을 달라 하는데 생선 대신에 뱀을 주며 알을 달라 하는데 전갈을 주겠느냐 너희가 악할지라도 좋은 것을 자식에게 줄 줄 알거든 하물며 너희 하늘 아버지께서 구하는 자에게 성령을 주시지 않겠느냐 하시니라

눅 15:7
내가 너희에게 이르노니 이와 같이 죄인 한 사람이 회개하면 하늘에서는 회개할 것 없는 의인 아흔아홉으로 말미암아 기뻐하는 것보다 더하리라

눅 17:20-21
바리새인들이 하나님의 나라가 어느 때에 임하나이까 묻거늘 예수께서 대답하여 이르시되 하나님의 나라는 볼 수 있게 임하는 것이 아니요 또 여기 있다 저기 있다고도 못하리니 하나님의 나라는 너희 안에 있느니라

기억할 말씀

눅 19:8-10
삭개오가 서서 주께 여짜오되 주여 보시옵소서 내 소유의 절반을 가난한 자들에게 주겠사오며 만일 누구의 것을 속여 빼앗은 일이 있으면 네 갑절이나 갚겠나이다 예수께서 이르시되 오늘 구원이 이 집에 이르렀으니 이 사람도 아브라함의 자손임이로다 인자가 온 것은 잃어버린 자를 찾아 구원하려 함이니라

눅 21:29-38
이에 비유로 이르시되 무화과나무와 모든 나무를 보라 싹이 나면 너희가 보고 여름이 가까운 줄을 자연히 아나니 이와 같이 너희가 이런 일이 일어나는 것을 보거든 하나님의 나라가 가까이 온 줄을 알라 내가 진실로 너희에게 말하노니 이 세대가 지나가기 전에 모든 일이 다 이루어지리라 천지는 없어지겠으나 내 말은 없어지지 아니하리라 너희는 스스로 조심하라 그렇지 않으면 방탕함과 술취함과 생활의 염려로 마음이 둔하여지고 뜻밖에 그 날이 덫과 같이 너희에게 임하리라 이 날은 온 지구상에 거하는 모든 사람에게 임하리라 이러므로 너희는 장차 올 이 모든 일을 능히 피하고 인자 앞에 서도록 항상 기도하며 깨어 있으라 하시니라 예수께서 낮에는 성전에서 가르치시고 밤에는 나가 감람원이라 하는 산에서 쉬시니 모든 백성이 그 말씀을 들으려고 이른 아침에 성전에 나아가더라

4. 누가복음 해석의 키워드

★예언의 성취이신 예수

예수님은 성령으로 잉태되시고, 처녀의 몸을 통해 이 땅에 오셨다. 구약에 나타난 메시야에 대한 모든 예언은 예수 그리스도를 통해 이루어졌다(사 7:14, 9:6, 마 1:21-23). 특히 누가는 선지자 시므온과 안나를 통해 이스라엘이 기다리던 메시야가 왔음을 알려 주고 있다(2:28-39). 이사야 선지자의 예언을 인용하면서 예수의 사역을 설명하고 있다(4:17-19). "모세의 율법과 선지자의 글과 시편에 나를 가리켜 기록된 모든 것이 이루어져야 하리라"(24:44-45)는 말씀은 예수가 바로 구약의 약속의 성취자임을 분명하게 밝히고 있다.

★예수님의 가르침과 자기 칭호(인자)

예수님은 인간의 몸을 입고 이 세상에 오셔서 인간의 고통과 아픔을 직접 경험하셨다. 모든 인류를 구원하시고자 십자가에서 대속의 제물로 돌아가셨는데, 자신을 인자(사람의 아들)로 표현하셨다(5:23-26, 6:1-5, 19:10). 신약 성경에서 이 문구는 다니엘 7장 13절과 자주 연결이 되는데, 거기에 보면 '인자 같은 이'가 고난의 기간을 거친 후 인정을 받고 하늘 구름을 타고 와서 '옛적부터 항상 계신 이에게' 나아가 왕의 권세를 얻는다고 되어 있다. 1세기 무렵에는 이것을 메시야에 대한 약속으로 이해하는 유대인들도 있었다. 예수님은 몇몇 핵심적인 말씀에서 이 구절을 나름대로 발전시키셨는데, 예수님 자신이 고난을 받고 나면 하나님이 예수님을 인정하실 것이고 예수님의 반대자들을 심판하실 것임을 믿으셨던 것으로 이해하는 것이 가장 적절할 것이다(예를 들어, 막 14:62). 예수님은 이 문구를 자신을 가리키는 은밀한 용어로 사용하실 수 있었다(예수님을 반대하는 자들에게는 자신에 대한 오해를 방지한다는 의미이기도 하다). 그럼으로써 자신이 받을 고난, 정당성 인정, 그리고 하나님이 주신 권위를 암시할 수 있었다.

★잃어버린 자를 찾아오신 구원자 예수님

예수님은 병든 자. 귀신들린 자, 가난한 자, 소외된 자 등 잃어버린 자를 찾아 구원하시고자 이 땅에 오셨다. 또한 이방인과 여성, 십자가에 달린 행악자에 이르기까지 온갖 부류의 사람들을 불쌍히 여기시고 구체적인 사랑(구원)을 표현하셨다(5:27–39, 8:1–3, 15:1–32, 19:10, 23:39–43).

★역사 안에서의 예수님

예수님의 단생과 사역과 고난, 죽음과 부활, 승천 등 이 보든 일들이 일반 역사 안에서 일어난 구체적인 사건임을 분명하게 드러내고 있다(1:5, 2:1–2, 3:1–2).

> "그 때에 가이사 아구스도가 영을 내려 천하로 다 호적하라 하였으니 이 호적은 구레뇨가 수리아 총독이 되었을 때에 처음 한 것이라"(눅 2:1–2)

★예수의 생애에서 중요한 사건들

1〉 동정녀 탄생(마 1:18–25)

2〉 세례와 시험받으심(마 3:13–4:11)

3〉 성전을 정화하심(요 2:13–25)

4〉 12 사도의 택함과 파송(눅 9:1–6)

5〉 산상수훈과 천국에 대한 비유의 말씀 선포(마 5–7장, 13장, 22:1–14)

6〉 죽은 자를 살리심과 축복하심(마 8:14–17, 9:18–26)

7〉 오병이어와 수많은 기적(마 14:13–33, 15:32–36)

8〉 베드로의 신앙고백(마 16:13–20)

9〉 변화산 사건(마 17:1–13)

10〉 예루살렘 입성(마 21:1–11)

11〉 종말론 설교(마24:1–51)

12〉 유월절 성만찬(마 26:17–29)

13〉 십자가에 죽으심(마 26:57–27:56)

기억할 말씀

눅 5:23–26
네 죄 사함을 받았느니라 하는 말과 일어나 걸어가라 하는 말이 어느 것이 쉽겠느냐 그러나 인자가 땅에서 죄를 사하는 권세가 있는 줄을 너희로 알게 하리라 하시고 중풍병자에게 말씀하시되 내가 네게 이르노니 일어나 네 침상을 가지고 집으로 가라 하시매 그 사람이 그들 앞에서 곧 일어나 그 누웠던 것을 가지고 하나님께 영광을 돌리며 자기 집으로 돌아가니 모든 사람이 놀라 하나님께 영광을 돌리며 심히 두려워하여 이르되 오늘 우리가 놀라운 일을 보았다 하니라

눅 8:1–3
그 후에 예수께서 각 성과 마을에 두루 다니시며 하나님의 나라를 선포하시며 그 복음을 전하실새 열두 제자가 함께 하였고 또한 악귀를 쫓아내심과 병 고침을 받은 어떤 여자들 곧 일곱 귀신이 나간 자 막달라인이라 하는 마리아와 헤롯의 청지기 구사의 아내 요안나와 수산나와 다른 여러 여자가 함께 하여 자기들의 소유로 그들을 섬기더라

기억할 말씀

눅 18:24-30

예수께서 그를 보시고 이르시되 재물이 있는 자는 하나님의 나라에 들어가기가 얼마나 어려운지 낙타가 바늘귀로 들어가는 것이 부자가 하나님의 나라에 들어가는 것보다 쉬우니라 하시니 듣는 자들이 이르되 그런즉 누가 구원을 얻을 수 있나이까 이르시되 무릇 사람이 할 수 없는 것을 하나님은 하실 수 있느니라 베드로가 여짜오되 보옵소서 우리가 우리의 것을 다 버리고 주를 따랐나이다 이르시되 내가 진실로 너희에게 이르노니 하나님의 나라를 위하여 집이나 아내나 형제나 부모나 자녀를 버린 자는 현세에 여러 배를 받고 내세에 영생을 받지 못할 자가 없느니라 하시니라

14〉 삼일 만에 부활하심(마 28:1-10)

15〉 승천하심(눅 24:51)

★하나님의 나라

하나님의 나라는 17장 20-21절에 의하면 이미 너희 안에 있다고 예수님은 설명하고 있다. 예수 그리스도를 구원주로 고백한 모든 믿는 자의 삶 속에 이미 하나님의 나라는 임했다는 것이다. 또한 하나님의 나라는 성령을 힘입어 귀신을 쫓아내는 것이면 이미 너희에게 임하였다(마 12:28, 눅 11:20)고 말씀하셨다. 즉 하나님의 나라는 성령의 역사를 통해 성도들의 삶속에 있다.

하나님의 나라에 들어갈 자는 누구인가? 예수님은 '어린 아이들이 내게 오는 것을 용납하고 금하지 말라 하나님의 나라가 이런 자의 것이니라' 고 대답하신다(눅 18:16-17). 어린 아이들의 순수함은 바리새인들의 종교적인 관습이나 서기관들의 냉소적인 질문과 비교해 볼 때 대조를 이룬다. 하나님의 나라는 자신의 종교적인 형식이나 노력으로 들어갈 수 없다. 또한 예수님은 비유의 말씀으로 낙타가 바늘귀로 들어가는 것이 부자가 하나님의 나라에 들어가는 것보다 쉽다고 말씀하셨는데, 이는 자신의 소유 재산에 집착하는 관원을 향해 말씀하신 것이다(18:24-25). 즉 소유가 많을수록 소유를 포기하지 못하기 때문에 부자는 소유 재산에 마음 중심을 둘 수밖에 없다는 것이다. 그러나 예수님은 하나님의 나라를 위해 집, 아내, 형제, 부모, 자녀를 버린 자는 현세에 여러 배를 받고 내세에 영생을 받는다고 말씀하셨다(18:29-30). 이는 자신의 가족이나 집을 팽개치라는 의미가 아니라, 이 땅의 삶에서 하나님 나라의 도래에 최우선 순위를 두라는 것이다. 즉 삶의 우선순위를 하나님 나라의 도래에 두어 그것을 전파하라는 것이다(눅 9:62 참조).

누가는 산헤드린 공회 의원으로 예수님의 시신을 거두어 장사지낸 아리마대 사람 요셉을 가리켜 '하나님의 나라를 기다리는 자' 라고 했다. 자신의 신분에 구애받지 않고 십자가의 죄인을 장사지낸 요셉의 신앙이 곧 하나님 나라를 기다리는 자이다(눅 23:50-51). 하나님의 나라는 신앙고백한 모든 성도들의 삶에 이미 임했고, 지금 현재에도 계속해서 임하고 있다. 하나님의 나라는

그러나 아직 이 땅에서 완성되지 않았다. 예수께서 재판장으로 재림하실 그 날에 하나님의 나라는 완성된다.

★낙심하지 말고 기도하라(18:1-8)

예수께서 기도할 때 결코 낙심하지 말 것을 비유로 말씀하셨다. 하나님을 두려워하지 않고 사람을 무시하는 불의한 재판관도 자신의 원한을 풀어 달라고 끊임없이 탄원하는 과부를 돌아보는데 하물며 하나님의 자녀들이 밤낮 부르짖을 때 그들의 원한을 풀어주지 않겠느냐, 하나님이 이를 오래 참으시겠느냐고 말씀하셨다. 원한에 맺힌 간구에 대한 주님의 위로의 말씀이다. 그러나 예수께서 재림하실 때 세상에서 믿음을 보겠느냐고 말씀하셨다. 이는 예수께서 세상의 심판주로 재림하실 때 이 땅에 살면서 어떻게 믿음생활 하였는지 보실 것임을 나타내고 있다. 성도의 삶의 태도는 원통하고 힘든 삶에 대해 낙심하지 말고 끊임없이 기도함으로 하나님의 응답하심을 보라고 강조하고 있다.

★하나님의 천지창조(한 주)와 예수님의 고난주간(한 주)

＊하나님의 천지창조(창 1:3-2:3)

• 1날: 월(빛), • 2날: 화(궁창 · 땅),
• 3날: 수(풀과 채소 · 열매), • 4날: 목(해와 달 · 별),
• 5날: 금(새와 물고기), • 6날: 토(동물과 사람), • 7날: 일(안식)

6일 동안 계속해서 창조사역을 하시고 하나님은 '보시기에 좋았더라' 고 하시면서 만족하셨다. 그리고 7일째 되는 날 안식을 취하셨다.

＊예수님의 고난주간(22:1-71)

1날: 일(예루살렘 입성 마 21:1-11),
2날: 월(무화과나무 저주 마 21:18-22),
3날: 화(메시야 논쟁, 종말에 대한 선포 마 21:23-25),

기억할 말씀

눅 24:44-49
또 이르시되 내가 너희와 함께 있을 때에 너희에게 말한 바 곧 모세의 율법과 선지자의 글과 시편에 나를 가리켜 기록된 모든 것이 이루어져야 하리라 한 말이 이것이라 하시고 이에 그들의 마음을 열어 성경을 깨닫게 하시고 또 이르시되 이같이 그리스도가 고난을 받고 제삼일에 죽은 자 가운데서 살아날 것과 또 그의 이름으로 죄 사함을 받게 하는 회개가 예루살렘에서 시작하여 모든 족속에게 전파될 것이 기록되었으니 너희는 이 모든 일의 증인이라 볼지어다 내가 내 아버지께서 약속하신 것을 너희에게 보내리니 너희는 위로부터 능력으로 입혀질 때까지 이 성에 머물라 하시니라

4날: 수(공식적 행사 없음),
5날: 목(최후의 만찬 마 26:17-29),
6날: 금(십자가에 죽으심 마 27:1-6),
7날: 토(무덤에 계심 마 27:57-66),
8날: 일(부활하심 마 28:1-15)

예수님께서 십자가에 못 박히시던 그 마지막 한 주간은 죄인을 구원하시기 위한 구속의 역사요, 창조 당시에 '좋았더라'는 하나님의 재창조의 역사이다. 이는 창조 당시로의 회복의 역사이기도 하다.

★복음 전파(24:44-49)

그리스도가 고난을 받고 삼일 만에 죽은 자 가운데서 살아난 것과 그의 이름으로 죄 사함을 얻게 하는 회개가 예루살렘에서 시작하여 모든 민족에게 전파하도록 예수님은 제자들에게 명령하셨다. 특히 누가는 '너희는 이 모든 일의 증인'이라고 하면서 '위로부터 능력으로 입혀질 때까지 예루살렘 성에 머물라'(24:48-49)는 예수님의 말씀을 다른 복음서에 비해 더 상세하게 기록하고 있다. 복음전파는 성령을 힘입어야 가능한 일이라는 것이다. 그리고 그들을 축복하시면서 승천하셨는데 사도행전은 이 부분에서 시작된다.

사도행전에서는 예수님께서 복음전파에 대해 보다 더 강한 어조로 말씀하셨다. "오직 성령이 너희에게 임하시면 너희가 권능을 받고 예루살렘과 온 유대와 사마리아와 땅 끝까지 이르러 내 증인이 되리라 하시니라"(행 1:8). 누가는 누가복음과 사도행전을 통해, 복음전파는 예수 믿는 자들이 반드시 해야 될 일로 증인의 역할을 다하라고 했다. 또한 복음전파는 사람의 능력이 아닌 성령의 역사임을 분명히 알려주고 있다.

★공관복음서(마태 · 마가 · 누가 복음)

복음서는 각 저자들마다의 독특성이 나타나 있다. 마태복음은 당시의 유대인들을 향하여, 마가복음은 로마인들을 향하여, 누가복음은 유대인을 제외한 이방인들을 향하여, 그리고 요한복음은 사도 요한이 소아시아의 성도를(특히

에베소 교회를 중심으로) 위해 각각 기록하였다. 공관복음서는 예수 그리스도의 생애와 그의 가르침에 대해 같은 관점에서 기록하고 있음에 비해, 요한복음은 예수 그리스도의 생애에 대해 기술하면서 신학적인 해석을 담고 있다. 그것이 바로 요한복음의 독특함이다.

복음서의 기자들은 자신들이 경험한 예수를 과시하려는 것이 아니다. 예수 그리스도를 통해 나타난 하나님의 구원 역사를 기록하려고 했다.

공관복음서는 예수 그리스도의 생애에 대해 기록하고 있다는 점에서 서로 유사성을 지니고 있지만 세부적으로는 내용이나 사건의 순서에서 약간의 차이가 있다. 그러나 전체적인 맥락에서 볼 때 거의 일치하고 있다. 부분적인 차이점이 있기는 하다. 하지만 그것은 예수 그리스도의 생애와 그의 가르침에 대해 저자들이 경험하고 들은 내용을 강조점과 대상이 다른 독자들을 향해 묘사하고 있기 때문이다. 이를 통해 성경의 독자들은 예수 그리스도에 대해 더 풍성하게 만날 수 있게 되었다. 하나님의 섭리 가운데 기록된 복음서는 하나님의 계시자이시며 동시에 인간으로 오신 예수 그리스도에 대한 역사서요, 신앙고백서요, 증언서이다.

5. 더 깊은 연구와 삶의 적용

1. 누가복음을 읽으면서 나는 어떤 하나님을 경험하였는가?

2. 예수 그리스도의 참된 제자도란 무엇인가? 이에 대해 묵상하는 시간을 갖자(6:39-49, 14:25-35).

3. 예수님을 따르며 섬긴 여인들은 누구인가?(눅 8:2-3, 24:1-10)

   막달라 마리아(막 16:9), 구사의 아내 요안나(눅 8:3), 수산나 · 주의 모친 마리아(마 1:18-25), 나사로의 누이 마리아와 마르다(요 11:1), 야고보와

기억할 말씀

눅 11:20
그러나 내가 만일 하나님의 손을 힘입어 귀신을 쫓아낸다면 하나님의 나라가 이미 너희에게 임하였느니라

눅 17:20-21
바리새인들이 하나님의 나라가 어느 때에 임하나이까 묻거늘 예수께서 대답하여 이르시되 하나님의 나라는 볼 수 있게 임하는 것이 아니요 또 여기 있다 저기 있다고도 못하리니 하나님의 나라는 너희 안에 있느니라

눅 18:16-17
예수께서 그 어린 아이들을 불러 가까이 하시고 이르시되 어린 아이들이 내게 오는 것을 용납하고 금하지 말라 하나님의 나라가 이런 자의 것이니라 내가 진실로 너희에게 이르노니 누구든지 하나님의 나라를 어린 아이와 같이 받아들이지 않는 자는 결단코 거기 들어가지 못하리라 하시니라

요 20:19-23
이 날 곧 안식 후 첫날 저녁 때에 제자들이 유대인들을 두려워하여 모인 곳의 문들을 닫았더니 예수께서 오사 가운데 서서 이르시되 너희에게 평강이 있을지어다 이 말씀을 하시고 손과 옆구리를 보이시니 제자들이 주를 보고 기뻐하더라 예수께서 또 이르시되 너희에게 평강이 있을지어다 아버지께서 나를 보내신 것 같이 나도 너희를 보내노라 이 말씀을 하시고 그들을 향하사 숨을 내쉬며 이르시되 성령을 받으라 너희가 누구의 죄든지 사하면 사하여질 것이요 누구의 죄든지 그대로 두면 그대로 있으리라 하시니라

요셉의 어머니 마리아(마 27:56, 막 16:1), 살로메(막 15:40, 16:1), 가난한 과부(눅 21:1-4) 등.

그들은 갈릴리에서 십자가와 부활에 이르기까지 예수의 생애와 사역의 목격자가 되었다. 당시 남녀 차별이 심했던 상황 속에서 여인들의 봉사를 복음서에 기록한 것은, 비록 세상에서는 소외당하고 힘이 약한 자라 해도 하나님의 나라를 이 땅에 건설함에 있어 큰 기여가 이루어졌음을 나타내고 있다.(p. 68도 참고하시오)

4. 하나님의 나라에 들어갈 자는 누구인가?(11:20, 17:20-21, 18:16-17 참고)

5. 예수께서는 왜 이 땅에 오셔서 십자가에서 대속의 죽음을 당하셨나?(5:31-32, 19:10)

6. 예수님의 사형을 집행했던 백부장은 마지막에 어떻게 증언하였는가?(눅 23:47, 마 27:54, 막 15:39)

7. 엠마오에서 돌아 온 두 제자가 사도들에게 예수님을 만난 사실을 말할 때, 친히 그 가운데 서서 어떤 말씀을 선포하시는가?(24;36)

   예수님을 만나는 모든 사람들에게 "평강이 있으라"는 축복의 말씀을 선포하셨다(눅 2:14 참조). 오늘도 부활의 주님을 만나는 자의 삶에는 평강이 있다(눅 24:36). 그리고 "성령을 받으라"고 말씀하셨다(요 20:19-23).

8. 승천하시기 전 예수님께서 제자들에게 주신 지상명령을 묵상하면서, 우리는 어떻게 증인의 삶을 살고 있는지 돌아보는 시간을 갖자(눅 24:44-53).

제3과

요한복음

1. 요한복음을 어떻게 읽을 것인가

요한복음은 공관복음이 기록된 이후 적어도 20여년의 세월이 지나 사도 요한에 의해 기록됐다(AD 85년 전후). 요한은 이전에 기록된 복음서들을 읽으면서 보다 더 필요한 부분들을 첨가하고, 자신만의 해석을 담아 후세 성도들의 신앙에 유익을 주고자 하였다.

어떤 성도들은 요한복음이 다른 복음서에 비해 훨씬 영적인 복음이라고 얘기한다. 요한복음은 영적인 충만함 없이 이해하기 어렵다. 모든 성경의 내용은 성령의 인도함 없이 읽으려면 도무지 이해할 수 없다. 요한복음의 경우는 더욱 더 그렇다. 이는 1장 1절에서 벌써 발견하게 된다.

"태초에 하나님이 천지를 창조하시니라"(창 1:1)라는 말씀으로 성경이 시작되고 있는데, 요한복음은 "태초에 말씀이 계시니라"(요 1:1)로 시작된다.

서두부터 아주 독특한 선포로 시작되고 있다. 이어서 참 빛으로 오신 존재를 소개하면서, 그를 믿는 자들에게는 하나님의 자녀가 되는 권세를 주셨고, 말씀이 육신이 되어 우리에게 거하시매 우리가 그의 영광을 본다고 했다. 이는 성육신하신 예수 그리스도이시다. 사도 요한은 말씀이 육신이 되는 성육신을 설명하면서 예수 그리스도가 신적인 존재임을 분명히 증거하고 있다.

공관복음(마태 · 마가 · 누가)에 나타나지 않는 기적의 사건들과 교훈들이 요한복음에 많이 담겨 있다. 뿐만 아니라 예수님께서 스스로를 설명하는 '생명의 떡, 세상의 빛, 선한 목자, 부활이요 생명이니, 길이요 진리요 생명이니' 등 선포의 형식을 가진 표현들이 많다(6:35, 8:12, 9:5, 10:14, 11:25, 14:6). 이러한 표현들을 통해 예수가 하나님의 아들임을 드러내고 있다.

다른 복음서와는 달리 성령에 대해서도 상세하게 설명하고 있다(14-16장). 진리의 성령이 오시면 그 분이 바로 우리를 진리 가운데로 인도하시며, 마음이 기쁠 것이라 했다(16:13-22). 예수님께서 부활하시고 제자들에게 나타나셨을 때 성령을 받으라고 말씀하셨다.

"성령을 받으라 너희가 누구의 죄든지 사하면 사하여질 것이요 누구의 죄든지 그대로 두면 그대로 있으리라"(요 20:22-23)

전체적인 내용을 살펴보면, 1:1-18은 서론적인 개요로서 성육신에 대해 기록하였다. 1:19-4:54은 세례 요한, 제자들, 예수님의 말씀과 이적을 통해 예수가 하나님의 아들이심을 증거하고 있다. 5:1-12:50은 예수님의 사역과 배척당하심에 관해 기록하였고, 13:1-17:26은 하나님 아들의 가르침과 교훈의 말씀들을 담고 있다. 18:1-21:25은 하나님 아들의 십자가 고난과 죽음, 부활, 부활 이후의 나타나심을 기록하고 있다.

다른 세 복음서에서는 선교 위임명령과 예수의 승천에 대해 기록하였는데 (마태는 승천 기사 없음) 비해, 요한복음은 예수님께서 베드로에게 주신 말씀으로 마무리하고 있다. 이 말씀은 예수를 3번이나 부인했던 사도 베드로가 죄책감과 절망감에서 벗어나 초대 예루살렘 교회의 사역자로서 담대하게 헌신하도록 인도하였다(21:15-17).

"내 어린 양을 먹이라" "내 양을 치라" "내 양을 먹이라"

2. 저자 · 기록연대 · 기록동기

저자와 기록연대: 저자는 사도 중의 한 사람인 요한으로, 세베대의 아들이

기억할 말씀

요 1:1-14
태초에 말씀이 계시니라 이 말씀이 하나님과 함께 계셨으니 이 말씀은 곧 하나님이시니라 그가 태초에 하나님과 함께 계셨고 만물이 그로 말미암아 지은 바 되었으니 지은 것이 하나도 그가 없이는 된 것이 없느니라 그 안에 생명이 있었으니 이 생명은 사람들의 빛이라 빛이 어둠에 비치되 어둠이 깨닫지 못하더라 하나님께로부터 보내심을 받은 사람이 있으니 그의 이름은 요한이라 그가 증언하러 왔으니 곧 빛에 대하여 증언하고 모든 사람이 자기로 말미암아 믿게 하려 함이라 그는 이 빛이 아니요 이 빛에 대하여 증언하러 온 자라 참 빛 곧 세상에 와서 각 사람에게 비추는 빛이 있었나니 그가 세상에 계셨으며 세상은 그로 말미암아 지은 바 되었으되 세상이 그를 알지 못하였고 자기 땅에 오매 자기 백성이 영접하지 아니하였으나 영접하는 자 곧 그 이름을 믿는 자들에게는 하나님의 자녀가 되는 권세를 주셨으니 이는 혈통으로나 육정으로나 사람의 뜻으로 나지 아니하고 오직 하나님께로부터 난 자들이니라 말씀이 육신이 되어 우리 가운데 거하시매 우리가 그의 영광을 보니 아버지의 독생자의 영광이요 은혜와 진리가 충만하더라

며 갈릴리의 어부였다. 예수님의 부르심을 받고 평생 복음을 증거하며 요한일 · 이 · 삼서와 요한계시록을 기록하였다. 그는 자신을 '예수께서 사랑하시는 그 제자' 로 표기하였다(21:20). 기록연대는 공관복음(마태 · 마가 · 누가)이 모두 기록된 이후 사도 요한이 밧모섬으로 유배가기 전, AD 85년 무렵으로 추정된다.

기록동기: 요한은 에베소 교회를 중심으로 소아시아 교회들과 성도들을 위해 예수의 하나님 아들 되심과 성육신을 설명하고자 하였다. 당시 에베소 지역은 헬라 사상의 영향으로 영지주의(예수님의 하나님 아들 되심과 성육신을 부인하는 이단)와 다른 거짓 가르침을 전하는 자들이 많았는데, 이들로부터 성도들의 신앙을 지키고 보호하기 위해 대화와 설교 등의 교훈을 중심으로 기록하였다. 다음 구절이 요한복음을 기록하게 된 의도를 분명하게 밝히고 있다.

"오직 이것을 기록함은 너희로 예수께서 하나님의 아들 그리스도이심을 믿게 하려 함이요 또 너희로 믿고 그 이름을 힘입어 생명을 얻게 하려 함이니라"(요 20:31)

3. 요한복음의 파노라마

주제	하나님의 아들에 대한 표적들(7)			하나님 아들의 교훈	고난과 부활
내용 구분	1:1	1:19	5:1	13:1	18:1 – 21:25
	아들의 성육신	아들의 증거	아들의 사역과 배척당함	아들의 가르침	아들의 고난과 영광
문체	사건에 대한 서술 보다는 영적인 해설이 담긴 복음서				
장소	마태 · 마가 · 누가 복음서는 갈릴리 중심으로, 요한복음은 예루살렘 중심				
기간	배경연대: AD 27–30년경　기록연대: AD 85–90년경				

기억할 말씀

요 1:15-18
요한이 그에 대하여 증언하여 외쳐 이르되 내가 전에 말하기를 내 뒤에 오시는 이가 나보다 앞선 것은 나보다 먼저 계심이라 한 것이 이 사람을 가리킴이라 하니라 우리가 다 그의 충만한 데서 받으니 은혜 위에 은혜러라 율법은 모세로 말미암아 주어진 것이요 은혜와 진리는 예수 그리스도로 말미암아 온 것이라 본래 하나님을 본 사람이 없으되 아버지 품 속에 있는 독생하신 하나님이 나타내셨느니라

요 2:11
예수께서 이 첫 표적을 갈릴리 가나에서 행하여 그의 영광을 나타내시매 제자들이 그를 믿으니라

요 4:14-24
내가 주는 물을 마시는 자는 영원히 목마르지 아니하리니 내가 주는 물은 그 속에서 영생하도록 솟아나는 샘물이 되리라 …… 예수께서 이르시되 여자여 내 말을 믿으라 이 산에서도 말고 예루살렘에서도 말고 너희가 아버지께 예배할 때가 이르리라 너희는 알지 못하는 것을 예배하고 우리는 아는 것을 예배하노니 이는 구원이 유대인에게서 남이라 아버지께 참되게 예배하는 자들은 영과 진리로 예배할 때가 오나니 곧 이 때라 아버지께서는 자기에게 이렇게 예배하는 자들을 찾으시느니라 하나님은 영이시니 예배하는 자가 영과 진리로 예배할지니라

1〉 하나님 아들의 성육신(1:1-18)

육신을 입으신 그리스도

2〉 하나님 아들의 증거(1:19-4:54)

세례 요한의 증거 1:19-34, 제자를 부르심 1:35-51,
가나 혼인잔치의 이적 2:1-12, 성전 정화 2:13-25,
니고데모와 거듭남 3:1-21, 세례 요한의 마지막 증언 3:22-36,
사마리아 여인과 예수 4:1-26, 참 양식되신 예수 4:27-42,
치유의 기적 4:43-54

3〉 하나님 아들의 사역과 배척(5-12장)

베데스다 연못의 병자 5:1-18, 예수님의 자기 증언 5:19-47,
오병이어와 물 위를 걸으심 6:1-21, 생명의 주되신 예수님 6:22-71,
예루살렘으로 가심 7:1-24, 종교 지도자들과의 갈등 7:25-53,
간음한 여인 8:1-11, 세상의 빛이요 진리 8:12-31,
죄로부터의 자유 8:31-41, 하나님께 속한 자 8:42-59,
육적 맹인과 영적 맹인 9장, 선한 목자 10:1-21,
예수님의 설교 10:22-42, 나사로를 살리심 11장,
마리아의 향유 12:1-11, 승리의 예루살렘 입성 12:12-36,
유대인들의 불신 12:37-50

4〉 하나님 아들의 가르침(13-17장)

제자들의 발을 씻기심 13:1-20, 유다의 배신 13:21-30,
새 계명 13:31-38, 길과 진리이신 예수님 14:1-15,
성령에 대한 약속 14:16-31, 참 포도나무이신 예수 15:1-27,
성령 강림을 약속 16:1-15, 죽음과 부활에 대한 예고 16:16-33,
예수님의 중보기도 17장

5〉 하나님 아들의 수난과 영광(18-21장)

체포 · 심문 당하신 예수님 18:1-24,

베드로의 부인과 빌라도 심문 18:25-40,

빌라도의 사형선고 19:1-16, 십자가에 못 박히심 19:30,

무덤에 장사된 예수님 19:31-42, 부활하신 예수님 20:1-10,

부활의 예수님을 만난 자들(막달라 마리아 · 제자들 · 도마) 20:11-31,

디베랴 호수에서의 예수님 21:1-14, 베드로에게 주신 명령 21:15-25

4. 요한복음 해석의 키워드

★말씀이 육신이 되어 오신 예수 그리스도(1:1-18)

'로고스' (말씀)는 원래 헬라 철학에서 우주 만물과 인간의 영혼에 내재한 이성적 원리를 가리키는 단어이다. 사도 요한은 당시 지식인들이 사용하던 로고스라는 단어에 예수님이 우주의 이성적 원리의 실체이시며 창조와 인간 역사에 계속해서 말씀으로 관여해 오신 분이심을 설명하였다. 예수는 로고스(말씀) 자체이시며 무한히 전 역사를 주관하신 참 하나님이시요, 태초부터(창조 역사의 시작 이전) '말씀' (로고스)이시며, 말씀으로 세상을 창조하시고, 섭리하시며, 다스리시며, 인도하시는 하나님의 계시자이시다. 말씀이신 예수님이 때가 이르매 육신을 입고 이 땅에 오셨다(요 1:14). 예수께서 육신의 옷을 입고 오심은 자기 백성을 죄에서 구원하시려고 오신 것이다(마 1:21).

★하나님의 아들 예수는 구원자

예수님은 하나님의 독생자이시며(요 3:16), 하나님이신 신적인 존재이시다. 하나님께 불순종하여 죄의 종이 된 인류를 사망에서 구원하기 위해 이 세상에 육신의 옷을 입고 오셨다. 하나님께서 독생자 예수를 인간의 죄를 대속하시고자 속죄 제물로 내어주심으로 하나님의 큰 사랑을 나타내셨다. 예수의 십자가 죽음으로 나의 죄가 하나님으로부터 사함을 받았다는 이 신앙고백에

기억할 말씀

요 5:24-29
내가 진실로 진실로 너희에게 이르노니 내 말을 듣고 또 나 보내신 이를 믿는 자는 영생을 얻었고 심판에 이르지 아니하나니 사망에서 생명으로 옮겼느니라 진실로 진실로 너희에게 이르노니 죽은 자들이 하나님의 아들의 음성을 들을 때가 오나니 곧 이 때라 듣는 자는 살아나리라 아버지께서 자기 속에 생명이 있음 같이 아들에게도 생명을 주어 그 속에 있게 하셨고 또 인자됨으로 말미암아 심판하는 권한을 주셨느니라 이를 놀랍게 여기지 말라 무덤 속에 있는 자가 다 그의 음성을 들을 때가 오나니 선한 일을 행한 자는 생명의 부활로, 악한 일을 행한 자는 심판의 부활로 나오리라

요 11:25-26
예수께서 이르시되 나는 부활이요 생명이니 나를 믿는 자는 죽어도 살겠고 무릇 살아서 나를 믿는 자는 영원히 죽지 아니하리니 이것을 네가 믿느냐 예께서 이르시되 나는 부활이요 생명이니 나를 믿는 자는 죽어도 살겠고 무릇 살아서 나를 믿는 자는 영원히 죽지 아니하리니 이것을 네가 믿느냐

요 14:6
예수께서 이르시되 내가 곧 길이요 진리요 생명이니 나로 말미암지 않고는 아버지께로 올 자가 없느니라

기억할 말씀

요 14:25-28
내가 아직 너희와 함께 있어서 이 말을 너희에게 하였거니와 보혜사 곧 아버지께서 내 이름으로 보내실 성령 그가 너희에게 모든 것을 가르치고 내가 너희에게 말한 모든 것을 생각나게 하리라 평안을 너희에게 끼치노니 곧 나의 평안을 너희에게 주노라 내가 너희에게 주는 것은 세상이 주는 것과 같지 아니하니라 너희는 마음에 근심하지도 말고 두려워하지도 말라 내가 갔다가 너희에게로 온다 하는 말을 너희가 들었나니 나를 사랑하였더라면 내가 아버지께로 감을 기뻐하였으리라 아버지는 나보다 크심이라

요 15:16-17
너희가 나를 택한 것이 아니요 내가 너희를 택하여 세웠나니 이는 너희로 가서 열매를 맺게 하고 또 너희 열매가 항상 있게 하여 내 이름으로 아버지께 무엇을 구하든지 다 받게 하려 함이라 내가 이것을 너희에게 명함은 너희로 서로 사랑하게 하려 함이라

요 17:3
영생은 곧 유일하신 참 하나님과 그가 보내신 자 예수 그리스도를 아는 것이니이다

요 20:30-31
예수께서 제자들 앞에서 이 책에 기록되지 아니한 다른 표적도 많이 행하셨으나 오직 이것을 기록함은 너희로 예수께서 하나님의 아들 그리스도이심을 믿게 하려 함이요 또 너희로 믿고 그 이름을 힘입어 생명을 얻게 하려 함이니라

의해 구원(영생)이 결정된다. 예수를 영접하는 자에게 하나님의 자녀가 되는 권세를 하나님께서 허락하셨다(요 1:12).

예수님은 자신을 메시야(4:24-26), 생명의 떡(6:35), 세상의 빛(8:12), 양의 문(10:7), 선한 목자(10:11), 부활 · 생명(11:25), 주(13:13), 길 · 진리 · 생명(14:6), 참 포도나무와 가지(15:1,5), 나사렛 예수(18:5,6), 왕(18:37)으로 자신을 선포하셨다. '나는 …… 이다' 라는 자기 선포를 통해 예수는 인류의 구원자이시며, 하나님의 아들이심을 분명하게 나타내고 있다.

★성전과 예수(2:13-25)

성전 안에서 소와 양과 비둘기 파는 사람들과 돈 바꾸는 사람들을 보신 예수님은 양이나 소를 다 성전에서 내쫓으시고 돈 바꾸는 사람들의 돈을 쏟으시며 상을 엎으셨다. 그리고 비둘기 파는 사람들에게 "이것을 여기서 가져가라 내 아버지의 집으로 장사하는 집을 만들지 말라"고 말씀하셨다. 제자들은 예수님의 말씀을 듣고 '주의 전을 사모하는 열심이 나를 삼키리라' 고 한 말씀을 기억하였다(2:17). 이는 그들의 열심이 하나님을 향한 열심이 아니라 성전에 나와서 자신들이 환전하여 성전세 바치는데 열심을 냄(유대의 화폐로 성전세를 바침)으로 예수님께서 돈을 쏟고 상을 엎으셨다는 것이다. 그들의 마음과 생각들이 결국 예수를 십자가에 못 박히게 할 것임을 시사하고 있다.

유대의 환전상들은 예수님께 '네가 이런 일을 행하니 무슨 표적을 우리에게 보이겠느냐' 고 물었다. 예수께서는 '너희가 이 성전을 헐라 내가 사흘 동안에 일으키리라' 고 말씀하셨다. 이는 성전을 자기 몸에 비유하여 자신이 십자가에 죽은 후 삼일 만에 부활하실 것을 예언하신 것이다. 성전에 모인 장사꾼들과 심지어 제자들도 이 말씀을 당시에는 이해하지 못했다. 제자들은 예수님이 부활하신 이후에야 이 말씀을 기억하고 성경과 예수님의 말씀을 믿었다.

요한복음에서는 예수님의 초기 사역에서 성전 정화하는 내용을 담았다. 그러나 공관복음서의 성전 정화 사건은 십자가에 돌아가시기 얼마 전에 하신 것이다(마 21:10-18, 막 11:15-19, 눅 19:45-46). 공관복음서에는 예수께서 성전에서 장사하는 자들을 내어 쫓으시고 "내 집은 만민이 기도하는 집이라

칭함을 받으리라고 하지 아니하였느냐 너희는 강도의 소굴을 만들었도다"고 말씀하셨다. 성전 정화 사역을 두 번에 걸쳐서 하셨다. 성전에 모인 유대인들은 성전세를 내기 위해 환전했고 그 이익금을 대제사장의 가족들이 챙기는 등 성전은 돈이 오고 가는 장소로 전락하고 말았다.

★요한복음에 나타난 성령

예수님은 인간의 힘이 아닌 성령으로 잉태되셨고(마 1:20-21), 공생애가 시작되기 전 먼저 세례 요한으로부터 세례를 받으셨다. 그 때 하늘에서 성령이 임하는 역사가 일어났다(눅 3:22). 성령의 충만함을 입은 예수님은 사십일 동안 성령에 이끌리시며 그 후 마귀의 시험을 받으신다(눅 4:1-2). 마귀의 시험을 말씀으로 이기시고 성령의 능력으로 갈릴리 회당에서 많은 사람들을 가르치셨다. 이 성령에 대해 요한복음은 자세히 설명하고 있다(14:26-27, 15:26-27, 16:7-14).

1〉 성령은 보혜사(격려자 · 돕는자 · 옹호자 · 후원자라는 의미)이시다.

2〉 성령은 예수의 말씀을 가르치시고 그 말씀을 우리에게 생각나게 하신다.

3〉 성령은 진리의 영이시다.

4〉 성령은 예수를 증언하신다.

5〉 성령은 우리를 진리 가운데로 인도하신다.

6〉 죄와 의, 심판에 대하여 세상을 책망하신다.

7〉 장래 일(예수의 재림)을 성도들에게 알려주신다.

8〉 성령은 하나님의 영광을 나타낸다.

예수께서는 승천하시기 전에 성령을 보내주시겠다고 약속하시면서 모든 믿는 자들에게 성령을 받으라고 말씀하셨다(20:22). 사도 바울은 성령을 따라 행하여 성령의 열매 맺는 삶을 살라고 권면하였다(갈 5:15-23).

★신구약 전체에 나타난 성령에 대한 표현

하나님의 영(창 1:2), 지혜로운 영(출 28:3), 선한 영(느 9:20), 주의 성령(시 51:11), 심판하는 영 · 소멸하는 영(사 4:4), 지혜와 총명의 영(사 11:2), 성령

(마 1:20), 보혜사(요 14:16), 진리의 영(요 14:17), 성결의 영(롬 1:4), 생명의 성령(롬 8:2), 그리스도의 영(롬 8:9), 영원하신 성령(히 9:14), 은혜의 성령(히 10:29), 영광의 영(벧전 4:14), 기름 부음(요일 2:27), 일곱 영(계 1:4), 예언의 영(계 19:10).

★신구약 전체에 나타난 성령의 사역

- 창조의 사역에 성부 · 성자 · 성령께서 함께 하셨다(창 1:2).
- 하나님의 지혜를 부어주셨다(출 28:3).
- 더러운 것을 청결하게 하신다(사 4:4).
- 성도들에게 권능을 주시고 증인의 삶을 살게 하신다(행 1:8).
- 진리 가운데로 인도하시고 장래의 일을 알려주신다(요 16:13).
- 기도를 통해 성도들을 도우신다(롬 8:26).
- 생명을 부여하신다(롬 8:2).
- 새로운 삶으로 거듭나게 하신다(요 3:6-7).
- 하나님의 인치심을 받게 하신다(엡 1:13).
- 예수가 누구이신지를 증언하신다(요 15:27).
- 하나님의 자녀들에게 은사를 주신다(고전 12:8-11).
- 삶의 열매를 맺게 하신다(갈 5:22-23).
- 예수 영광을 나타내신다(요 16:14).
- 성령은 우리 안에 거하신다(요일 3:24).

★선한 목자의 의미(10:1-18)

유대인들은 대부분 목축업에 종사하였기에 양과 목자에 대해 친숙하였다. 예수님은 양과 목자의 비유를 통해 선한 목자로서 자신을 설명하면서 양에 대해서도 말씀하셨다.

1〉 예수님은 자신을 선한 목자라고 하셨다. 선한 목자의 특징으로 목자(예수님)는 내 양(하나님의 자녀 · 성도)을 알고, 내 양도 나를 안다고 말씀하셨다. 단순히 아는 정도가 아니라 서로 친숙하고 인격적 만남의 관계임을 나타

기억할 말씀

요 14:26-27
보혜사 곧 아버지께서 내 이름으로 보내실 성령 그가 너희에게 모든 것을 가르치고 내가 너희에게 말한 모든 것을 생각나게 하리라 평안을 너희에게 끼치노니 곧 나의 평안을 너희에게 주노라 내가 너희에게 주는 것은 세상이 주는 것과 같지 아니하니라 너희는 마음에 근심하지도 말고 두려워하지도 말라

요 15:26-27
내가 아버지께로부터 너희에게 보낼 보혜사 곧 아버지께로부터 나오시는 진리의 성령이 오실 때에 그가 나를 증언하실 것이요 너희도 처음부터 나와 함께 있었으므로 증언하느니라

요 16:7-14
그러나 내가 너희에게 실상을 말하노니 내가 떠나가는 것이 너희에게 유익이라 내가 떠나가지 아니하면 보혜사가 너희에게로 오시지 아니할 것이요 가면 내가 그를 너희에게로 보내리니 그가 와서 죄에 대하여, 의에 대하여, 심판에 대하여 세상을 책망하시리라 죄에 대하여라 함은 그들이 나를 믿지 아니함이요 의에 대하여라 함은 내가 아버지께로 가니 너희가 다시 나를 보지 못함이요 심판에 대하여라 함은 이 세상 임금이 심판을 받았음이라 내가 아직도 너희에게 이를 것이 많으나 지금은 너희가 감당하지 못하리라 그러나 진리의 성령이 오시면 그가 너희를 모든 진리 가운데로 인도하시리니 그가 스스로 말하지 않고 오직 들은 것을 말하며 장래 일을 너희에게 알리시리라 그가 내 영광을 나타내리니 내 것을 가지고 너희에게 알리시겠음이라

내고 있다(10:14).

2〉 목자는 양을 위해 문을 열고, 양은 목자의 음성을 듣는다. 목자는 양의 이름을 하나하나 불러 인도한다. 예수께서는 개개인을 부르시고 그들의 간구를 하나님의 뜻 안에서 들으신다. 하나님의 구원역사는 개개인에게 임한다(10:3-4).

3〉 예수께서는 하나님의 형상을 입은 사람이 생명을 얻고(하나님의 구원을 받고), 더 풍성한 삶(성화의 삶)을 살도록 인도하시는 구원자이시다(10:9-10).

4〉 목자이신 예수께서는 양(인류의 구원)을 위해 그들의 죄를 대신 짐(희생의 제물)으로 십자가에서 대속의 죽음을 치루셨다(10:11).

★수전절(Feast of Dedication 10:22)

수리아의 왕 안티오크스 에피파네스의 헬라화 정책에 의해 성전 제단에 돼지를 제물로 바쳤다. 유대 백성들은 예루살렘 성전이 더럽혀졌다고 여겼다. 결국 이 사건으로 당시 하스모니안 가문의 마카비가 독립전쟁을 일으켰고, 성전 예배를 회복하였다(BC 165년). 성전을 정화하고 수리하여 봉헌식을 하면서, 이 절기를 유대인들은 '하누카' (수전절)라고 부른다.

★예수님의 사랑(13:1-11)

세상에 있는 자기 사람들을 사랑하시되 끝까지 사랑하셨다. 그 사랑은 십자가의 죽음을 앞두고 제자들의 발을 씻기시기까지 하셨다. 당시 발을 씻기는 것은 노예들의 임무였다. 하나님의 아들이신 예수께서 노예가 하던 일을 하셨다. 예수님은 사랑과 겸손으로 성도들에게 섬김의 모범을 보여주셨다. 또한 발을 씻어주는 과정을 통해 죄를 용서하시고(깨끗하게 하심), 하나님과 분할의 관계에서 화목의 관계로 변화시키시고, 하나님의 자녀 되게 하시는 구원의 역사를 암시하고 있다.

1〉 예수님께서는 제자들을 끝까지(구원 역사) 사랑하셨다(13:1-11).

2〉 예수님께서 먼저 우리를 사랑하셨다(요일 4:19).

3〉 우리 죄를 속하시려고 화목 제물이 되신 십자가의 사랑이다(요일 4:7-12).

기억할 말씀

요 10:1-18
내가 진실로 진실로 너희에게 이르노니 문을 통하여 양의 우리에 들어가지 아니하고 다른 데로 넘어가는 자는 절도며 강도요 문으로 들어가는 이는 양의 목자라 문지기는 그를 위하여 문을 열고 양은 그의 음성을 듣나니 그가 자기 양의 이름을 각각 불러 인도하여 내느니라 자기 양을 다 내놓은 후에 앞서 가면 양들이 그의 음성을 아는 고로 따라오되 타인의 음성은 알지 못하는 고로 타인을 따르지 아니하고 도리어 도망하느니라 예수께서 이 비유로 그들에게 말씀하셨으나 그들은 그가 하신 말씀이 무엇인지 알지 못하니라 …… 나는 선한 목자라 나는 내 양을 알고 양도 나를 아는 것이 아버지께서 나를 아시고 내가 아버지를 아는 것 같으니 나는 양을 위하여 목숨을 버리노라 또 이 우리에 들지 아니한 다른 양들이 내게 있어 내가 인도하여야 할 터이니 그들도 내 음성을 듣고 한 무리가 되어 한 목자에게 있으리라 내가 내 목숨을 버리는 것은 그것을 내가 다시 얻기 위함이니 이로 말미암아 아버지께서 나를 사랑하시느니라 이를 내게서 빼앗는 자가 있는 것이 아니라 내가 스스로 버리노라 나는 버릴 권세도 있고 다시 얻을 권세도 있으니 이 계명은 내 아버지에게서 받았노라 하시니라

★예수님의 중보기도(17장)

14장에서 자신이 길이요 진리요 생명이라고 선포하신 예수께서 15:26-16장에서는 성령에 대해 말씀하셨다. 17장에서 예수님은 동산에서 십자가 죽음을 앞두고 고뇌하며 기도하시기 전 자신과 제자들, 교회(성도들)를 향해 중보기도하셨다. 이는 자신의 뜻이 아닌 하나님의 뜻을 구하는 기도의 모범이다.

1〉 자신을 위한 기도(1-5절): "때가 이르렀사오니 아들을 영화롭게 하사 아들로 아버지를 영화롭게 하게 하옵소서" 간구하셨다. 이는 십자가의 고난의 때가 가까웠음을 의미하며, 십자가를 통해 하나님 아버지가 영광받기를 간구하신 것이다. 십자가는 수치와 고난의 상징이었지만, 예수님이 지신 십자가는 하나님의 구원 역사로써 영광의 상징이기도 하다. 십자가의 죽음 뒤에 펼쳐질 부활의 영광이 있기 때문이다. 예수님은 하나님께 영광을 돌리고 자신의 영광을 위해 기도하셨다.

2〉 제자들을 위한 기도(6-19): 예수께서는 제자들을 보호해 주시고 그들이 하나가 되게 해 달라고 간구하셨다. 제자들을 보호해달라고 하심은 죄악에 빠져 하나님께 버림받지 않게 해 달라는 의미이다. 그들이 세상에 속하지 아니하므로 세상으로부터 미움을 받는다고 말씀하셨다. 예수께서는 아버지께 세상과 악의 세력의 공격으로부터 제자들을 지켜 주실 것을 간구하신 것이다. 또한 하나님께서 아들을 세상에 보내신 것같이 아들도 제자들을 세상으로 보내었으니 그들을 진리로 거룩하게 지켜 주실 것을 기도하셨다.

3〉 모든 성도(교회)를 위한 기도(20-26): 제자들을 통해 복음을 듣고 회개한 하나님의 자녀들이 하나가 되기를 간구하셨다. 믿음 안에서 영적인 공동체를 이루는 교회를 향한 기도이다. 예수께서는 하나님께서 아들을 사랑하심 같이 그들도 사랑하신 것을 세상으로 알게 해 달라고 간구하셨다. 또한 예수께서는 하나님과 자신과 모든 성도들이 하나님의 사랑 안에서 하나 되기를 간구하셨다. 예수님의 기도는 예수가 하나님과 성도 간의 중보자이심을 보여주고 있다. 예수께서는 하나님의 영광을 위해, 인간 구원을 위해 간구하신 것이다. 예수님의 중보기도를 힘입어 성도들은 항상 하나님과 자신과 이웃을 위해 기도하기를 쉬지 말아야 할 것이다.

★십자가에서의 7 말씀(가상칠언)을 읽고 묵상하기

예수께서 십자가에서 돌아가시기 전 남기신 일곱 말씀은, 인간의 몸을 입고 이 땅에 오신 하나님의 아들이심을 선포하신 것이었다. 목마름과 육적인 고통과 수치감을 우리와 똑같이 직접 체험하셨다.

예수는 이 땅의 죄인을 용서하시고, 그들을 구원하시려고 오셨음을 선포하셨다. 예수는 어머니에 대한 배려를 통해 이 땅에 사랑을 구체적으로 나타내셨다. 예수는 마지막 순간에 하나님께 모든 것을 의탁하며 하나님의 인도하심과 섭리를 선포하셨다. 예수는 십자가의 죽음이 인류를 죄에서 구원하는 하나님과 인간과의 화목의 제사임을 선포하셨다.

1. 죄의 용서를 선포(눅 23:34) "아버지 저들을 사하여 주옵소서 자기들이 하는 것을 알지 못함이니이다"
2. 구원을 선포(눅 23:43) "내가 진실로 네게 이르노니 오늘 네가 나와 함께 낙원에 있으리라"
3. 육신의 어머니에 대한 사랑의 선포(요 19:26-27) "여자여 보소서 아들이니이다"
4. 영적인 고난을 선포(마 27:46) "엘리 엘리 라마 사박다니 하시니 이는 곧 나의 하나님, 나의 하나님, 어찌하여 나를 버리셨나이까 하는 뜻이라"
5. 육적인 고난을 선포(요 19:28) "내가 목마르다"
6. 구원의 성취에 대한 선포(요 19:30) "다 이루었다"
7. 하나님께 전적으로 맡기며 의탁하는 말씀 선포(눅 23:46) "아버지 내 영혼을 아버지 손에 부탁하나이다"

★십자가의 수난과 영광(19:1-37)

예수께서 십자가에서 고통당하시고 죽으심은 인류 역사상 가장 큰 고난과 수치였다. 하나님의 아들이 인간의 손에 이끌려 수치와 멸시, 극심한 고난을 겪으신 것이다.

1〉 십자가의 수치는 영광을 예고(인류의 구원)하는 그림자이다(19:1-3, 롬 8:17-18).

기억할 말씀

요 17:1-26

예수께서 이 말씀을 하시고 눈을 들어 하늘을 우러러 이르시되 아버지여 때가 이르렀사오니 아들을 영화롭게 하사 아들로 아버지를 영화롭게 하게 하옵소서 아버지께서 아들에게 주신 모든 사람에게 영생을 주게 하시려고 만민을 다스리는 권세를 아들에게 주셨음이로소이다 영생은 곧 유일하신 참 하나님과 그가 보내신 자 예수 그리스도를 아는 것이니이다 아버지께서 내게 하라고 주신 일을 내가 이루어 아버지를 이 세상에서 영화롭게 하였사오니 아버지여 창세 전에 내가 아버지와 함께 가졌던 영화로써 지금도 아버지와 함께 나를 영화롭게 하옵소서 세상 중에서 내게 주신 사람들에게 내가 아버지의 이름을 나타내었나이다 그들은 아버지의 것이었는데 내게 주셨으며 그들은 아버지의 말씀을 지키었나이다 지금 그들은 아버지께서 내게 주신 것이 다 아버지로부터 온 것인 줄 알았나이다 …… 아버지여 내게 주신 자도 나 있는 곳에 나와 함께 있어 아버지께서 창세 전부터 나를 사랑하시므로 내게 주신 나의 영광을 그들로 보게 하시기를 원하옵나이다 의로우신 아버지여 세상이 아버지를 알지 못하여도 나는 아버지를 알았사옵고 그들도 아버지께서 나를 보내신 줄 알았사옵나이다 내가 아버지의 이름을 그들에게 알게 하였고 또 알게 하리니 이는 나를 사랑하신 사랑이 그들 안에 있고 나도 그들 안에 있게 하려 함이니이다

기억할 말씀

갈 3:9-13
그러므로 믿음으로 말미암은 자는 믿음이 있는 아브라함과 함께 복을 받느니라 무릇 율법 행위에 속한 자들은 저주 아래에 있나니 기록된 바 누구든지 율법 책에 기록된 대로 모든 일을 항상 행하지 아니하는 자는 저주 아래에 있는 자라 하였음이라 또 하나님 앞에서 아무도 율법으로 말미암아 의롭게 되지 못할 것이 분명하니 이는 의인은 믿음으로 살리라 하였음이라 율법은 믿음에서 난 것이 아니니 율법을 행하는 자는 그 가운데서 살리라 하였느니라 그리스도께서 우리를 위하여 저주를 받은 바 되사 율법의 저주에서 우리를 속량하셨으니 기록된 바 나무에 달린 자마다 저주 아래에 있는 자라 하였음이라

2〉 십자가는 예수님께 죽을 정도의 고민거리였지만, 인류에게 안식과 기쁨을 주었다(마 26:38, 요 16:20-22).

3〉 십자가는 하나님으로부터 버리심을 경험하지만, 결국에는 인류를 향한 하나님의 구원 역사이다(마 27:46, 행 16:31).

4〉 십자가는 죄로 인한 저주의 죽음이지만, 하나님의 자녀가 되도록 인도하는 축복의 죽음이다(갈 3:9-13).

5〉 십자가의 피 흘리심을 통해(대속의 제사) 하나님으로부터 사하심을 받게 되고, 십자가의 죽음을 통해 영원한 생명을 얻는 통로가 되게 하였다(요 3:16, 19:30).

★예수를 증거하며 따르는 여인들(20:1-18)

1〉 예수의 부활을 가장 먼저 목격한 자는 막달라 마리아였다. 원래 일곱 귀신이 든 병든 여인이었으나, 예수님으로부터 고침을 받고 예수님을 따르는 제자가 되었다. 절망에 빠진 제자들이 망연자실해 있는 상황에서 이 여인은 예수님의 무덤을 찾아 갔는데, 돌이 무덤에서 옮겨진 것을 발견하고 곧장 달려가서 베드로와 요한에게 이 사실을 전했다. 소식을 듣고 두 제자는 달음질 하면서 무덤에 왔다. 세마포가 놓인 곳에서 예수님의 시신이 없어진 것을 발견했다. 그럼에도 그들은 그냥 자기 집으로 돌아갔다. 이에 비해 막달라 마리아는 무덤을 떠나지 않고 밖에 서서 울다가 다시 무덤 안을 살펴보았다. 그 때 천사들이 왜 우느냐고 묻는다. 마리아는 '사람이 내 주님을 옮겨다가 어디 두었는지 알지 못한다'고 대답하고 뒤를 돌아보니 예수께서 서 계셨다. 부활의 주님을 첫 번째 목격하고 이를 최초로 증언한 자는 그 제자들이 아니라 바로 막달라 마리아였다(마 28:8).

2〉 여선지자 안나는 메시야의 오심을 소망하면서 성전을 떠나지 않고 주야로 금식하며 기도하였다. 아기 예수가 정결예식의 날이 되어 예루살렘에 왔을 때에 예루살렘의 구원을 바라는 모든 유대인들에게 이 아기가 메시야이심을 알렸다(눅 2:21-39).

3〉 사도들과 함께 여자들과 예수의 모친 마리아도 마가의 다락방에서 마음

을 같이하며 오직 기도에 힘썼다(행 1:14).

4〉 루디아는 바울이 전하는 말씀을 경청하여 예수를 영접하였다. 그녀의 회심으로 온 집이 다 세례를 받게 되었고, 유럽 최초의 빌립보 교회가 그 가정에서 출발하였다(행 16:11-15).

이외에도 수많은 믿음의 여인들을 통해 예수 그리스도의 복음이 곳곳에 전해졌다. 특별히 브리스길라는 헌신된 여인으로 바울 사도를 위해 자신의 목숨까지도 내어놓을 정도로 바울의 큰 동역자였다(행 18:24-26, 롬 16:3). 겐그레아 교회의 뵈뵈 집사는 사도 바울의 보호자요, 사도가 기록한 로마서를 로마 교회에 전달하는 역할을 감당하였다(롬 16:1-2).

★성령을 받으라(20:19-23)

예수께서 부활하시고 제자들에게 나타나시기전 제자들은 유대인들을 두려워하여 문을 잠그고 숨어 버렸다. 이에 대해 예수님은 화를 내시거나 꾸짖지 않으시고 "너희에게 평강이 있을지어다"(20:19)라는 위로와 은혜의 말씀을 주신다. 이 말씀을 하시고 직접 손과 옆구리를 보이시니 그때서야 제자들이 예수의 부활을 믿으며 기뻐했다. 다시 한 번 제자들에게 평강의 축복을 선포하시면서 "아버지께서 나를 보내신 것 같이 나도 너희를 보내노라"고 말씀하셨다. 제자들을 세상에 보내시고 세상으로 하여금 예수를 믿게 하시겠다는 선교의 열정이 담긴 말씀이다.

이어서 제자들에게 "성령을 받으라"고 명령하셨다. 성령을 받게 되면 누구의 죄든지 용서할 수 있는 능력을 하나님께서 부어 주신다는 것이다. 누가복음에서는 "내가 내 아버지께서 약속하신 것을 너희에게 보내리니 너희는 위로부터 능력으로 입혀질 때까지 이 성에 머물라"고 말씀하셨다(눅 24:49). 성령을 받으면 하늘의 능력을 입어 예수를 전하는 증인이 될 수 있다는 것이다(행 1:8).

믿는 자에게 하나님은 성령을 부어주셔서 온 열방과 민족들에게 복음을 전하게 하셨다. 예수를 믿음으로 평안을 누리는 삶을 살 뿐만 아니라 성령을 받아 복음을 증거할 수 있는 증인의 삶을 살게 된다. 성령을 받으라는 예수의 말씀은 사도행전 2장에서 구체적으로 성취되었다. 초대교회는 성령을 받으면서 시작되었고 이를 기초로 예루살렘 교회는 하루에 3천명, 5천명이 회개하며 주님 앞으로 돌아오는 놀라운 성령의 역사가 일어났다. 모든 성도는 믿음의 고백으로 이 땅의 삶에서 평안의 복을 누리는 것으로 만족하지 말고 성령을 받아 하나님의 능력을 입고 복음을 전하는 증인이 되어야 한다.

★요한복음과 공관복음

요한복음	공관복음(마태 · 마가 · 누가)
예루살렘 함락(AD 70) 이후 기록	예루살렘 함락(AD 70) 이전 기록
예루살렘을 중심	유대와 갈릴리 전지역
족보, 탄생, 세례, 변화산, 주의 만찬, 겟세마네의 기도, 승천 등 내용이 없다.	족보, 탄생, 세례, 변화산, 주의 만찬, 겟세마네의 기도, 승천 등 내용이 있다. 마태는 승천을 의도적으로 제외한다.
사건보다는 영적인 의미를 기록	예수님의 행적을 기록(사건 중심)
믿음(구원 · 영생)을 일깨우며, 가르치기 위해 기록된 복음서	예수님을 따르는 제자로서 그리스도인들의 삶의 실천을 강조하는 복음서

★네 복음서 비교

복음서의 별명은 요한계시록 4장 7절에 나오는 네 가지 생물들과 4 복음서의 특성을 상징적으로 표현한 것이다.

복음서	수신자	예수님에 대한 묘사	별명
마태	유대인	유대인의 왕	사자(하나님의 전능하심)의 복음
마가	로마인	하나님의 종	송아지(하나님의 인내하심)의 복음
누가	이방 그리스도인	사람의 아들(인자)	사람(하나님의 지혜)의 복음
요한	세계 전체	하나님의 아들	독수리(하나님의 최고의 주권)의 복음

5. 더 깊은 연구와 삶의 적용

1. 요한복음을 읽으면서 나는 어떤 하나님을 경험하였는가?

2. 요한복음을 기록한 목적은 무엇인가?(20:31)

3. 요한복음 1장 1-18절을 묵상하면서 예수 그리스도의 성육신의 신비를 다시금 생각해 보자.

4. 성령은 누구인가? 성령의 사역은 무엇인가?(14:26, 15:26, 16:7-14)

5. 요한복음에 나타난 '나는 …… 이다' 라는 표현은 예수님의 자기 선포이다. 이를 열거해 보고 함께 그 의미를 생각해 보자.

   *메시야(요 4:26) *생명의 떡(6:35) *세상의 빛(8:12) *양의 문(10:7) *선한 목자(10:11) *부활 · 생명(11:25) *선생 · 주(13:13) *길 · 진리 · 생명(14:6) *참 포도나무(15:1) *나사렛 예수(18:5-6) *왕(18:37)

6. 십자가에서 고통과 치욕의 죽음을 당하신 예수님의 죄명은 무엇이며, 죄패는 몇 나라의 말로 기록되었는가? 그리고 이는 무엇을 의미하는가?(19:18-22)

7. 제자들과 성도들을 위한 예수님의 기도(17장)를 묵상하며 기도하는 시간을 갖자.

기억할 말씀

요 6:35
예수께서 이르시되 나는 생명의 떡이니 내게 오는 자는 결코 주리지 아니할 터이요 나를 믿는 자는 영원히 목마르지 아니하리라

요 8:12
예수께서 또 말씀하여 이르시되 나는 세상의 빛이니 나를 따르는 자는 어둠에 다니지 아니하고 생명의 빛을 얻으리라

요 10:7
그러므로 예수께서 다시 이르시되 내가 진실로 진실로 너희에게 말하노니 나는 양의 문이라

요 19:18-21
그들이 거기서 예수를 십자가에 못 박을새 다른 두 사람도 그와 함께 좌우편에 못 박으니 예수는 가운데 있더라 빌라도가 패를 써서 십자가 위에 붙이니 나사렛 예수 유대인의 왕이라 기록되었더라 예수께서 못 박히신 곳이 성에서 가까운 고로 많은 유대인이 이 패를 읽는데 히브리와 로마와 헬라 말로 기록되었더라

제4과

사도행전

1. 사도행전을 어떻게 읽을 것인가

1장은 선교 위임 대명령(1:8)과 함께 예수님이 구름타고 승천하시는 장면으로 시작된다. 승천 이후 제자들과 초대 교회에 대한 역사적인 서술을 통해 사도행전은 복음이 어떻게 세계를 향해 펼쳐지는지를 기록하고 있다.

> "오직 성령이 너희에게 임하시면 너희가 권능을 받고 예루살렘과 온 유대와 사마리아와 땅 끝까지 이르러 내 증인이 되리라 하시니라"

사도행전을 한 장 한 장 읽어 가면서 우리는 초대 교회의 역사가 어떻게 시작되고 펼쳐지고 있는지를 상세하게 알 수 있다. 인간의 역사이지만 성령이 다스리는 성령의 역사임을 또한 경험하도록 인도한다. 강력한 성령의 역사를 온 몸으로 느끼게 한다. 복음서와 서신서를 이어주면서 성령의 강림과 사역을 강조하였기에 '성령행전' 이라고도 한다.

예루살렘, 유다, 사마리아, 소아시아, 그리스, 로마 등으로 퍼져가는 초대 교회사인 본서는 예루살렘 교회의 태동에서 일어난 성령의 역사를 시작으로 박해자 사울의 회심과 전도자의 삶으로 변화 받은 바울의 3차에 걸친 전도여행에 대한 기록이다. 이후 예루살렘에서 체포당하고 로마로 압송당한 바울의 여정을 서술하여 바울 서신을 이해하는데 중요한 자료를 제공하고 있다.

누가가 쓴 누가복음과 사도행전을 합치면 신약성경 전체에서 거의 1/4을 차지한다. 누가복음은 예수님의 발자취를 따라 출생을 시작으로 3년간의 공생애를 역사적으로 기록했다. 사도행전은 누가복음의 후편으로 예수님 제자들의 발자취, 특히 초대 교회의 탄생과 베드로 · 요한 등 사도들의 활약상이 초반부에 기록되어 있다. 그러나 교회에 대한 박해가 몰아치자 사도들만 남고 많은 성도들은 뿔뿔이 흩어지고 만다. 사도행전은 후반부에 하나님이 예비하신 바울이 등장하면서, 전 세계를 향한 복음의 놀라운 역사를 기록하고 있다. 박해를 통해 하나님은 더 큰 복음의 확산을 이루어 가신 것이다!

"주 예수를 믿으라 그리하면 너와 네 집이 구원을 받으리라"(16:31)

사도행전의 후반은 사도 바울을 중심으로 펼쳐진 이방인을 향한 복음의 진로를 역사적으로 기록하고 있다. 바울의 전도여행은 이방 지역(소아시아 · 유럽)에 교회를 세우고, 성도를 예수의 제자로 훈련시키는 성령의 인도하심을 따르는 하나님 사람들의 여정이었다. 누가는 신약성경의 기록자 중에서 유일하게 이방인 저자이다. 누가가 당대의 의사였음이 바울서신에 나타나 있는데(골 4:14 '사랑을 받는 의사'), 바울의 2차 전도여행 때에 동참했고 바울이 두 번에 걸쳐 로마감옥에 투옥되었을 때에도 동행한 인물이다(딤후 4:11). 사도행전은 복음이 펼쳐지는 과정을 기록한 은혜가 넘치는 역사서이다.

전체적인 내용을 살펴보면, 1-7장에는 예수님의 승천과 성령강림 그리고 예루살렘 교회와 복음증거 사역을 기록하고 있다. 8-12장에는 빌립의 사마리아 선교와 바울의 회심, 이방인 고넬료에게 복음을 증거하는 베드로의 사역 등 복음이 유대와 사마리아에 퍼져 나가는 과정을, 13-28장에는 바울의 이방인 전도사역에 중점을 두고 있다(1 · 2 · 3차 전도여행). 로마의 셋집에 갇혀 바울은 복음을 전하면서 자신이 전도하고 세웠던 소아시아의 교회들에게 편지를 띄운다(옥중서신: 에베소서 · 빌립보서 · 골로새서 · 빌레몬서).

"하나님의 나라를 전파하며 주 예수 그리스도에 관한 모든 것을 담대하게 거침없이 가르치더라"(28:31)

기억할 말씀

행 1:1-5
데오빌로여 내가 먼저 쓴 글에는 무릇 예수께서 행하시며 가르치시기를 시작하심부터 그가 택하신 사도들에게 성령으로 명하시고 승천하신 날까지의 일을 기록하였노라 그가 고난 받으신 후에 또한 그들에게 확실한 많은 증거로 친히 살아 계심을 나타내사 사십일 동안 그들에게 보이시며 하나님 나라의 일을 말씀하시니라 사도와 함께 모이사 그들에게 분부하여 이르시되 예루살렘을 떠나지 말고 내게서 들은 바 아버지께서 약속하신 것을 기다리라 요한은 물로 세례를 베풀었으나 너희는 몇 날이 못되어 성령으로 세례를 받으리라

2. 저자 · 기록연대 · 기록동기

저자와 기록연대: 저자는 이방인 의사 누가이다. 누가는 어떤 인물인가? 사도 바울의 동역자로 바울은 그를 '사랑을 받는 의사' (골 4:14), '나의 동역자' (몬 1:24)라고 기록했다. 누가는 후에 바울이 로마에서 디모데에게 보내는 두 번째 편지를 쓸 때 같이 있었으며(딤후 4:11), '누가만 나와 함께 있다' 고 감사하고 있다. 누가는 자기의 의술로도 바울을 돌보았을 것으로 추측된다. 기록연대는 누가복음 기록 후(AD 65-70)와 사도행전이 먼저라는 두 가지(60-63AD) 견해로 나누어지고 있다. 바울 사도가 순교당하기 이전(AD 65-67)에 사도행전이 기록된 것으로 본다(AD 63-65). 바울의 순교 내용이 사도행전에 나타나 있지 않기 때문이다.

기록동기와: 데오빌로(1:1) 한 사람 뿐만 아니라 모든 성도들을 위해 초대 교회의 설립과 복음의 확산 과정을 알려주고자 기록하였다. "내 증인이 되리라"(1:8)는 예수님의 말씀이 성령의 강림으로 구체화되어 유대인들과 이방인들에게 전해진 복음의 확산과정이 베드로, 요한, 바울로 이어지면서 상세하게 기술된 역사적 자료이다. 또한 복음이 구약의 예언 성취(행 15:15-18)를 따라 유대인과 이방인에게 전해져 이들이 함께 믿음으로 하나님의 교회(예루살렘 · 안디옥 교회와 소아시아 · 그리스 · 로마에 세워진 교회들)를 세워나가는 모습을 전달하고 있다.

3. 사도행전의 파노라마

주제	성령 강림과 예루살렘 교회		복음 증거와 교회 확산 (유대 · 사마리아)	복음 증거와 교회 확산 (땅끝)	
내용 구분	1:1	3:1	8:1	13:1 21:17	28:31
	교회 탄생	교회 성장	박해와 교회 확산	바울의 전도여행	바울의 로마 압송과 고난
문체	교회의 선교 역사				
장소	예루살렘		유대와 사마리아	땅 끝	
기간	4년(AD 30-34)		12년(AD 34-46)	16년(AD 47-63)	
기록	로마에서 AD 65년경 기록				

〈1-7장〉 성령 강림과 예루살렘 교회

1장: 예수님의 지상명령과 승천, 기도와 공석중인 사도 보충(제비뽑기와 맛디아)

*1-8절에 나타난 성령(16)

*기도에 힘쓰는 사도들과 제자들 모습(13-14)

2장: 오순절 성령 강림, 복음을 전파하는 베드로(요엘서), 초대 예루살렘 교회(칭송받는 교회)

*성령 충만함(4)과 방언 *구원의 신포(21-41)

*말씀과 기도와 교제(떡을 떼며 나눔)와 찬미하는 교회(42-47)

3장: 사도들의 변화(베드로의 설교)

*기도 시간(1) *나사렛 예수의 이름으로(6-10)

*생명의 주(15-16) *유쾌하게 되는 날(19)

변화 전의 사도들	성령체험 후 변화 받은 사도들
서로 높아지려함(마 20:20-38)	겸손해짐(벧전 5:5)
예수 사역을 이해 못함(마 16:21-23)	예수님을 바로 깨달음(빌 1:9)
예수를 버리고 도망(마 26:56)	목숨을 버리며 주를 따름(눅 14:33)
예수를 부인(마 26:57-75)	자신을 부인(마 16:24)
소명을 망각함(요 21:3)	소명에 충실함(행 6:4)

4장: 요한과 베드로의 투옥과 석방

*백성과 관원들을 향한 베드로의 설교(8-12)

*성령 충만으로 말씀을 증거하는 사도들(23-35)

5장: 아나니아와 삽비라의 죽음, 제자들의 재투옥

*성령을 속이는 죄(1-11) *주의 사자가 나타남(17-32)

*가말리엘과 사도들(33-42)

6장: 최초의 일곱 집사와 스데반

*최초의 일곱 집사(1-7) *스데반 집사의 사역(8-15)

7장: 스데반의 설교와 순교

기억할 말씀

행 2:1-4
오순절 날이 이미 이르매 그들이 다같이 한 곳에 모였더니 홀연히 하늘로부터 급하고 강한 바람 같은 소리가 있어 그들이 앉은 온 집에 가득하며 마치 불의 혀처럼 갈라지는 것들이 그들에게 보여 각 사람 위에 하나씩 임하여 있더니 그들이 다 성령의 충만함을 받고 성령이 말하게 하심을 따라 다른 언어들로 말하기를 시작하니라

행 2:38-41
베드로가 이르되 너희가 회개하여 각각 예수 그리스도의 이름으로 세례를 받고 죄 사함을 받으라 그리하면 성령의 선물을 받으리니 이 약속은 너희와 너희 자녀와 모든 먼 데 사람 곧 주 우리 하나님이 얼마든지 부르시는 자들에게 하신 것이라 하고 또 여러 말로 확증하며 권하여 이르되 너희가 이 패역한 세대에서 구원을 받으라 하니 그 말을 받은 사람들은 세례를 받으매 이 날에 신도의 수가 삼천이나 더하더라

행 4:12
다른 이로써는 구원을 받을 수 없나니 천하 사람 중에 구원을 받을 만한 다른 이름을 우리에게 주신 일이 없음이라 하였더라

행 10:38
하나님이 나사렛 예수에게 성령과 능력을 기름 붓듯 하셨으매 그가 두루 다니시며 선한 일을 행하시고 마귀에게 눌린 모든 사람을 고치셨으니 이는 하나님이 함께 하셨음이라

행 11:26
제자들이 안디옥에서 비로소 그리스도인이라 일컬음을 받게 되었더라

*족장시대의 역사(1-19) *이스라엘의 해방자 모세(20-36)
*이스라엘의 불순종(37-43)
*이스라엘의 죄에 대한 스데반의 지적(44-53)
*스데반의 순교(54-60)

〈8-12장〉 복음 증거와 교회 확산(유대 · 사마리아)

8장: 사마리아에 전파된 복음
*예루살렘에서 유대와 사마리아 땅으로 흩어지는 교회(1-8)
*마술사 시몬(9-13)
*베드로와 요한의 사마리아 방문(14-25)
*에디오피아 내시의 개종(26-40)

9장: 사울의 회심과 그 이후
*사울에서 바울로(1-31) *베드로의 안수기도(32-43)

10장: 고넬료와 베드로
*고넬료가 본 환상(1-8)과 베드로가 본 환상(9-16)
*고넬료와 베드로의 만남(17-33)
*베드로의 설교(34-43)와 이방인들의 성령 세례(44-48)

11장: 이방에 전파된 복음(안디옥 교회와 그리스도인이라는 칭호)
*베드로의 변증(1-18) *바나바와 안디옥 교회(그리스도인 19-30)

12장: 야고보의 순교와 교회의 기도
*헤롯의 기독교 탄압(1-19) *헤롯의 죽음과 그 이후(20-25)

〈13-28장〉 복음 증거와 교회 확산(땅끝까지)

13-14장: 바울의 1차 전도여행: 소아시아 전도
*회심한 이후 바울의 설교(13:13-41): 비시디아 안디옥에서의 전도
*호의적인 반응과 유대인의 완고한 태도(42-52)
*이고니온과 루스드라에서의 사역(14:1-18)
*안디옥으로 귀환(19-28)

15장: 예루살렘 공의회(총회)

*율법에 대한 논쟁(1-5) *예루살렘 공의회와 분쟁의 해결(6-35)

*바울과 바나바의 대립(36-41)

16-18장: 바울의 2차 전도여행(16:1-18:23): 유럽을 무대로

*디모데와의 만남(16:1-5) *환상과 복음 전도(6-10)

*빌립보 전도(11-15): 루디아의 회심

*바울과 실라의 투옥과 탈출(16-34)

*데살로니가와 베뢰아 사역(17:1-15) *아덴에서의 설교(16-34)

*고린도 사역(18:1-11) *2차 여행 마무리와 3차 여행 준비(18-23)

19-21장: 바울의 3차 전도여행(18:24-21:16): 아시아 지역의 교회로

*아볼로(18:24-28) *에베소 사역(19:1-41) *마게도냐 사역(20:1-12)

*밀레도 사역과 에베소 장로들에게 보낸 메시지(13-38)

*두로를 경유해서(21:1-6) 환난에 대한 바울의 예언(7-16)

21장(17-40): 예루살렘 교회와 바울, 체포

22장-23장: 바울의 변증과 호송되는 바울

*바울의 변증 메시지(2-29)

*산헤드린 공회에서의 변론(22:30-23:11)

*살해 음모와 로마 호송(23:12-35)

24장-26장: 바울의 투옥과 변론

*변호사 더둘로의 고소와 바울의 변론(24:1-23)

*총독 베스도 앞에서 변론(25:1-12) *아그립바 왕의 자문(25:13-27)

*아그립바 왕 앞에서의 변론(26:1-23)과 무죄 증명(24-32)

27장: 바울의 로마행 난파선 속에서의 전도(27:1-44)

28장: 바울의 옥중서신들과 로마에서의 생활(28:17-31)

*멜리데 섬 원주민들과 만남(1-10)

*로마 도착과 그 이후의 삶(11-31): 사도 바울은 AD 61년 경 로마로 호송되어 로마의 셋집에서 감금 상태로(2년) 복음을 전파하고 서신들을(옥중서신) 보낸다. 2년 후 바울은 석방되지만 다시금 박

기억할 말씀

행 15:11
우리는 그들이 우리와 동일하게 주 예수의 은혜로 구원 받는 줄을 믿노라 하니라

행 16:31
주 예수를 믿으라 그리하면 너와 네 집이 구원을 받으리라

행 20:24
내가 달려갈 길과 주 예수께 받은 사명 곧 하나님의 은혜의 복음을 증언하는 일을 마치려 함에는 나의 생명조차 조금도 귀한 것으로 여기지 아니하노라

해가 심해지자 재투옥되고(AD 66년) 그 이듬해 순교 당한다(AD 67년).

4. 사도행전 해석의 키워드

★선교사명(1:8)

사도행전 1장 8절의 선교 위임명령은 누가복음 24장 44-49절과 연결되고 있다. 예수께서 승천하시기 전 제자들에게 예수의 증인이 되라는 말씀이다. 예수의 증인이 되는 사역이 바로 선교이다. 이 사역은 성령이 임하여 능력을 입을 때 이루어진다. 예수님은 먼저 성령의 임재를 약속하셨고, 성령의 인도함을 받아 모든 그리스도인들에게 선교하라고 명령하셨다(마 28:20, 막 16:15-20).

사도행전의 전체 내용은 복음전파와 교회 성장은 바로 성령의 역사이심을 증명하고 있다. 선교 사명을 받은 모든 그리스도인들은 성령의 능력을 받아 복음을 전해야 한다.

★초대 예루살렘 교회

교회의 머리는 그리스도이다. 교회를 세우고 성장시키는 원동력은 하나님의 영, 성령의 역사이다. 교회는 성도들의 예수 그리스도에 대한 신앙고백과 성령의 충만함으로 성장해 나간다. 성령 충만한 교회의 진정한 모습은 초대 예루살렘 교회에 잘 나타나 있다.

1〉 마가의 다락방에서 오순절 성령 강림을 체험한 성도들과 베드로의 첫 번째 설교 말씀을 통해 세례를 받았다. 하루에 삼천 명이나 되는 무리가 예수 그리스도의 제자가 되는 놀라운 성령의 역사가 신앙공동체인 예루살렘 교회를 태동시켰다(2:1-41).

2〉 예루살렘 교회는 사도의 가르침을 받으며, 성도들이 모여 교제와 함께 떡을 떼며, 기도에 힘썼다. 서로 물건을 통용하며, 구제하며, 복음을 전하며,

하나님을 찬미하는 신앙공동체였다. 이러한 모습이 바로 성령이 역사하는 교회상이다. 온 백성이 예루살렘 교회를 칭송하였고 구원 받는 성도들이 날마다 더해 갔다(2:42-47).

3) 한 마음과 한 뜻이 되어 모든 물건을 서로 통용하고 자기 재물을 조금이라도 자기 것이라 주장하는 자가 하나도 없는 나눔의 공동체였다. 나눔을 통해 어느 누구도 가난한 사람이 없었다(4:32-37).

4) 예루살렘 교회의 아나니아과 삽비라 부부는 자기 소유를 팔아 일부를 감추었다. 성령을 속이고 땅값에서 얼마를 감춘 이 사건으로 인해 부부는 그 날로 즉사하고 말았다. 하나님은 성령을 속이는 자에 대해 엄중한 심판을 내리셨다(5:1-11). 성령으로 충만한 교회요 놀랍게 성장하는 교회 안에서도 하나님의 영을 속이고 시험하는 일이 발생하였다.

기억할 말씀

행 8:1-6
사울은 그가 죽임 당함을 마땅히 여기더라 그 날에 예루살렘에 있는 교회에 큰 박해가 있어 사도 외에는 다 유대와 사마리아 모든 땅으로 흩어지니라 경건한 사람들이 스데반을 장사하고 위하여 크게 울더라 사울이 교회를 잔멸할새 각 집에 들어가 남녀를 끌어다가 옥에 넘기니라 그 흩어진 사람들이 두루 다니며 복음의 말씀을 전할새 빌립이 사마리아 성에 내려가 그리스도를 백성에게 전파하니 무리가 빌립의 말도 듣고 행하는 표적도 보고 한마음으로 그가 하는 말을 따르더라

★고난과 복음의 확산

하루 3,000명이나 회개하고 주께 돌아오는 성령의 역사로 예루살렘 교회는 큰 부흥이 일어났다. 그러나 교회와 성도들에게 밀어닥친 유대주의자들의 박해로 스데반 집사는 순교당하고, 믿는 무리들은 소아시아 지방으로 흩어졌다. 박해를 통해 복음은 오히려 예루살렘 한 곳에 머물러 있지 않고 소아시아와 유럽으로 펼쳐지는 놀라운 성령의 역사가 일어났다(8:1-6).

선교의 중심지는 예루살렘에서 안디옥으로 이전되었다. 초대 예루살렘 교회에서 일어난 성령의 역사는 박해와 고난을 통해 소아시아로 넘어가면서 복음의 확산을 일으킨 것이다. 환난으로 인해 흩어진 수많은 성도들을 통해 복음은 전 세계로 뻗어나갔다. 소아시아로 떠나간 성도들을 돌보고 이 지역에 복음을 전한 자가 바로 사도 바울이다. 하나님은 이때를 위해 미리 바울을 세워 놓으셨다. 박해는 성도들을 흩어지게 하였지만(흩어지는 교회), 흩어짐의 역사는 이방인을 향한 복음의 확산이라는 또 다른 놀라운 역사, 다시 모이는 교회들을 일으켰다.

기억할 말씀

• 수리아 안디옥과 비시디아 안디옥은 구별되어야 한다.
안디옥은 알렉산더 대왕이 죽은 후 시리아의 왕이 된 안티오쿠스의 이름을 따서 지어졌다. 지중해 북동쪽 24km 내륙지점에 있었다.

• 비시디아 안디옥(13:14)
로마의 통상 요충지인 이곳은 AD 6년 아구스도가 로마의 식민지로 만들었다. 버가에서 177km 떨어졌고 해발 1097m에 있다.
교통과 무역 중심지로 많은 유대인이 살았다. 로마 군인들이 은퇴후 특권으로 무상의 토지를 받았다.

★안디옥 교회(시리아 혹은 수리아)

안디옥은 로마제국에서 로마와 알렉산드리아에 이어 세 번째로 큰 도시였다. 당시 이 도시의 인구가 50만을 넘었다. 예루살렘 교회에 가해진 박해로 인해 수많은 성도들이 흩어졌다. 흩어진 성도들은 베니게와 구브로와 안디옥 지역에 이르러 예수의 복음을 유대인과 헬라인에게 전했다. 예루살렘 교회는 이 소식을 듣고 안디옥에 바나바를 파송하였고, 바나바는 바울을 찾으러 다소에 갔다. 안디옥에서 바나바와 바울은 1년 동안 수많은 사람들에게 복음을 전했다.

예루살렘 교회가 유대인 중심의 교회라면, 안디옥 교회는 이방지역에서 이방인 중심의 교회라고 할 수 있다(11:19-26). 안디옥 교회는 바나바와 바울을 선교사로 파송하였다(13:1-5). 안디옥 교회는 복음을 소아시아와 그리스 땅에까지 전하는 이방선교센터의 역할을 담당하게 된 것이다.

★그리스도인(11:25-26)

"바나바가 사울을 찾으러 다소에 가서 만나매 안디옥에 데리고 와서 둘이 교회에 일 년간 모여 있어 큰 무리를 가르쳤고 제자들이 안디옥에서 비로소 그리스도인이라 일컬음을 받게 되었더라"(행 11:25-26)

안디옥 교회에서 처음으로 예수 믿는 성도들을 향해 이방인들이 그리스도인이라고 불렀다(11:26). 그리스도인이란 그리스도의 사람(그리스도에 속한 자) 혹은 그리스도를 따르는 사람이란 뜻이다. 안디옥 교회에서 비로소 예수 믿는 자들에게 그리스도인이란 칭호가 시작되었다. 이후 성도들을 가리켜 그리스도인이라고 불렀다(벧전 4:16). 그러나 당시 유대인들은 그리스도인들을 '도를 따르는 사람' (행 9:2) 혹은 '나사렛 이단' (행 24:5)이라고 불렀다.

★복음의 보편주의와 특수주의

예수 그리스도를 통한 구원은 민족과 인종, 신분, 남녀노소의 구분 없이 예수를 구주로 영접하는 모든 사람들에게 열려 있다. 하나님은 인류 모두가 구원 얻기를 원하신다(복음의 보편성, 행 10:34-35, 행 16:31, 딤후 2:4). 복음의 문은 누구에게나 열려져 있다. 그러나 구원은 오직 예수 그리스도의 십자가 보혈을 통해 이루어진다. 예수 이외의 어느 누구를 통해서도 구원을 이룰 수가 없다(행 4:11-12). 구원의 방법은 예수 밖에 없다. 예수만이 인류를 죄에서 구원하여 하나님의 자녀가 되게 하는 유일한 방법이다.

기억할 말씀

행 4:11-12
이 예수는 너희 건축자들의 버린 돌로서 집 모퉁이의 머릿돌이 되었느니라 다른 이로써는 구원을 받을 수 없나니 천하 사람 중에 구원을 받을 만한 다른 이름을 우리에게 주신 일이 없음이라 하였더라

★예루살렘 공의회(총회)(행 15:1-35, AD 49)

신약시대 이후 교회의 첫 총회이다(행 15:6-22). 복음이 이방인에게 확산되면서 이방인 개종자들이 많아지자 그들이 모세의 율법을 지켜야 하느냐, 지키지 않아도 되느냐의 문제로 교회 내에 분쟁이 일어났다. 이것은 시기적으로 바울이 1차 전도여행에서 돌아왔을 때이다. 안디옥 교회에서는 율법과 할례 문제로 인해 많은 논쟁이 벌어지고 있었다. 이방인들도 할례를 받아야 한다는 주장과 이에 반대하는 바울의 견해로 인해 문제가 발생했다. 바울은 예루살렘 교회에 자문을 구하고, 이를 계기로 예루살렘 교회는 회의를 소집하였다.

당시 유대 그리스도인들은 이방인들의 교회가 소아시아 곳곳에서 확장되고 발전하자, 모교회인 예루살렘 교회의 위상이 떨어지지나 않을까 하는 위기의식이 일어나고 있었다. 또한 이방 교회들을 예루살렘 교회가 통제해야 한다고 생각하는 부류도 있었다. 이를 해결하기 위해 예루살렘 교회의 사도들과 장로들, 안디옥 교회에서 파송된 대표들(바울과 바나바)이 모였다. 또한 이방인들의 할례 문제는 바리새인의 배경을 가진 유대 그리스도인들에 의해 제기된 것 같다. 그러나 이미 이방인들을 향해 전도의 환상을 체험한 베드로(10:9-23)와 1차 전도여행 도중 많은 이방인들에게 복음을 증거한 바울의 체험 등을 통해 이방인들에게 할례를 강요할 수 없다는 결론을 내린다. 이방인들에게 단지 정결법을 준수하게 하자는 회의 결과를 유다와 실라를 안디옥 교회에 파송하여 알리게 하였다(15:20). 이런 과정을 거쳐 예루살렘 교회와 안디옥 교회는 할례의 문제를 지혜롭게 해결했다. 이로 인해 더욱 말씀이 흥왕하였고, 교회는 크게 부흥하는 역사를 일으켰다.

예루살렘 공의회 결과를 살펴보면, 첫째로 유대인이나 이방인이나 동일하게 주 예수의 은혜로 구원받는다(15:7-11). 둘째로 이방인 중에서 하나님께로 돌아오는 자들을 유대 그리스도인들은 율법 문제로 괴롭히지 말고 우상의

기억할 말씀

행 15:7-21

많은 변론이 있은 후에 베드로가 일어나 말하되 형제들아 너희도 알거니와 하나님이 이방인들로 내 입에서 복음의 말씀을 들어 믿게 하시려고 오래 전부터 너희 가운데서 나를 택하시고 또 마음을 아시는 하나님이 우리에게와 같이 그들에게도 성령을 주어 증언하시고 믿음으로 그들의 마음을 깨끗이 하사 그들이나 우리나 차별하지 아니하셨느니라 그런데 지금 너희가 어찌하여 하나님을 시험하여 우리 조상과 우리도 능히 메지 못하던 멍에를 제자들의 목에 두려느냐 그러나 우리는 그들이 우리와 동일하게 주 예수의 은혜로 구원 받는 줄을 믿노라 하니라 …… 그러므로 내 의견에는 이방인 중에서 하나님께로 돌아오는 자들을 괴롭게 하지 말고 다만 우상의 더러운 것과 음행과 목매어 죽인 것과 피를 멀리하라고 편지하는 것이 옳으니 이는 예로부터 각 성에서 모세를 전하는 자가 있어 안식일마다 회당에서 그 글을 읽음이라 하더라

더러운 것과 음행과 목매어 죽인 것과 피를 멀리하도록 권면하자(15:19-21).

유대 기독교인들은 우상의 제물로 바쳐진 음식을 먹지 않았다. 따라서 예루살렘 공의회는 믿음이 연약한 형제들을 실족시키지 않도록 이방인 개종자들에게 우상의 제물을 먹는 것을 금지했다(고전 8:1-13). 또한 이방세계에서 당시 성행하고 있던 음행을 멀리하며, 이방인들이 도축할 때 목을 비틀어 죽이므로 피가 살코기 안에 남아 있기에 이를 금했다(레 17:4). 피는 생명을 상징하기에 피를 먹는 것을 금했다(레 3:17, 17:10-14).

★바울의 이방 선교사역의 과정

1〉 성령께서 바나바와 바울을 따로 세우라고 말씀하셨다(13:2-3).

2〉 바나바와 함께 안디옥 교회로부터 선교사로 파송을 받았다(13:3).

3〉 유대인들은 바울의 설교를 반박하고 비방하였다. 그러나 바울은 이방인에게 복음을 전하겠다고 자신의 계획을 분명하게 밝혔다(13:45-48).

4〉 바울 사도는 가는 곳곳 마다 교회를 세웠다(14:19-28).

5〉 세운 교회에 각각 지도자(장로)를 택하였다(14:23).

6〉 예루살렘에서 구원에 대한 회의가 열렸고 기독교의 구원론이 확립되었다(15:6-22).

7〉 자신이 세운 교회를 다시 방문하여 성도들의 신앙을 보살폈다(15:36).

8〉 세운 교회를 향해 사도는 서신을 보냈다. 교회가 당면한 문제와 갈등에 대해 구체적인 해결책을 제시하였고, 교회와 성도들을 위로하며 격려했다(엡 1:1).

★바울 사도의 3차례 전도여행

• 1차 전도여행(13-14장, AD 47-49 지도 참조)

비시디아 안디옥과 이고니온에서 바울과 바나바는 복음을 전하여 많은 유대인들과 이방인들이 예수 믿는 역사가 일어났다. 바울은 죄 사함과 칭의에 대해 말씀을 선포한다(13:26-51). 제자들은 기쁨과 성령으로 충만하였다. 또한 루스드라에서 앉은뱅이를 일으키는 사건을 보고 유대인들은 격분한다. 그

들은 뒤쫓아 와서 무리를 충동하여 바울을 돌로 친다. 이로 인하여 전도여행은 중단된다. 바울은 교회들을 방문하고 기도와 금식을 가르치면서 파송지 안디옥으로 돌아간다. 이 여행을 통하여 바울은 이방인들에게 믿음의 문을 하나님께서 열어주셨음을 밝히고 있다(14:19-27).

• 2차 전도여행(15:36-18:23, AD 49-52 지도참조)

3년에 걸친 2차 전도여행을 앞두고 마가의 동행 문제로 바울과 바나바는 심히 다투었다. 바나바는 마가와 함께 가기를 원했지만, 바울은 1차 전도여행 도중 마가가 예루살렘으로 돌아간 것을 못마땅하게 여겼기 때문이었다. 결국 바울은 실라와 함께, 바나바는 마가와 함께 서로 다른 길을 가게 된다(15:36-41). 그러나 하나님께서는 이 와중에 바울이 디모데를 만나게 하여 복음이 아시아에서 멀리 유럽으로 확산되는 결과를 낳게 하셨다. 아시아에 복음을 전하려고 준비한 바울에게 환상이 나타나 마게도냐로 여행의 진로를 변경하였다(16:6-10). 마게도냐의 수도 데살로니가와 베뢰아를 지나 아덴, 고린도, 에베소를 거쳐 예루살렘으로 귀환한다. 바울은 고린도에서 1년 6개월을 지내면서 교회를 개척하고 성도들을 가르쳤다.

• 3차 전도여행 (18:24-21:16, AD 53-57 지도참조)

3차 전도여행의 중심지인 에베소에서 바울은 아볼로의 제자들을 만나는데 그들은 세례 요한의 물세례만 받은 자들이었다. 바울이 예수 그리스도의 이름으로 그들에게 안수했을 때 성령이 그들에게 임하셨다(19:1-7). 2차 전도여행은 유럽지역(마게도냐)을 중점적으로 다녔고, 3차 전도여행은 아시아 지역의 교회에 집중되어 있다. 그중에서도 에베소 교회에서 2년간 머물면서 말씀을 가르쳤다(두란노 서원 19:8-12). 그러나 에베소에서 바울을 잡겠다고 소동이 일어나자 바울은 마게도냐를 향해 떠난다. 그곳에서 디도를 만난 바울은 자신의 책망(고린도전서)을 듣고 고린도 성도들이 회개하였다는 소식을 듣고 기뻐한다. 고린도후서를 기록하고 바울은 빌립보와 데살로니가를 거쳐 고린도로 향한다. 고린도에서 3개월을 머물면서 로마서를 기록하였다. 예루살렘에 돌아온 바울은 체포된다. 그는 로마 시민권자이기에 로마로 압송당하고 로마에 도착한 이후 셋집에 거주하면서 2년 동안(AD 61-63) 하나님 나라의 복음과 예수 그리스도를 전파하면서 자신이 세운 교회들에게 편지를 기록하였다(28:26-31). AD 63년 석방된 바울은 계속해서 복음을 전하다가 AD 67년경 로마감옥에 투옥되어 이듬해 순교당한 것으로 추정된다.

★바울 사도의 예루살렘 방문

*1차 방문(9:26-30): 회심이후 예루살렘 교회의 지도자들과 신앙의 교제를 나누었다.

*2차 방문(11:27-30): 계속된 흉년으로 인해 궁핍한 예루살렘 교회를 위해 안디옥 교회의 성도들이 헌금하였는데, 이를 전달하고자 바울과 바나바는 예루살렘으로 갔다.

*3차 방문(15:1-30): 이방인들의 할례를 주장하는 자들과의 대립으로 인해 예루살렘에서 회의가 소집되었다. 여기에 참석하고자 바울은 세 번째로 예루살렘을 방문했다.

*4차 방문(18:22): 예루살렘에 올라가서 교회의 안부를 물었다.

*5차 방문(21:15-18): 여전히 할례와 율법을 주장하는 유대 그리스도인들을 향해, 바울은 예루살렘에 와서 자신의 제자들과 함께 결례의식을 행함으로써 이방 교회와 예루살렘 교회의 관계가 더 악화되지 않도록 했다.

★아덴에서 설교하는 바울(17:16-34)

박해자 사울이 전도자 바울이 된 이후 그의 생애는 소아시아와 그리스, 로마에서 복음을 전하는 일로 가득했다. 교회를 개척하며, 교회와 성도들에게 편지를 보내면서 이방인을 위한 사도로서의 임무를 열정적으로 이루어 나갔다. 특별히 2차 전도여행 중 당시 헬라 철학의 중심지였던 아덴에서 담대하게 설교하였다. 아덴에 세워진 수많은 우상들을 보고 마음에 격분하여 날마다 만나는 사람들에게 복음을 전했다. 인간의 행복과 쾌락을 가장 위대한 덕목으로 여겨 모든 영적인 종교를 배척하였던 에피쿠로스학파(쾌락주의)와 정해진 운명에 따라 향락적인 삶을 배격하면서 인간의 이성적인 통제와 도덕을 강조하는 스토아학파(금욕주의)들에게 예수의 부활을 전했다. 그러나 아덴 사람들은 복음을 향해 문을 열지 않고 극히 일부만 예수를 믿었다. 바울 사도는 아덴 사람들이 섬기는 수많은 우상들과 '알지 못하는 신' 이라 이름 붙여진 제단 앞에서 하나님과 복음에 대해 설교하였다(아레오바고 17:22).

바울의 설교 내용을 살펴보면,

1〉 우주를 창조하신 하나님은 사람의 손으로 지은 전에 계시지 않으며, 무엇이 부족한 것처럼 사람의 손으로 섬김을 받으시는 분이 아니시다.

2〉 인류의 모든 족속을 한 혈통으로 만드사(모든 인류는 아담의 후예, 눅 3:38), 온 땅에 살게 하시고, 그들의 연대를 정하시며, 거주의 경계를 한정해 놓으셨다(세계 각 나라의 흥망성쇠와 영토를 정하셨다).

3〉 하나님은 창조주이시므로 금이나 은이나 돌에다 새겨서는 안 된다.

4〉 모든 사람에게 믿을 만한 증거(예수의 부활)를 주셨으니 이제는 하나님 앞에 회개하고 예수를 믿어야 할 때가 왔다

사도의 설교를 듣고 어떤 사람은 조롱도 하고, 어떤 사람은 다시 듣겠다는 반응을 보였다. 이 중에 철저하게 복음 전도를 막았던 관원들 중 몇 사람과 여자들이 예수를 믿는 놀라운 성령의 역사가 일어났다.

★베드로와 바울

사도행전의 초반부(1-12장)는 사도 베드로의 사역을, 후반부(13-28장)는 바울의 사역을 중점적으로 다루고 있다. 이 두 인물은 사도행전을 이끌어 가는 양대 산맥의 역할을 했다. 비록 환경과 배경은 달랐지만 두 사도는 사도행전 15장의 예루살렘 공의회를 통해 구원론을 세웠고 서로 협력하여 하나님 나라의 확장을 위해 수고하였다.

기억할 말씀

행 17:16-34

바울이 아덴에서 그들을 기다리다가 그 성에 우상이 가득한 것을 보고 마음에 격분하여 회당에서는 유대인과 경건한 사람들과 또 장터에서는 날마다 만나는 사람들과 변론하니 어떤 에피쿠로스와 스토아 철학자들도 바울과 쟁론할새 어떤 사람은 이르되 이 말쟁이가 무슨 말을 하고자 하느냐 하고 어떤 사람은 이르되 이방 신들을 전하는 사람인가보다 하니 이는 바울이 예수와 부활을 전하기 때문이러라 …… 우주와 그 가운데 있는 만물을 지으신 하나님께서는 천지의 주재시니 손으로 지은 전에 계시지 아니하시고 또 무엇이 부족한 것처럼 사람의 손으로 섬김을 받으시는 것이 아니니 이는 만민에게 생명과 호흡과 만물을 친히 주시는 이심이라 인류의 모든 족속을 한 혈통으로 만드사 온 땅에 살게 하시고 그들의 연대를 정하시며 거주의 경계를 한정하셨으니 이는 사람으로 혹 하나님을 더듬어 찾아 발견하게 하려 하심이로되 그는 우리 각 사람에게서 멀리 계시지 아니하도다 우리가 그를 힘입어 살며 기동하며 존재하느니라 너희 시인 중 어떤 사람들의 말과 같이 우리가 그의 소생이라 하니 이와 같이 하나님의 소생이 되었은즉 하나님을 금이나 은이나 돌에다 사람의 기술과 고안으로 새긴 것들과 같이 여길 것이 아니니라 알지 못하던 시대에는 하나님이 간과하셨거니와 이제는 어디든지 사람에게 다 명하사 회개하라 하셨으니 …… 몇 사람이 그를 가까이하여 믿으니 그 중에는 아레오바고 관리 디오누시오와 다마리라 하는 여자와 또 다른 사람들도 있었더라

기억할 말씀

행 8:1-8
사울은 그가 죽임 당함을 마땅히 여기더라 그 날에 예루살렘에 있는 교회에 박해가 있어 사도 외에는 다 유대와 사마리아 모든 땅으로 흩어지니라 경건한 사람들이 스데반을 장사하고 위하여 크게 울더라 사울이 교회를 잔멸할새 각 집에 들어가 남녀를 끌어다가 옥에 넘기니라 그 흩어진 사람들이 두루 다니며 복음의 말씀을 전할새 빌립이 사마리아 성에 내려가 그리스도를 백성에게 전파하니 무리가 빌립의 말도 듣고 행하는 표적도 보고 한마음으로 그가 하는 말을 따르더라 많은 사람에게 붙었던 더러운 귀신들이 크게 소리를 지르며 나가고 또 많은 중풍병자와 못 걷는 사람이 나으니 그 성에 큰 기쁨이 있더라

베드로	바울
행 1-12장은 베드로를 중심으로 기록	행13-28장은 바울을 중심으로 기록
어부 출신으로 별반 학문이 없는 인물	바리새파, 로마 시민권자, 가말리엘 문하생으로 당대 최고의 학문소유자
예루살렘 교회를 중심으로 사역	안디옥 교회와 자신이 개척한 소아시아 교회 등 이방인 교회를 중심으로 사역
고기 잡는 어부로 일하다 부르심을 받았다.	교회와 성도를 박해한 자로 하늘에서 음성이 들리면서 부르심을 받았다.
유대인을 위한 사역 (기도와 설교를 통해 개인구원에 중점)	이방인을 위한 사역 (이방지역에 복음을 전파하여 가는 곳 마다 교회를 설립하고 서신서를 기록하여 후세대들에게 남김)

★바울의 옥중서신

에베소서(교회론): 서신을 통해 자신이 세운 교회를 가르치는 바울(엡 1:1)

빌립보서(성도의 삶): 죽음을 두려워하지 않는 바울(빌 1:21)

골로새서(기독론): 만유의 주, 예수 그리스도

빌레몬서: 주 안에서 용서하라는 개인서신

5. 더 깊은 연구와 삶의 적용

1. 사도행전을 읽으면서 나는 어떤 하나님을 경험하였는가?

2. 예루살렘 교회는 당시 많은 사람들로부터 칭찬받았고 오늘도 모범적인 교회의 모델이다. 왜 예루살렘 교회가 교회의 모범인가?(2:42-47, 5:41-42)

3. 교회에 가해진 박해를 통해 복음은 어떻게 전파되어 나갔는가?(8:1-8)

4. 그리스도인이란 칭호는 어디에서, 어떻게, 누구로부터 받았는가?(11:26)

5. 교회가 하나 되어 기도한 결과 어떤 일이 발생하였는가?(12:1-11)

6. 스데반 집사와 바울 사도의 설교를 읽고 묵상하자(7:2-54, 13:16-51).

7. 예루살렘 공의회에서 내려진 결정은 무엇이며, 이 회의의 결정은 선교에 어떤 영향을 주었는가?(15:1-29)

8. 바울 사도의 1 · 2 · 3차 전도여행의 행로를 지도를 펴 놓고 따라가 보자. 1차 2차 3차 여행의 행선지를 보면서 소아시아와 유럽의 전도 지역을 살펴보자.

9. 22장 1-21절과 26장 1-23절은 바울 사도의 신앙 간증이다. 본문을 통해 사도는 어떤 과정을 겪으면서 이방인을 향한 전도자가 되었는지 살펴보자.

10. 사도행전에 나타난 바울의 동역자를 찾아보자.

1〉 바나바(행 4:36, 9:26-31, 12:25, 13:1-3, 13 14:28, 15:1-3,12, 35-41)
2〉 실라(행 15:22,27,32,40 17:4,14, 18:5)
3〉 디모데(행 16:1-3, 17:14-15, 18:5, 19:22)
4〉 브리스길라와 아굴라(행 18:1-4,26)
5〉 마가(행 12:12,25 13:5,13, 15:37-41)
6〉 누가(행 16:10-17, 20:5-21:18, 27:1, 28:16)
7〉 로마서 16장에 나타나는 37명의 동역자들(96페이지 참조)

제5과
로마서

1. 로마서를 어떻게 읽을 것인가

로마서를 읽으면서 많은 성도들은 내용이 어렵다고 한다! 여러 요인들이 있겠지만 바울의 생애와 사도행전의 역사적인 배경을 알지 못한 채 읽거나, 로마서의 전체적인 흐름을 파악하지 않고 읽기 때문이라는 생각이 든다.

사도 바울은 회심 이후 안디옥 교회에서 바나바와 함께 1년여 동안 사역을 펼쳐나가다가 선교지로 파송을 받았다. 소아시아와 그리스에 이르기까지 1 · 2 · 3차 전도여행을 했지만, 로마에는 이르지 못했다. 당대 세계 최고의 도시 국가 로마에 사는 성도들을 만난 적이 없는 상황에서 바울은 그들의 신앙과 삶의 상황에 궁금한 것이 많았으리라. 그는 한 번도 방문한 적이 없는 로마 교회와 성도들에게 예수에 대해, 특별히 하나님의 구원에 대해 알려주고자 로마서를 기록하였다. 그의 서신서 중에 대표작이라 할 수 있는 로마서는 '바울의 복음서' 로 불리어진다. 4 복음서들이 예수님의 삶과 행적을 역사적 사실에 바탕을 두고 기록한 것이라면, 로마서는 예수의 탄생과 사역의 의미를 성도의 구원과정과 연결하여 기록하고 있다. 특별히 로마서 1장과 8장은 하나님의 구원에 대한 보석과도 같은 내용을 담고 있다.

기독교 역사에 이름을 남긴 수많은 신앙의 위인들은 로마서를 읽으면서 회심을 체험하였다고 간증하고 있다(성 어거스틴 · 마틴 루터 · 요한 웨슬레 등). 사도 바울은 로마서를 통해 인간의 의지나 선행으로 하나님의 구원에 이를 수 없고, 오직 믿음으로만 구원을 성취한다는 구원론에 대해 설명하고 있다. 왜 인간은 하나님 앞에서 죄인이며, 그 인간 스스로 구원받을 수 없으며, 이 구원의 문제를 어떻게 풀어 나갈 것인가를 설명하고 있다. 특별히 로마서 8장은 바울의 구원론의 절정이다. 그러나 로마서는 구원에 대한 이론만을 풀어나간 편지가 아니다. 이스라엘 백성들의 구원에 대해서도(9-11장) 상세하게 알려주고 있다. 그들이 예수님을 영접하는 그 때가 종말의 때(예수의 재림)임을 설명하고 있다. 바울 사도는 구원받은 성도가 어떤 삶을 살아가야 할지 12-16장에서 구체적으로 교훈하고 있다.

로마서의 전체 내용을 살펴보면, 믿음으로 구원에 이른다는 이신칭의(以信稱義)의 신앙에 초점을 맞추어 내용을 크게 3부분으로 구분하고 있다. 이신칭의에 대한 선포(1:1-17)와 구원의 과정에 대한 교리(1:18-11:36), 구원받은 성도의 실천적인 삶(12:1-15:13)을 교훈하고 있다.

> "복음에는 하나님의 의가 나타나서 믿음으로 믿음에 이르게 하나니 기록된 바 오직 의인은 믿음으로 말미암아 살리라 함과 같으니라"(1:17)

*1:1-8:39은 인사와 더불어 구원의 필요성과 이에 이르는 방법을,

*9:1-11:36은 이스라엘의 과거 · 현재 · 미래 상황을 설명하며 하나님의 의가 역사 가운데 어떻게 반영되고 있는가를,

*12:1-16:27은 믿음으로 의롭다 칭함을 받고 구원을 얻게 된 백성들이 마땅히 행해야 할 의로운 삶의 실천을 기록하고 있다.

2. 저자 · 기록연대 · 기록동기

저자와 기록연대: 로마서는 바울이 직접 기록한 것이 틀림없다(1:1). 자신을 뜻하는 '이방인의 사도'(11:13, 15:15-20)란 말로 자신을 밝히고 있다. 그러나 직접 기록하지 않고 더디오에 의해 대필되었다(16:22). 로마서의 기록연대

기억할 말씀

롬 1:1-17
예수 그리스도의 종 바울은 사도로 부르심을 받아 하나님의 복음을 위하여 택정함을 입었으니 이 복음은 하나님이 선지자들을 통하여 그의 아들에 관하여 성경에 미리 약속하신 것이라 그의 아들에 관하여 말하면 육신으로는 다윗의 혈통에서 나셨고 성결의 영으로는 죽은 자들 가운데서 부활하사 능력으로 하나님의 아들로 선포되셨으니 곧 우리 주 예수 그리스도시니라 그로 말미암아 우리가 은혜와 사도의 직분을 받아 그의 이름을 위하여 모든 이방인 중에서 믿어 순종하게 하나니 너희도 그들 중에서 예수 그리스도의 것으로 부르심을 받은 자니라 로마에서 하나님의 사랑하심을 받고 성도로 부르심을 받은 모든 자에게 하나님 우리 아버지와 주 예수 그리스도로부터 은혜와 평강이 있기를 원하노라 …… 내가 복음을 부끄러워하지 아니하노니 이 복음은 모든 믿는 자에게 구원을 주시는 하나님의 능력이 됨이라 먼저는 유대인에게요 그리고 헬라인에게로다 복음에는 하나님의 의가 나타나서 믿음으로 믿음에 이르게 하나니 기록된 바 오직 의인은 믿음으로 말미암아 살리라 함과 같으니라

롬 12:1-2
그러므로 형제들아 내가 하나님의 모든 자비하심으로 너희를 권하노니 너희 몸을 하나님이 기뻐하시는 거룩한 산 제물로 드리라 이는 너희가 드릴 영적 예배니라 너희는 이 세대를 본받지 말고 오직 마음을 새롭게 함으로 변화를 받아 하나님의 선하시고 기뻐하시고 온전하신 뜻이 무엇인지 분별하도록 하라

는 57년경 겨울이다. 바울이 그의 3차 전도여행을 끝마칠 무렵 고린도에 3개월간 체류하던 때이다(행 20:1-6). 예루살렘 교회의 가난한 성도들을 위해 마게도냐와 아가야 성도들로부터 구제헌금을 거두어 돌아오던 중 고린도에 머물면서 기록한 것으로 학자들은 추정하고 있다(15:25-27).

기록동기: 직접적인 목적은 첫째로 로마 교회에 말씀 전하기를 간절히 원했기 때문이다(1:7-12). 당시 로마에서는 로마인들을 비롯하여 이방인들이 모여 자체적으로 교회를 이루어 신앙생활을 하였다. 그러나 이들은 사도들로부터 복음에 대해 직접 가르침을 받을 기회가 거의 없었다. 유대계 신자들은 율법주의 신앙관을 갖고 복음을 이해하려고 했다. 소수의 유대인과 다수의 이방인들로 구성된 로마 교회의 성도들에게 바른 교리를 체계적으로 가르치기 위해, 이 교회를 방문하기 이전에 먼저 편지를 썼던 것이다(15:14-18). 로마의 성도들이 믿음을 바르게 세우며, 복음을 분명하게 이해하도록 구원론과 인간을 향한 하나님의 계획과 성도다운 삶의 의무들을 설명하고 있다.

둘째로 서바나 선교를 위해 바울은 로마 교인들의 협력을 얻고자 했다. 서바나 선교를 목표로 로마 교회를 거점으로 하기 위해 교회를 방문하기에 앞서 기록하였다(1:10-15, 15:22-29). 셋째로 로마 교회에 있는 이방 그리스도인과 유대 그리스도인들의 갈등과 반목이 심화되어 교회가 하나 되지 못하자, 이를 해결하려고 하였다.

3. 로마서의 파노라마

주제	하나님의 의			이스라엘을 향한 하나님의 계획			성도의 삶(성화)	
내용 구분	1:1	3:21	6:21	9:1	9:30	11:2	12:1	14:1 16:27
	인사와 주제	칭의의 교리	성화의 교리	과거 (선택)	현재 (거부)	미래 (회복)	성도의 의무	바울의 선교 계획과 인사말
문체	기독교의 교리(구원론)를 해석하고 성도의 실천적인 삶을 기록한 서신서							
장소	3차 전도여행 중 고린도에서 보낸 편지							
기간	AD 57년경							

1〉 계시된 하나님의 의(1–8장)

사도 바울의 인사 1:1–7, 믿음으로 믿음에 이르는 의 1:8–17,
이방인의 죄성 1:18–32, 하나님의 공의의 심판 2:1–16,
유대인의 특권과 책임 2:17–29, 율법주의에 대한 변증 3:1–8,
모든 인간의 죄성 3:9–18, 의를 이루는 믿음 3:19–31,
아브라함의 믿음과 이신득의 4:1–25, 칭의의 열매 5:1–11,
아담과 그리스도 5:12–21, 칭의와 성화 6:1–11,
성화의 실천 6:12–23, 율법으로부터의 자유 7:1–13,
하나님의 법과 죄의 법 7:14–25, 8:1–17,
성령의 인도와 미래의 영광 8:18–39,

2〉 하나님의 계획(9–11장)

약속의 자녀 9:1–13, 주권적 선택 9:14–33,
믿음을 통한 구원 10:1–21, 이방인의 구원 11:1–24,
이스라엘의 구원 11:25–36,

3〉 하나님의 의의 실천(12–16장)

성도의 생활 윤리 12:1–21, 그리스도인의 국가관 13:1–14,
그리스도인의 자유 14:1–23, 그리스도인의 책임 15:1–13,
바울의 선교 계획 15:14–33, 바울의 문안 인사 16:1–16

4. 로마서 해석의 키워드

★하나님의 의

로마서의 핵심 주제는 '하나님의 의' 이다(1:16–17). 하나님의 의는 예수님의 삶과 죽음과 부활을 통해 인간과의 관계를 바르게 하시는 하나님의 행위이다. 이러한 하나님의 의는 로마서에서 그분의 신실하신 성품과 관련하여 또

기억할 말씀

롬 3:20–24
그러므로 율법의 행위로 그의 앞에 의롭다 하심을 얻을 육체가 없나니 율법으로는 죄를 깨달음이니라 이제는 율법 외에 하나님의 한 의가 나타났으니 율법과 선지자들에게 증거를 받은 것이라 곧 예수 그리스도를 믿음으로 말미암아 모든 믿는 자에게 미치는 하나님의 의니 차별이 없느니라 모든 사람이 죄를 범하였으매 하나님의 영광에 이르지 못하더니 그리스도 예수 안에 있는 속량으로 말미암아 하나님의 은혜로 값 없이 의롭다 하심을 얻은 자 되었느니라

롬 5:8
우리가 아직 죄인 되었을 때에 그리스도께서 우리를 위하여 죽으심으로 하나님께서 우리에 대한 자기의 사랑을 확증하셨느니라

롬 8:1–2
그러므로 이제 그리스도 예수 안에 있는 자에게는 결코 정죄함이 없나니 이는 그리스도 예수 안에 있는 생명의 성령의 법이 죄와 사망의 법에서 너를 해방하였음이라

롬 10:10–13
사람이 마음으로 믿어 의에 이르고 입으로 시인하여 구원에 이르느니라 성경에 이르되 누구든지 그를 믿는 자는 부끄러움을 당하지 아니하리라 하니 유대인이나 헬라인이나 차별이 없음이라 한 분이신 주께서 모든 사람의 주가 되사 그를 부르는 모든 사람에게 부요하시도다 누구든지 주의 이름을 부르는 자는 구원을 받으리라

기억할 말씀

롬 13:12-14
밤이 깊고 낮이 가까웠으니 그러므로 우리가 어둠의 일을 벗고 빛의 갑옷을 입자 낮에와 같이 단정히 행하고 방탕하거나 술 취하지 말며 음란하거나 호색하지 말며 다투거나 시기하지 말고 오직 주 예수 그리스도로 옷 입고 정욕을 위하여 육신의 일을 도모하지 말라

롬 5:15-21
그러나 이 은사는 그 범죄와 같지 아니하니 곧 한 사람의 범죄를 인하여 많은 사람이 죽었은즉 더욱 하나님의 은혜와 또한 한 사람 예수 그리스도의 은혜로 말미암은 선물은 많은 사람에게 넘쳤느니라 또 이 선물은 범죄한 한 사람으로 말미암은 것과 같지 아니하니 심판은 한 사람으로 말미암아 정죄에 이르렀으나 은사는 많은 범죄로 말미암아 의롭다 하심에 이름이니라 한 사람의 범죄로 말미암아 사망이 그 한 사람을 통하여 왕 노릇 하였은즉 더욱 은혜와 의의 선물을 넘치게 받는 자들은 한 분 예수 그리스도를 통하여 생명 안에서 왕 노릇 하리로다 그런즉 한 범죄로 많은 사람이 정죄에 이른 것 같이 한 의로운 행위로 말미암아 많은 사람이 의롭다 하심을 받아 생명에 이르렀느니라 한 사람이 순종하지 아니함으로 많은 사람이 죄인 된 것 같이 한 사람이 순종하심으로 많은 사람이 의인이 되리라 율법이 들어온 것은 범죄를 더하게 하려 함이라 그러나 죄가 더한 곳에 은혜가 더욱 넘쳤나니 이는 죄가 사망 안에서 왕 노릇 한 것 같이 은혜도 또한 의로 말미암아 왕 노릇 하여 우리 주 예수 그리스도로 말미암아 영생에 이르게 하려 함이라

죄에 대한 진노와 관련하여 드러난다(1:17, 합 2:4). 공의의 하나님은 인간의 죄에 대해 심판하시는데 예수께서 인류의 죄를 대신하여, 온 인류를 대표하여 십자가에서 고난당하시고 죽으심으로 하나님의 심판을 담당하셨다. 십자가의 예수가 나의 죄를 대신 지시고, 온 인류를 대표하여 죄를 지시고 돌아가셨다는 나의 신앙고백을 통해 의인, 즉 하나님의 자녀가 된다. 이처럼 하나님의 의는 인간의 도덕이나 윤리적 차원에서 행해지는 노력이나 수고에 있지 않고 하나님 앞에서 나의 죄를 고백하고 나의 죄를 위해 예수께서 십자가에서 대속의 제사를 드렸음을 고백함으로 이루어진다. 하나님의 의만이 우리로 죄의 문제를 해결하고 구원에 이르게 한다. 복음은 우리를 구원에 이르게 하는 하나님의 능력이다(3:21-26). 이것은 우리의 노력이나 수고로 성취되는 것이 아니라 값없이 주시는 하나님의 일방적인 은혜의 선물이다(5:15-21).

그러므로 의의 주체는 하나님이시요, 의의 근원은 오직 하나님의 일방적인 은혜이다. 의의 방법은 예수 그리스도의 보혈의 피다. 의를 얻는 방법은 예수의 대속의 죽음을 신앙고백하는 믿음에 있다. 신앙을 고백한 자는 자신의 삶에 나타나는 행위(열매)로서 자신이 의인(하나님의 자녀)임을 구체적으로 증거하게 된다.

★이신칭의

로마서의 가장 핵심은 하나님께서 어떻게 인간을 의인으로 칭하느냐는 이신칭의이다. 칭의란 말은 의롭게 한다는 것이 아니고 '의롭다고 선언한다'는 말이다. 따라서 칭의란 본래는 죄인이지만 그리스도를 믿을 때에 하나님께서 의롭다고 인정하여 선언하시는 것을 말한다. 이러한 칭의의 근거와 수단은 무엇인가?

유대교에서는 하나님의 율법에 일치하는 것이 의의 근거라고 했다. 그들에게 신앙이란 율법을 받아들이는 것이었다. 그런데 바울은 "율법의 행위로 하나님 앞에 의롭다 하심을 얻을 육체가 없나니"(3:20)라고 못을 박았다. 즉 칭의의 근거는 율법에 대한 순종이 아니라 그리스도의 죽으심 밖에 없다는 것이다. "이제 우리가 그의 피로 말미암아 의롭다 하심을 받았으니"(5:9)라고 선언

한 것이다. 바울은 이에 대해 3장 21-26절에서 자세히 설명하고 있다. 칭의의 수단은 개인의 신앙에 있다(3:24-25). 이 신앙이란 그리스도를 통하여 성취하신 하나님의 공로를 받아들이고 거기에 전적으로 의존하여 자신의 공로는 완전히 포기하는 것을 의미한다.

그렇다면 의롭다고 인정된 이후에 짓는 죄는 어떻게 되는가? 성도는 믿음으로 의인의 칭함을 받았지만(인정은 받았지만), 아직 성화되지 않았기 때문에 죄의 유혹을 받고 때로는 죄에 동참하는 죄인의 삶을 살기도 하는 연약한 존재이다. 그러나 성령께서 성도의 삶 속에 역사해 다시금 하나님의 자녀로서의 삶을 살도록 회개를 불러일으킨다. 또한 말씀과 기도로 성화의 삶을 향해 전진하게 하신다(7:22-8:2). 이 성화는 일회적인 행위가 아니라 과정이다. 하나님과의 새로운 관계를 맺은 후, 성도들이 이 땅에 살면서 영원히 계속해서 걸어가야 하는 과정인 것이다. 성화에 대해서는 레위기 20장 23-26절에서 가장 잘 표현하고 있다. 즉 구별된 삶이 곧 성화인데, 하나님께 대한 예배와 이웃을 향한 봉사를 통해서 세상 사람들과 구별된 삶을 말한다(고후 6:14-18).

★생명의 성령의 법(롬 8장)

로마서 8장은 전체적으로 생명의 성령에 대해 설명하고 있다. 7장 마지막 부분에서 바울은 속사람이 즐거워하는 하나님의 법과 이에 대조되는 죄의 법 가운데에서 갈등하며 힘겨워 한다. 사도는 세상의 처절한 삶 속에서 자신이 살고 있음을 고백하고 있다. 비록 영적으로는 생명으로 인도함을 받았지만 육적으로는 여전히 부패한 죄의 속성을 지니고 있기에, 성도는 매일의 삶 속에서 끊임없이 죄악과 투쟁해야함을 설명하고 있다(7:15-24). 그럼에도 성도는 감사할 수 있다. 예수 안에 있는 생명의 성령의 법이 죄와 사망의 법에서 성도를 해방하였기 때문이다(7:25-8:2).

자신의 힘으로 싸우면 실패하지만 자기 안에 거하시는 성령으로 더불어 살기에 육신의 행실을 죽일 수 있다(8:7-14). 뿐만 아니라 하나님의 상속자로서 그리스도의 영광에 동참하여 종말에 완성될 영광을 기대하면서 현재의 고난 속에서도 기쁘고 즐거워하는 삶을 살게 된다(8:15-18, 32-39).

기억할 말씀

롬 3:21-26
이제는 율법 외에 하나님의 한 의가 나타났으니 율법과 선지자들에게 증거를 받은 것이라 곧 예수 그리스도를 믿음으로 말미암아 모든 믿는 자에게 미치는 하나님의 의니 차별이 없느니라 모든 사람이 죄를 범하였으매 하나님의 영광에 이르지 못하더니 그리스도 예수 안에 있는 속량으로 말미암아 하나님의 은혜로 값 없이 의롭다 하심을 얻은 자 되었느니라 이 예수를 하나님이 그의 피로써 믿음으로 말미암는 화목제물로 세우셨으니 이는 하나님께서 길이 참으시는 중에 전에 지은 죄를 간과하심으로 자기의 의로우심을 나타내려 하심이니 곧 이 때에 자기의 의로우심을 나타내사 자기도 의로우시며 또한 예수 믿는 자를 의롭다 하려 하심이라

레 20:26
너희는 나에게 거룩할지어다 이는 나 여호와가 거룩하고 내가 또 너희를 나의 소유로 삼으려고 너희를 만민 중에서 구별하였음이니라

기억할 말씀

롬 7:21-25

그러므로 내가 한 법을 깨달았노니 곧 선을 행하기 원하는 나에게 악이 함께 있는 것이로다 내 속사람으로는 하나님의 법을 즐거워하되 내 지체 속에서 한 다른 법이 내 마음의 법과 싸워 내 지체 속에 있는 죄의 법으로 나를 사로잡는 것을 보는도다 오호라 나는 곤고한 사람이로다 이 사망의 몸에서 누가 나를 건져내랴 우리 주 예수 그리스도로 말미암아 하나님께 감사하리로다 그런즉 내 자신이 마음으로는 하나님의 법을 육신으로는 죄의 법을 섬기노라

롬 8:1-8

그러므로 이제 그리스도 예수 안에 있는 자에게는 결코 정죄함이 없나니 이는 그리스도 예수 안에 있는 생명의 성령의 법이 죄와 사망의 법에서 너를 해방하였음이라 율법이 육신으로 말미암아 연약하여 할 수 없는 그것을 하나님은 하시나니 곧 죄로 말미암아 자기 아들을 죄 있는 육신의 모양으로 보내어 육신에 죄를 정하사 육신을 따르지 않고 그 영을 따라 행하는 우리에게 율법의 요구가 이루어지게 하려 하심이니라 육신을 따르는 자는 육신의 일을, 영을 따르는 자는 영의 일을 생각하나니 육신의 생각은 사망이요 영의 생각은 생명과 평안이니라 육신의 생각은 하나님과 원수가 되나니 이는 하나님의 법에 굴복하지 아니할 뿐 아니라 할 수도 없음이라 육신에 있는 자들은 하나님을 기쁘시게 할 수 없느니라

★믿음과 율법

예수께서는 모든 믿는 자에게 의를 이루기 위해 율법의 마침, 즉 율법을 완성하셨다. 그는 구약의 모든 예언들을 성취하시고 친히 율법을 온전히 지키심으로써 율법을 완성시키셨다(마 5;17). 율법의 요구를 온전히 지킬 수 없던 우리가 율법의 완성자이신 예수를 믿음으로 의에 이르고 구원에 이르게 되었다(10:4, 9-13). 특별히 바울 사도는 유대인들에게 율법과 은혜, 행위와 믿음이라는 두 길을 비교하면서 구원의 유일한 길인 복음을 강조한다. 누구든지 마음으로 믿고 입으로 시인하기만 하면 구원에 이를 수 있음을 밝히고 있다.

★이스라엘의 회복(9-11장)

9-11장에서 이스라엘의 회복에 대해서 다루고 있다. 바울은 유대인들이 소외 되는 것에 대한 고뇌(9:1 이하)와 그들이 구원받기를 바라는 열망(10:1), 자신이 여전히 유대인임을 밝힌다(11:1). 이스라엘이 하나님의 구원의 방법에 복종하지 않는 교만한 마음과 종교적인 열심만을 가졌다고 질책한다(9:30-10:4).

하나님은 이스라엘을 맞이하고자 손을 벌리셨지만 그들은 순종하지 아니하고 거슬러 말했다(10:16-21). 그러나 바울은 11장에서 이스라엘의 교만함과 완악함 가운데서도 남은 자가 있으며, 하나님은 자녀를 버리지 않으시고 다시금 회복될 것임을 단언한다(11:1-12).

이스라엘의 타락을 통해 이방인에게 구원이 왔다면, 이제 이방인들의 구원을 통해 이스라엘이 이를 시기하게 될 것이며(11:12), 이방인의 충만한 수가 들어왔을 때 이스라엘 또한 구원을 얻을 것이라고 보았다(11:25-32). 이스라엘이 복음을 거부 → 이방인이 구원의 복음을 얻는 기회 → 이방인의 구원이 이스라엘로 시기심을 일으킴 → 종말과 예수 그리스도의 재림 날 이스라엘이 회복되는 구원의 역사가 일어난다.

★그리스도인의 삶(12-16장)

12장: 사도 바울은 그리스도인의 삶에 대해 먼저 우리의 몸을 하나님이 기뻐하시는 거룩한 산 제물로 드리라고 권면한다(12:1-2). 우리의 몸을 드리라는 것은 우리 삶을 하나님이 기뻐하시는 제사로 드리라는 의미이다. 제사란 제물을 요구하는데 제물이 되기 위해서는 죽어야 한다. 거룩한 산 제물이란 나를 죽여 하나님의 뜻을 삶 속에서 실천하는 것이다. 내가 원하는 대로가 아닌 하나님 원하시는 삶, 구별된 삶을 사는 것을 말한다. 12장 2절에서 "너희는 이 세대를 본받지 말고 오직 마음을 새롭게 함으로 변화를 받아 하나님의 선하시고 기뻐하시고 온전하신 뜻이 무엇인지 분별하도록 하라"고 바울 사도는 강력하게 말한다. 성도가 세상 풍조와 가치관에 현혹되어 세상을 따라가는 삶과 역행하는, 그래서 하나님의 뜻하심을 따라가는 삶을 가리킨다. 하나님과 세상은 결코 함께 섬길 수 없다. 하나님을 바르게 섬기도록 각 지체마다 하나님의 선물을 은사로 주셨다. 이 은사로 이웃을 어떻게 섬겨야 할 것인가(12:10-21). 이 은사를 사용하여 원수까지도 주리면 먹이는 삶을 성도는 살아야 한다. 이를 통해 악에게 지지 말고 선으로 악을 이기라고 하였다.

13장: 그리스도인의 국가관을 제시하면서 위정자에 대한 복종과 이웃에 대한 의무를 설명하였다. 위에 있는 권세는 하나님께서 정하셨기에 복종해야 한다. 이웃과의 관계에서는 피차 사랑의 빚 외에는 아무에게든지 아무 빚도 지지 말라고 권면하여 남을 사랑하는 자가 율법을 다 이루는 자라고 했다(13:8). 즉 사랑은 율법의 완성으로 이를 실천하기 위해 우리는 오직 주 예수 그리스도로 옷 입고 정욕을 위하여 육신의 일을 도모하지 말아야 한다(13:14).

14장: 그리스도인의 자유함에 대한 내용이다. 믿음이 강한 자는 믿음이 약한 자를 받아들일 때에 그들의 연약한 부분을 수용해야 한다(1-13). 또한 성도 각 개인의 판단과 양심의 문제에 대해 오직 화평함과 덕을 세우는데 힘써야 한다(14-23).

기억할 말씀

롬 10:9-13
네가 만일 네 입으로 예수를 주로 시인하며 또 하나님께서 그를 죽은 자 가운데서 살리신 것을 네 마음에 믿으면 구원을 받으리라 사람이 마음으로 믿어 의에 이르고 입으로 시인하여 구원에 이르느니라 성경에 이르되 누구든지 그를 믿는 자는 부끄러움을 당하지 아니하리라 하니 유대인이나 헬라인이나 차별이 없음이라 한 분이신 주께서 모든 사람의 주가 되사 그를 부르는 모든 사람에게 부요하시도다 누구든지 주의 이름을 부르는 자는 구원을 받으리라

롬 11:11-12
그러므로 내가 말하노니 그들이 넘어지기까지 실족하였느냐 그럴 수 없느니라 그들이 넘어짐으로 구원이 이방인에게 이르러 이스라엘로 시기나게 함이니라 그들의 넘어짐이 세상의 풍성함이 되며 그들의 실패가 이방인의 풍성함이 되거든 하물며 그들의 충만함이리요

롬 11:25-26
형제들아 너희가 스스로 지혜 있다 하면서 이 신비를 너희가 모르기를 내가 원하지 아니하노니 이 신비는 이방인의 충만한 수가 들어오기까지 이스라엘의 더러는 우둔하게 된 것이라 그리하여 온 이스라엘이 구원을 받으리라 기록된 바 구원자가 시온에서 오사 야곱에게서 경건하지 않은 것을 돌이키시겠고

15장: 그리스도인의 책임에 대한 내용으로 그리스도인의 삶에 대한 결론이다. 성도의 삶의 의미와 목적은 예수 그리스도를 본받아 아버지께 영광 돌리는데 있다(15:4-6). 예수님께서 우리를 차별함 없이 받으셨고 구원하셨으므로 우리도 이웃을 용납하고 그들의 유익을 위해 섬김으로 하나님께 영광을 돌리라고 바울은 권면하고 있다(15:7-13, 고전 10:31).

16장: 사도 바울은 자신을 위해 목숨까지도 내놓을 희생과 사랑을 보여준 브리스가와 아굴라를 향해 넘치는 감사의 인사를 하였다. 로마서 16장은 단순히 성도들을 향한 문안인사가 아니다. 함께 동고동락했던 무려 37명의 성도들을 일일이 열거하면서 축복하며 인사하는 장면이다. 그들은 바울 사도의 사역에 사랑과 관심으로 함께 한 믿음의 동역자이다. 로마서의 마지막 장은 사랑의 인사로 끝을 맺으면서 그들을 견고하게 하신 하나님께 영광을 돌리고 있다. 그리스도인의 삶은 사랑으로 함께 하는 섬김과 이 모든 영광을 하나님께 올려 드리면서 계속 이어져가야 할 것이다(16:26-27).

5. 더 깊은 연구와 삶의 적용

1. 로마서가 기록된 목적은 무엇인가?(1:7-12, 15:14-18, 1:10-15, 15:22-29)

2. 그리스도 안에서 새로운 삶에 대해 사도 바울은 어떻게 설명하고 있는가?

(a)성화의 원리(세례) 6:3-11
(b)성화의 실천(하나님의 종된 자의 삶) 6:12-23
(c)율법으로부터 해방(자유함) 7:1-13

3. 인간은 왜 스스로 구원받을 수 없는가?(3:19-31)

로마서 8장 전체를 읽으면서 하나님의 구원에 대해 생각해 보자. 구원은 어떻게 이루어지는가?(10:9-10)

4. 하나님이 기뻐하시는 거룩한 예배란 어떤 예배라고 생각하는가?(12:1-2)

5. 하나님의 나라는 어떻게 구현되며, 성도는 하나님의 나라에서 어떤 삶을 살아야 하는가?(14:17-19)

6. 바울 사도는 16장에서 자신을 도와준 많은 성도들을 축복하며 문안 인사한다. 복음으로 그들을 견고하게 하실 하나님께 영광을 돌리면서 편지를 마무리하였다. 나의 신앙에 도움을 준 많은 성도들을 향해 축복하며 모든 영광을 하나님께 올려 드리자.

기억할 말씀

롬 14:17-19
하나님의 나라는 먹는 것과 마시는 것이 아니요 오직 성령 안에 있는 의와 평강과 희락이라 이로써 그리스도를 섬기는 자는 하나님을 기쁘시게 하며 사람에게도 칭찬을 받느니라 그러므로 우리가 화평의 일과 서로 덕을 세우는 일을 힘쓰나니

제6과

고린도전후서

고린도전서

1. 고린도전서를 어떻게 읽을 것인가

고린도 교회는 바울의 전도로 세워졌다. 바울은 2차 전도여행 중 AD 49년경에 마게도냐(빌립보 · 데살로니가)로부터 아덴을 거쳐 고린도에 와서 복음을 전했다. 당시 바울은 1년 반 동안 고린도에 머무르면서(디도 유스도의 집), 고린도 교회를 설립하였다(행 18:7-11). 그 때 로마로부터 황제의 추방령에 의해 고린도에 온 유대 그리스도인 부부인 브리스길라와 아굴라는 바울의 충성스러운 동역자로 함께 사역하였다(행 18:1-3). 바울의 헌신적인 전도활동으로 고린도 교회는 유대 그리스도인들도 있었지만 상당수 이방인 그리스도인들로 구성되었다(7:18). 상류층도 있었지만 대부분의 성도들이 사회적으로 하층에 속하는 사람들이었다(11:21). 그들의 헌신으로 고린도 교회는 아가야 지방의 중심교회가 되었다. 바울이 고린도를 떠난 이후에도 교회는 계속 성장하였다. 그런데 고린도 교회로부터 들려오는 소식들은 바울의 마음을 아프게 하였다(1:11). 교회 안에 분쟁이 있다는 것이었다. 교회 안에서 성도들이 서로 다투며, 심지어는 이방인들까지도 용납하기 어려운 음행과 성도 간 송사 등의 일이 발생하였다(5-6장).

"너희는 값으로 사신 것이니 사람들의 종이 되지 말라 형제들아 너희는 각각 부르심을 받은 그대로 하나님과 함께 거하라"(고전 7:23-24)

전체적인 내용을 보면, 1:1-5:11은 분쟁에 대해 바울의 해결책이 제시되고 있다. 5:12-6장에서는 음행에 대한 바울의 답변, 7-14장은 성도들이 삶 속에서 일어나는 결혼생활과 우상의 제물, 은사와 예배에 대해 구체적으로 다루고 있다. 15-16장은 예수의 부활과 성도들의 연보에 대해 설명하고 있다.

소아시아를 거쳐 유럽 지역에 뿌려진 복음의 씨앗은 뿌리를 내리고 성장해 나아갔다. 성령의 역사가 계속 이어져 갔다. 그 가운데 고린도 교회 내의 분쟁과 갈등은 오늘 우리들의 신앙생활과 교회 생활에서도 얼마든지 일어날 수 있는 일이었다. 바울의 4대 서신(로마서 · 갈라디아서 · 고린도전후서) 중 하나인 고린도전서는 교회 생활에서 야기된 문제들에 대한 해결책을 제시한다. 특별히 11-12장의 성만찬과 은사, 13장의 사랑, 15장의 부활에 대한 설명은 고린도 교회뿐만 아니라 모든 성도들이 반드시 읽고 알아야 할 중요한 내용을 담고 있다.

"그리스도께서 다시 살아나신 일이 없으면 너희의 믿음도 헛되고 너희가 여전히 죄 가운데 있을 것이요"(고전 15:17)

15장에서 사도는 결론적으로 부활을 설명하고 있다. 예수 그리스도의 부활이 곧 기독교 신앙임을 확실하게 선포하고 있는 것이다. 성도가 부활에 대한 소망이 없다면 그의 신앙은 헛것이라고 했다. 예수의 부활이 역사 안에 이루어졌듯이 모든 성도들도 부활의 소망을 안고 예수의 재림을 기다리라는 것이다! 고린도전서는 "우리 주여 오시옵소서"(아람어 '마라나타')라는 말로 인사하면서 마무리하고 있다(16:22).

기억할 말씀

고전 1:4-9
그리스도 예수 안에서 너희에게 주신 하나님의 은혜로 말미암아 내가 너희를 위하여 항상 하나님께 감사하노니 이는 너희가 그 안에서 모든 일 곧 모든 언변과 모든 지식에 풍족하므로 그리스도의 증거가 너희 중에 견고하게 되어 너희가 모든 은사에 부족함이 없이 우리 주 예수 그리스도의 나타나심을 기다림이라 주께서 너희를 우리 주 예수 그리스도의 날에 책망할 것이 없는 자로 끝까지 견고하게 하시리라 너희를 불러 그의 아들 예수 그리스도 우리 주와 더불어 교제하게 하시는 하나님은 미쁘시도다

2. 저자 · 기록연대 · 기록동기

저자와 기록연대: 바울이 저자임을 본서의 내용 속에 언급하고 있다(1:1). 기록연대는 바울의 2차 전도여행(AD 49-52) 중 에베소에서 이 편지를 썼다(16:8).

기록동기: 본서를 쓰기 전에 바울은 디모데를 고린도에 보냈는데(4:17, 16:10, 행 19:22), 그로부터 고린도에 관한 소식과 문의 편지를 받고 답변으로 고린도전서를 기록했다. 고린도 교회 안에 분쟁이 생겨 서로 다투며, 이방인들도 용납하기 어려운 성적으로 부도덕한 자들을 교회가 묵인하고 있다는 것이었다(계모와 동거 · 창녀와 간음 등). 또한 교회에서 성찬을 하기 전, 온 교우가 함께하는 애찬에서 부유한 자들은 마음껏 먹고 마시지만 가난한 자들은 빈약한 음식으로 인해 모멸감과 소외감을 느끼게 되었다. 더 심각한 문제는 성찬 전에 실컷 먹고 마신 자들은 이미 포도주에 취해 경건하게 성찬에 참석할 수 없는 상황이 벌어졌다. 뿐만 아니라 영적인 감성주의에 빠진 고린도 교인들은 성령의 은사를 사용함에 있어 절제하지 못함으로서 예배가 무질서해졌다. 특히 방언의 은사를 지나치게 강조하여 성령의 역사를 오해하는 경향도 있었다. 심지어 죽은 자의 부활이 없다고 하는 자들도 있었다. 부활은 과거의 사건임으로, 미래의 부활을 기대하기 어렵다거나 혹은 영적인 부활만을 믿는 자들도 있었다. 이외에도 고린도 교회 성도들의 신앙과 삶에서 일어난 문제들을 열거하면서 이에 대한 해결방안을 교훈하고 있다.

고린도 교회의 가장 큰 문제는 영지주의 사상을 가진 자들이었다. 그들은 육을 벗은 영적 인간에게는 완전한 구원과 무조건적 도덕적 자유가 있고, 인간의 끊임없는 성찰과 깨달음을 통해 하나님의 경지에 오를 수 있다면서, 개인의 내면적인 수양만을 강조하였다. 또한 육적으로 무절제하고 부도덕한 삶을 살아도 영적인 구원에는 아무런 문제가 없다고 주장했다. 이로 인해 당시 고린도 교회 내에 윤리와 도덕이 무너진 부도덕한 삶을 야기했다. 이에 더해 육체의 부활을 부인하는 문제도 일으켰다. 바울은 오직 그리스도의 십자가의

진리(십자가의 도)와 육체의 부활을 강조하면서, 온갖 이단의 유혹을 막기 위해 고린도 교회를 향해 본서를 기록하였다(1:18-31, 15장).

3. 고린도전서의 파노라마

주제	교회의 분쟁	성도의 윤리와 도덕(신앙생활)							
내용 구분	1:1	5:1	6:1	6:12	7:1	8:1	11:2	15:1	16:1 16:24
	분쟁에 대한 보고와 원인	음행 문제	송사 문제	성적 부도덕	결혼	우상 제물	은사와 성만찬	부활	구제와 헌금
문체	교회내의 갈등과 문제에 대한 해결책을 강한 어조로 선포								
장소	에베소에서 고린도 교회에 보낸 편지								
기간	AD 55년경								

1) 교회 분쟁에 대해(1-4:21)

바울의 인사와 감사 1:1-9, 교회 내 분쟁의 부당성 1:10-17,
십자가의 도 1:18-31, 전도자의 태도 2:1-5,
하나님의 지혜 2:6-16, 고린도 교회에 대한 책망 3:1-9,
지혜로운 건축자 3:10-23, 사도들의 고난과 바울의 권고 4:1-21,

2) 성도의 윤리와 도덕(성도의 신앙생활 5장-16장)

고린도 교회의 도덕적 타락과 이에 대한 충고 5:1-13,
성도간의 송사에 대한 책망 6:1-11, 성적 부도덕 6:12-20,
그리스도인의 결혼 7:1-7, 과부에 대한 충고 7:8-11,
독신에 대한 충고 7:12-16, 부르심에 합당한 행위 7:17-24,
결혼과 임박한 환난 7:25-28, 종말에 대한 그리스도인의 태도 7:29-31,
결혼과 독신 생활 7: 32-40, 우상 제물에 대한 문제 8장,
바울의 사도권과 전도 9장, 반석이신 그리스도 10:1-6,

기억할 말씀

고전 1:10-17
형제들아 내가 우리 주 예수 그리스도의 이름으로 너희를 권하노니 모두가 같은 말을 하고 너희 가운데 분쟁이 없이 같은 마음과 같은 뜻으로 온전히 합하라 내 형제들아 글로에의 집 편으로 너희에 대한 말이 내게 들리니 곧 너희 가운데 분쟁이 있다는 것이라 내가 이것을 말하거니와 너희가 각각 이르되 나는 바울에게, 나는 아볼로에게, 나는 게바에게, 나는 그리스도에게 속한 자라 한다는 것이니 그리스도께서 어찌 나뉘었느냐 바울이 너희를 위하여 십자가에 못 박혔으며 바울의 이름으로 너희가 세례를 받았느냐 나는 그리스보와 가이오 외에는 너희 중 아무에게도 내가 세례를 베풀지 아니한 것을 감사하노니 이는 아무도 나의 이름으로 세례를 받았다 말하지 못하게 하려 함이라 내가 또한 스데바나 집 사람에게 세례를 베풀었고 그 외에는 다른 누구에게 세례를 베풀었는지 알지 못하노라 그리스도께서 나를 보내심은 세례를 베풀게 하려 하심이 아니요 오직 복음을 전하게 하려 하심이로되 말의 지혜로 하지 아니함은 그리스도의 십자가가 헛되지 않게 하려 함이라

우상숭배에 대한 경고 10:7–22, 하나님의 영광 10:23–33,
질서의 하나님과 교회 11:1–16, 성만찬에 대한 권면 11:17–34,
성령의 은사 12장, 가장 큰 은사 사랑 13장, 방언과 예언 14:1–33,
교회 안에서 여성의 위치 14:34–36, 은사에 대한 결론 14:37–40,
그리스도의 부활과 소망 15:1–19, 부활의 순서 15:20–28,
부활의 확신과 승리 15:29–58, 연보에 대한 권면 16:1–9,
고린도 교회를 향한 바울의 권면과 인사 16:10–24

4. 고린도전서 해석의 키워드

★고린도

고린도는 아덴, 스파르타와 함께 고대 헬라 도시국가 중의 하나였다. 화려하고 부유했던 고린도 시는 BC 146년에 로마 군대에 의해 파괴되었다. 그러나 율리우스 시저(Caesar)에 의해 재건되어(BC 44년), 로마인들이 이주하여 살았다. 로마의 식민지로 재건된 고린도는 BC 27년 아우구스투스 황제에 의해 아가야 지방의 수도가 되었다(인구 60만: 자유인 20만 · 노예 40만). 고린도는 그 지리적 위치로 인해 동서 교역로의 중요한 중심지로 발전하여 경제적으로 부유한 도시가 되었다. 특별히 수많은 민족과 종교 · 사상들이 혼합을 이룸으로써 도덕적으로 매우 타락하였고, 아프로디테(Aphrodite) 신전에는 수많은 종교적 창녀들이 상주해 성적인 타락행위를 공공연히 유포시켰다.

이 도시에 있던 12개 이상의 신전 중에 가장 유명한 것은 사랑의 여신 아데미에 바쳐진 신전이었다. 아데미 여신의 숭배자들은 이 신전에서 봉사하던 여사제들과 어울려 종교의식의 한 절차로 음행을 저질렀는데, 한때 1천명의 여사제들이 있었다고 한다. 이처럼 고린도는 거대한 상업 도시로서 음란과 방탕이 만연했다. 오늘날 이 지역은 1893년에 고린도 운하로 완성되어 섬의 형태로 남아 있다.

기억할 말씀

고전 1:18–25
십자가의 도가 멸망하는 자들에게는 미련한 것이요 구원을 받는 우리에게는 하나님의 능력이라 …… 오직 부르심을 받은 자들에게는 유대인이나 헬라인이나 그리스도는 하나님의 능력이요 하나님의 지혜니라 하나님의 어리석음이 사람보다 지혜롭고 하나님의 약하심이 사람보다 강하니라

고전 3:6–9
나는 심었고 아볼로는 물을 주었으되 오직 하나님께서 자라나게 하셨나니 그런즉 심는 이나 물 주는 이는 아무것도 아니로되 오직 자라게 하시는 이는 하나님뿐이니라 심는 이와 물 주는 이는 한가지이나 각각 자기가 일한 대로 자기의 상을 받으리라 우리는 하나님의 동역자들이요 너희는 하나님의 밭이요 하나님의 집이니라

고전 12:3
그러므로 내가 너희에게 알리노니 하나님의 영으로 말하는 자는 누구든지 예수를 저주할 자라 하지 아니하고 또 성령으로 아니하고는 누구든지 예수를 주시라 할 수 없느니라

고전 14:39–40
그런즉 내 형제들아 예언하기를 사모하며 방언 말하기를 금하지 말라 모든 것을 품위 있게 하고 질서 있게 하라

고전 16:22
만일 누구든지 주를 사랑하지 아니하면 저주를 받을지어다 우리 주여 오시옵소서

★교회내의 분쟁

바울은 고린도 교회의 분파주의적 행동을 경고하였다. 당시 분쟁의 가장 큰 원인은 지도자들에 대한 지나친 숭배로 인해, 각각의 지도자를 중심으로 파벌이 생길 정도였다(바울파 · 아볼로파 · 게바파 · 그리스도파 등). 교회가 완전히 갈라진 상황은 아니지만 분파주의자들의 분쟁으로 시끄러운 상태가 계속되고 있었다(1:10-17). 그러나 교회는 그리스도를 머리로 하는 유기체이므로 그 지체된 성도는 서로 협력하여 복음전파를 위해 총력을 기울여야 한다. 사도 바울은 내부 분쟁으로 인해 복음의 가치가 손상될 것을 우려하면서 교회내의 인간 중심주의를 강력하게 배제하였다.

★복음에 합당한 삶

우리의 몸은 성령이 거하시는 거룩한 성전이기에 우상숭배와 음행하는 죄를 지어서는 안 된다(6:12-20). 모든 죄는 사람의 몸 밖에서 행하는 것이지만 음행하는 죄만이 몸 안에서 행하는 죄이다. 성도의 몸은 예수 그리스도의 피로 산 것이기에 우리의 몸으로 하나님께 영광을 돌려야한다. 비록 세상 속에서 살고 있지만 하나님의 구원을 체험한 성도는 부르심을 받은 그대로 하나님과 함께 거하는 삶, 하나님의 자녀로서의 삶을 사는 책임 있는 존재가 되어야 한다(7:17-24). 즉 복음에 합당한 삶, 무엇을 하든지 하나님께 영광을 돌리는 삶을 살아야 한다(10:31-33).

★성령의 전(6:19)

> "너희 몸은 너희가 하나님께로부터 받은 바 너희 가운데 계신 성령의 전인 줄을 알지 못하느냐 너희는 너희 자신의 것이 아니라 값으로 산 것이 되었으니 그런즉 너희 몸으로 하나님께 영광을 돌리라"(고전 6:19-20)

성도의 몸은 하나님의 영, 성령의 전이요, 하나님의 성전(고전 3:16)이다. 구약시대에는 솔로몬이 건축한 예루살렘 성전과 바벨론 포로시대에 불타버린

기억할 말씀

고전 10:31-33
그런즉 너희가 먹든지 마시든지 무엇을 하든지 다 하나님의 영광을 위하여 하라 유대인에게나 헬라인에게나 하나님의 교회에나 거치는 자가 되지 말고 나와 같이 모든 일에 모든 사람을 기쁘게 하여 자신의 유익을 구하지 아니하고 많은 사람의 유익을 구하여 그들로 구원을 받게 하라

성전 대신에 바사의 고레스 왕의 도움으로 다시 건축된 스룹바벨 성전이 하나님의 성전이었다. 스룹바벨 성전은 예수님 시대 헤롯 대왕이 재건축하였다. 그러나 이 성전마저 AD 70년 로마군에 의해 완전히 파괴되고 말았다. 눈에 보이는 성전은 불타고 파괴되었다. 예수께서 오셔서 십자가에서 인류를 위해 화목의 제사를 하나님께 드렸다. 하나님 앞에서 죄인임을 고백하며 회개하고 예수 십자가의 보혈로 죄 사함을 받고 하나님의 자녀가 되었음을 믿는 자는 성령의 인도함을 받는 성령이 거하는 성전이다. 성령의 전인 성도의 몸은 의의 무기(롬 6:13)이기에, 이 몸을 거룩한 산제물로 하나님께 드려야 한다(롬 12:1), 이 몸은 그리스도의 지체(6:15)이며, 예수의 피 값으로 사셨기에 하나님께 영광을 돌려야 한다(6:20). 또한 성도의 몸은 이 땅에서 잠시 동안 지내는 장막 집(고후 5:1)이기도 하다.

★성만찬의 의미(11:17-34)

당시 고린도 교회는 성찬과 성도들과의 만찬을 함께 나누었다. 성도들은 자신이 가정에서 준비한 음식을 교회로 가져와 식탁의 교제를 나누었는데, 이때 계층 간의 갈등(부자와 가난한 자)을 초래하였다. 부자들은 가난한 형제들과 음식을 나누지 않고 자기들 끼리 먹고 마시면서, 빈궁한 자들을 부끄럽게 하는 상황이 교회 안에 일어난 것이다. 사도 바울은 너희가 이렇게 파당을 짓는다면, 함께 모여서 주의 만찬을 먹을 수 없다고 강경한 어조로 말씀을 전한다(11:20-22). 식탁의 교제가 잘못 시행되고 있음을 지적한 후, 성만찬에 대한 성도의 자세에 대해 교훈하고 있다. 성만찬은 예수께서 잡히시던 밤에 제자들에게 떡과 포도주를 함께 나눔으로써 시작되었으며, 주님이 오실 때까지 기념하며 전해야 하는 것이다(마 26:26-29). 성만찬에 참여하는 자는 먼저 자신의 영적 상태를 살펴보아야 한다. 성만찬은 예수 그리스도의 십자가 죽음을 기념하는 의식이다. 성도들은 떡을 먹으며 잔을 마실 때마다 예수의 죽으심을 그가 오실 때까지 전하라고 바울 사도는 단호하게 강조하고 있다.

★하나님의 선물 · 은사(고전 12-14장)

하나님의 선물인 은사는 각 개인에게 각각 다르게 일방적으로 부어 주신다. 하나님의 은사는 개인의 교만이나 자랑거리가 되어선 안 된다. 오직 하나님과 교회 공동체의 유익과 성장을 위해서만 사용되어야 한다. 당시 고린도 교회는 자신의 은사만이 최고인 것처럼 잘못 생각하는 사람들이 있었다. 바울 사도는 은사에 대한 올바른 개념을 제시하고 있다. 주도 하나요 성령도 하나인 것처럼 하나님께서 각 사람에게 은사를 주심도 한 성령 안에서 교회에 덕을 세우기 위해 주어졌다. 따라서 모든 은사는 신앙 공동체(교회)의 모두에게 유익하게 사용되어야 한다. 즉 성도들은 자신이 받은 은사를 이웃과 교회를 위해 봉사함으로써, 한 지체로서의 역할을 담당하고 그리스도의 교회 안에서 연합해 나가야 한다. 또한 바울은 교회의 중요한 세 가지 직분인 사도와 선지자 · 교사에 대해서도 설명하고 있다. 모두가 다 사도 · 선지자 · 교사가 될 수 없기 때문에 각자에게 주어진 은사에 따라 맡은 바 직분에 충실해야 한다는 것이다(12:4-31, 14:1, 12,26,39-40).

이러한 은사들 중에 가장 큰 은사는 '사랑'이라고 정의한다. 사랑에 기초하지 않은 방언, 능력, 지식 등 어떤 은사도 무의미하다고 했다. 이를 바탕으로 바울 사도는 믿음과 소망과 사랑 중에 제일은 사랑이라고 했다. 그 어떤 것도 사랑을 뛰어 넘을 수는 없다는 것이다. 최고의 은사는 사랑이다(13:8,13).

★부활에 대한 소망(고전 15장)

당시 고린도 교회는 헬라주의의 영향을 받아 육체의 부활에 대해 의문을 제기했다. 바울은 죽은 자의 부활을 증명하기 위해 예수님의 부활이 역사적인 사실임을 강조하였다. 예수님의 부활은 그 당시 오백여 형제들에게 구체적으로 보여 졌으며, 12 사도들과 바울 자신도 이를 보았다며 부활의 역사성을 변증하고 있다(15:1-11).

바울의 확신에 찬 복음 증거와 고난을 견디는 신앙은 부활을 믿고 언젠가 이루어질 자신의 부활을 확신했기 때문에 가능했다. 그리스도께서 다시 살아나신 일이 없으면 자신이 전하는 것도, 모든 성도들의 믿음도 다 헛되다고 했

기억할 말씀

고전 11:23-29
내가 너희에게 전한 것은 주께 받은 것이니 곧 주 예수께서 잡히시던 밤에 떡을 가지사 축사하시고 떼어 이르시되 이것은 너희를 위하는 내 몸이니 이것을 행하여 나를 기념하라 하시고 식후에 또한 그와 같이 잔을 가지시고 이르시되 이 잔은 내 피로 세운 새 언약이니 이것을 행하여 마실 때마다 나를 기념하라 하셨으니 너희가 이 떡을 먹으며 이 잔을 마실 때마다 주의 죽으심을 그가 오실 때까지 전하는 것이니라 그러므로 누구든지 주의 떡이나 잔을 합당하지 않게 먹고 마시는 자는 주의 몸과 피에 대하여 죄를 짓는 것이니라 사람이 자기를 살피고 그 후에야 이 떡을 먹고 이 잔을 마실지니 주의 몸을 분별하지 못하고 먹고 마시는 자는 자기의 죄를 먹고 마시는 것이니라

고전 12:31-13:13
너희는 더욱 큰 은사를 사모하라 내가 또한 가장 좋은 길을 너희에게 보이리라 내가 사람의 방언과 천사의 말을 할지라도 사랑이 없으면 소리 나는 구리와 울리는 꽹과리가 되고 내가 예언하는 능력이 있어 모든 비밀과 모든 지식을 알고 또 산을 옮길 만한 모든 믿음이 있을지라도 사랑이 없으면 내가 아무 것도 아니요 내가 내게 있는 모든 것으로 구제하고 또 내 몸을 불사르게 내줄지라도 사랑이 없으면 내게 아무 유익이 없느니라 …… 지금은 내가 부분적으로 아나 그 때에는 주께서 나를 아신 것 같이 내가 온전히 알리라 그런즉 믿음, 소망, 사랑, 이 세 가지는 항상 있을 것인데 그 중의 제일은 사랑이라

다(12–19).

20–28절에서 바울은 그리스도를 부활의 첫 열매라고 소개하면서 장차 일어날 부활의 순서를 언급했다. 부활은 예수 그리스도의 사역과 복음의 핵심이다. 또한 부활이 사망권세에 대한 승리임을 암시함으로써 그리스도를 통해 회복될 미래에 대한 소망을 갖게 했다.

29–34절에서는 부활의 확신이 있기 때문에 복음을 담대하게 전파할 수 있다고 했다. 확신에 찬 부활신앙으로 온갖 환난을 극복하고 복음에 동참할 수 있었던 것이다. 35–44절에서는 부활한 자의 상태는 죽기 이전의 상태와 비교할 수 없는 신령한 몸으로서, 이는 살려주는 영이신 그리스도로 인해 가능함을 밝히고 있다.

45–49절에서는 첫 사람 아담과 둘째 아담이신 예수님을 비교하면서 부활 시 성도의 상태를 설명하고 있다. 즉 첫 아담이 육과 땅에 속하여 우리도 육에 속한 것처럼, 둘째 아담이신 그리스도께서 영과 하늘에 속했기 때문에 우리는 하늘에 속한 이의 신령한 형상을 입으리라는 것이다. 첫 아담 때문에 발생한 죽음이 둘째 아담으로 인해 생명의 상태로 회복되는 것이다. 50–58절에서는 그리스도의 재림과 더불어 신앙 가운데 죽은 자들이 먼저 '생명의 부활'로, 살아 있는 성도들은 '영생의 부활'로 변화한다는 것이다. 그러므로 모든 성도들이 주의 일에 더욱 힘쓰는 자들이 되라면서, 이는 주 안에서 헛되지 않다고 권면하고 있다. 예수 그리스도 안에서의 모든 수고에 대해 하나님께서 상급을 주실 것이라는 것이다.

그리스도인은 이 땅의 삶에서 날마다 자신은 죽고(15:31), 새로운 피조물로서 부활의 삶을 지향하며 살아야 할 것이다. 더 나아가서 마지막 날 순식간에 홀연히 변화 받는 부활 소망을 안고 사는 그리스도에 속한 자임을 사도 바울은 강한 어조로 선포하고 있다(15:49–54). "사랑하는 형제들아 견실하며 흔들리지 말고 항상 주의 일에 더욱 힘쓰는 자들이 되라 이는 너희 수고가 주 안에서 헛되지 않은 줄 앎이라"(15:58)는 말씀으로, 이 땅의 삶에서 수고하는 모든 성도들에게 위로와 소망을 안겨 주고 있다.

★부활 이전의 옛 육체와 부활 이후의 새로운 육체(고전 15장)

옛 육체(부활 이전)	새로운 육체(부활 이후)
썩을 것(육의 몸)은 죽어 흙이 된다.	영원히 산다(부활). 거룩한 몸을 입는다.
죄로 인해 수치와 부끄러움을 드러낸다.	원래 창조 당시로 회복된다.
죄로 인해 질병과 온갖 위험이 있다.	어떤 질병이나 위험에 빠지지 않는다.

★안식일과 주일(16:2)

안식일	주일
하나님께서 6일 동안 천지 만물을 창조하시고 7일째 날 안식하심. 한 주간의 마지막 날(토요일). 여호와의 안식일. 어떤 일도 하지 않고 오직 하나님을 생각하며 기념한다.	예수님께서 3일 만에 부활하신 날이 주일이다. 한 주간의 첫날. 주의 날. 하나님을 예배하고 세상적인 일을 하지 않는다.

★우리 주여 오시옵소서(마라나타 16:22)

고린도전서를 마무리하면서, 사도 바울은 교회와 성도들에게 예수께서 재림하실 것을 알리고 있다. 예수의 재림을 누구보다도 기다리며 준비했던 바울 사도는 자신의 편지의 결론이 바로 재림 신앙(종말 신앙)임을 나타내고 있다. 고린도전서를 기록하기 전의 서신인 데살로니가전후서에서, 사도는 이미 재림에 대한 준비를 강력하게 호소하며 성도들과 교회를 위로하며 격려하였다. 재림 신앙은 당시 성도들의 인사말이 '마라나타'라고 할 정도로 예수의 재림을 사모하며 갈망하였다. 재림 신앙은 신구약 성경의 마지막 기록인 요한계시록에서 다시금 발견할 수 있다.

사도 요한은 예수의 재림을 준비하도록 수많은 환상의 경험들을 기록하여 오고 가는 모든 세대의 성도들에게 "아멘 주 예수여 오시옵소서"의 신앙을 고백하도록 격려하였다(계 22:20).

기억할 말씀

고전 15:1-7

형제들아 내가 너희에게 전한 복음을 너희에게 알게 하노니 이는 너희가 받은 것이요 또 그 가운데 선 것이라 너희가 만일 내가 전한 그 말을 굳게 지키고 헛되이 믿지 아니하였으면 그로 말미암아 구원을 받으리라 내가 받은 것을 먼저 너희에게 전하였노니 이는 성경대로 그리스도께서 우리 죄를 위하여 죽으시고 장사 지낸 바 되셨다가 성경대로 사흘 만에 다시 살아나사 게바에게 보이시고 후에 열두 제자에게와 그 후에 오백여 형제에게 일시에 보이셨나니 그 중에 지금까지 대다수는 살아 있고 어떤 사람은 잠들었으며 그 후에 야고보에게 보이셨으며 그 후에 모든 사도에게와 맨 나중에 만삭되지 못하여 난 자 같은 내게도 보이셨느니라

고전 15:42-54

죽은 자의 부활도 그와 같으니 썩을 것으로 심고 썩지 아니할 것으로 다시 살아나며 욕된 것으로 심고 영광스러운 것으로 다시 살아나며 약한 것으로 심고 강한 것으로 다시 살아나며 육의 몸으로 심고 신령한 몸으로 다시 살아나나니 육의 몸이 있은즉 또 영의 몸도 있느니라 …… 나팔 소리가 나매 죽은 자들이 썩지 아니할 것으로 다시 살아나고 우리도 변화되리라 이 썩을 것이 반드시 썩지 아니할 것을 입겠고 이 죽을 것이 죽지 아니함을 입으리로다 이 썩을 것이 썩지 아니함을 입고 이 죽을 것이 죽지 아니함을 입을 때에는 사망을 삼키고 이기리라고 기록된 말씀이 이루어지리라

고린도후서

1. 고린도후서를 어떻게 읽을 것인가

교회 안의 분쟁과 성도들의 윤리 · 도덕적 문제를 바로 잡기 위해 사도 바울은 고린도전서에서 강력하게 충고하며 구체적인 해결 방안을 제시하였다. 그럼에도 불구하고 이 편지를 받은 고린도 교회의 일부 성도가 바울의 사도권까지 의심하면서 그의 가르침을 왜곡하고 비난했다. 이에 대한 해명으로 쓴 편지가 고린도후서이다. 바울 자신의 사도권에 대한 해명과 고린도 교회 내의 일부 잘못된 가르침을 지적하는 내용으로 이루어져 있다. 고린도전서에 비해 훨씬 부드럽고 사랑과 격려가 넘친다. 그는 자신을 대적했던 자들을 용서해 주라고 교회에 요청하면서 복음전파를 더욱 강조하고 있다(2:5-17).

"우리는 구원 받는 자들에게나 망하는 자들에게나 하나님 앞에서 그리스도의 향기니"(2:15)

또한 사도직과 그 역할을 설명하고 우리 모두가 하나님과 함께 일하는 자라고 하면서, 하나님의 은혜를 헛되이 받지 말라고 간곡하게 부탁하였다(6:1). 특별히 사도 바울은 자신의 개인적인 신앙체험을 상세하게 기록하고 있다. 옥에 갇히기도 하고, 수없이 맞고 여러 번 죽을 뻔하는 등 자신의 사역의 현장에서 경험한 일들을 고린도 교회에 밝히고 있다. 하나님의 나라(셋째 하늘 · 낙원)에 간 신비한 체험에 대해서도 언급하였는데, 본서 외에는 결코 이를 알리지도 자랑하지도 않았다. 단지 사도로서의 면모를 보여주기 위해 하나님의 일방적인 인도하심으로 체험한 천국을 간증하며 설명하고 있다(11:16-12:10).

1-9장에서 고린도 교회를 향한 자신의 마음(사랑), 사도의 역할과 자세, 자신의 사역과 예루살렘 교회를 위한 구제 헌금에 대해 설명하였다. 10-13장은 자신의 사도직을 입증하는 내용과 함께 성도들의 확실한 믿음에 관점을 두고 그들을 축복하고 있다.

고린도전서는 문제 많은 고린도 교회 성도들의 신앙을 바로 잡기 위해 기록한 것이다. 이에 비해, 고린도후서는 바울의 개인적인 신앙 체험 및 헌금 생활(1-9장)과 자신의 사도권을 변호(10-13장)하고 성도들을 향해 축복한 바울 사도의 자서전적인 서신이다. "사도의 표가 된 것은 내가 너희 가운데서 모든 참음과 표적과 기사와 능력을 행한 것이라"(12:12)

바울은 고린도 교회와 성도들을 향해 섭섭해 하거나 원망하지 않았다. 그러나 서신의 마지막 부분에 자신의 사도됨을 인정하지 않고 계속해서 문제 삼고 있는 자들에게, 세 번째 방문하기 전에 이 모든 악행을 그치지 않으면 용서하지 않겠다고 경고하였다(13:1-2). 이어서 고린도 교회 성도들의 확신있는 믿음에 대해 다시 한 번 강조하고 있다. 믿음 안에 있는지 자신들을 시험하고 확증하라는 것이다. 고린도 교회의 성도들이 예수 그리스도 안에서 확신있는 믿음생활을 할 수 있기를 바라면서 축복기도하고 있다. 이 기도는 오늘날 예배에서 가장 많이 통용되고 있는 축도문이다(13:13).

고린도 교회와 성도를 향한 경고와 격려, 권면과 축복을 통한 사도의 서신은 오늘 우리에게도 큰 힘과 위로를 부어 주는 놀라운 은혜로 다가온다. 우리는 바울 사도의 위대함을 다시금 발견하게 된다!

> "주 예수 그리스도의 은혜와 하나님의 사랑과 성령의 교통하심이 너희 무리와 함께 있을지어다"(고후13:13)

2. 저자 · 기록연대 · 기록동기

저자와 기록연대: 저자가 바울이란 사실은 이 서신에 나타나 있다(1:1,

기억할 말씀

고후 1:1-7
하나님의 뜻으로 말미암아 그리스도 예수의 사도 된 바울과 형제 디모데는 고린도에 있는 하나님의 교회와 또 온 아가야에 있는 모든 성도에게 하나님 우리 아버지와 주 예수 그리스도로부터 은혜와 평강이 있기를 원하노라 찬송하리로다 그는 우리 주 예수 그리스도의 하나님이시요 자비의 아버지시요 모든 위로의 하나님이시며 우리의 모든 환난 중에서 우리를 위로하사 우리로 하여금 하나님께 받는 위로로써 모든 환난 중에 있는 자들을 능히 위로하게 하시는 이시로다 그리스도의 고난이 우리에게 넘친 것 같이 우리가 받는 위로도 그리스도로 말미암아 넘치는도다 우리가 환난 당하는 것도 너희가 위로와 구원을 받게 하려는 것이요 우리가 위로를 받는 것도 너희가 위로를 받게 하려는 것이니 이 위로가 너희 속에 역사하여 우리가 받는 것 같은 고난을 너희도 견디게 하느니라 너희를 위한 우리의 소망이 견고함은 너희가 고난에 참여하는 자가 된 것 같이 위로에도 그러할 줄을 앎이라

기억할 말씀

고후 1:20-22
하나님의 약속은 얼마든지 그리스도 안에서 예가 되니 그런즉 그로 말미암아 우리가 아멘 하여 하나님께 영광을 돌리게 되느니라 우리를 너희와 함께 그리스도 안에서 굳건하게 하시고 우리에게 기름을 부으신 이는 하나님이시니 그가 또한 우리에게 인치시고 보증으로 우리 마음에 성령을 주셨느니라

고후 3:17-18
주는 영이시니 주의 영이 계신 곳에는 자유가 있느니라 우리가 다 수건을 벗은 얼굴로 거울을 보는 것 같이 주의 영광을 보매 그와 같은 형상으로 변화하여 영광에서 영광에 이르니 곧 주의 영으로 말미암음이니라

고후 5:17
그런즉 누구든지 그리스도 안에 있으면 새로운 피조물이라 이전 것은 지나갔으니 보라 새 것이 되었도다

10:1). 기록연대는 고린도전서를 기록한 이후 AD 55-56년, 3차 전도여행 중 마게도냐의 빌립보에서 기록한 것으로 추정된다.

기록동기: 고린도 교회는 바울 사도가 보낸 편지로 인해 다시 시끄러워졌다. 바울의 사도로서의 권위에 도전하는 거짓 교사들이 고린도 교회 안에 침투해 있었기 때문이다. 바울은 자신에 대한 잘못된 오해를 시정하고 복음의 바른 진리를 깨닫게 하기 위해 다시금 편지를 띄웠다. 복음을 바르게 이해시키며 이를 바탕으로 교회 안에 있던 유대주의자들의 주장을 철회시키고 어려움을 당한 예루살렘 교회를 위해 연보를 요청하면서 성도들의 헌금에 대해 설명하고 있다. 바울은 개인적인 신앙 체험까지 공개하며 자신의 사도권을 강력하게 변호하고 있다.

3. 고린도후서의 파노라마

주제	바울의 사역에 대한 설명			구제 헌금	바울 사도의 사도권 변호		
내용 구분	1:1	2:14	6:11	8:1	10:1	11:1	12:14 13:13
	사역의 정당성	사도의 정신과 태도	사도로서의 권면	헌금 권고 (예루살렘 교회)	사도권 해명	사도로서의 자기 변호	격려와 축복
문체	바울의 개인적인 신앙 경험을 바탕으로 기록한 서신						
장소	마게도냐(빌립보)에서 기록(7:5)						
기간	AD 55-56년경						

1) 바울 사역의 성격(1-7장)

고난에 대한 위로 1:1-11, 바울의 사역에 대한 설명 1:12-2:4,
교회의 징계와 관용 2:5-11, 복음 전파의 의무 2:12-17,
그리스도의 편지 3:1-11, 율법과 복음 3:12-18,
사도의 자세 4:1-6, 질그릇에 담긴 보배 4:7-18,
환난 후의 영광 5:1-10, 사도의 역할과 직분 5:11-21,
바울의 사도권 변호 6:1-10, 거룩한 삶 6:11-7:1,

고린도 교회에 대한 바울의 기쁨 7:2-16

2〉 구제 헌금(8-9장)

마게도냐 교회의 구제 활동 8:1-5, 바울의 구제 요청 8:6-15,
디도의 고린도 교회 파견 8:16-24, 바른 헌금과 드리는 자세 9장

3〉 바울의 사도권 변호(10-13장)

바울의 사도권 10:1-11, 거짓 사도들의 교만 10:12-18,
참 사도 바울 11:1-21, 바울의 수고와 고난 11:22-33,
바울이 본 환상과 계시 12:1-10,
바울의 사도된 표 12:11-18, 바울의 염려 12:19-21,
바울의 단호한 경고 13:1-4, 서신의 목적과 축복 13:5-13

4. 고린도후서 해석의 키워드

★환난 가운데 소망(1:3-11)

바울은 복음을 전하면서 많은 환난과 어려움을 겪었다. 루스드라(행 14:19), 빌립보(행 16:19-24), 에베소(행 19:21-29) 등에서 거의 죽을 정도의 매를 맞고 감옥에 갇히기도 했다. 이러한 고난 속에서 그는 위로와 구원의 하나님을 체험하였다. 고난이 없었다면 하나님 보다 자신을 더 의지하기에 바울은 이 위기의 상황에 대해 오히려 감사할 수 있었다. 자신이 겪은 고난은 하나님을 의지하게 되는 구원의 역사라고 오히려 고린도 성도들을 위로하고 있다.

고난이 넘치는 곳에 그리스도의 위로가 넘친다고 고린도 성도들을 격려한다. 우리가 겪은 큰 환난(큰 사망)에서 건지셨고 또 건지실 것이며, 이 후에도 계속 건지시는 하나님을 의지하며 바라보라고 권면한다. 바울은 특별히 기도를 요청하면서 하나님의 위로와 구원을 기대하며 감사하도록 인도하고 있다.

기억할 말씀

고후 10:17-18
자랑하는 자는 주 안에서 자랑할지니라 옳다 인정함을 받는 자는 자기를 칭찬하는 자가 아니요 오직 주께서 칭찬하시는 자니라

고후 13:4-5
그리스도께서 약하심으로 십자가에 못 박히셨으나 하나님의 능력으로 살아 계시니 우리도 그 안에서 약하나 너희에게 대하여 하나님의 능력으로 그와 함께 살리라 너희는 믿음 안에 있는가 너희 자신을 시험하고 너희 자신을 확증하라 예수 그리스도께서 너희 안에 계신 줄을 너희가 스스로 알지 못하느냐 그렇지 않으면 너희는 버림 받은 자니라

기억할 말씀

고후 5:18-21
모든 것이 하나님께로서 났으며 그가 그리스도로 말미암아 우리를 자기와 화목하게 하시고 또 우리에게 화목하게 하는 직분을 주셨으니 곧 하나님께서 그리스도 안에 계시사 세상을 자기와 화목하게 하시며 그들의 죄를 그들에게 돌리지 아니하시고 화목하게 하는 말씀을 우리에게 부탁하셨느니라 그러므로 우리가 그리스도를 대신하여 사신이 되어 하나님이 우리를 통하여 너희를 권면하시는 것 같이 그리스도를 대신하여 간청하노니 너희는 하나님과 화목하라 하나님이 죄를 알지도 못하신 이를 우리를 대신하여 죄로 삼으신 것은 우리로 하여금 그 안에서 하나님의 의가 되게 하려 하심이라

★성도의 임무

이 땅에 사는 모든 성도들은 예수 그리스도의 십자가 보혈로 말미암아, 하나님 앞에서 죄의 문제를 해결하고 구원받아 하나님의 자녀가 되었다. 이제는 이 신분에 합당한 삶(임무와 사명)을 살아야 한다. 하나님의 자녀로서의 임무와 사명에 대해 바울 사도는 어떻게 설명하고 있는지 살펴보자.

그리스도의 향기(2:12-17)를 드러내야 한다. 당시 개선한 로마의 장군들이 향을 피움으로 자신들이 섬기는 신들에게 승전 소식을 알렸다. 우리가 전하는 복음 역시 그리스도가 승리했음을 알리는 향기가 되어야 함을 비유로 설명하고 있다. 그리스도인은 사탄과의 영적 전쟁에서 승리함으로서 복음의 향기를 널리 퍼뜨려야함을 뜻한다.

그리스도의 편지(3:1-5)란 발신인은 예수 그리스도, 대필자는 바울, 먹은 살아계신 성령, 용지는 고린도 교인들의 마음이다. 즉 성령의 역사로 회심하고 그리스도 안에서 믿음으로 살아가는 고린도 교인들의 삶 자체가 불신자들에게 그리스도를 알려주는 편지이며, 이를 바울이 알렸다는 것이다.

그리스도의 사신(5:18-21)이란, 그리스도를 대신하여 하나님과 화목하게 만드는 직분을 뜻한다. 당시 고린도 교회내의 분쟁과 갈등 상황에서 바울 사도는 그리스도의 사신으로 권면하고 있다. 또한 기도로 하나님과 화해하도록 이끄는 역할을 담당하면서 자신을 그리스도의 사신이라고 했다. 이외에도 하나님의 자녀로서의 임무에 대해서 그리스도의 병사(딤후 2:3), 그리스도의 종(고전 7:21-23), 세상의 소금과 빛(마 5:13-16), 그리스도의 증인(요 15:27)으로 설명하고 있다. 성도는 근심하는 자 같으나 항상 기뻐하고 가난한 자 같으나 많은 사람을 부요하게 하고 아무 것도 없는 자 같으나 모든 것을 가진 자이다(6:10).

★하나님 뜻대로 하는 근심(7:8-10)

성도는 세상의 일로 근심하는 자가 아니다. 하나님의 인도하심을 믿고 따르기에 천국을 소망하며 살고 있다(요 14:1-4). 천국을 소망하기에 이 땅에서의 근심과 아픔에 담대해 질 수 있다. 그러나 성도에게도 근심은 있다. 하

나님의 뜻을 위해 하는 후회할 것이 없는 근심이다. 영혼 구원을 위한 근심을 통해 가족과 친지들에게 복음을 전하며 기도하게 된다. 하지만 세상에 대한 근심은 영혼 구원과는 아무런 상관도 없기에 결국 사망을 이룰 뿐이다. 하나님의 뜻대로 하는 근심을 통해 이 땅에서 구원의 역사가 계속 이어져야 한다.

★구제와 바른 헌금(8:1-15, 9:1-15)

마게도냐 지역의 교회들은 어려움 중에서도 많은 구제활동을 했다. 그들은 가난했지만 풍성한 하나님의 은혜를 누렸기 때문이다. 바울은 환난의 많은 시련 속에서도 헌금한 마게도냐 교회들(빌립보와 데살로니가 교회)를 본받아 예루살렘 교회를 돕도록 고린도 교회에 요청했다. 말이 아닌 행동으로 그리스도의 사랑을 증언하라고 요청한 것이다. 또한 바른 헌금에 대해서 설명하고 있다.

1〉 힘대로 할 뿐 아니라 힘에 지나도록 자원하는 마음으로 헌금하라(8:3).

2〉 할 마음만 있으면 마음에 있는 대로(8:12), 그 마음에 정한 대로 인색함으로나 억지로 하지 말고 진정으로 즐거이 드려야 한다(9:7-8).

3〉 헌금하는 것은 성도를 섬기는 봉사의 직무이다. 성도들의 부족함을 보충하기 때문이다(9:1,12).

4〉 하나님께서는 물질 그 자체 보다는 이를 준비하는 성도의 마음을 더 귀하게 여기신다. 헌금은 준비 없이 아무렇게나 드려서는 안 된다.

자원하는 헌금에 대해 하나님께서 축복하신다(9:5-6). 바울 사도는 적게 심는 자는 적게 거두고 많이 심는 자는 많이 거둔다는 파종과 수확의 원리로 설명하였다. 헌금은 하늘에 쌓여지는 보물이요(마 6:20), 의의 열매요, 하나님께 구체적으로 감사를 나타내는 신앙의 표현이다. 또한 헌금은 교회 안팎으로 부족한 부분을 채우는 아름다운 하나님의 역사를 낳는다(9:10-15).

기억할 말씀

고후 7:8-10
그러므로 내가 편지로 너희를 근심하게 한 것을 후회하였으나 지금은 후회하지 아니함은 그 편지가 너희로 잠시만 근심하게 한 줄을 앎이라 내가 지금 기뻐함은 너희로 근심하게 한 까닭이 아니요 도리어 너희가 근심함으로 회개함에 이른 까닭이라 너희가 하나님의 뜻대로 근심하게 된 것은 우리에게서 아무 해도 받지 않게 하려 함이라 하나님의 뜻대로 하는 근심은 후회할 것이 없는 구원에 이르게 하는 회개를 이루는 것이요 세상 근심은 사망을 이루는 것이니라

고후 8:1-5
형제들아 하나님께서 마게도냐 교회들에게 주신 은혜를 우리가 너희에게 알리노니 환난의 많은 시련 가운데서 그들의 넘치는 기쁨과 극심한 가난이 그들의 풍성한 연보를 넘치도록 하게 하였느니라 내가 증언하노니 그들이 힘대로 할 뿐 아니라 힘에 지나도록 자원하여 이 은혜와 성도 섬기는 일에 참여함에 대하여 우리에게 간절히 구하니 우리가 바라던 것뿐 아니라 그들이 먼저 자신을 주께 드리고 또 하나님의 뜻을 따라 우리에게 주었도다

★성도의 영적 무기

"우리가 육신으로 행하나 육신에 따라 싸우지 아니하노니 우리의 싸우는 무기는 육신에 속한 것이 아니요 오직 어떤 견고한 진도 무너뜨리는 하나님의 능력이라 모든 이론을 무너뜨리며 하나님 아는 것을 대적하여 높아진 것을 다 무너뜨리고 모든 생각을 사로잡아 그리스도에게 복종하게 하니 너희의 복종이 온전하게 될 때에 모든 복종하지 않는 것을 벌하려고 준비하는 중에 있노라"(고후10:3-6)

성도들은 사탄의 유혹과 그들이 펼치는 능력으로 인해 끊임없는 영적 전쟁 속에서 치열하게 살아가고 있다. 영적 전쟁에서 성도는 어떤 무기를 준비하여 사탄의 역사에 맞서서 승리할 수 있는가?

1〉 하나님의 능력이 성도의 무기이다. 사탄의 그 어떤 견고한 진도 하나님께서 무너뜨리신다.(10:4).

2〉 성령 안에서 기도하기를 항상 힘쓰라(엡 6:18).

3〉 하나님의 전신 갑주를 입으라. 즉 성령의 충만함으로 무장하여 사탄의 유혹을 막아야 한다(엡 6:12-13).

4〉 하나님의 말씀으로 사탄을 대적하라(히 4:12). 예수께서도 사탄의 유혹을 말씀으로 대적하시고 승리하셨다.

5〉 성도의 믿음이 세상을 이긴다(요일 5:4).

6〉 예수의 피와 증언하는 말씀으로 사탄을 이긴다(계 12:11).

★바울의 고난과 자랑(11:22-30, 12:7-10)

바울은 자신이 겪은 고난의 여정(옥에 갇히고 수없이 매 맞고 여러 번 죽을 뻔하고 때로 잠도 못자고 주리며 목마르고 헐벗는 등)을 설명하면서, 이토록 극심한 고난 중에서도 견딜 수 있었던 것은 복음에 대한 열정 때문이라고 한다(11:23-27). 그는 복음을 전파하기 위해 어떤 고난도 다 수용하였다. 바울은 자신의 약함을 오히려 자랑하였다. 자신의 약함(약점)이 하나님을 더욱 의지하도록 인도하였기에 자랑할 수 있었던 것이다. 육체의 가시(질병)에 대해서도 자만하지 않도록 하나님께서 일방적으로 역사하신 은혜로 받아들였다.

★바울의 사도권에 대한 변호와 신앙체험(12:1-13)

바울은 자신의 영적 권위는 예수께로부터 왔음을 밝히면서 사역의 정당성을 피력하고 있다(1:1, 20-24). 바울의 적대자들은 자신들이 참된 사도라고 자칭하면서, 빈약한 외모와 부족한 언변을 이유로 그의 사도권을 고린도 교인들로 하여금 부정하게 만들었다. 그럼에도 바울은 자신을 통해 나타난 성령의 역사와 복음을 위한 헌신을 역설하였다. 특히 거짓 사도들은 헛된 복음을 전파하며, 경제적 도움을 탐하는 자라고 폭로했다.

자랑은 오직 주 안에서 자랑하라고 했다. 칭찬도 주님께로부터 받아야한다고 했다(10:1-18). 그러나 자신은 오직 예수의 복음만을 전파하며 사도로서의 권리마저도 때로는 포기하고 경제적으로도 스스로 자급하여 누구에게도 폐를 끼치지 않으려고 조심했다고 했다(11:1-15). 바울의 사도권에 대한 변호는 자신의 권위를 드러내기 위해서가 아니라, 복음의 진실을 규명하기 위해 이루어진 것이다. 12장에서 자신의 영적 체험을 공개하면서 자신의 사도권을 확증하였고, 사도의 표로 모든 참음과 표적과 기사와 능력을 행한 것을 제시하고 있다(12:11-13).

또한 자신이 체험한 셋째 하늘에 대해 간증하고 있는데, 이는 무엇인가? 우리 눈에 보이는 가시적인 하늘이 첫째 하늘이요, 둘째 하늘은 전 우주적인 하늘을 가리킨다. 셋째 하늘이란 하나님의 나라, 즉 천국을 나타낸다. 바울은 하나님의 일방적인 은혜 가운데 낙원에 이끌려가서 사람이 할 수 없는 영적인 체험을 하게 되었다. 그럼에도 이를 자랑하지 않았다. 오히려 그는 자신의 약함을 자랑하면서 육체의 가시를 주신 하나님께 감사하였다(고후12:5-12). 약한 그 때가 오히려 자신이 더욱 강해지는 은혜의 역사를 경험하였기 때문이다. 그는 신비한 체험을 자신의 사도권을 밝히는 도구로 사용하였다.

기억할 말씀

고후 11:22-33
그들이 히브리인이냐 나도 그러하며 그들이 이스라엘인이냐 나도 그러하며 그들이 아브라함의 후손이냐 나도 그러하며 그들이 그리스도의 일꾼이냐 정신 없는 말을 하거니와 나는 더욱 그러하도다 내가 수고를 넘치도록 하고 옥에 갇히기도 더 많이 하고 매도 수없이 맞고 여러 번 죽을 뻔하였으니 ……… 누가 약하면 내가 약하지 아니하며 누가 실족하게 되면 내가 애타지 아니하더냐 내가 부득불 자랑할진대 내가 약한 것을 자랑하리라 주 예수의 아버지 영원히 찬송할 하나님이 내가 거짓말 아니하는 것을 아시느니라 다메섹에서 아레다 왕의 고관이 나를 잡으려고 다메섹 성을 지켰으나 나는 광주리를 타고 들창문으로 성벽을 내려가 그 손에서 벗어났노라

★낙원(12:4)

에덴동산과 동일한 의미로 이해되고 있다. 신약에 '낙원' 이라는 단어는 3번 사용되었다(눅 23:43, 고후 12:4, 계 2:7).

예수님의 십자가 옆에 매달렸던 강도가 "당신의 나라에 임하실 때에 나를 기억하소서"하며 요청했을 때, 예수님은 "오늘 네가 나와 함께 낙원에 있으리라"고 말씀하셨다.

바울은 고린도 교회 성도들에게 "그가 낙원으로 이끌려 가서 말로 표현할 수 없는 말을 들었으니 사람이 가히 이르지 못할 말이로다' (고후 12:4)고 하면서, 자신이 경험한 신비한 장소를 설명하고 있다.

요한계시록에서(2:7) 사도 요한은 에베소 교회를 향해 "이기는 그에게는 내가 하나님의 낙원에 있는 생명나무의 열매를 주어 먹게 하리라"고 했다. 그러므로 낙원이란 구체적인 장소의 의미를 갖고 있고, 바울이 경험한 셋째 하늘(12:2-4)에 해당하는 천국을 가리킨다.

★하나님의 기도응답 유형

1〉 모세의 기도에 즉각적인 하나님의 응답하심(출 14:10-31)

2〉 나의 기대와 다른 응답하심(출 33:12-23)

3〉 내가 구한 것에 더 넘치도록 응답하심(엡 3:20)

5〉 내 기도를 거절하는 응답(신 1:34-45)

6〉 구한 것 보다 더 어려운 상황으로 응답하심(시 106:15)

7〉 상황을 수용하라고 응답하심(고후 12:7-10)

이 모든 기도응답은 하나님의 뜻에 따라 이루어진다. 기도응답이 우리의 현실 삶에서 어떻게 이루어지든 간에, 성도는 하나님의 응답하심을 수용해야 한다. 또한 이 땅의 삶 속에서 하나님의 뜻을 구체적으로 이루기 위해 하나님의 응답하심을 깨달을 수 있도록 기도해야 한다. 사도 바울은 자신이 기도했지만 하나님께서 들어주시지 않자, 이를 수용하면서 '내(주님의) 은혜가 네(바울 자신)게 족하다' 는 신앙고백과 함께 '내 능력이 약한 데서 오히려 온전하여진다' 고 했다.

기억할 말씀

고후 12:1-10
무익하나마 내가 부득불 자랑하노니 주의 환상과 계시를 말하리라 내가 그리스도 안에 있는 한 사람을 아노니 그는 십사 년 전에 셋째 하늘에 이끌려 간 자라 (그가 몸 안에 있었는지 몸 밖에 있었는지 나는 모르거니와 하나님은 아시느니라) 내가 이런 사람을 아노니 (그가 몸 안에 있었는지 몸 밖에 있었는지 나는 모르거니와 하나님은 아시느니라) 그가 낙원으로 이끌려 가서 말로 표현할 수 없는 말을 들었으니 사람이 가히 이르지 못할 말이로다 내가 이런 사람을 위하여 자랑하겠으나 나를 위하여는 약한 것들 외에 자랑하지 아니하리라 내가 만일 자랑하고자 하여도 어리석은 자가 되지 아니할 것은 내가 참말을 함이라 그러나 누가 나를 보는 바와 내게 듣는 바에 지나치게 생각할까 두려워하여 그만두노라 여러 계시를 받은 것이 지극히 크므로 너무 자만하지 않게 하시려고 내 육체에 가시 곧 사탄의 사자를 주셨으니 이는 나를 쳐서 너무 자만하지 않게 하려 하심이라 이것이 내게서 떠나가게 하기 위하여 내가 세 번 주께 간구하였더니 나에게 이르시기를 내 은혜가 네게 족하도다 이는 내 능력이 약한 데서 온전하여짐이라 하신지라 그러므로 도리어 크게 기뻐함으로 나의 여러 약한 것들에 대하여 자랑하리니 이는 그리스도의 능력이 내게 머물게 하려 함이라 그러므로 내가 그리스도를 위하여 약한 것들과 능욕과 궁핍과 박해와 곤고를 기뻐하노니 이는 내가 약한 그 때에 강함이라

★신구약 성경에 나타난 축도의 말씀들을 찾아보자

1〉 아론의 축도(민 6:24–26): 하나님께서 모세를 통해 제사장 아론과 그 아들들이 이스라엘 자손을 위해 축복하라고 명령하셨다.

2〉 바울의 축도(고후 13:13): 축복기도를 통해 사도 바울은 고린도 교회의 성도들에게 인사하고 있다. 삼위일체 하나님의 이름으로 축복하였다.

3〉 히브리서 기자의 축도(히 13:20–21): 박해와 유혹으로 큰 어려움을 겪고 있던 유대 그리스도인들을 축복하며 중보 기도했다.

4〉 유다(예루살렘 교회의 지도자)의 축도(유 1:24–25): 세상과 악한 이단의 세력들 속에서 성도들을 보호하며 하나님의 영광 앞에 흠 없이 기쁨으로 서게 하실 하나님과 예수 그리스도로 말미암아 모든 영광과 위엄과 권력과 권세가 영원토록 있기를 선포하고 있다.

5. 더 깊은 연구와 삶의 적용

1. 사도와 성도의 차이는 무엇인가?

2. 고린도 교회에서 왜 분쟁이 일어났는가? 가장 큰 원인은 무엇인가?(고전 1:10–17)

3. 복음에 합당한 삶은 어떻게 사는 것인가?(고전 6:12–20, 7:17–24, 10:31–33)

4. 하나님께서 왜 모든 성도들에게 은사를 주셨는가? 나는 하나님으로부터 어떤 은사를 받았는가? 가장 큰 은사는 무엇인가?(고전 12:4–31, 14:1,12,26,39–40, 13:8,13)

5. 예수 그리스도의 부활은 성도에게 무엇을 안겨주는가?(고전 15:50–58)

기억할 말씀

민 6:24–26
여호와는 네게 복을 주시고 너를 지키시기를 원하며 여호와는 그의 얼굴을 네게 비추사 은혜 베푸시기를 원하며 여호와는 그 얼굴을 네게로 향하여 드사 평강 주시기를 원하노라 할지니라 하라

히 13:20–21
양들의 큰 목자이신 우리 주 예수를 영원한 언약의 피로 죽은 자 가운데서 이끌어 내신 평강의 하나님이 모든 선한 일에 너희를 온전하게 하사 자기 뜻을 행하게 하시고 그 앞에 즐거운 것을 예수 그리스도로 말미암아 우리 가운데서 이루시기를 원하노라 영광이 그에게 세세무궁토록 있을지어다 아멘

기억할 말씀

고전 15:50-58

형제들아 내가 이것을 말하노니 혈과 육은 하나님 나라를 이어 받을 수 없고 또한 썩는 것은 썩지 아니하는 것을 유업으로 받지 못하느니라 보라 내가 너희에게 비밀을 말하노니 우리가 다 잠 잘 것이 아니요 마지막 나팔에 순식간에 홀연히 다 변화되리니 나팔 소리가 나매 죽은 자들이 썩지 아니할 것으로 다시 살아나고 우리도 변화되리라 이 썩을 것이 반드시 썩지 아니할 것을 입겠고 이 죽을 것이 죽지 아니함을 입으리로다 이 썩을 것이 썩지 아니함을 입고 이 죽을 것이 죽지 아니함을 입을 때에는 사망을 삼키고 이기리라고 기록된 말씀이 이루어지리라 사망아 너의 승리가 어디 있느냐 사망아 네가 쏘는 것이 어디 있느냐 사망이 쏘는 것은 죄요 죄의 권능은 율법이라 우리 주 예수 그리스도로 말미암아 우리에게 승리를 주시는 하나님께 감사하노니 그러므로 내 사랑하는 형제들아 견실하며 흔들리지 말고 항상 주의 일에 더욱 힘쓰는 자들이 되라 이는 너희 수고가 주 안에서 헛되지 않은 줄 앎이라

고린도전서 15장은 부활에 대해 상세하게 설명하고 있다. 본문 전체를 묵상하면서 부활의 의미를 다시금 깊이 생각하고 부활의 그 날을 기대하자.

6. 고난 가운데에서도 성도는 왜 이를 감사하며 수용할 수 있는가?(고후 1:3-11)

7. 바울 사도가 본서에서 제시한 성도의 임무는 무엇인가?(고후 2:15, 3:3, 5:20)

8. 연보(헌금)에 대해 바울 사도는 우리에게 어떤 교훈을 주는가?(고후 8-9장 참조)

9. 바울은 그가 본 환상과 계시에 대해서 살펴보면서 자신에게 주신 육체의 가시에 대해 하나님께 감사하였다(고후 12:5-10). 왜 그는 가시를 주신 하나님께 감사하였는가? 나에게는 어떤 가시가 있는가? 이에 대해 나는 어떤 태도를 취하는가?

10. 고린도후서에 기록된 축복 인사(삼위일체 하나님)를 읽으면서 그 뜻을 살펴보자(고후 13:13).

제7과

바울 서신 I (갈라디아서 · 에베소서 · 빌립보서)

갈라디아서

1. 갈라디아서를 어떻게 읽을 것인가

바울 사도는 바나바와 함께 소아시아 지역으로 1차 선교여행을 떠났다(AD 47–49). 그 때 갈라디아 지역에서 바울 일행의 전도를 받고 많은 사람들이 예수를 믿게 되면서, 이 지역(비시디아의 안디옥 · 이고니온 · 루스드라 · 더베)에 교회들이 세워졌다. 본서는 갈라디아 지역의 모든 교회들에게 쓴 편지이다.

바울 사도는 로마서를 통해 '믿음으로 의인이라 칭함을 받는다' 는 이신칭의의 구원론(롬 3:28)을, 갈라디아서를 통해 '믿음으로써 의롭다 함을 얻는다' 는 이신득의의 구원론(갈 2:16)을 펼치고 있다. 갈라디아서는 로마서와 함께 '믿음으로 구원받는다' 는 기독교의 구원론을 설명한 서신으로 '소 로마서' 로 불리어진다. 로마서는 로마의 성도들에게 구원에 대한 가르침을 논리적으로 차근차근 정리하여 기록한 편지이다. 이에 비해 갈라디아서는 유대의 율법주의자들과 바울의 사도권을 부정하고 이방 그리스도인들도 할례와 율법을 지켜야 구원받는다고 주장하는 갈라디아의 일부 성도들을 향해, 복음의 진

기억할 말씀

갈 1:6-10

"그리스도의 은혜로 너희를 부르신 이를 이같이 속히 떠나 다른 복음을 따르는 것을 내가 이상하게 여기노라 다른 복음은 없나니 다만 어떤 사람들이 너희를 교란하여 그리스도의 복음을 변하게 하려 함이라 그러나 우리나 혹은 하늘로부터 온 천사라도 우리가 너희에게 전한 복음 외에 다른 복음을 전하면 저주를 받을지어다 우리가 전에 말하였거니와 내가 지금 다시 말하노니 만일 누구든지 너희가 받은 것 외에 다른 복음을 전하면 저주를 받을지어다 이제 내가 사람들에게 좋게 하랴 하나님께 좋게 하랴 사람들에게 기쁨을 구하랴 내가 지금까지 사람들의 기쁨을 구하였다면 그리스도의 종이 아니니라"

수를 단호한 어조로 선포하고 있다. 바울은 서두에서 '사람의 뜻이 아닌 오직 하나님 아버지로 말미암아 자신이 사도가 되었음'을 밝혔다. 할례와 율법을 내세우는 유대 그리스도인들을 향해, 이는 '다른 복음'이라고 단정했다(1:8). 사도는 율법의 행위가 아닌 믿음으로 의롭게 됨을 설명하고 있다.

"사람이 의롭게 되는 것은 율법의 행위로 말미암음이 아니요 오직 예수 그리스도를 믿음으로 말미암는 줄 알므로 우리도 그리스도 예수를 믿나니 이는 우리가 율법의 행위로써가 아니고 그리스도를 믿음으로써 의롭다 함을 얻으려 함이라 율법의 행위로써는 의롭다 함을 얻을 육체가 없느니라"(2:16)

전체적인 내용을 살펴보면, 1-2장은 유대 율법주의자들에 의해 왜곡된 복음을 바로 잡고 자신의 사도권에 대해 설명하면서 율법의 행위가 아닌 예수를 믿음으로 의인됨을 가르치고 있다. 3-4장에서 율법과 복음을 비교하면서 율법보다 우월한 복음에 대해 설명하고, 5-6장은 믿음으로 의인되는 이신득의의 논리를 삶에 구체적으로 적용(성령의 열매)하고 있다.

특별히 갈라디아서에는 이신득의의 구원론에 이어 성령의 열매 맺는 삶에 대해 설명하고 있다. 성도는 육체의 욕심을 이루지 말고 성령을 따라 행하는 삶을 살아야 한다고 했다(5:16). 바꾸어 말하면 성령의 열매 맺는 삶이라고 사도는 해석하였다. 아홉 가지 성령의 열매를 맺고자 하는 성도들은 인간의 정욕과 탐심을 십자가에 못 박았기에, 성령의 인도함을 받아 성령으로 행하는 삶을 살게 된다는 것이다.

"그리스도 예수의 사람들은 육체와 함께 그 정욕과 탐심을 십자가에 못 박았느니라 만일 우리가 성령으로 살면 또한 성령으로 행할지니 헛된 영광을 구하여 서로 노엽게 하거나 서로 투기하지 말지니라"(5:24-26)

2. 저자 · 기록연대 · 기록동기

기록연대와 저자: 바울은 자신의 사도됨을 밝히면서 수신자의 이름을 갈라디아 여러 교회들이라고 분명히 밝히고 있다(1:1-2). 저작 시기는 학자들마다 다른 의견을 보이고 있지만, 예루살렘 공의회(총회, AD 49)에서 결정된 내용을 바탕으로 AD 50년 이후에 기록한 것은 확실하다.

기록동기: 바울은 갈라디아 지역을 전도하면서 여러 교회들을 세웠다. 그러나 갈라디아 교회에 잘못된 가르침들, 특히 유대 율법주의사들이 들어와 바울의 사도권을 부정하고 이방인 개종자들에게 할례와 모세의 율법을 지켜야만 구원을 얻는다고 주장하며 혼란을 불러 일으켰다. 바울은 믿음으로 구원을 얻는다는 이신득의의 진리를 펼친다(갈 2:16). 그는 율법주의자들(구원의 조건으로 믿음에 율법을 첨가)의 잘못과 모순을 지적하고 구원은 믿음으로 이루어진다는 올바른 구원론을 가르치고자 하였다.

3. 갈라디아서의 파노라마

주제	의인은 믿음으로 산다		믿음(의인)에 대한 해석		삶에 대한 적용
내용 구분	1:1	2:1	3:1	4:1	5:1 ~ 6:18
	바울의 사도권	바울의 권위	율법	복음과 은혜	성령의 열매 맺는 삶
문체	기독교의 진리(구원론)를 논리적으로 서술한 서신				
장소	갈라디아(수리아 안디옥)				
기간	AD 56년 전후				

1〉 믿음으로 의롭다 함을 얻는다(1-2장)

인사와 책망 1:1-10, 바울의 사도직 1:11-24,

예루살렘 교회와 바울 2:1-14, 믿음에 대한 원리 2:15-21

기억할 말씀

갈 2:16-20
사람이 의롭게 되는 것은 율법의 행위로 말미암음이 아니요 오직 예수 그리스도를 믿음으로 말미암는 줄 알므로 우리도 그리스도 예수를 믿나니 이는 우리가 율법의 행위로써가 아니고 그리스도를 믿음으로써 의롭다 함을 얻으려 함이라 율법의 행위로써는 의롭다 함을 얻을 육체가 없느니라 …… 내가 그리스도와 함께 십자가에 못 박혔나니 그런즉 이제는 내가 사는 것이 아니요 오직 내 안에 그리스도께서 사시는 것이라 이제 내가 육체 가운데 사는 것은 나를 사랑하사 나를 위하여 자기 자신을 버리신 하나님의 아들을 믿는 믿음 안에서 사는 것이라

갈 3:26-27
너희가 다 믿음으로 말미암아 그리스도 예수 안에서 하나님의 아들이 되었으니 누구든지 그리스도와 합하기 위하여 세례를 받은 자는 그리스도로 옷 입었느니라

갈 4:4-7
때가 차매 하나님이 그 아들을 보내사 여자에게서 나게 하시고 율법 아래에 나게 하신 것은 율법 아래에 있는 자들을 속량하시고 우리로 아들의 명분을 얻게 하려 하심이라 너희가 아들이므로 하나님이 그 아들의 영을 우리 마음 가운데 보내사 아빠 아버지라 부르게 하셨느니라 그러므로 네가 이 후로는 종이 아니요 아들이니 아들이면 하나님으로 말미암아 유업을 받을 자니라

갈 5:1
그리스도께서 우리를 자유롭게 하려고 자유를 주셨으니 그러므로 굳건하게 서서 다시는 종의 멍에를 메지 말라

2) 믿음(의인)에 대한 해석(3-4장)

믿음의 우월성 3:1-14, 율법과 언약(복음의 우월성) 3:15-4:11,
갈라디아 교회에 대한 권면 4:12-20, 율법과 복음 4:21-31

3) 삶에 대한 적용(5-6장)

복음에 대한 오해 5:1-12, 그리스도인의 삶(성령의 열매 맺는 삶) 5:13-26,
그리스도인의 실천하는 삶 6:1-10, 율법주의자에 대한 훈계 6:11-18

4. 갈라디아서 해석의 키워드

★갈라디아

갈라디아는 소아시아(오늘날의 터키)의 중앙에 위치한 넓은 고원지대이다(해발 700-1,000m). "갈라디아 여러 교회들에게"(갈 1:2)는 남 갈라디아 지역을 가리킨다. 바울은 갈라디아서를 기록하기 이전에 두 번 갈라디아를 방문하는데(행 16:6, 18:23), 이는 1 · 2차 전도여행 때이다. 당시 소아시아에 대한 로마의 행정구획은 갈라디아를 비롯해 비두니아, 갑바도기아, 길리기아, 루기아, 루가오니아, 리디아, 무시아, 밤빌리아, 본도 등이 있다.

★바울의 사도직(2:11-14)

바울은 개인적인 체험을 통해 율법주의의 문제점을 밝히고 있다. 복음은 하나님으로부터 온 것이며(1:1), 자신이 회심하기 이전에는 남달리 율법을 지키는데 열심을 내고 교회를 박해하던 자였으나, 이제는 오직 복음전파에만 주력하고 있음을 밝힌다(1:11-24). 자신의 사도로서의 권위와 자신이 전하는 복음의 내용은 하나님께로부터 직접 온 것이라고 단호하게 설명하였다. 이는 복음의 권위를 세우기 위해서였다(1:10-24). 바울은 2장에서 자신을 무할례자와 이방인의 사도로, 베드로를 할례자의 사도로서 역할을 설명한다(2:7-8). 특히 사도 베드로마저도 외식함을 공개적으로 책망하면서 자신의 사도됨을

당당하게 알리고 있다(2:11-14).

★구원과 믿음(2:15-21)

바울은 2장 16절에서 "사람이 의롭게 되는 것은 율법의 행위로 말미암음이 아니요 오직 예수 그리스도를 믿음으로 말미암는 것"이라고 했다. 그리스도가 죄에 대한 대가로 율법의 요구를 십자가의 죽음으로써 대신 지불하셨다. 나의 죄를 대신하여 예수께서 십자가에 돌아가셨다는 신앙고백(믿음)으로 의롭다함을 얻게 된 것이다. 그리스도와 함께 십자가에 못 박힌 자는 죄에 대해 완전한 자유를 회복한 것이다. 나를 위하여 자기 몸을 버리신 하나님의 아들 예수 그리스도를 믿는 믿음 안에 사는 새로운 삶(하나님의 구원)이 펼쳐졌다. 이것은 오로지 하나님의 일방적인 은혜이다. 하나님의 은혜를 부인하고 율법으로 의롭게 된다고 주장한다면, 예수께서 헛되이 죽으신 것이다(2:21). 우리의 구원이 온전히 주께 달려 있음을 믿고, 살든지 죽든지 내 몸에서 그리스도가 존귀히 되게 해야 한다(빌 1:20). 그러한 믿음만이 구원(영생)을 이루며 하나님의 의를 충족시킬 수 있다.

★율법과 믿음

하나님과 아브라함 사이의 구원 언약이 아브라함 한 사람에게만이 아니라 그의 자손 곧 그리스도에게 이어진다. 그것은 율법보다 상위에 있는 것이므로 율법으로 폐기할 수 없다(3:15-18). 율법은 인간의 구원을 위한 것이 아니라 인간이 죄인임을 알려주고자 한시적으로 주어진 것이다. 하나님의 자녀(상속자)가 성인이 되기 전(그리스도가 오시기 전)까지는 율법이라는 초등교사(3:24-25)의 지배를 받으나, 성인이 되면(그리스도가 오시면) 상속자로서의 권리를 누리게 된다. 율법의 목적은 죄를 깨닫게 하는 것이다. 내가 율법을 온전히 지킬 수 없는 죄인임을 깨닫게 된다는 것이다. 율법은 원래 모세를 통해 이스라엘 백성들에게 주어졌다. 이방종교와 이방문화로 가득한 가나안 땅에 들어가서 하나님의 백성들이 어떻게 하나님을 섬기며 살아가야 할지 그 방법을 가르쳐 주기 위해 율법이 주어졌다. 그러나 이스라엘 백성들은 마음 한편

기억할 말씀

갈 1:1-24
사람들에게서 난 것도 아니요 사람으로 말미암은 것도 아니요 오직 예수 그리스도와 그를 죽은 자 가운데서 살리신 하나님 아버지로 말미암아 사도 된 바울은 …… 형제들아 내가 너희에게 알게 하노니 내가 전한 복음은 사람의 뜻을 따라 된 것이 아니니라 이는 내가 사람에게서 받은 것도 아니요 배운 것도 아니요 오직 예수 그리스도의 계시로 말미암은 것이라 내가 이전에 유대교에 있을 때에 행한 일을 너희가 들었거니와 하나님의 교회를 심히 박해하여 멸하고 내가 내 동족 중 여러 연갑자보다 유대교를 지나치게 믿어 내 조상의 전통에 대하여 더욱 열심이 있었으나 그러나 내 어머니의 태로부터 나를 택정하시고 그의 은혜로 나를 부르신 이가 그의 아들을 이방에 전하기 위하여 그를 내 속에 나타내시기를 기뻐하셨을 때에 내가 곧 혈육과 의논하지 아니하고 또 나보다 먼저 사도 된 자들을 만나려고 예루살렘으로 가지 아니하고 아라비아로 갔다가 다시 다메섹으로 돌아갔노라 그 후 삼 년 만에 내가 게바를 방문하려고 예루살렘에 올라가서 그와 함께 십오 일을 머무는 동안 주의 형제 야고보 외에 다른 사도들을 보지 못하였노라 보라 내가 너희에게 쓰는 것은 하나님 앞에서 거짓말이 아니로다 그 후에 내가 수리아와 길리기아 지방에 이르렀으나 그리스도 안에 있는 유대의 교회들이 나를 얼굴로는 알지 못하고 다만 우리를 박해하던 자가 전에 멸하려던 그 믿음을 지금 전한다 함을 듣고 나로 말미암아 하나님께 영광을 돌리니라

기억할 말씀

갈 2:15-21

우리는 본래 유대인이요 이방 죄인이 아니로되 사람이 의롭게 되는 것은 율법의 행위로 말미암음이 아니요 오직 예수 그리스도를 믿음으로 말미암는 줄 알므로 우리도 그리스도 예수를 믿나니 이는 우리가 율법의 행위로써가 아니고 그리스도를 믿음으로써 의롭다 함을 얻으려 함이라 율법의 행위로써는 의롭다 함을 얻을 육체가 없느니라 만일 우리가 그리스도 안에서 의롭게 되려 하다가 죄인으로 드러나면 그리스도께서 죄를 짓게 하는 자냐 결코 그럴 수 없느니라 만일 내가 헐었던 것을 다시 세우면 내가 나를 범법한 자로 만드는 것이라 내가 율법으로 말미암아 율법에 대하여 죽었나니 이는 하나님에 대하여 살려 함이라 내가 그리스도와 함께 십자가에 못 박혔나니 그런즉 이제는 내가 사는 것이 아니요 오직 내 안에 그리스도께서 사시는 것이라 이제 내가 육체 가운데 사는 것은 나를 사랑하사 나를 위하여 자기 자신을 버리신 하나님의 아들을 믿는 믿음 안에서 사는 것이라 내가 하나님의 은혜를 폐하지 아니하노니 만일 의롭게 되는 것이 율법으로 말미암으면 그리스도께서 헛되이 죽으셨느니라

으로는 하나님의 법을, 다른 한 편으로는 이방신을 섬기는 이중생활을 하는 불순종의 삶을 살았다. 그들은 하나님이 주신 율법을 인정하고 받아 들였지만 삶 속에서는 이방신에 마음을 빼앗긴 채 메시야를 고대하였다. 메시야이신 예수 그리스도가 이 땅에 성육신하여 구원의 역사를 완성하였지만, 오늘날까지도 많은 유대인들은 여전히 예수를 그리스도로 받아들이지 않고 있다.

구원은 오직 그리스도에 대한 믿음으로만 얻어지는 것이다. 믿음은 유대인이나 헬라인이나 종이나 자유인이나 남자나 여자나 하나님의 자녀(갈 3:28, 요한 1:12, 롬 8:15, 갈 4:6-7)가 되게 하고 율법으로부터 해방시켜 준다. 하나님께서 예수의 영(성령)을 우리 마음 가운데 보내사 하나님을 아빠 아버지라 부르게 하셨으니, 이 후로는 종이 아니요 하나님으로부터 유업을 받을 아들이 된 것이다(3:19-4:11). 그러므로 예수께서 대속의 제물이 되셨음을 믿는 믿음을 통하여 하나님의 자녀가 이미 되었음을 깨닫고, 그리스도 안에서 장성한 신앙인으로 살아갈 것을 권면하고 있다.

★그리스도인의 신앙생활(6:1-10)

예수의 십자가의 대속을 믿는 성도들은 이제 율법과 죄에서 해방되어 그리스도 안에서 참 자유를 누린다. 성도는 어떤 삶을 살아야 할까? 성도의 자격요건으로 행함 있는 믿음을 요구하고 있다. 그리스도와 연합하여 죄에 대하여 죽어 예수 그리스도를 닮아가는 삶을 의미한다. 하나님의 은혜로 구원받은 이후 그 결과로서 행함을 바울 사도는 강조하고 있다. 자신에게 부여된 자유를 육체의 욕심을 이루는데 사용하지 않고, 성령의 인도하심을 따라야 한다(5:16-18). 성령은 영혼을 변화시키는 주체요 원동력으로 성도의 신앙생활과 떨어질 수 없는 불가분의 관계에 있다. 성령은 성도의 내면을 계속적으로 하나님을 향하여 나아가게 만들며, 육체의 욕심과 죄의 유혹을 거부하도록 인도한다. 이는 바로 성령의 열매 맺는 삶이다. 6장에서는 성도의 실천적 삶을 구체적으로 설명하고 있다. 그리스도의 법은 서로 짐을 나누어 지는 삶에서 실현된다(6:2). 마음을 다하여 하나님 사랑하고 이웃을 내 몸과 같이 사랑하는 삶이다. 육체를 위해 심는 삶이 아니라 성령을 위해 심는 선행의 삶이다(6:3-

10). 이러한 삶을 살면서 결코 낙심하거나 포기하지 말고 결실의 때를 기다리라고 사도는 권면하고 있다. 예수 그리스도의 십자가 외에 결코 자랑할 것이 없으며, 자신의 몸에 예수의 흔적을 지녔다고 자랑했다. 예수만이 사도의 자랑이요, 예수 때문에 자신이 박해 속에서 큰 어려움을 겪었음을 알려주고 있다. 성도는 어떤 어려움 속에서도 예수를 자랑할 수 있어야 한다.

★육체의 일과 성령의 일을 비교해 보자(5:16-26)

그리스도 예수의 사람(성도)은 육체와 함께 인간의 정욕과 욕심을 이미 십자가에 못 박은 자들이다. 육체의 일에서 벗어나, 성령의 인도함을 받아 성령의 열매 맺는 삶을 살아야 할 것이다.

*육체의 일: 음행, 더러운 것, 호색, 우상숭배, 술수, 원수 맺는 것, 분쟁, 시기, 분냄, 당 짓는 것, 분리함, 이단, 투기, 술 취함, 방탕함.

*성령의 일(성령 열매): 사랑(love 요 13:35), 희락(joy 사 35:10), 화평(peace 벧전 3:11), 오래 참음(patience 약 1:4), 자비(kindness 마 12:7), 양선(goodness 엡 5:9), 충성(faithfulness 고전 4:2), 온유(gentleness 마 5:5), 절제(self-controll 고전 9:25).

*성령의 열매 맺는 삶은 예수 그리스도를 닮아가는 삶이다. 이를 금지할 법이 없다(5:23). 보다 구체적인 설명이 5장 24-26절에서 이어지고 있다. 성령의 열매 맺는 삶이란, 첫째로 육체와 함께 그 정욕과 탐심을 십자가에 못 박았다. 둘째로 성령의 인도함을 받는 삶을 산다. 셋째로 헛된 영광을 구하여 서로 노엽게 하거나 서로 투기하지 않는다.

5. 더 깊은 연구와 삶의 적용

1. 율법의 역할은 무엇인가?(갈 3:15-24)

2. 율법과 복음을 비교해 보자(갈 4:1-7, 21-31)

기억할 말씀

갈 3:23-29
믿음이 오기 전에 우리는 율법 아래에 매인 바 되고 계시될 믿음의 때까지 갇혔느니라 이같이 율법이 우리를 그리스도께로 인도하는 초등교사가 되어 우리로 하여금 믿음으로 말미암아 의롭다 함을 얻게 하려 함이라 믿음이 온 후로는 우리가 초등교사 아래에 있지 아니하도다 너희가 다 믿음으로 말미암아 그리스도 예수 안에서 하나님의 아들이 되었으니 누구든지 그리스도와 합하기 위하여 세례를 받은 자는 그리스도로 옷 입었느니라 너희는 유대인이나 헬라인이나 종이나 자유인이나 남자나 여자나 다 그리스도 예수 안에서 하나이니라 너희가 그리스도의 것이면 곧 아브라함의 자손이요 약속대로 유업을 이을 자니라

갈 6:1-10
형제들아 사람이 만일 무슨 범죄한 일이 드러나거든 신령한 너희는 온유한 심령으로 그러한 자를 바로잡고 너 자신을 살펴보아 너도 시험을 받을까 두려워하라 너희가 짐을 서로 지라 그리하여 그리스도의 법을 성취하라 만일 누가 아무 것도 되지 못하고 된 줄로 생각하면 스스로 속임이라 각각 자기의 일을 살피라 그리하면 자랑할 것이 자기에게는 있어도 남에게는 있지 아니하리니 각각 자기의 짐을 질 것이라 가르침을 받는 자는 말씀을 가르치는 자와 모든 좋은 것을 함께 하라 스스로 속이지 말라 하나님은 업신여김을 받지 아니하시나니 사람이 무엇으로 심든지 그대로 거두리라 자기의 육체를 위하여 심는 자는 육체로부터 썩어질 것을 거두고 성령을 위하여 심는 자는 성령으로부터 영생을 거두리라 우리가 선을 행하되 낙심하지 말지니 포기하지 아니하면 때가 이르매 거두리라 그러므로 우리는 기회 있는 대로 모든 이에게 착한 일을 하되 더욱 믿음의 가정들에게 할지니라

기억할 말씀

갈 5:16-26
내가 이르노니 너희는 성령을 따라 행하라 그리하면 육체의 욕심을 이루지 아니하리라 육체의 소욕은 성령을 거스르고 성령은 육체를 거스르나니 이 둘이 서로 대적함으로 너희가 원하는 것을 하지 못하게 하려 함이니라 너희가 만일 성령의 인도하시는 바가 되면 율법 아래에 있지 아니하리라 육체의 일은 분명하니 곧 음행과 더러운 것과 호색과 우상 숭배와 주술과 원수 맺는 것과 분쟁과 시기와 분냄과 당 짓는 것과 분열함과 이단과 투기와 술 취함과 방탕함과 또 그와 같은 것들이라 전에 너희에게 경계한 것 같이 경계하노니 이런 일을 하는 자들은 하나님의 나라를 유업으로 받지 못할 것이요 오직 성령의 열매는 사랑과 희락과 화평과 오래 참음과 자비와 양선과 충성과 온유와 절제니 이같은 것을 금지할 법이 없느니라 그리스도 예수의 사람들은 육체와 함께 그 정욕과 탐심을 십자가에 못 박았느니라 만일 우리가 성령으로 살면 또한 성령으로 행할지니 헛된 영광을 구하여 서로 노엽게 하거나 서로 투기하지 말지니라

3. 육체의 일을 행하는 자는 하나님의 나라를 유업으로 받지 못한다. 하나님의 나라를 유업으로 받는 자는 어떤 삶을 살아야 하는가?(갈 5:16-26)

4. 성령의 9가지 열매 중에서 나는 어떤 열매를 가장 많이 맺고 있는가? 또한 어떤 열매를 맺는데 가장 어려움이 있는가? 그 원인은 무엇인가?

5. 그리스도의 법과 실천에 대해 바울은 어떻게 설명하고 있는가?(6:1-10)

에베소서

엡 2:8
너희는 그 은혜에 의하여 믿음으로 말미암아 구원을 받았으니 이것은 너희에게서 난 것이 아니요 하나님의 선물이라

엡 6:11-12
마귀의 간계를 능히 대적하기 위하여 하나님의 전신 갑주를 입으라 우리의 씨름은 혈과 육을 상대하는 것이 아니요 통치자들과 권세들과 이 어둠의 세상 주관자들과 하늘에 있는 악의 영들을 상대함이라

1. 에베소서를 어떻게 읽을 것인가

에베소서는 바울이 옥중에서 쓴 편지이다. 빌립보서 · 골로새서 · 빌레몬서와 함께 옥중서신이라 부른다.

바울이 2차 전도여행 때 에베소 지역에서 전도했고(행 18:19-21), 3차 전도여행에서는 이 지역에서 많은 개종자를 얻었다(행 19:1-20). 바울 사도가 3년 동안 사역했던 소아시아의 수도 에베소는 상업과 교통의 중심지로서 이방종교에 많은 영향력을 받아 여신 다이아나(아데미)를 숭배하였다. 바울은 에베소 교회를 격려하고, 성도의 신앙생활을 바로 잡기 위해 구원의 교리를 가르치고 있다. 허물과 죄로 죽었던 우리는 하나님의 은혜로 구원을 얻었다. 그 은혜로 인하여 믿음으로 구원을 얻었으니 이는 하나님의 선물이라고 했다(2:1-10).

또한 교회를 설립한 하나님의 목적과 그리스도를 중심으로 하는 유기체적 교회에 관한 교리를 다루고 있다. 성도들에게 구원을 성취시키는 바른 교회가 되기 위해 예수 그리스도를 중심으로 연합과 통일을 부부관계와 연계하여 설명하였다(5:22-33).

전체적인 내용을 살펴보면, 1-3장은 하나님의 은혜로 말미암아 얻게 된 구원에 대해(그리스도인은 성부 하나님의 선택과 성자 예수님의 구속, 성령 하나님의 인치심을 경험한 자로서 그리스도의 몸된 교회의 지체이다) 설명하고 있다. 4-6장은 교회에 대해, 성도들의 새로운 삶과 부부 관계를 통한 교회의 질서에 대해, 부모와 자녀 그리고 상전과 종의 관계에 대해 설명하고 있다. 마지막 부분에서 사도는 결론적으로 구습을 벗어 버리고, 하나님의 전신갑주를 입음으로써 사탄과의 영적 전투에서 승리하는 경건한 삶을 살라고 당부하고 있다. 모든 세대의 성도들에게 그리스도 안에서의 연합과 영적 성숙을 도모하여 준다.

기억할 말씀

엡 2:20-22
너희는 사도들과 선지자들의 터 위에 세우심을 입은 자라 그리스도 예수께서 친히 모퉁잇돌이 되셨느니라 그의 안에서 건물마다 서로 연결하여 주 안에서 성전이 되어 가고 너희도 성령 안에서 하나님이 거하실 처소가 되기 위하여 그리스도 예수 안에서 함께 지어져 가느니라

엡 5:8-9
너희가 전에는 어둠이더니 이제는 주 안에서 빛이라 빛의 자녀들처럼 행하라 빛의 열매는 모든 착함과 의로움과 진실함에 있느니라

2. 저자 · 기록연대 · 기록동기

저자와 기록연대: 저자는 바울임을 직접 언급하고 있다(1:1). 기록연대는 골로새서와 거의 같은 시기인 AD 61-62년경으로, 이 서신을 기록할 당시 바울은 1차 로마 투옥 중이었다.

기록동기: 하나님의 구원역사(구원론)와 교회의 본질을 논하는 교회론(1:15-2:22)을 다루고 있는 중요한 편지이다. 인간의 죄를 위해 십자가에 돌아가시고 부활하신 그리스도를 구속의 주로 섬기는 것이 교회가 세워진 토대이다. 에베소 교인뿐만 아니라 오늘날의 성도들에게도 구원론과 교회론을 정립하는데 큰 도움을 주는 서신서이다.

3. 에베소서의 파노라마

주제	그리스도인의 특권				그리스도인의 책임			
내용 구분	1:1	1:15	1:24	3:14	4:1	4:17	5:22	6:10 6:24
	하나님의 구속	중보 기도	새 생명	성도를 위한 기도	교회 생활	성결한 삶	가정생활 사회생활	영적 전쟁
문체	신학적 내용을 쉽게 전달하는 서간문							
장소	1차 로마 옥중							
기간	AD 61-62							

1〉 그리스도인의 특권(1-3장)

인사와 하나님의 구원 사역 1:1-14, 바울의 중보기도 1:15-23, 그리스도 안에서의 새 생명 2:1-10, 그리스도인의 특권 2:11-22, 바울의 헌신(복음전파) 3:1-13, 성도를 위한 기도 3:14-21

2〉 그리스도인의 책임(4-6장)

교회 생활(통일성과 다양성) 4:1-16, 그리스도인의 변화된 삶 4:12-32,

빛의 자녀로서의 삶 5:1-21, 그리스도인의 부부생활 5:22-33,
그리스도인의 가정(자녀와 부모)과 사회생활 6:1-9,
그리스도인의 영적 전쟁과 인사말 6:10-24

4. 에베소서 해석의 키워드

★에베소 교회와 바울

로마제국에 소속된 소아시아의 수도가 에베소이다. 상업과 종교의 중심지로 사도 바울은 이곳에 3년간 머물면서 복음을 전했다(행 20:31). 에베소에는 당시 유대인도 많이 살고 있었고 회당도 있었다(행 18:19, 19:17). 바울은 2차 전도여행에서 돌아오던 중, 에베소에 잠시 머물면서 전도하다가 브리스길라와 아굴라를 남겨두고 떠났다(행 18:21). 그 후 3차 전도여행 때에는 3년 가까이 머물면서 열심히 전도하여 아시아에 살고 있던 유대인들과 헬라인들도 주의 말씀을 들었다고 한다(행 19:1-10). 3차 전도여행에서 돌아오는 도중 에베소를 다시 방문할 수 없어서 밀레도로 에베소 교회의 장로들을 불러 작별인사를 나눈다(행 20:17-38). 후에 로마 옥중에서 에베소 교회에 편지를 써서 두기고에게 들려 보냈다(엡 1:1,6:21, 딤후 4:12). 에베소 교회는 계시록에 기록되어 있는 일곱 교회 중 하나이며, 사도 요한은 에베소에서 말년을 지냈다.

★교회의 연합과 일치

예수 그리스도이 몸된 교회는 예수를 주로 고백하는 성도들의 신앙공동체이다. 교회는 그리스도를 머리로 하여(엡 1:22), 모든 성도가 각 지체로서(고전 12:27) 서로 연결된 유기체로 묘사하고 있다. 그러므로 지체는 머리에 복종해야 하며(엡 1:22), 각 지체는 성령 안에서 하나이며(4:3), 상호 연합해야 한다(4:16).

사도는 3장에서 교회를 통해 하나님의 지혜를 알게 하는 것이 하나님의

기억할 말씀

엡 4:11-16

그가 어떤 사람은 사도로, 어떤 사람은 선지자로, 어떤 사람은 복음 전하는 자로, 어떤 사람은 목사와 교사로 삼으셨으니 이는 성도를 온전하게 하여 봉사의 일을 하게 하며 그리스도의 몸을 세우려 하심이라 우리가 다 하나님의 아들을 믿는 것과 아는 일에 하나가 되어 온전한 사람을 이루어 그리스도의 장성한 분량이 충만한 데까지 이르리니 이는 우리가 이제부터 어린 아이가 되지 아니하여 사람의 속임수와 간사한 유혹에 빠져 온갖 교훈의 풍조에 밀려 요동하지 않게 하려 함이라 오직 사랑 안에서 참된 것을 하여 범사에 그에게까지 자랄지라 그는 머리니 곧 그리스도라 그에게서 온 몸이 각 마디를 통하여 도움을 받음으로 연결되고 결합되어 각 지체의 분량대로 역사하여 그 몸을 자라게 하며 사랑 안에서 스스로 세우느니라"

뜻이라는 것이다. 교회가 하나님을 알게 하는 통로임을 밝히고 있다(3:10-11). 교회의 통일성과 다양성에 대해서 4장에서 밝히고 있다. 통일성이란 각 지체가 다 똑같아지는 것이 아니라, 교회 구성원들의 유기적 연합 안에서 이루어지는 각 지체의 조화로운 연합을 말한다. 삼위일체 하나님이 하나이듯 각각의 다른 은사를 받은 지체들(성도들)이 그리스도의 몸(교회)을 이루기 위해 통일과 연합을 추구하여 계속해서 균형 있는 성장을 이루어 간다는 것이다. 이는 지체에게 주어진 은사가 각기 다르지만, 성도 개개인을 온전하게 하며 봉사를 통해 그리스도의 몸된 교회를 세워 나간다. 각각 맡은 역할은 다르지만 하나님의 아들 예수를 믿는 일과 아는 일에는 하나가 되어 함께 장성한 분량의 신앙인이 되어간다. 이로써 온 몸(교회)이 각 마디(지체)를 통하여 도움을 입고 서로 연결되어 건강하게 자라고 사랑 안에서 강해질 것이다(4:1-16).

★그리스도 안에서의 새 생활(2:1-22)

구속은 단지 죄에서의 구원만이 아닌 그리스도 안에서의 새로운 삶까지 포함되어 있다. 허물과 죄로 인해 구원받을 자격이 없는 자를 살리시는 하나님의 은혜는 인간의 도움을 필요로 하지 않으며(8-9), 성령의 역사하심을 통해 인간의 전 인격에 변화를 추구하는 은혜(10)이다. 하나님의 은혜를 통해 구원받은 성도들은 그것을 자랑하지 말고, 하나님의 선물로 받은 구원을 완성시키기 위해 지식, 의지, 감정 등 모든 면에서 변화 받은 새로운 피조물이 되어야 한다(고후 5:17). 하나님의 말씀에 불순종함으로 에덴에서 쫓겨난 인간은 육체와 마음이 원하는 대로 이끌림을 받는 본질상 진노의 자녀였다(2:3). 이제 예수 그리스도로 말미암아 하나님의 자녀가 되었고 하나님의 형상으로 회복되는 새로운 삶이 전개된 것이다.

하나님의 놀라운 계획 가운데 살고 있는 성도는 옛 생활을 청산하고 변화받아 새 생활을 해야 한다. 그리스도 안에 있는 진리대로 사는 삶(4:21-24)을 살아야 할 것이다. 거짓을 버리고 분을 내어도 죄를 짓지 말며, 마귀에게 틈을 주지 말고, 선한 말을 하여 듣는 자들에게 은혜를 끼쳐야 한다. 또한 성령을 근심하게 하지 않도록 모든 악의에서 벗어나 서로 친절하게 하며 서로 용서하기를 하나님이 그리스도 안에서 우리를 용서하심과 같이 하여야 한다. 이로써 한 지체된 교회 안에서 덕과 은혜를 끼치며 성령을 기쁘시게 하는 삶을 살게 된다(4:25-32).

★그리스도의 영적 전쟁

이 세상은 그리스도인들의 평안한 안식처가 아니다. 마귀와의 영적 전쟁터이다. 바울은 교회, 가정, 사회생활 속에서 성도의 삶을 언급한 후(4:1-6:9), 성도의 삶을 파괴하는 사탄의 권세들을 지적한다. 영적으로 싸워 이기기 위해 경건생활을 촉구하고 있다. 세상에서 승리하기 위해 필요한 구비 조건(6:10-20)과 우리의 싸움의 대상과 이유, 싸움에 임하는 자세를 설명하고 있다.

성도들의 싸움의 대상은 연약한 인간이 아니라 마귀의 군대이다. 마귀와의 전쟁, 즉 영적 전쟁이다. 인간의 능력과 힘과 지혜로는 마귀와의 전쟁에서 이길 수 없다. 오직 예수 그리스도의 능력으로만 감당할 수 있다. 성령으로 완전무장하고, 하나님의 전신갑주(말씀)를 입어야 한다.

1〉 평안의 복음으로 신을 신고

2〉 성령의 검으로 무장하며

3〉 진리로 허리 띠를 띠고(삶의 가치기준을 진리에 두고)

4〉 의의 호심경을 가슴에 붙이고

5〉 믿음으로 방패를 삼고

6〉 구원의 투구를 머리에 쓰고 마귀의 간계를 물리쳐야 한다.

예수님께서도 하나님의 말씀으로 사탄이 시험을 물리치셨다(마 4:4-10). 하나님의 말씀을 통해 성령께서 역사하신다(히 4:12).

기억할 말씀

엡 4:21-32

진리가 예수 안에 있는 것 같이 너희가 참으로 그에게서 듣고 또한 그 안에서 가르침을 받았을진대 너희는 유혹의 욕심을 따라 썩어져 가는 구습을 따르는 옛 사람을 벗어 버리고 오직 너희의 심령이 새롭게 되어 하나님을 따라 의와 진리의 거룩함으로 지으심을 받은 새 사람을 입으라 그런즉 거짓을 버리고 각각 그 이웃과 더불어 참된 것을 말하라 이는 우리가 서로 지체가 됨이라 분을 내어도 죄를 짓지 말며 해가 지도록 분을 품지 말고 마귀에게 틈을 주지 말라 도둑질하는 자는 다시 도둑질하지 말고 돌이켜 가난한 자에게 구제할 수 있도록 자기 손으로 수고하여 선한 일을 하라 무릇 더러운 말은 너희 입 밖에도 내지 말고 오직 덕을 세우는 데 소용되는 대로 선한 말을 하여 듣는 자들에게 은혜를 끼치게 하라 하나님의 성령을 근심하게 하지 말라 그 안에서 너희가 구원의 날까지 인치심을 받았느니라 너희는 모든 악독과 노함과 분냄과 떠드는 것과 비방하는 것을 모든 악의와 함께 버리고 서로 친절하게 하며 불쌍히 여기며 서로 용서하기를 하나님이 그리스도 안에서 너희를 용서하심과 같이 하라"

기억할 말씀

엡 6:10-18

끝으로 너희가 주 안에서와 그 힘의 능력으로 강건하여지고 마귀의 간계를 능히 대적하기 위하여 하나님의 전신 갑주를 입으라 우리의 씨름은 혈과 육을 상대하는 것이 아니요 통치자들과 권세들과 이 어둠의 세상 주관자들과 하늘에 있는 악의 영들을 상대함이라 그러므로 하나님의 전신 갑주를 취하라 이는 악한 날에 너희가 능히 대적하고 모든 일을 행한 후에 서기 위함이라 그런즉 서서 진리로 너희 허리 띠를 띠고 의의 호심경을 붙이고 평안의 복음이 준비한 것으로 신을 신고 모든 것 위에 믿음의 방패를 가지고 이로써 능히 악한 자의 모든 불화살을 소멸하고 구원의 투구와 성령의 검 곧 하나님의 말씀을 가지라 모든 기도와 간구를 하되 항상 성령 안에서 기도하고 이를 위하여 깨어 구하기를 항상 힘쓰며 여러 성도를 위하여 구하라"

5. 더 깊은 연구와 삶의 적용

1. 왜 우리는 구원에 대해 자신을 자랑할 수 없는가?(2:1-10)

2. 성도들의 새로운 삶에 대해 이야기 해 보자(4:21-32).

3. 빛의 자녀의 생활에 대해 바울 사도는 어떻게 설명하고 있는가?(5:1-21)

4. 하나님의 전신갑주는 무엇인가? (하나님이 주신 무기로) 무장한다는 의미는 무엇인가?(6:10-20)

빌립보서

1. 빌립보서를 어떻게 읽을 것인가

빌립보 교회는 사도 바울이 2차 전도여행 중 개척했다. 자색 옷감 장사 루디아의 회심으로 그녀의 가정이 중심이 되어 세워진 유럽 최초의 교회이다(행 16:11-15). 이 교회를 향한 사도 바울의 사랑과 관심이 빌립보서 전체에 담겨 있다. 비록 바울이 로마에서 옥중 생활하는 상황 속에 기록한 서신이지만, 빌립보 교회와 성도들을 향한 기쁨과 사랑이 넘친다.

교회 내의 당면한 문제로 갈등하며 어려움에 빠져 있던 교회들에 보낸 다른 서신들(로마서 · 고린도전후서 · 갈라디아서 · 에베소서 등)과는 달리 빌립보 교회와 사도 바울과의 개인적 교제와 함께 신앙적 교훈을 담고 있다(2:12-18). 사도는 성도가 그리스도를 위해 고난 받는 삶으로, 그리스도를 본받는 삶으로, 그리스도를 좇아가는 삶으로, 자족하며 기뻐하라고 권면하고 있다. 빌립보서에는 바울 자신의 사도권에 대해 언급하지 않고 있다. 그는 예수 그리스도로 말미암는 영적 기쁨에 대해 권면하면서 주님 오실 날이 가까우니 오직 감사함으로 기도에 힘쓰라고 했다(4:4-6).

사도는 자신을 도와준 빌립보 교회와 성도들에게 서신의 마지막에 거듭 감사의 인사를 전하고 있다(4:10-19). 빌립보서는 기쁨과 감사가 넘치는 서신으로 모든 성도들에게 위로와 격려를 주는 서신이다.

2. 저자 · 기록연대 · 기록동기

저자와 기록연대: 바울은 자신이 저자임을 분명하게 밝히고 있다(1:1).

기억할 말씀

빌 2:13
너희 안에서 행하시는 이는 하나님이시니 자기의 기쁘신 뜻을 위하여 너희에게 소원을 두고 행하게 하시나니

빌 4:4-6
주 안에서 항상 기뻐하라 내가 다시 말하노니 기뻐하라 너희 관용을 모든 사람에게 알게 하라 주께서 가까우시니라 아무 것도 염려하지 말고 다만 모든 일에 기도와 간구로, 너희 구할 것을 감사함으로 하나님께 아뢰라

빌 1:3-10
내가 너희를 생각할 때마다 나의 하나님께 감사하며 간구할 때마다 너희 무리를 위하여 기쁨으로 항상 간구함은 너희가 첫날부터 이제까지 복음을 위한 일에 참여하고 있기 때문이라 너희 안에서 착한 일을 시작하신 이가 그리스도 예수의 날까지 이루실 줄을 우리는 확신하노라 내가 너희 무리를 위하여 이와 같이 생각하는 것이 마땅하니 이는 너희가 내 마음에 있음이며 나의 매임과 복음을 변명함과 확정함에 너희가 다 나와 함께 은혜에 참여한 자가 됨이라 내가 예수 그리스도의 심장으로 너희 무리를 얼마나 사모하는지 하나님이 내 증인이시니라 내가 기도하노라 너희 사랑을 지식과 모든 총명으로 점점 더 풍성하게 하사 너희로 지극히 선한 것을 분별하며 또 진실하여 허물 없이 그리스도의 날까지 이르고"

기록연대는 로마에 1차 투옥되었던 시기의 말기로 AD 62-63년 정도로 추정하고 있다(2:23-24).

기록동기: 바울은 빌립보 교인들이 투옥된 자신을 위해 보내준 헌금에 감사하며 자신의 현황을 알리고자 편지를 보냈다. 고난과 박해 속에서도 오히려 기뻐하며 신앙을 잘 지킬 것을 권면하면서, 율법주의와 잘못된 가르침에 대한 경계를 당부하고 있다. 다른 서신들(로마서 · 갈라디아서)에 비해 교리적인 내용 보다 개인적인 신앙을 간증하며 사랑과 기쁨의 내용을 담고 있다(4:10-20). 성도들에게 그리스도 안에서 한 마음을 품고 서로 돌보아 기쁨을 충만하게 하라고 권면하고 있다(2:1-4).

3. 빌립보서의 파노라마

주제	바울의 상황(고난)	그리스도의 마음과 구원		그리스도인의 성화
내용 구분	1:1 2:1	3:1	4:1	4:23
	그리스도와 동행	그리스도의 백성	그리스도를 따름	그리스도인의 능력
문체	고난 속에서도 그리스도 안에서 누리는 기쁨을 담은 편지			
장소	1차 로마 옥중			
기간	AD 62-63년경			

1) 바울의 상황(고난 1장)

인사와 감사 1:1-11, 그리스도를 위한 고난 1:12-30,

2) 그리스도의 마음과 구원 (2-3장)

그리스도를 본받는 삶 2:1-18, 디모데와 에바브로디도 추천 2:19-30, 구원의 도 3:1-11, 푯대를 향한 삶 3:12-21

기억할 말씀

빌 2:5-14

너희 안에 이 마음을 품으라 곧 그리스도 예수의 마음이니 그는 근본 하나님의 본체시나 하나님과 동등됨을 취할 것으로 여기지 아니하시고 오히려 자기를 비워 종의 형체를 가지사 사람들과 같이 되셨고 사람의 모양으로 나타나사 자기를 낮추시고 죽기까지 복종하셨으니 곧 십자가에 죽으심이라 이러므로 하나님이 그를 지극히 높여 모든 이름 위에 뛰어난 이름을 주사 하늘에 있는 자들과 땅에 있는 자들과 땅 아래에 있는 자들로 모든 무릎을 예수의 이름에 꿇게 하시고 모든 입으로 예수 그리스도를 주라 시인하여 하나님 아버지께 영광을 돌리게 하셨느니라 그러므로 나의 사랑하는 자들아 너희가 나 있을 때뿐 아니라 더욱 지금 나 없을 때에도 항상 복종하여 두렵고 떨림으로 너희 구원을 이루라 너희 안에서 행하시는 이는 하나님이시니 자기의 기쁘신 뜻을 위하여 너희에게 소원을 두고 행하게 하시나니 모든 일을 원망과 시비가 없이 하라

빌 3:8-21

또한 모든 것을 해로 여김은 내 주 그리스도 예수를 아는 지식이 가장 고상하기 때문이라 내가 그를 위하여 모든 것을 잃어버리고 배설물로 여김은 그리스도를 얻고 그 안에서 발견되려 함이니 내가 가진 의는 율법에서 난 것이 아니요 오직 그리스도를 믿음으로 말미암은 것이니 곧 믿음으로 하나님께로부터 난 의라 …… 그들의 마침은 멸망이요 그들의 신은 배요 그 영광은 그들의 부끄러움에 있고 땅의 일을 생각하는 자라 그러나 우리의 시민권은 하늘에 있는지라 거기로부터 구원하는 자 곧 주 예수 그리스도를 기다리노니 그는 만물을 자기에게 복종하게 하실 수 있는 자의 역사로 우리의 낮은 몸을 자기 영광의 몸의 형체와 같이 변하게 하시리라

3〉그리스도인의 성화(4장)

주 안에서의 삶에 대한 권고 4:1–9, 바울의 마지막 권면과 인사말 4:10–23

3. 빌립보서 해석의 키워드

★그리스도를 위해 고난 받는 삶

바울은 로마에서의 감금생활(행 28:30–31, AD 61–63) 중에 빌립보 교회와 성도들을 격려하며 위로하고 있다. 자신이 겪고 있는 상황이 오히려 복음 전파에 진보를 가져왔으며, 시위대 안에서 많은 사람들을 회심하게 만든 역사가 일어났음을 간증하였다(행 16:25–40). 당시 교회 안에서 뿐만 아니라 그리스도를 전파하는 사역의 현장에서 바울을 투기하고 분쟁하는 일도 있었지만, 그리스도가 전파된다면 이마저도 기쁨으로 받아들인다고 고백하고 있다. 그는 살든지 죽든지 복음이 전파되고 그리스도가 존귀하게 여김을 받으면, 사는 것도 죽는 것도 유익하다고 선포한다. 어떤 환난이 닥쳐와도 담대함으로 고난을 이길 수 있음을 보여주고 있다(1:12–30).

★그리스도를 본받는 삶과 그리스도 예수의 마음

그리스도를 본받아 서로 하나가 되어 자신을 낮추고 서로 돌보는 삶을 살라고 권면하며(2:1–4), 삶의 모범되신 그리스도 예수의 마음을 품으라고 촉구한다. 그리스도의 마음을 품은 자들은 하나님의 흠 없는 자녀로 자신을 나타내기 위해 항상 거룩한 생활을 힘써야 한다(2:12–18). 구원은 믿음에서 시작되지만, 성화의 과정을 통해 완성되어 간다. 그러므로 두렵고 떨리는 마음으로 성도는 자신의 구원을 이루라는 것이다(12절).

그리스도 예수의 마음이란 어떤 마음인가?

첫째, 겸손과 온유의 마음(마 11:28–30). 둘째, 십자가 죽음까지도 받아들이는 순종의 마음(히 5:8–9). 셋째, 죄와 불의를 멀리하는 거룩한 마음(요 7:14–18). 넷째, 불쌍히 여기는 긍휼의 마음(눅 7:11–17). 다섯째, 용서의 마

기억할 말씀

빌 4:6–7
아무 것도 염려하지 말고 다만 모든 일에 기도와 간구로, 너희 구할 것을 감사함으로 하나님께 아뢰라 그리하면 모든 지각에 뛰어난 하나님의 평강이 그리스도 예수 안에서 너희 마음과 생각을 지키시리라

빌 1:12–21
형제들아 내가 당한 일이 도리어 복음 전파에 진전이 된 줄을 너희가 알기를 원하노라 이러므로 나의 매임이 그리스도 안에서 모든 시위대 안과 그 밖의 모든 사람에게 나타났으니 형제 중 다수가 나의 매임으로 말미암아 주 안에서 신뢰함으로 겁 없이 하나님의 말씀을 더욱 담대히 전하게 되었느니라 어떤 이들은 투기와 분쟁으로, 어떤 이들은 착한 뜻으로 그리스도를 전파하나니 이들은 내가 복음을 변증하기 위하여 세우심을 받은 줄 알고 사랑으로 하나 그들은 나의 매임에 괴로움을 더하게 할 줄로 생각하여 순수하지 못하게 다툼으로 그리스도를 전파하느니라 그러면 무엇이냐 겉치레로 하나 참으로 하나 무슨 방도로 하든지 전파되는 것은 그리스도니 이로써 나는 기뻐하고 또한 기뻐하리라 이것이 너희의 간구와 예수 그리스도의 성령의 도우심으로 나를 구원에 이르게 할 줄 아는 고로 나의 간절한 기대와 소망을 따라 아무 일에든지 부끄러워하지 아니하고 지금도 전과 같이 온전히 담대하여 살든지 죽든지 내 몸에서 그리스도가 존귀하게 되게 하려 하나니 이는 내게 사는 것이 그리스도니 죽는 것도 유익함이라

음(눅 23:34)이다.

2장 7절에서 '자기를 비워'는 그리스도께서 하나님 위상을 포기하셨다는 것이 아니라 인류의 구원을 위해 인간의 몸을 입고 성육신하셨음을 의미한다. 그리스도를 본받는 것은 자신의 권위, 지위, 영광, 권리를 내려놓고 자신을 비우는 것이다.

★그리스도를 좇아가는 삶

바울 사도는 구원의 도를 설명하면서 예수를 아는 지식이 가장 고상하기에 다른 모든 것을 배설물로 여긴다고 했다. 하나님의 성령으로 봉사하며 그리스도 예수로 자랑하고 육체를 신뢰하지 아니하는 삶을 지향하기에 인간의 교훈과 가르침을 내려놓은 것이다(3:3-9). 이를 바탕으로 "푯대를 향하여 그리스도 예수 안에서 하나님이 위에서 부르신 부름의 상을 위하여 달려가노라"(3:14)는 인생의 최종 목표를 밝히고 있다. 그는 빌립보 성도들에게 그리스도께서 주시는 상급, 면류관을 향해 매진하라고 권면하고 있다. 우리의 시민권은 이 땅이 아닌 하늘에 있기 때문이다(3:20).

★성도의 기쁨과 자족하는 삶(4:13)

아무 것도 염려하지 않고 기뻐하는 삶, 하나님께 감사하는 삶, 기도와 간구하는 삶을 통해 성도는 하나님이 허락하신 평강의 복을 누린다(4:1-7). 이 기쁨은 장차 주어질 천국에서 누릴 기쁨을 예표하며, 그리스도인의 삶의 증거이기도 하다. 그리스도인의 기쁨은 환경과 상황을 뛰어 넘는 능력을 갖고 있다(합 3:17-19).

이 능력은 하나님이 내 삶의 주인이 되시며, 나의 필요를 채워주시는 전능자이심을 고백하게 한다. 어떤 상황 속에서도 하나님의 섭리와 뜻하심에 귀 기울이며 순종할 때 얻게 된다. 그리스도인들은 고난과 박해 속에서도 하나님의 보호하심과 인도하심을 신뢰하고 확신함으로 참된 기쁨을 누리며, 삶에 대한 만족감과 평안함을 소유하게 된다. 성도는 그리스도 안에서 모든 것을 감당할 수 있을 뿐만 아니라, 기뻐하며 만족하는 비결을 가진 자이다(4:13).

5. 더 깊은 연구와 삶의 적용

1. 그리스도의 마음은 어떤 마음인가?(빌 2:1-8)

2. 바울 사도는 왜 모든 것을 해로 여기고 배설물로 여겼는가?(빌 3:7-9)

3. 빌립보 교인들에게 바울은 주 안에서의 삶에 대해 권면하고 있다. 이를 묵상하고 나의 삶에 적용해 보자(빌 4:4-9).

4. 언제, 어디서나 기뻐하며 만족할 수 있는 비결은?(빌 4:10-20, 사 58:11 참조)

기억할 말씀

빌 4:10-13
내가 주 안에서 크게 기뻐함은 너희가 나를 생각하던 것이 이제 다시 싹이 남이니 너희가 또한 이를 위하여 생각은 하였으나 기회가 없었느니라 내가 궁핍하므로 말하는 것이 아니니라 어떠한 형편에든지 나는 자족하기를 배웠노니 나는 비천에 처할 줄도 알고 풍부에 처할 줄도 알아 모든 일 곧 배부름과 배고픔과 풍부와 궁핍에도 처할 줄 아는 일체의 비결을 배웠노라 내게 능력 주시는 자 안에서 내가 모든 것을 할 수 있느니라

빌 4:4-9
주 안에서 항상 기뻐하라 내가 다시 말하노니 기뻐하라 너희 관용을 모든 사람에게 알게 하라 주께서 가까우시니라 아무 것도 염려하지 말고 다만 모든 일에 기도와 간구로, 너희 구할 것을 감사함으로 하나님께 아뢰라 그리하면 모든 지각에 뛰어난 하나님의 평강이 그리스도 예수 안에서 너희 마음과 생각을 지키시리라 끝으로 형제들아 무엇에든지 참되며 무엇에든지 경건하며 무엇에든지 옳으며 무엇에든지 정결하며 무엇에든지 사랑 받을 만하며 무엇에든지 칭찬 받을 만하며 무슨 덕이 있든지 무슨 기림이 있든지 이것들을 생각하라 너희는 내게 배우고 받고 듣고 본 바를 행하라 그리하면 평강의 하나님이 너희와 함께 계시리라

제8과

바울 서신 II (골로새서 · 데살로니가전후서)

골로새서

1. 골로새서를 어떻게 읽을 것인가

골로새 교회는 바울의 제자요 동역자인 에바브라가 세웠다. 바울은 이 교회를 직접 방문한 적이 없었지만, 에바브라(1:6-7)로부터 교회 안에 이단 세력이 침투했다는 소식을 접하고 이를 대처하기 위해 서신을 보냈다(옥중서신).

골로새 역시 우상 숭배와 이방 문화로 가득한 도시였다. 당시 골로새 교회는 거의 대부분이 이방종교로부터 개종한 이방인들이었다. 어렵게 복음이 전해지고 세워진 교회 내에 이단이 침투한 것이다. 어떤 이단의 세력이 침투하였는가? 동방의 신비종교와 유대의 율법주의, 천사숭배, 금욕주의, 그리스의 철학과 사변적인 종교 등이 침투한 것이다. 이단들을 근절시키기 위해 예수 그리스도에 대한 신성을 설명하면서 예수가 누구인가를 증거하고 있다. 먼저 그리스도의 우월하심(신적 존재)을 알리면서 만물의 중심이 되시는 그리스도를 말한다. 예수 그리스도는 하나님의 형상이요, 창조주이시며, 교회의 머리가 되시고, 죽은 자들 가운데 먼저 나신 자(부활의 첫 열매, 고전 15:20)로서 절대적 주권자요, 유일한 구속주임을 증언하였다. 골로새 교회 내에 있던 천사숭배자와 금욕주의자 등 거짓 교사들은 지혜의 모양은 있지만 삶에 아무런 유익을 줄 수 없는 헛되고 위선적인 이단이라고 사도는 밝혔다.

전체적인 내용을 살펴보면, 1–2장은 예수 그리스도의 우월하심에 대해, 3–4장은 예수 안에서 성도들의 새로운 삶에 대해 사도는 권면하고 있다.

에베소서가 구원론과 교회론을 중심으로 기록한 것에 비해, 골로새서는 기독론(예수는 누구인가)을 중심 주제로 하여 당시 골로새 교회 내의 이단들을 척결시키기 위해 보낸 편지이다(2:16–23).

2. 저자 · 기록연대 · 기록동기

저자와 기록연대: 저자는 본서의 내용(1:1, 4:18)으로 보아 바울의 서신임을 알 수 있다. 기록연대는 바울이 로마의 감옥에 1차 감금되었던 당시, 에베소서 · 빌립보서 · 빌레몬서를 기록한 시기와 유사한 시기인 AD 61–63년에 쓴 것으로 추정된다.

기록동기: 바울 사도는 기독교의 교리를 증거하며, 성도들을 격려하고, 참 신앙 지킬 것을 권고하려고 기록하였다. 골로새 교회 내에 있는 율법주의, 천사숭배, 금욕주의 등 거짓 교사들은 사람의 유전과 세상의 초등학문을 따르는 자들이라고 밝혔다. 그리스도만이 만유의 주요, 만유 안에 계신 하나님이심을 가르치고 있다(3:11). 기독론(예수는 누구인가)을 중심 주제로 골로새 교회 내의 이단들을 물리치고자 바울 사도는 편지를 띄운 것이다(2:16–23).

기억할 말씀

골 1:9–17
이로써 우리도 듣던 날부터 너희를 위하여 기도하기를 그치지 아니하고 구하노니 너희로 하여금 모든 신령한 지혜와 총명에 하나님의 뜻을 아는 것으로 채우게 하시고 주께 합당하게 행하여 범사에 기쁘시게 하고 모든 선한 일에 열매를 맺게 하시며 하나님을 아는 것에 자라게 하시고 그의 영광의 힘을 따라 모든 능력으로 능하게 하시며 기쁨으로 모든 견딤과 오래 참음에 이르게 하시고 우리로 하여금 빛 가운데서 성도의 기업의 부분을 얻기에 합당하게 하신 아버지께 감사하게 하시기를 원하노라 …… 그는 보이지 아니하는 하나님의 형상이시요 모든 피조물보다 먼저 나신 이시니 만물이 그에게서 창조되되 하늘과 땅에서 보이는 것들과 보이지 않는 것들과 혹은 왕권들이나 주권들이나 통치자들이나 권세들이나 만물이 다 그로 말미암고 그를 위하여 창조되었고 또한 그가 만물보다 먼저 계시고 만물이 그 안에 함께 섰느니라

골 2:8
누가 철학과 헛된 속임수로 너희를 사로잡을까 주의하라 이것은 사람의 전통과 세상의 초등학문을 따름이요 그리스도를 따름이 아니니라

기억할 말씀

골 3:1-4

그러므로 너희가 그리스도와 함께 다시 살리심을 받았으면 위의 것을 찾으라 거기는 그리스도께서 하나님 우편에 앉아 계시느니라 위의 것을 생각하고 땅의 것을 생각하지 말라 이는 너희가 죽었고 너희 생명이 그리스도와 함께 하나님 안에 감추어졌음이라 우리 생명이신 그리스도께서 나타나실 그 때에 너희도 그와 함께 영광 중에 나타나리라

3. 골로새서의 파노라마

주제	그리스도의 주권			그리스도에 대한 순종		
내용 구분	1:1	1:15 / 2:4	3:1	3:18	4:7	4:18
	감사와 간구	그리스도의 주권(우월성)	그리스도인의 자유함	그리스도인의 새 생활	섬기는 자의 자세	권면과 인사
문체	그리스도의 우월성을 논리적으로 증언한 편지					
장소	1차 로마 옥중					
기간	AD 61-63년경					

1〉 그리스도의 권위(1-2장)

인사말과 감사(간구) 1:1-14, 그리스도의 주권(우월성)1:15-23, 바울의 사역 1:24-29, 그리스도인의 자유함 2장

2〉그리스도에 대한 순종(3-4장)

그리스도인의 새 생활 3:1-17, 섬기는 자의 자세 3:18-4:1, 기도의 중요성 4:2-6, 교회 지도자들을 소개하며 인사말 4:7-18

4. 골로새서 해석의 키워드

★예수 그리스도는 신적 존재이시다

모든 인류는 예수 그리스도 안에서 구속 곧 죄 사함을 얻게 된다(1:12-14). 예수 그리스도는 보이지 아니하시는 하나님의 형상이요, 만물이 그로 말미암고 그를 위해 창조된 신적 존재이다(1:15-17). 예수 그리스도는 육체를 입으신 하나님이시며 모든 통치자와 권세의 머리시다. 모든 피조물의 주인이시다(2:9-10). 그는 창세 전부터 영원히 존재하시며, 죄와 죽음으로부터 승리하시고, 어둠의 권세를 이기심으로 성도들을 구원하셨다.

교회의 머리되신 그리스도는 만물의 으뜸이시요, 하나님 아버지의 모든 충만이 예수 안에 있다(1:18-20). 예수는 신적인 존재라는 것이다. 예수는 하나님이시고, 인류를 죄에서 구원하신 구원자이시다. 그는 만물을 통치하시고 역사를 주관하시는 하나님이시다.

★거짓 교훈에 대한 경고(2:8-23)

그리스도의 우월하심을 반대하는 이단 사상들이 골로새 교회에 침투하였다. 바울은 이를 강력하게 비판하였다. 그들은 지식과 자신의 수행을 통해 구원을 주장하는 영지주의자(8-15), 율법과 유대의 전통 준수(육체의 할례와 절기와 규례 등)를 강조하는 율법주의자(16-17), 하나님만이 예배의 대상임을 부인하는 천사숭배자(18-19), 인간의 본능적인 욕구를 금함으로 하나님으로부터 인정을 받는다고 주장하는 금욕주의자들(20-23)이다. 예수 그리스도는 하나님이시지만 육체로 이 땅에 오셔서 우리를 위해 십자가에 죽으시고 부활하심으로 승리하셨다. 이를 믿는 우리 모두의 죄를 사하셨다고 증언하고 있다. 자기 뜻대로 숭배하고 자신의 몸을 괴롭게 하는 천사 숭배자나 금욕주의자들을 강력하게 비판하였다. 그들은 육신의 생각을 따라 헛되이 과장하여 지혜의 모양은 있지만 삶에 아무런 유익을 줄 수 없는 거짓 교사요 이단들이라는 것이다.

★그리스도 안의 새 생활(3:15-25)

죄의 지배를 받으며 살았던 옛 사람은 그리스도와 함께 장사되었다. 하나님의 구원 역사(예수는 우리 죄를 위해 십자가에 돌아가신 하나님의 아들이다)를 믿음으로 그 안에서 일으킴을 받은 새사람은, 그리스도 안에서 죄와 분리된 사람으로 위의 것을 생각하고 땅의 것을 생각하지 말아야 한다. 땅에 있는 지체(음란 · 부정 · 사욕 · 악한 정욕 · 탐심 곧 우상숭배)를 죽이고 새 사람, 곧 하나님의 형상을 입고 새로운 지식(하나님의 말씀)을 받아야 한다. 하나님의 형상을 입은 새 사람은 긍휼 · 자비 · 겸손 · 온유 · 오래 참음을 옷 입고 서로 용납하며 용서하여 사랑을 주는 삶을 살게 된다(3:1-14). 이로써 성도는

기억할 말씀

골 1:15-20
그는 보이지 아니하는 하나님의 형상이시요 모든 피조물보다 먼저 나신 이시니 만물이 그에게서 창조되되 하늘과 땅에서 보이는 것들과 보이지 않는 것들과 혹은 왕권들이나 주권들이나 통치자들이나 권세들이나 만물이 다 그로 말미암고 그를 위하여 창조되었고 또한 그가 만물보다 먼저 계시고 만물이 그 안에 함께 섰느니라 그는 몸인 교회의 머리시라 그가 근본이시요 죽은 자들 가운데서 먼저 나신 이시니 이는 친히 만물의 으뜸이 되려 하심이요 아버지께서는 모든 충만으로 예수 안에 거하게 하시고 그의 십자가의 피로 화평을 이루사 만물 곧 땅에 있는 것들이나 하늘에 있는 것들이 그로 말미암아 자기와 화목하게 되기를 기뻐하심이라

기억할 말씀

골 3:16-17
그리스도의 말씀이 너희 속에 풍성히 거하여 모든 지혜로 피차 가르치며 권면하고 시와 찬송과 신령한 노래를 부르며 감사하는 마음으로 하나님을 찬양하고 또 무엇을 하든지 말에나 일에나 다 주 예수의 이름으로 하고 그를 힘입어 하나님 아버지께 감사하라

평강의 삶을 누리게 된다. 찬양과 감사를 통해 무엇을 하든지 예수의 이름으로 사는 삶이다.

★기도의 중요성(4:2-4)

바울 사도는 기도에 항상 힘쓰고 감사함으로 깨어 있으라고 권면하고 있다. 기도는 전능하신 하나님을 의지하므로 성결한 삶을 지속시켜 주는 열쇠이다. 기도 생활을 통해 하나님의 뜻을 구함으로 성숙한 신앙에 이르게 된다. 덧붙여 바울은 자신과 전도자들을 위해 전도의 문을 열어 주시고 그리스도의 비밀을 말하게 해 달라고 기도를 부탁하였다. 자신이 비록 전도하다가 매임(로마 1차 투옥)을 당하였지만, 그럼에도 자신이 할 일은 전도이기에 기도를 부탁한 것이다. 성도들의 중보기도에 힘입어 바울 사도는 그리스도의 비밀을 담대하게 증언할 수 있다고 했다.

★성도의 말과 인격(3:16-17, 4:6)

성도는 예수 안에서 변화 받고 새로운 삶을 살게 된다. 변화의 대상으로 말(언어)의 영역을 간과해서는 안 된다. 말은 상대방을 향한 자신의 인격의 표출이다. 말은 행동에 앞서 아주 중요한 신앙의 표현이라 할 수 있다.

1〉 무엇을 하든지 말에나 일에나 다 주 예수의 이름으로 해야 한다. 성도가 말을 함부로 해서는 안 된다는 것이다. 말에 신중해야 한다(3:17).

2〉 하나님 아버지께 감사해야 한다(3:17). 감사하기보다 불평하거나 원망하고 의심한다면, 이는 성도로서 기본자세가 결여된 것이다.

3〉 더러운 말을 입 밖에도 내지 말고 덕을 세우는 선한 말을 해서 은혜를 끼칠 수 있어야 한다. 항상 은혜로운 말을 해야 한다(4:6).

4〉 말하기는 더디하고 말을 듣기는 속히 해야 한다(약 1:19).

5〉 이웃관계에서 거짓을 버리고 참된 말을 해야 한다(엡 4:25).

6〉 혀를 제어할 수 있어야 한다. 하고 싶은 말을 다 하면 관계가 어렵다(약 1:26).

5. 더 깊은 연구와 삶의 적용

1. 그리스도의 신성에 대해 바울 사도는 어떻게 기록하고 있는가?
   (골 1:12-20)

2. 골로새 교회에 침투된 이단 사상들에 대해 설명해 보자(골 2:8-23).

3. 그리스도 안에서의 새 생활은 어떤 삶인가?(골 3:1-17)

4. 성숙한 성도의 삶을 지속하기 위해 바울 사도는 기도와 전도의 삶을 권면하였다. 이를 묵상하고 나의 삶을 돌아보자(골 4:2-6).

기억할 말씀

골 4:2-6
기도를 계속하고 기도에 감사함으로 깨어 있으라 또한 우리를 위하여 기도하되 하나님이 전도할 문을 우리에게 열어 주사 그리스도의 비밀을 말하게 하시기를 구하라 내가 이 일 때문에 매임을 당하였노라 그리하면 내가 마땅히 할 말로써 이 비밀을 나타내리라 외인에게 대해서는 지혜로 행하여 세월을 아끼라 너희 말을 항상 은혜 가운데서 소금으로 맛을 냄과 같이 하라 그리하면 각 사람에게 마땅히 대답할 것을 알리라

데살로니가전서

1. 데살로니가전서를 어떻게 읽을 것인가

데살로니가전서는 바울 서신서 중에 가장 먼저 기록되었다. 신약성경 최초의 서신이기도 하다. 2차 전도여행 중 바울은 실라, 디모데와 함께 데살로니가에 와서 복음을 전했다. 인구 12만 정도의 데살로니가(로마는 정책상 마게도냐를 4개 지구로 분할 통치했으며 데살로니가는 한 지구의 수도)에는 당시 유대인 회당이 있었다(행 17:1-10). 바울의 전도로 개종자 및 이방인 신자들도 있었으나 유대인들의 박해로 인해 바울 일행은 잠시 머물다가 떠났다. 그 후 바울은 고린도에서 데살로니가전서와 후서를 기록하였다.

빌립보에 이어 유럽에서 두 번째 교회가 바로 데살로니가이다. 사도가 편지를 보낼 당시, 이 교회는 설립된 지 불과 2-3년 정도 밖에 되지 않았다. 데살로니가 성도들은 이방 종교로부터 돌아와 회심한지 얼마 되지 않아서 신앙적으로 성숙한 수준에 미치지 못했다. 모진 신앙의 박해를 받게 되자, 바울은 시련 중에 있는 새 신자들을 격려하고 굳건하게 믿음을 잘 지켜 경건한 삶을 살도록 권면하고 있다

> "너희 마음을 굳건하게 하시고 우리 주 예수께서 그의 모든 성도와 함께 강림하실 때에 하나님 우리 아버지 앞에서 거룩함에 흠이 없게 하시기를 원하노라"(3:13).

전체적인 흐름을 살펴보면 재림 신앙에 기반을 두고, 1-3장은 데살로니가 사람들에 대한 칭찬과 격려를 주로 다루고 있다. 4-5장은 생활의 실천적 훈계와 교훈으로 구성되어 있다. 특별히 데살로니가전서는 각 장마다 재림에 대

해서 언급하고 있다(1:10, 2:19-20, 3:13, 4:13-18, 5:1-3,23). 이는 회심한 성도들의 종말관을 올바로 교훈하며, 신앙의 박해 속에서도 믿음을 잘 지켜 주의 재림을 소망하라고 권면하고 있는 것이다.

데살로니가전서는 예수의 재림을 생각하지 않고는 읽을 수 없는 편지이다!(살전 5:16-18)

"항상 기뻐하라 쉬지 말고 기도하라 범사에 감사하라 이것이 그리스도 예수 안에서 너희를 향하신 하나님의 뜻이니라"

2. 저자 · 기록연대 · 기록동기

저자와 기록연대: 바울 사도가 기록한 첫 번째 서신이며 동시에 신약성경 가운데 가장 먼저 기록된 서신이다. 2차 전도여행 중에 데살로니가 교회에 보낸 것이다(AD 51년 전후).

기록동기: 바울은 유대인의 소동으로 인해 데살로니가를 갑작스럽게 떠나게 되자(행 17:1-10), 데살로니가 교회 성도들의 믿음을 성장시키고자 기록하였다. 여기에 덧붙여 종말에 대한 내용을 상세하게 설명하면서, 일상생활에도 소홀하지 않고 충실할 것을 권고하며 미래에 대한 확신과 환난을 극복할 수 있는 용기를 심어준다.

3. 데살로니가전서의 파노라마

주제	개인적인 권면(1-3장)			재림을 기다리는 삶의 실천(4-5장)			
내용 구분	1:1	2:1	2:17	4:1	4:13	5:1	5:12 5:28
	교회에 대한 칭찬	고난 중 복음전파	교회 사랑과 위로	성도의 합당한 삶	부활과 소망	그리스도의 재림	성도의 삶
문체	종말(예수 그리스도의 재림)에 대한 서신서						
장소	고린도						
기간	AD 51년경						

기억할 말씀

살전 1:2-7
우리가 너희 모두로 말미암아 항상 하나님께 감사하며 기도할 때에 너희를 기억함은 너희의 믿음의 역사와 사랑의 수고와 우리 주 예수 그리스도에 대한 소망의 인내를 우리 하나님 아버지 앞에서 끊임없이 기억함이니 하나님의 사랑하심을 받은 형제들아 너희를 택하심을 아노라 이는 우리 복음이 너희에게 말로만 이른 것이 아니라 또한 능력과 성령과 큰 확신으로 된 것임이라 우리가 너희 가운데서 너희를 위하여 어떤 사람이 된 것은 너희가 아는 바와 같으니라 또 너희는 많은 환난 가운데서 성령의 기쁨으로 말씀을 받아 우리와 주를 본받은 자가 되었으니 그러므로 너희가 마게도냐와 아가야에 있는 모든 믿는 자의 본이 되었느니라

기억할 말씀

살전 2:19-20
우리의 소망이나 기쁨이나 자랑의 면류관이 무엇이냐 그가 강림하실 때 우리 주 예수 앞에 너희가 아니냐 너희는 우리의 영광이요 기쁨이니라

살전 4:3-17
하나님의 뜻은 이것이니 너희의 거룩함이라 곧 음란을 버리고 각각 거룩함과 존귀함으로 자기의 아내 대할 줄을 알고 하나님을 모르는 이방인과 같이 색욕을 따르지 말고 …… 하나님이 우리를 부르심은 부정하게 하심이 아니요 거룩하게 하심이니 그러므로 저버리는 자는 사람을 저버림이 아니요 너희에게 그의 성령을 주신 하나님을 저버림이니라 …… 우리가 예수께서 죽으셨다가 다시 살아나심을 믿을진대 이와 같이 예수 안에서 자는 자들도 하나님이 그와 함께 데리고 오시리라 …… 주께서 호령과 천사장의 소리와 하나님의 나팔 소리로 친히 하늘로부터 강림하시리니 그리스도 안에서 죽은 자들이 먼저 일어나고 그 후에 우리 살아 남은 자들도 그들과 함께 구름 속으로 끌어 올려 공중에서 주를 영접하게 하시리니 그리하여 우리가 항상 주와 함께 있으리라

살전 5:23-24
평강의 하나님이 친히 너희를 온전히 거룩하게 하시고 또 너희의 온 영과 혼과 몸이 우리 주 예수 그리스도께서 강림하실 때에 흠 없게 보전되기를 원하노라 너희를 부르시는 이는 미쁘시니 그가 또한 이루시리라

1〉 개인적인 권면(1-3장)

데살로니가 교회에 대한 칭찬 1장, 고난 중 복음전파 2:1-16,
성도를 향한 바울의 사랑 2:17-20, 환난 중 교제와 위로 3:1-13

2〉 재림을 기다리는 삶의 실천(4-5장)

성도의 합당한 삶 4:1-12, 부활과 소망(종말론) 4:13-18,
그리스도의 재림 5:1-11, 재림을 기다리는 성도의 삶 5:12-28

4. 데살로니가전서 해석의 키워드

★박해 속의 성도들을 향한 격려(1:2-7, 2:13-20)

바울 사도는 2차 전도여행 때 데살로니가 교회를 세웠다 그러나 유대주의 자들의 박해로 인해 급히 피신하여 베뢰아, 아덴, 고린도 등에서 복음을 전파하였다. 이때 데살로니가 교회에 대한 소식을 듣고 바울은 그들의 신앙을 격려한다. 믿음의 역사와 사랑의 수고와 예수 그리스도에 대한 소망의 인내로 신앙생활하고 있는 데살로니가 교회를 향해 칭찬하고 있다. 믿음의 역사란 선한 일의 열매를 맺는 실천적인 믿음의 활동이며, 사랑의 수고는 복음을 위해 쉼 없이 땀 흘려 수고하는 삶이요, 소망의 인내는 고난에 지지 않고 강건하게 잘 참고 이겨내서 천국 소망으로 믿음을 지켜나가는 것이다. 데살로니가 성도들의 믿음생활은 사도 바울에게 영광과 기쁨이라고 하면서 칭찬과 격려하고 있다.

★그리스도의 재림과 부활 소망

그리스도의 재림 날에 모든 성도는 죽은 자나 산자나 다 같이 그리스도와 연합한다. 이미 그리스도 안에서 죽은 자들(잠자는 자)이 먼저 부활하게 된다. 주께서 호령과 천사장의 소리와 하나님의 나팔로 친히 강림하신다. 환난과 박해 속에서도 소망 가운데 서로 위로하라는 것이다(4:13-18). 그리스도의 재

림 시기는 도둑같이 임한다고 했다. 이 날은 그 누구도 알 수 없다(행 1:7, 마 24:36). 예수께서 이 땅에 처음 오셨을 때에는 인간의 몸으로 초라하게 오셨지만, 장차 있을 그리스도의 재림은 만왕의 왕으로 영광 중에 오실 것이다. 그리스도인들은 영원한 부활의 소망을 지니고 빛의 아들(하나님의 아들)로 깨어 근신하여 서로 권면하며 덕을 세우며 살아야 한다(5:1-11).

★주의 재림을 기다리는 그리스도인의 삶(5:12-22)

종말을 기다리는 모든 하나님의 백성, 성도의 생활을 상세하게 기록하고 있다. "항상 기뻐하라"는 그리스도의 피로 구속함을 받아 영원한 생명을 이미 약속받은 자들이기에 세상의 어떤 근심이나 슬픔도 이 기쁨을 뺏을 수가 없다. 쉬지 않는 기도를 통해 하나님의 도우심과 뜻하심을 따라 평강의 삶을 유지하라는 것이다. 범사에 감사하는 것은 환경과 여건에 구애받지 않고 만족하는 삶이다. 성도는 그리스도 안에서 하나님의 축복을 발견하였기에 원망과 불평에서 벗어나 하나님의 인도하심에 감사할 수 있다.

"성령을 소멸하지 말라"는 것은 성령을 거역하는 일(낙담 · 게으름 · 거짓 · 성적 부도덕 등)을 행하여 성령을 근심하게 해서는 안 된다는 것이다. "예언을 멸시하지 말라"는 하나님의 말씀을 무심하게 듣지 않고 늘 귀를 기울이고 민감하게 들음으로 말씀을 외면하거나 무시하지 말라는 것이다. "범사에 헤아려 좋은 것을 취하고 악은 어떤 모양이라도 버리라"는 것은 도덕적 윤리적인 삶을 살면서 그 어떤 악한 행실도 해서는 안 된다는 것이다. 그러므로 성도는 예수의 재림을 기다리면서 이 땅의 삶에 마음을 두지 않고 그 날(재림)을 소망하는 삶을 살아야 한다. 그러나 이 땅의 삶을 결코 기피하거나 도외시해서는 안 된다. 오히려 그 날을 향해 더욱 수고하며 그리스도가 강림할 때까지 흠 없이 보전되어 상급 받는 자들이 되어야 한다.

기억할 말씀

살전 5:1-11

형제들아 때와 시기에 관하여는 너희에게 쓸 것이 없음은 주의 날이 밤에 도둑 같이 이를 줄을 너희 자신이 자세히 알기 때문이라 그들이 평안하다, 안전하다 할 그 때에 임신한 여자에게 해산의 고통이 이름과 같이 멸망이 갑자기 그들에게 이르리니 결코 피하지 못하리라 형제들아 너희는 어둠에 있지 아니하매 그 날이 도둑 같이 너희에게 임하지 못하리니 너희는 다 빛의 아들이요 낮의 아들이라 우리가 밤이나 어둠에 속하지 아니하나니 그러므로 우리는 다른 이들과 같이 자지 말고 오직 깨어 정신을 차릴지라 자는 자들은 밤에 자고 취하는 자들은 밤에 취하되 우리는 낮에 속하였으니 정신을 차리고 믿음과 사랑의 호심경을 붙이고 구원의 소망의 투구를 쓰자 하나님이 우리를 세우심은 노하심에 이르게 하심이 아니요 오직 우리 주 예수 그리스도로 말미암아 구원을 받게 하심이라 예수께서 우리를 위하여 죽으사 우리로 하여금 깨어 있든지 자든지 자기와 함께 살게 하려 하셨느니라 그러므로 피차 권면하고 서로 덕을 세우기를 너희가 하는 것 같이 하라

기억할 말씀

살전 5:12-22

형제들아 우리가 너희에게 구하노니 너희 가운데서 수고하고 주 안에서 너희를 다스리며 권하는 자들을 너희가 알고 그들의 역사로 말미암아 사랑 안에서 가장 귀히 여기며 너희끼리 화목하라 또 형제들아 너희를 권면하노니 게으른 자들을 권계하며 마음이 약한 자들을 격려하고 힘이 없는 자들을 붙들어 주며 모든 사람에게 오래 참으라 삼가 누가 누구에게든지 악으로 악을 갚지 말게 하고 서로 대하든지 모든 사람을 대하든지 항상 선을 따르라 항상 기뻐하라 쉬지 말고 기도하라 범사에 감사하라 이것이 그리스도 예수 안에서 너희를 향하신 하나님의 뜻이니라 성령을 소멸하지 말며 예언을 멸시하지 말고 범사에 헤아려 좋은 것을 취하고 악은 어떤 모양이라도 버리라

★예수의 초림과 재림

예수의 초림	예수의 재림
여자의 몸에 나심(말구유에서 탄생)	구름타고 오심(천사장의 나팔소리)
인류를 구원하시기 위해 오심(구원주)	세상을 심판하러 오심(심판주)
세상에 오셔서 멸시 받고, 고난 받으심	모든 사람이 무릎 꿇고 절함(경배 대상)
고난당하시고, 십자가에서 죽으시고, 부활, 승천하심	사탄은 무저갱에 갇힘으로 완전 승리하심
속죄의 제물이 되심(화목 제물)	예수 그리스도의 지배와 통치(왕)
생애는 낮아지심과 가난하심	풍부하시고 권능이 충만하심
불의한 세상에서 사심	세상을 의롭게 하심

데살로니가후서

1. 데살로니가후서를 어떻게 읽을 것인가

바울은 데살로니가전서를 통해 예수 그리스도의 재림을 알리면서, 이를 소망하는 성도들에게 성결한(구별된) 삶으로 준비하라고 가르쳤다. 그러나 일부 데살로니가 성도들이 바울의 가르침을 오해하였다. 그들은 자신들이 겪고 있는 신앙의 박해를 임박한 종말론(예수의 재림)과 연결하여 재림신앙을 현실도피의 방편으로 여겼다. 사도의 마음은 어려웠을 것이다! 그럼에도 사도는 이를 책망하기에 앞서 먼저 데살로니가 성도들을 모든 환난과 박해 가운데서 인내로 믿음을 잘 지켰다고 격려하며 칭찬하고 있다(1:3-4).

당시 데살로니가 성도들 중에는 예수의 재림을 두려워하는 자도 있었다. 그들에게 재림에 대한 분명한 징조가 있음을 알려 주면서, 성도들이 이를 두려워할 필요가 없다고 했다. 진리를 믿지 않고 불의를 좋아하는 자만이 하나님의 심판의 대상이기 때문이다. 특히 그날에 대적하는 자들이 일어나 성전에 앉아서 자신을 하나님이라고 주장하는 일이 있을 것이라고 경고했다.

"하나님의 성전에 앉아 자기를 하나님이라고 내세우느니라"(2:4)

마지막으로 종말론을 잘못 이해하여 문제를 일으키는 자들을 향해 사도는 단호하게 말씀하고 있다. "누구든지 일하기 싫어하거든 먹지도 말게 하라 …… 조용히 일하여 자기 양식을 먹으라 하노라"(3:10-12)고 명령하였다.

모든 성도들을 향해 "형제들아 너희는 선을 행하다가 낙심하지 말라"(3:13)는 말씀으로 다시금 성도들의 신앙을 굳게 격려하며 축복하고 있다.

기억할 말씀

살후 1:3-10
형제들아 우리가 너희를 위하여 항상 하나님께 감사할지니 이것이 당연함은 너희의 믿음이 더욱 자라고 너희가 다 각기 서로 사랑함이 풍성함이니 그러므로 너희가 견디고 있는 모든 박해와 환난 중에서 너희 인내와 믿음으로 말미암아 하나님의 여러 교회에서 우리가 친히 자랑하노라 이는 하나님의 공의로운 심판의 표요 너희로 하여금 하나님의 나라에 합당한 자로 여김을 받게 하려 함이니 그 나라를 위하여 너희가 또한 고난을 받느니라 너희로 환난을 받게 하는 자들에게는 환난으로 갚으시고 환난을 받는 너희에게는 우리와 함께 안식으로 갚으시는 것이 하나님의 공의시니 주 예수께서 자기의 능력의 천사들과 함께 하늘로부터 불꽃 가운데에 나타나실 때에 하나님을 모르는 자들과 우리 주 예수의 복음에 복종하지 않는 자들에게 형벌을 내리시리니 이런 자들은 주의 얼굴과 그의 힘의 영광을 떠나 영원한 멸망의 형벌을 받으리로다 그 날에 그가 강림하사 그의 성도들에게서 영광을 받으시고 모든 믿는 자들에게서 놀랍게 여김을 얻으시리니 이는 (우리의 증거가 너희에게 믿어졌음이라)

"평강의 주께서 친히 때마다 일마다 너희에게 평강을 주시고 주께서 너희 모든 사람과 함께 하시기를 원하노라"(살후3:16)

전체적인 내용을 살펴보면, 1장은 박해받는 성도들을 격려한다. 2장은 재림의 징조와 하나님의 심판에 대해, 3장은 성도의 규모 있는 삶에 관한 내용을 담고 있다. 전서에서 예수의 재림과 이를 준비하는 성도에 대해 기록하였고, 후서에서는 이를 더 강화하여 종말의 징조, 하나님의 심판과 성도의 재림에 대한 준비를 설명하고 있다.

2. 저자 · 기록연대 · 기록동기

기록연대와 저자: 기록연대는 데살로니가전서를 기록한 몇 달 후인 AD 51년경이다. 고린도에서 기록하였다. 바울은 고린도에서 1년 6개월간 머물며 선교했는데, 디모데가 데살로니가의 소식을 전해 왔다(행 18).

기록동기: 데살로니가의 많은 성도들이 박해를 받자 재림이 임박했다고 생각했다. 그들은 바울 역시 즉각적인 그리스도의 재림을 믿는 것으로 오해하여 자신의 일상적인 삶을 버리고 무위도식하면서 주님의 오심을 맞으려 했다. 이에 바울은 박해받는 성도들을 격려하며 재림에 대한 올바른 가르침을 교훈하고, 그리스도인으로서 적극적인 삶의 태도를 계속 유지하도록 권면하고자 하였다. 특별히 그리스도의 재림 이전에 있을 여러 징조를 알려 주면서, 전서에 비해 준엄하게 훈계하고 있다. 본서는 오늘날의 성도들에게도 건전한 재림신앙을 가르치고 있다.

3. 데살로니가후서의 파노라마

주제	교회에 대한 격려	종말론(예수의 재림)		교회에 대한 권고	
내용 구분	1:1 / 2:1	2:1 / 2:13	2:13 / 3:1	3:1 / 3:6	3:6 / 3:18
	환난과 영광	종말의 징조	소망과 위로	기도 권면	수고와 순종의 삶을 권면
문체	엄격한 구약 율법을 배경으로 재림과 현재의 삶에 대한 서신				
장소	고린도				
기간	AD 51년경				

1〉 교회에 대한 격려(1장)

교회에 대한 격려 1:1–12,

2〉 종말론(예수의 재림 2장)

종말의 징조 2:1–12, 하나님의 은혜 2:13–17

3〉 교회에 대한 권고(3장)

기도생활을 권면 3:1–5, 종말을 준비하며 순종의 삶을 권면 3:6–18

4. 데살로니가후서 해석의 키워드

★성도가 겪는 박해와 종말(1:3–12)

세상을 사는 동안 성도는 신앙으로 인해 어려움을 당하며 때로는 심한 박해를 받기도 한다. 그러나 믿음으로 참고 견뎌야 한다. 하나님은 신실한 성도들을 위해 공의로운 심판을 베푸시고 궁극적인 승리의 영광과 축복을 내려주신다. 성도를 박해하고 어렵게 만든 자들에게 하나님은 환난으로 갚으시고, 고통당하는 성도들에게는 안식을 허락하신다. 성도들은 주의 재림날에 하나

기억할 말씀

살후 3:5–13

주께서 너희 마음을 인도하여 하나님의 사랑과 그리스도의 인내에 들어가게 하시기를 원하노라 …… 누구에게 서든지 음식을 값없이 먹지 않고 오직 수고하고 애써 주야로 일함은 너희 아무에게도 폐를 끼치지 아니하려 함이니 우리에게 권리가 없는 것이 아니요 오직 스스로 너희에게 본을 보여 우리를 본받게 하려 함이니라 우리가 너희와 함께 있을 때에도 너희에게 명하기를 누구든지 일하기 싫어하거든 먹지도 말게 하라 하였더니 우리가 들은즉 너희 가운데 게으르게 행하여 도무지 일하지 아니하고 일을 만들기만 하는 자들이 있다 하니 이런 자들에게 우리가 명하고 주 예수 그리스도 안에서 권하기를 조용히 일하여 자기 양식을 먹으라 하노라 형제들아 너희는 선을 행하다가 낙심하지 말라

기억할 말씀

롬 1:25-32

이는 그들이 하나님의 진리를 거짓 것으로 바꾸어 피조물을 조물주보다 더 경배하고 섬김이라 주는 곧 영원히 찬송할 이시로다 아멘 이 때문에 하나님께서 그들을 부끄러운 욕심에 내버려 두셨으니 곧 그들의 여자들도 순리대로 쓸 것을 바꾸어 역리로 쓰며 그와 같이 남자들도 순리대로 여자 쓰기를 버리고 서로 향하여 음욕이 불 일듯 하매 남자가 남자와 더불어 부끄러운 일을 행하여 그들의 그릇됨에 상당한 보응을 그들 자신이 받았느니라 또한 그들이 마음에 하나님 두기를 싫어하매 하나님께서 그들을 그 상실한 마음대로 내버려 두사 합당하지 못한 일을 하게 하셨으니 곧 모든 불의, 추악, 탐욕, 악의가 가득한 자요 시기, 살인, 분쟁, 사기, 악독이 가득한 자요 수군수군하는 자요 비방하는 자요 하나님께서 미워하시는 자요 능욕하는 자요 교만한 자요 자랑하는 자요 악을 도모하는 자요 부모를 거역하는 자요 우매한 자요 배약하는 자요 무정한 자요 무자비한 자라 그들이 이같은 일을 행하는 자는 사형에 해당한다고 하나님께서 정하심을 알고도 자기들만 행할 뿐 아니라 또한 그런 일을 행하는 자들을 옳다 하느니라

님의 영광을 경험할 것이다. 이러한 권면과 위로를 통해 데살로니가 성도들에게, 사도는 인내하며 믿음을 잘 지킬 것을 권면하고 있다.

★성도와 불신자(1:5-9)

성도는 하나님 나라에 합당한 자로 인정받는 자이다(1:5). 그들은 하나님 앞에서 자신이 죄인임을 시인하며, 예수의 보혈로 하나님으로부터 죄 사함 받았다고 고백하면서 성령의 인도함을 구하며 순종하는 자이다. 성도는 하나님의 택하심을 받은 자로 예수 그리스도의 영광을 얻게 하려고 부름 받은 자이다(살후 2:13-14). 이는 하나님의 일방적인 은혜이다(엡 2:5).

그러나 불신자는 하나님을 모르는 자(1:8), 예수의 복음에 복종하지 않는 자(1:8), 진리를 믿지 않고 불의를 좋아하는 자(2:12), 세상에서 소망이 없고 하나님도 없는 자(엡 2:12), 세상에 속하여 죄 가운데서 죽을 자(요 8:23-24), 세상 풍조를 따르고 공중의 권세 잡은 자를 따르는 자요 하나님의 진노의 자녀(엡 2:2-3)이다. 그들은 마음에 하나님 두기를 싫어하여 하나님의 진리를 거짓 것으로 바꾸어 피조물을 조물주보다 더 경배하고 섬긴다(롬 1:25-32).

★종말의 징조(2:1-12)

바울이 데살로니가전서(살전 4:13-15)에서 기록한 것을 잘못 해석하여 그 성도들은 당시 자신들이 겪고 있는 박해를 임박한 종말론 징조로 착각하여 극단적인 현실도피 경향을 보였다. 또한 그리스도의 재림을 기뻐하기 보다는 자신이 혹시나 심판을 받지 않을까 하는 두려움에 빠지기도 했다. 바울은 그리스도의 재림 이전에 특별한 징조가 나타날 것을 강조하였다.

1〉 사탄의 미혹에 빠져 믿음에서 떠나는 배교의 현상이 일어난다. 또한 불법의 사람들(적그리스도)이 나타나는데 이들은 멸망의 아들이요 대적하는 자로 하나님의 성전에 앉아 자기를 하나님이라고 주장할 것이다.

2〉 그리스도가 강림하시면 적그리스도는 멸망하여 완전히 무력하게 되기에 흔들리거나 두려워 말라고 권면하였다.

마태복음 24장에서도 종말의 징조에 대해 상세하게 예수님이 말씀하셨다. 예수께서 재림하시기 전에 세상에는 거짓 그리스도(24:5)들이 일어날 것이다. 또한 세계 곳곳에 전쟁과 기근과 지진(24:7)이 일어나며, 거짓 선지자들(24:11)이 거짓 복음을 펼쳐 성도들과 불신자들을 유혹한다. 불법이 성행하며(24:12), 성도들이 혹독한 환난을 받으며(24:9), 인간관계 안에 사랑이 식어가고(24:12), 천국 복음이 모든 민족에게 증언되기 위해 온 세상에 복음이 전파될 것이다(24:14).

★재림에 대한 준비(3:1-15)

바울 사도는 일하지 않는 자는 먹지도 말라고 할 정도로 강경한 어조로 데살로니가 성도들에게 말씀을 전하고 있다. 건전한 신앙 원리에 입각하여 부지런하고, 규모 있는 생활을 하라는 것이다. 각자에게 허락하신 재능과 주어진 시간을 주님 오시는 그 날까지 충성되이 사용하라는 의미이다.

1〉 종말을 준비하기 위해 기도생활을 권면하고 있다. 항상 깨어 기도함으로 자신의 신앙상태를 늘 점검하여 그날에 대비해야 한다(3:1-5, 마 25:13).

2〉 그리스도의 재림은 하나님만이 아시는 예기치 못한 날에 일어날 것이다. 그 날은 도둑 같이 온다고 했다. 구체적인 징조는 나타나지만 정확한 날을 알 수 없기에 늘 준비하며 기다려야 한다(벧후 3:8-14).

3〉 성도는 현실도피적인 신앙 태도에서 벗어나야 한다. 자신이 감당해야 할 일을 충실하게 함으로써 재림을 준비해야 한다. 종말을 핑계 삼아 자신의 책임과 의무를 소홀히 하지 말고 현재의 삶에 최선을 다해야 한다. 사도는 게으르고 일하기 싫어하는 자들에게 예수 안에서 자신의 일을 하여 자기 양식을 먹으라고 엄중하게 권면하고 있다(3:6-12).

기억할 말씀

살후 2:13-17
주께서 사랑하시는 형제들아 우리가 항상 너희에 관하여 마땅히 하나님께 감사할 것은 하나님이 처음부터 너희를 택하사 성령의 거룩하게 하심과 진리를 믿음으로 구원을 받게 하심이니 이를 위하여 우리의 복음으로 너희를 부르사 우리 주 예수 그리스도의 영광을 얻게 하려 하심이니라 그러므로 형제들아 굳건하게 서서 말로나 우리의 편지로 가르침을 받은 전통을 지키라 우리 주 예수 그리스도와 우리를 사랑하시고 영원한 위로와 좋은 소망을 은혜로 주신 하나님 우리 아버지께서 너희 마음을 위로하시고 모든 선한 일과 말에 굳건하게 하시기를 원하노라

★ 데살로니가전후서의 종말론

	데살로니가전서	데살로니가후서
교회의 상황	1. 예수님 재림 이전에 죽은 그리스도인들에 대해 성도들이 염려했다.	1. 재림이 벌써 일어났다고 오해하는 성도들이 있었다. 2. 데살로니가전서를 통해 임박한 종말로 받아들이고 현실도피적인 극단적인 신앙을 가진 자들이 있었다. 3. 예수님의 재림을 기대하며 기다리기 보다는 두려움에 빠졌다.
바울의 종말관	1. 예수님의 재림은 갑자기 임한다. 깨어서 준비하라(5:1-8) 2. 이미 죽은 성도도 살아 있는 성도와 함께 예수님을 영접할 것이다(살전 4:13-18)	1. 예수님께서 재림하시기 전 반드시 배교하는 자와 적그리스도가 출현한다(살후 2:1-12). 2. 종말을 앞둔 성도들의 합당한 삶에 대해 교훈하고 있다(살후 3:6-13). '일하기 싫거든 먹지도 말라. 선을 행하다가 낙심하지 말라'

5. 더 깊은 연구와 삶의 적용

1. 바울 사도는 왜 데살로니가 교회를 칭찬하고 격려하였는가?(살전 1:2-10, 살후 1:3-12)

2. 그리스도의 재림은 언제 일어나는가? 재림을 기다리는 성도는 어떤 삶을 살아야 하는가?(살전 5:1-22)

3. 바울 사도는 왜 하나님께 항상 감사해야 한다고 하는가?(살후 2:13-17)

4. 예수님의 재림을 소망하는 성도들의 합당한 삶에 대해 살펴보자(살후 3:6-13).

제9과

바울의 목회서신 (디모데전후서 · 디도서 · 빌레몬서)

디모데전서

1. 디모데전서를 어떻게 읽을 것인가

디모데전서는 당시 에베소 교회를 섬기고 있던 젊은 목회자 디모데에게 보낸 바울의 개인적인 서신이다. 오늘날의 목회자들에게도 목회현장의 지침서와 같은 내용을 담고 있다. 이 서신들(디모데전후서와 디도서·빌레몬서)을 목회서신이라고 부른다.

바울 사도는 직접 방문하기에 앞서 우상숭배가 횡행하던 에베소의 디모데를 격려하고 용기를 주기 위해 서신을 보냈다. 교회의 직분자(장로와 집사)를 세우는데 중요한 가르침을 교훈하는 등 목회자가 당연히 지녀야 할 인격과 성도들의 삶에 대해서도 언급하였다. 에베소 교회 안에는 이단의 가르침(유대주의자와 영지주의자)에 흔들려 교회의 분열을 조장하는 부류들이 있었다. "그리스도 예수께서 죄인을 구원하시려고 세상에 임하셨다 하였도다 죄인 중에 내가 괴수니라"(1:15)고 자신의 삶을 간증하면서, 이단들과의 관계에서 과감하게 대처할 것을 경고하였다(1:4-5).

기억할 말씀

딤전 1:12-17
나를 능하게 하신 그리스도 예수 우리 주께 내가 감사함은 나를 충성되이 여겨 내게 직분을 맡기심이니 내가 전에는 비방자요 박해자요 폭행자였으나 도리어 긍휼을 입은 것은 내가 믿지 아니할 때에 알지 못하고 행하였음이라 우리 주의 은혜가 그리스도 예수 안에 있는 믿음과 사랑과 함께 넘치도록 풍성하였도다 미쁘다 모든 사람이 받을 만한 이 말이여 그리스도 예수께서 죄인을 구원하시려고 세상에 임하셨다 하였도다 죄인 중에 내가 괴수니라 그러나 내가 긍휼을 입은 까닭은 예수 그리스도께서 내게 먼저 일체 오래 참으심을 보이사 후에 주를 믿어 영생 얻는 자들에게 본이 되게 하려 하심이라 영원하신 왕 곧 썩지 아니하고 보이지 아니하고 홀로 하나이신 하나님께 존귀와 영광이 영원무궁하도록 있을지어다 아멘

사도는 거짓된 교리에 마음을 두지 말고, 성도가 세상에서 살아가는 기본 자세로서 자족하는 삶에 대해(자신의 분수를 알고 만족하는 삶의 자세) 가르쳤다.

> "그러나 자족하는 마음이 있으면 경건은 큰 이익이 되느니라 우리가 세상에 아무것도 가지고 온 것이 없으매 또한 아무것도 가지고 가지 못하리니 우리가 먹을 것과 입을 것이 있은즉 족한 줄로 알 것이니라"(6:6-8)

전체적인 내용을 보면, 1장은 거짓 교리와 바울의 구원에 대한 간증이다. 2장은 중보기도와 교회의 질서, 3-5장은 교회의 지도자를 세우는 질서와 권위, 6장은 자족하는 삶과 함께 믿음의 선한 싸움을 권면한다. 재물이 아니라 오직 하나님께 소망을 두어 참된 생명을 취하라고 했다.

> "믿음의 선한 싸움을 싸우라 영생을 취하라 이를 위하여 네가 부르심을 받았고 많은 증인 앞에서 선한 증언을 하였도다"(6:12)

2. 저자 · 기록연대 · 기록동기

저자와 기록연대: 저자는 바울임이 나타나 있다(1:1). 기록연대는 1차 로마 투옥에서 석방되고 재수감되기 이전인 AD 63-65년경이다.

기록동기: 바울은 목회에 어려움을 겪고 있던 디모데에게 우상숭배자와 유대주의자, 영지주의자와 금욕주의자 등 이단을 경계하고 에베소 성도들을 바른 길로 인도하라는 목회의 지침을 제시하고 있다. 특히 젊은 나이의 디모데에게 목회생활에 직접적으로 도움이 될 교회의 조직과 지도자를 세우는 일을 알려주고자 기록하였다.

3. 디모데전서의 파노라마

<table>
<tr><td>주제</td><td colspan="3">목회 일반적인 교훈</td><td colspan="2">실천적인 권면(목회현장)</td></tr>
<tr><td rowspan="2">내용 구분</td><td>1:1 2:1</td><td>3:1</td><td></td><td>5:1</td><td>6:1 6:21</td></tr>
<tr><td>거짓 교리와 바울의 구원 간증</td><td>중보기도와 교회의 질서</td><td>교회의 지도자</td><td>교회의 질서와 권위</td><td>믿음의 선한 싸움</td></tr>
<tr><td>문체</td><td colspan="5">교회생활의 지침을 기록한 서신서</td></tr>
<tr><td>장소</td><td colspan="5">바울이 마게도냐 여행 도중 디모데(에베소)에게 보낸 편지</td></tr>
<tr><td>기간</td><td colspan="5">AD 63–65년경</td></tr>
</table>

1) 목회 일반적인 교훈(1–4장)

인사와 거짓 교리에 대한 경고 1:1–11, 바울의 구원 간증 1:12–20,
중보기도 2:1–7, 교회의 질서 2:8–15,
교회 지도자의 자격 3:1–13, 경건의 비밀 3:14–16,
이단에 대한 경계 4:1–16

2) 목회 현장에서 실천적인 권면 (5–6장)

교회 질서(연장자에 대한 자세) 5:1–16, 교회 질서(장로) 5:17–25,
교회 질서(종과 상전) 6:1–2, 그리스도인의 삶과 자세 6:3–10,
믿음의 선한 싸움 6:11–21

4. 디모데전서 해석의 키워드

★디모데는 누구인가

그의 부친은 헬라인이고, 그의 어머니는 기독교로 개종한 경건한 유대인 유니게이었다. 믿음의 외조모 로이스도 함께 동거하여 그는 기독교 배경 속에서 성장하였다(행 16:1, 딤후 1:5). 사도 바울이 루스드라에 갔을 때(1차 전도

기억할 말씀

딤전 2:4-5
하나님은 모든 사람이 구원을 받으며 진리를 아는 데에 이르기를 원하시느니라 하나님은 한 분이시요 또 하나님과 사람 사이에 중보자도 한 분이시니 곧 사람이신 그리스도 예수라

딤전 6:6-19
그러나 자족하는 마음이 있으면 경건은 큰 이익이 되느니라 우리가 세상에 아무 것도 가지고 온 것이 없으매 또한 아무 것도 가지고 가지 못하리니 우리가 먹을 것과 입을 것이 있은즉 족한 줄로 알 것이니라 …… 네가 이 세대에서 부한 자들을 명하여 마음을 높이지 말고 정함이 없는 재물에 소망을 두지 말고 오직 우리에게 모든 것을 후히 주사 누리게 하시는 하나님께 두며 선을 행하고 선한 사업을 많이 하고 나누어 주기를 좋아하며 너그러운 자가 되게 하라 이것이 장래에 자기를 위하여 좋은 터를 쌓아 참된 생명을 취하는 것이니라

기억할 말씀

딤전 4:1-5

그러나 성령이 밝히 말씀하시기를 후일에 어떤 사람들이 믿음에서 떠나 미혹하는 영과 귀신의 가르침을 따르리라 하셨으니 자기 양심이 화인을 맞아서 외식함으로 거짓말하는 자들이라 혼인을 금하고 어떤 음식물은 먹지 말라고 할 터이나 음식물은 하나님이 지으신 바니 믿는 자들과 진리를 아는 자들이 감사함으로 받을 것이니라 하나님께서 지으신 모든 것이 선하매 감사함으로 받으면 버릴 것이 없나니 하나님의 말씀과 기도로 거룩하여짐이라

딤전 2:1-4

그러므로 내가 첫째로 권하노니 모든 사람을 위하여 간구와 기도와 도고와 감사를 하되 임금들과 높은 지위에 있는 모든 사람을 위하여 하라 이는 우리가 모든 경건과 단정함으로 고요하고 평안한 생활을 하려 함이라 이것이 우리 구주 하나님 앞에 선하고 받으실 만한 것이니 하나님은 모든 사람이 구원을 받으며 진리를 아는 데에 이르기를 원하시느니라

여행) 디모데의 모친과 외조모는 그리스도인이 되었고, 디모데도 그때 회심했을 것으로 추정한다(행 14:6,22, 고전 4:14-17, 딤후 1:5, 3:11). 디모데는 어려서부터 성경을 가까이 하였으나(딤후 3:15), 할례는 받지 않았다(행 16:3). 사도 바울이 제2차 전도여행(AD 50년경)에서 다시 남갈라디아 여러 교회를 방문했을 때, 디모데와 친교하면서 그를 전도여행의 동반자로 삼았다(행 16:2). 전도여행을 출발하기에 앞서 디모데는 할례를 받았다(행 16:3). 장로들과 더불어 안수하여 그를 지도자로 세웠다(딤전 4:14, 딤후 1:6).

디모데는 바울의 3차 전도여행에서 예루살렘으로 돌아올 때에도 동행했다(행 20:4). 바울이 1차 로마감옥에서 석방된 이후에는 더 중요한 책임(에베소 교회의 사역자)을 디모데에게 맡겼다. 디모데(딤전 4:12)는 거짓 교사들과 싸우며, 교회의 지도자를 임명하며, 교회의 제반 규칙을 제정하였다. 바울은 순교 직전 디모데에게 최후의 편지(디모데후서)를 썼다. 죽음을 앞둔 바울은 '믿음의 아들'이 빨리 와 주었으면 하고 간절히 바랐다(딤후 4:9,21). 디모데는 바울의 '사랑하고 신실한 아들'(고전 4:17)이요, 믿음 안에서 '참 아들'(딤전 1:2)이었다. 전설에 의하면, 에베소의 감독이었던 그는 로마 황제 도미티안(AD 81-96) 시대에 순교했다고 전해진다.

★이단에 대한 경계(1:4-19, 4:1-5)

이단 사상은 박해와는 달리 부드러운 유혹으로 침투하여 교회 체제를 붕괴시키는 적대 요소였다. 당시의 이단의 종류는 주로 유대 율법주의와 헬라 지식주의에서 비롯한 영지주의자들(영혼은 선하고 육체(물질)는 악하다고 주장하였다. 그들은 지식을 구원의 조건으로 받아들이면서 육체는 본래 악한 것이니 방탕과 쾌락을 누리게 해도 무방하다고 여겼다)과 결혼을 폐하고 식물을 금하는 금욕의 정도에 따라 신앙의 등급을 측정하는 등 다양했다.

★기도의 중요성(2:1-10)

바울은 디모데에게 모든 사람을 위해 기도하라고 권면하고 있다. 기도를 통해 경건한 삶을 살게 됨으로 모든 사람이 구원을 받을 수 있는 길을 열어 놓

으라는 것이다. 이를 위해 바울 자신도 사도로 세움을 받았다고 하면서 중보기도와 복음 전파를 권면하고 있다. 구원은 하나님이 하시지만 구원의 도구로써 하나님께서 우리를 부르셨기에 우리는 기도해야 한다.

★교회 지도자의 자세(5:17-25)

교회는 개개인의 관계 속에서 모인 일반 사회가 아니라, 믿음의 신앙공동체이다. 교회의 지도자는 그리스도의 몸된 교회를 온전히 세우기 위해 하나님께서 세운 섬기는 자이다. 교회의 지도자는 경제력, 권력, 학력, 인맥 등의 자질보다는 먼저 신앙 인격이 준비된 자라야 한다. 하나님으로부터 위임받은 자들로서 사사로운 욕심을 버리고 경건한 생활과 더불어 하나님의 뜻에 순종하며 살아야 한다. 3장 1-13절에서 교회 지도자의 자격을 자세히 제시한다. 교회에서 가르치는 참 교사상(4:4-16)과 지도자 역할을 수행할 장로들의 권위에 대해서도 설명하고 있다.

★세상에서 성도의 자세(6:6-19)

성도는 물질에 대해 어떤 자세를 취해야 하는가. 한마디로 그리스도인의 물질관에 대한 바울 사도의 가르침이다. 인간은 태어날 때 아무 것도 소유하지 않고 빈손으로 왔으며, 세상을 떠날 때에도 아무 것도 가지고 갈 수 없다. 먹을 것과 입을 것이 있는 것으로 만족하여 물질에 마음을 두지 말라는 것이다. 더 많은 물질을 소유하고자 원하면 인간은 시험에 빠지고, 결국 정욕으로 인해 멸망하고 만다. 돈을 사랑하는 것이 일만 악의 뿌리라고까지 표현하고 있다. 돈을 사랑함으로 인해 미혹을 받아 믿음에서 떠나고 많은 근심 속에서 파멸하기 때문이다. 하나님의 사람은 물질에 좌우되지 않고, 자신이 가진 것에 만족하면서 믿음의 선한 싸움을 싸워 영생을 얻는다. 성도는 많은 사람들에게 선한 증언, 즉 복음을 전하라고 바울은 권하고 있다. 오직 하나님께 마음을 두고 천국에 소망을 두는 삶을 살아야 한다.

기억할 말씀

딤후 4:7-8
나는 선한 싸움을 싸우고 나의 달려갈 길을 마치고 믿음을 지켰으니 이제 후로는 나를 위하여 의의 면류관이 예비되었으므로 주 곧 의로우신 재판장이 그 날에 내게 주실 것이며 내게만 아니라 주의 나타나심을 사모하는 모든 자에게도니라

디모데후서

1. 디모데후서를 어떻게 읽을 것인가

디모데후서는 바울의 서신 중 가장 마지막에 기록됐다. 2차 로마감옥에 투옥된 상황에서 보낸 편지이다. 그는 자신의 죽음을 예견하고 마치 유서처럼 믿음의 아들이요 목회의 동역자인 디모데에게 서신을 보냈다.

사도는 디모데를 향해 '사랑하는 아들' 이라는 표현과 함께 밤낮으로 쉬지 않고 기도하며 생각했다고 자신의 사랑을 구체적으로 드러내고 있다. 디모데전서가 교회 안에서의 사역에 대한 가르침과 충고라면, 후서는 바울의 사랑과 배려가 가득한 정감이 넘치는 서신이다(1:2-4, 13-14).

> "너는 그리스도 예수 안에 있는 믿음과 사랑으로써 내게 들은 바 바른 말을 본받아 지키고 우리 안에 거하시는 성령으로 말미암아 네게 부탁한 아름다운 것을 지키라"(1:13-14)

전체적인 내용을 살펴보면, 1장은 복음의 능력으로 현재 겪고 있는 고난을 견디며 인내하라고 당부하고 있다. 2-4장은 종말에 임할 온갖 환난과 박해에 대비하며 때를 얻든지 못 얻든지 항상 말씀을 전파하라는 엄한 명령이다.

> "너는 말씀을 전파하라 때를 얻든지 못 얻든지 항상 힘쓰라 범사에 오래 참음과 가르침으로 경책하며 경계하며 권하라"(4:2)

사도 바울의 유언 역시 예수님의 유언처럼 복음을 전파하라는 명령이다. 과연 우리가 선교 명령에 얼마나 순종하며 살고 있는가!

2. 저자 · 기록연대 · 기록동기

저자와 기록연대: 저자는 바울임이 분명하게 나타나 있다(1:1,8). 기록연대는 AD 66-67년경으로 바울 사도가 순교당하기 직전이다.

기록동기: 바울은 죽음을 앞두고 그의 동역자요 후계자인 디모데에게 당부한다. 담대하게 복음을 전파하고 고난 앞에서도 끝까지 인내하여 목회자로서 갖추어야 할 덕목과 자질을 갖추도록 촉구하고 있다. 특히 바울은 자신의 지난날을 회고하면서 디모데에게 영적 싸움에 임하는 그리스도의 병사로서 어떤 시련도 인내로 이겨내라고 권고하였다. 또한 거짓 가르침(이단)으로부터 복음과 교회를 사수하고 계속해서 복음 전파에 힘쓸 것을 교훈하고자 기록하였다.

기억할 말씀

딤후 3:15-17
또 어려서부터 성경을 알았나니 성경은 능히 너로 하여금 그리스도 예수 안에 있는 믿음으로 말미암아 구원에 이르는 지혜가 있게 하느니라 모든 성경은 하나님의 감동으로 된 것으로 교훈과 책망과 바르게 함과 의로 교육하기에 유익하니 이는 하나님의 사람으로 온전하게 하며 모든 선한 일을 행할 능력을 갖추게 하려 함이라

3. 디모데후서의 파노라마

주제	현재의 고난에 대한 인내(복음의 능력)		미래의 고난에 대한 대처(복음 전파)			
내용 구분	1:1	1:6	2:1	3:1	4:1	4:6 4:22
	칭찬과 격려	고난과 믿음	예수의 좋은 군사	종말에 임할 박해와 고난	복음 전파의 중요성	바울의 유언
문체	고난 받는 성도와 디모데에게 보낸 개인서신					
장소	로마 옥중에서 보낸 편지					
기간	AD 66-67년경					

1) 현재의 고난에 대한 인내(1장)

칭찬과 격려 1:1-5, 고난과 믿음 1:6-18

2) 미래의 고난에 대한 대처 (2-4장)

예수의 좋은 병사 2장, 종말에 임할 박해와 고난 3장,

복음 전파의 중요성 4:1-5, 바울의 유언 4:6-22

기억할 말씀

딤후 1:9
하나님이 우리를 구원하사 거룩하신 소명으로 부르심은 우리의 행위대로 하심이 아니요 오직 자기의 뜻과 영원 전부터 그리스도 예수 안에서 우리에게 주신 은혜대로 하심이라

딤후 2:1-10
내 아들아 그러므로 너는 그리스도 예수 안에 있는 은혜 가운데서 강하고 또 네가 많은 증인 앞에서 내게 들은 바를 충성된 사람들에게 부탁하라 그들이 또 다른 사람들을 가르칠 수 있으리라 너는 그리스도 예수의 좋은 병사로 나와 함께 고난을 받으라 병사로 복무하는 자는 자기 생활에 얽매이는 자가 하나도 없나니 이는 병사로 모집한 자를 기쁘게 하려 함이라 경기하는 자가 법대로 경기하지 아니하면 승리자의 관을 얻지 못할 것이며 수고하는 농부가 곡식을 먼저 받는 것이 마땅하니라 내가 말하는 것을 생각해 보라 주께서 범사에 네게 총명을 주시리라 내가 전한 복음대로 다윗의 씨로 죽은 자 가운데서 다시 살아나신 예수 그리스도를 기억하라 복음으로 말미암아 내가 죄인과 같이 매이는 데까지 고난을 받았으나 하나님의 말씀은 매이지 아니하니라 그러므로 내가 택함 받은 자들을 위하여 모든 것을 참음은 그들도 그리스도 예수 안에 있는 구원을 영원한 영광과 함께 받게 하려 함이라

4. 디모데후서 해석의 키워드

★그리스도 예수의 좋은 일꾼(2:1-10)

복음을 전파하는 사역자의 삶에는 늘 고난이 뒤따른다. 이 때 하나님을 생각하면서 그리스도의 고난에 참여하는 자가 될 것을 강조하고 있다. 우리 안에 거하시는 성령의 인도하심을 의지할 때 가능하다고 했다(1:6-14).

특별히 영적인 아들 디모데에게 끝까지 복음사역을 감당할 수 있도록 목회 현장에서 겪는 실제적인 교훈을 담고 있다. 2장 1-7절은 전도자의 참된 자세에 대해 설명한다. 전도자는 전쟁터에 나가는 병사처럼 자신의 개인생활에 얽매여서는 안 된다고 했다. 운동선수가 경기의 법을 따르는 것처럼 사역자는 진리 안에서 살아야 함을 강조하고 있다. 농부의 예를 들어 전도자에게 먼저 하나님의 상급이 있을 것임을 교훈하였다. 복음을 위해 모든 것을 참음으로 많은 사람들이 구원받을 수 있도록 당부하고 있다(2:9-10).

★사역자의 사명(2:14-26)

"너는 진리의 말씀을 옳게 분별하며 부끄러울 것이 없는 일꾼으로 인정된 자로 자신을 하나님 앞에 드리기를 힘쓰라"(2:15)

교회의 사역을 담당한 지도자는 어떻게 그 사명을 감당해야 하는가?

첫째, 진리의 말씀을 옳게 분별하여 교회를 거짓 교훈으로부터 수호해야 한다(2:14-19). 둘째, 스스로 경건훈련에 힘쓰며 교회의 덕을 세워야 한다(2:20-26). 깨끗한 삶으로 하나님이 귀히 쓰는 그릇이 되어야 하며, 청년의 정욕(명예 · 야망 · 향락 · 성욕 등 무절제한 욕망)을 피하고, 어리석은 변론을 삼가며, 다투지 아니하고, 가르치기를 잘하며, 참으며, 거역하는 자에게도 온유함으로 훈계해야 한다.

★말세와 이단에 대한 대응(3:1-17)

말세에 나타날 타락상을 예시하면서 모든 성도들에게 영적 각성을 촉구하고 있다. 3장 1-5절은 19가지의 타락상을 열거하면서 이것들을 멀리하라고 가르쳤다(자기 사랑 · 돈 사랑 · 자랑 · 교만 · 비방 · 부모 거역 · 감사하지 아니함 · 거룩하지 아니함 · 무정 · 원통함을 풀지 아니하며 · 모함 · 절제하지 아니함 · 사나움 · 선한 것을 좋아하지 아니함 · 배신 · 조급함 · 자만 · 쾌락을 사랑 · 경건의 모양은 있으나 경건의 능력은 없는 자들). 오직 하나님의 말씀만이 인간을 진정한 구원으로 인도할 수 있음을 강조하면서 성경적 교육 목표를 분명히 하였다.

★복음 전파를 독려(4:1-8)

로마 감옥에 투옥된 바울은 자신의 죽음을 예견하면서 디모데에게 유언으로 당부하고 있다. 때를 얻든지 못 얻든지 항상 말씀을 전파하라고 명령한다. 모든 일에 신중하여(영적으로 깨어) 고난 가운데서도 전도의 직무를 다하라고 당부한다. 특히 바울 사도는 전도자로서의 삶을 돌아보면서 하나님이 주실 의의 면류관을 기대한다. 예수의 재림을 사모하는 모든 성도들에게 이루어질 것임을 확신한다.

5. 더 깊은 연구와 삶의 적용

1. 당시 교회 안에는 어떤 이단들이 있었는가?(딤전 1:3-4, 4:1-4)

2. 교회의 지도자로서 자격에 대해 설명해 보자(딤전 3:1-13)

3. 말세에 사람들은 어떤 삶의 모습을 나타내는가?(딤후 3:1-5)

4. 사도 바울이 디모데에게 남긴 당부의 말씀(유언)은 무엇인가?(딤후 4:1-8)

기억할 말씀

딤후 3:1-5
너는 이것을 알라 말세에 고통하는 때가 이르러 사람들이 자기를 사랑하며 돈을 사랑하며 자랑하며 교만하며 비방하며 부모를 거역하며 감사하지 아니하며 거룩하지 아니하며 무정하며 원통함을 풀지 아니하며 모함하며 절제하지 못하며 사나우며 선한 것을 좋아하지 아니하며 배신하며 조급하며 자만하며 쾌락을 사랑하기를 하나님 사랑하는 것보다 더하며 경건의 모양은 있으나 경건의 능력은 부인하니 이 같은 자들에게서 네가 돌아서라

딤후 4:1-8
하나님 앞과 살아 있는 자와 죽은 자를 심판하실 그리스도 예수 앞에서 그가 나타나실 것과 그의 나라를 두고 엄히 명하노니 너는 말씀을 전파하라 때를 얻든지 못 얻든지 항상 힘쓰라 범사에 오래 참음과 가르침으로 경책하며 경계하며 권하라 때가 이르리니 사람이 바른 교훈을 받지 아니하며 귀가 가려워서 자기의 사욕을 따를 스승을 많이 두고 또 그 귀를 진리에서 돌이켜 허탄한 이야기를 따르리라 그러나 너는 모든 일에 신중하여 고난을 받으며 전도자의 일을 하며 네 직무를 다하라 전제와 같이 내가 벌써 부어지고 나의 떠날 시각이 가까웠도다 나는 선한 싸움을 싸우고 나의 달려갈 길을 마치고 믿음을 지켰으니 이제 후로는 나를 위하여 의의 면류관이 예비되었으므로 주 곧 의로우신 재판장이 그날에 내게 주실 것이며 내게만 아니라 주의 나타나심을 사모하는 모든 자에게도니라

기억할 말씀

딛 3:10-14
이단에 속한 사람을 한두 번 훈계한 후에 멀리하라 이러한 사람은 네가 아는 바와 같이 부패하여 스스로 정죄한 자로서 죄를 짓느니라 내가 아데마나 두기고를 네게 보내리니 그 때에 네가 급히 니고볼리로 내게 오라 내가 거기서 겨울을 지내기로 작정하였노라 율법교사 세나와 및 아볼로를 급히 먼저 보내어 그들로 부족함이 없게 하고 또 우리 사람들도 열매 없는 자가 되지 않게 하기 위하여 필요한 것을 준비하는 좋은 일에 힘 쓰기를 배우게 하라

디도서

1. 디도서를 어떻게 읽을 것인가

디도서는 바울 사도가 목회자 디도에게 보낸 편지이다. 디모데전후서와 함께 바울의 목회서신들 중 하나이다. 디도는 헬라인으로 바울을 통해 회심하였고 바울의 사역에 충성스러운 동역자의 역할을 다하였다. 그는 고린도 교회의 성실한 지도자로 바울과 함께 헌신하였다(고후 8:6, 16-22). 사도의 인도함을 따라 그레데 사람들을 전도하였다. 이를 계기로 결국 그레데 교회를 사역하게 되었다. 본서는 믿음의 아들이요 사랑하는 동역자인 디도를 그레데 섬에 남겨 둔 목적과 목회자로서 해야 할 사명에 대해 기록하고 있다.

디도의 사역지 그레데 섬은 어떤 곳인가? 그레데 섬은 소아시아와 유럽을 연결하는 문화와 교통의 요지였다. 그러나 이 지역 사람들은 거짓말을 잘하고 게으름뱅이로 알려져 있었다. 그들은 윤리적으로 문제가 많은 사람들이었다.

> "그레데인 중의 어떤 선지자가 말하되 그레데인들은 항상 거짓말쟁이며 악한 짐승이며 배만 위하는 게으름뱅이라 하니"(1:12)

그들에게 복음을 전하고 교회 내에서도 가르치는 일이 얼마나 어려웠을까! 당시 그레데 교회 안에는 거짓 교사들로 인해 복음에 대한 이해도 많이 부족하였고, 성도들의 현실 생활에서도 문제가 많았다. 바울은 디도를 이 지역에 보내 교회의 지도자를 세우고 거짓 교사들을 경고하며, 성도들에게 바른 교훈을 가르치며 선한 일을 하도록 권면하였다.

전체적인 흐름을 살펴보면, 1장은 거짓 교사들에 대한 책망과 함께 장로 임명에 대한 교훈이다. 2-3장에서는 복음에 대한 설명과 이를 바탕으로 교회의

질서와 성도 간의 대인관계에 대해 교훈하고 있다.

2. 저자 · 기록연대 · 기록동기

저자와 기록연대: 저자는 바울임이 분명하게 나타나 있다(1:1-4). 기록연대는 바울이 1차 로마 투옥에서 석방된 후 디모데전서를 기록한 다음에 디모데후서를 기록하기 전인 AD 66년 초로 추정하고 있다.

기록동기: 성도들의 신앙생활을 바로 잡고자 바울은 지도자 디도를 권면하고 있다. 또한 할례를 구원의 필수조건으로 주장하는 할례파(1:10)와 신비주의적인 신앙에 빠져든 성도들을 바른 신앙으로 인도하고자 한다. 하나님의 선택, 구원, 영생, 그리스도의 신성, 재림, 칭의 등의 기본적인 교리를 설명하였다. 또한 성도들의 변화 받는 삶을 위해 먼저 목회자와 교회 지도자의 역할과 책임을 강조하고 있다(2-3장).

3. 디도서의 파노라마

주제	장로(지도자)에 대한 교훈		교회의 질서를 위한 교훈(바른 교리실천)	
내용 구분	1:1	1:10	2:1	3:1 3:15
	장로의 자질	거짓 교사에 대한 경계	선한 믿음의 실천	선행에 대한 권면
문체	기독교 근본 진리에 대한 이론과 실천이 담긴 서신서			
장소	바울이 1,2차 투옥기간 중 잠시 석방되어 여행했던 마게도냐로 추정			
기간	AD 66년 초			

1) 장로에 대한 교훈(1장)

장로의 자질 1:1-9, 거짓 교사에 대한 경계 1:10-16

기억할 말씀

딛 1:2-3
영생의 소망을 위함이라 이 영생은 거짓이 없으신 하나님이 영원 전부터 약속하신 것인데 자기 때에 자기의 말씀을 전도로 나타내셨으니 이 전도는 우리 구주 하나님이 명하신 대로 내게 맡기신 것이라

기억할 말씀

딛 3:5-7
우리를 구원하시되 우리가 행한 바 의로운 행위로 말미암지 아니하고 오직 그의 긍휼하심을 따라 중생의 씻음과 성령의 새롭게 하심으로 하셨나니 우리 구주 예수 그리스도로 말미암아 우리에게 그 성령을 풍성히 부어 주사 우리로 그의 은혜를 힘입어 의롭다 하심을 얻어 영생의 소망을 따라 상속자가 되게 하려 하심이라

2〉 교회의 질서를 위한 교훈(2-3장)

선한 믿음의 실천 2장, 선행에 대한 권면 3장

4. 디도서 해석의 키워드

★디도는 누구인가

이방인(할례 받지 않은 헬라인)으로 그의 출생지와 국적은 불분명하다(갈 2:3). 안디옥에서 출생하여 살다가 바울을 통해 구원의 복음을 받아들인 것으로 추정된다. 바울은 디도를 '나의 참 아들'(딛 1:4)이라고 불렀다. 디도는 안디옥 교회를 대표하여 바울과 바나바와 더불어 예루살렘 공의회에 참석했다(행 15:2, 갈 2:1). 2차 전도여행 마지막 무렵(AD 52년 경), 안디옥에 바울이 있을 때 디도도 같이 있었던 것 같다(갈 2:3). 바울과 함께 3차 전도여행 중 에베소에 함께 있었고(AD 56년경), 그 후 고린도 교회도 함께 갔다(고후 2:13). 그는 바울이 기록한 고린도전후서를 고린도 교회에 전달하는 역할도 담당했다. 디도로부터 고린도 교회에 대한 보고를 들었을 때 바울은 크게 기뻐하였다(고후 7:6). 위로와 격려를 준 바울 사도의 동역자요 신뢰받는 제자였다.

★장로의 자격

혼란에 빠진 그레데 교회를 향해 먼저 장로의 자격을 언급하고 있다. 왜냐하면 교회를 보호하고 바로 세우기 위해 올바른 지도자를 선택해야 되기 때문이다. 디모데전서 3장 1-7절의 감독의 자격과 거의 비슷한 내용을 담고 있다(1:5-9).

당시 그레데 섬의 일반 성도들 중에는 하나님을 시인하나 행위로는 부인하는 사람들도 있었다(1:16). 이러한 교회 상황 속에서 성도가 교회의 지도자인 장로가 되는 것은 보통 큰 일이 아니었다. 사도는 디도서의 서문에 먼저 장로의 자격부터 강조하고 있다. 책망할 것이 없고 한 아내의 남편이며, 믿는 자녀를 둔 자, 하나님의 청지기로서 책망할 것이 없는 자, 급히 분내지 아니하며,

술을 즐기지 아니하며, 구타하지 아니하며, 더러운 이득을 탐하지 아니하며, 나그네를 대접하며, 선행을 좋아하며, 신중하며, 의로우며, 거룩하며, 절제하며, 하나님의 말씀을 지키는 자라야 한다. 이는 하나님의 성령의 인도만으로 가능한 일이었다.

★목회자의 책임

목회자가 각양각색의 성도들을 어떻게 양육해야 하는지 실제적인 교훈(2:1-15)을 제시하고 있다. 목회자는 성도들을 거짓 가르침으로부터 보호하고, 그들이 진리의 말씀에 합당한 삶을 살 수 있도록 양육할 책임이 있다. 개인의 삶에 있어서 목회자는 범사에 선한 일의 본을 보이고 경건함과 바른 말을 하여 하나님의 말씀이 비방을 받지 않도록 주의를 기울여야 한다. 인간적인 생각이나 지혜가 아닌 하나님의 말씀으로 권면하여 누구에게서든지 업신여김을 받지 않도록 모든 권위로 권면하며 책망해야 한다.

★이단에 대한 대처

성도들을 향한 이단의 유혹은 집요하게 계속된다. 예수 그리스도가 아닌 특정한 인물을 내세워 구원자라고 주장하는 모든 가르침은 이단이요, 이를 가르치는 자는 거짓 교사이다. 바울 사도는 이단에 대해 다음과 같이 말했다.

1〉 다툼을 피하라고 했다. 그들과의 다툼은 무익하고 헛된 것이라고 경고했다(3:9).

2〉 한두 번 훈계한 후에 멀리하라고 충고했다(3:10). 그들과 함께 어리석은 변론을 계속하지 말고 한두 번 훈계한 이후 멀리함으로 분쟁과 다툼을 일으키지 않는 지혜로운 태도를 취하라는 것이다. 이단에 대해 골로새서는 그들의 철학과 헛된 속임수에 대해 주의하라고 했다(골 2:8). 계시록에서는 이단(자칭 사도라 주장하는 자)을 시험하여 보고 거짓을 밝히 드러내라고 하였다(계 2:2).

기억할 말씀

딛 1:5-9
내가 너를 그레데에 남겨 둔 이유는 남은 일을 정리하고 내가 명한 대로 각 성에 장로들을 세우게 하려 함이니 책망할 것이 없고 한 아내의 남편이며 방탕하다는 비난을 받거나 불순종하는 일이 없는 믿는 자녀를 둔 자라야 할지라 감독은 하나님의 청지기로서 책망할 것이 없고 제 고집대로 하지 아니하며 급히 분내지 아니하며 술을 즐기지 아니하며 구타하지 아니하며 더러운 이득을 탐하지 아니하며 오직 나그네를 대접하며 선행을 좋아하며 신중하며 의로우며 거룩하며 절제하며 미쁜 말씀의 가르침을 그대로 지켜야 하리니 이는 능히 바른 교훈으로 권면하고 거슬러 말하는 자들을 책망하게 하려 함이라

딛 3:9-11
그러나 어리석은 변론과 족보 이야기와 분쟁과 율법에 대한 다툼은 피하라 이것은 무익한 것이요 헛된 것이니라 이단에 속한 사람을 한두 번 훈계한 후에 멀리하라 이러한 사람은 네가 아는 바와 같이 부패하여 스스로 정죄한 자로서 죄를 짓느니라

기억할 말씀

딛 2:1-15

오직 너는 바른 교훈에 합당한 것을 말하여 늙은 남자로는 절제하며 경건하며 신중하며 믿음과 사랑과 인내함에 온전하게 하고 늙은 여자로는 이와 같이 행실이 거룩하며 모함하지 말며 많은 술의 종이 되지 아니하며 선한 것을 가르치는 자들이 되고 그들로 젊은 여자들을 교훈하되 그 남편과 자녀를 사랑하며 신중하며 순전하며 집안 일을 하며 선하며 자기 남편에게 복종하게 하라 이는 하나님의 말씀이 비방을 받지 않게 하려 함이라 너는 이와 같이 젊은 남자들을 신중하도록 권면하되 범사에 네 자신이 선한 일의 본을 보이며 교훈에 부패하지 아니함과 단정함과 책망할 것이 없는 바른 말을 하게 하라 이는 대적하는 자로 하여금 부끄러워 우리를 악하다 할 것이 없게 하려 함이라 종들은 자기 상전들에게 범사에 순종하여 기쁘게 하고 거슬러 말하지 말며 훔치지 말고 오히려 모든 참된 신실성을 나타내게 하라 이는 범사에 우리 구주 하나님의 교훈을 빛나게 하려 함이라 모든 사람에게 구원을 주시는 하나님의 은혜가 나타나 우리를 양육하시되 경건하지 않은 것과 이 세상 정욕을 다 버리고 신중함과 의로움과 경건함으로 이 세상에 살고 복스러운 소망과 우리의 크신 하나님 구주 예수 그리스도의 영광이 나타나심을 기다리게 하셨으니 그가 우리를 대신하여 자신을 주심은 모든 불법에서 우리를 속량하시고 우리를 깨끗하게 하사 선한 일을 열심히 하는 자기 백성이 되게 하려 하심이라 너는 이것을 말하고 권면하며 모든 권위로 책망하여 누구에게서든지 업신여김을 받지 말라

5. 더 깊은 연구와 삶의 적용

1. 교회의 지도자는 신앙생활이나 가정생활이나 흠이 없는 자(딛 1:5-9)라야 하는데, 나는 지도자로서 자격을 갖추고 있는가? 어떤 부분이 부족한가?

2. 성도들을 양육시키는 실제적인 교훈은 무엇인가?(딛 2:1-15)

3. 성도들이 어떤 삶을 살아야 한다고 바울은 말씀하고 있는가?(딛 3:1-8)

빌레몬서

1. 빌레몬서를 어떻게 읽을 것인가

빌레몬은 에베소에서 바울로부터 복음을 듣고 성도가 되었다(1:19). 그는 골로새 교회의 부유한 성도였는데, 자신의 집을 예배 처소로 제공할 정도로 믿음이 충만한 성도였다(1:2). 빌레몬의 종 오네시모가 주인의 재산을 훔쳐 달아났는데 ,바울을 만나 복음을 듣고 회심하여 기독교인이 되었다. 바울은 빌레몬에게 간절한 마음으로 서신을 보냈다. 그리스도인 형제 오네시모를 용서해 달라고 서신을 통해 간청한 것이다. 오네시모가 그리스도 안에서 믿음을 가진 자로서 골로새 교회의 많은 성도들에게 도움을 줄 수 있다고 했다. 당시 로마의 법은 도망친 노예는 사형선고를 받았다. 로마의 법을 내려놓으라는 바울의 간절한 편지를 받고 빌레몬은 결국 오네시모를 용서한다.

빌레몬의 용서를 받고 오네시모는 그 후 믿음의 큰 인물이 되었다. 그는 에베소 교회에서 감독의 자리에까지 올랐고, 빌레몬 역시 골로새 교회의 감독이 되었다. 하나님은 그들로 복음 안에서 종과 주인의 관계를 내려놓게 하시고 초대 교회의 일꾼들이 되게 하셨다. 바울 사도는 빌레몬을 향해 그의 사랑과 믿음을 칭찬하면서 서신을 시작하고 있다.

> "형제여 성도들의 마음이 너로 말미암아 평안함을 얻었으니 내가 너의 사랑으로 많은 기쁨과 위로를 받았노라"(1:7)

바울 서신 중 가장 짧은 본서는 1–7절 빌레몬에 대한 칭찬, 8–16절 오네시모를 위한 간청, 17–25절 빌레몬에 대한 약속으로 전개되고 있다. 사도는 많은 그의 서신을 통해 기독교 교리를 집대성한 학자였지만, 동시에 교리를 실천하는 아름다운 신앙인의 모습을 빌레몬서를 통해 증언하였다.

2. 저자 · 기록연대 · 기록동기

저자와 기록연대: 저자는 바울임이 분명하게 나타나 있다(1:1,9,19). 기록연대는 바울의 1차 로마 투옥 중 다른 서신들(에베소서 · 빌립보서 · 골로새서)과 함께 AD 62년경이다.

기록동기: 바울은 빌레몬에게 로마법에 의해 사형을 받을 수밖에 없었던 오네시모를 위해 서신을 보냈다. 바울은 빌레몬의 믿음과 성품을 칭찬하면서 그리스도 안에서 한 형제된 그의 종 오네시모를 용서해 줄 것을 간청하였다. 또한 오네시모가 빌레몬의 사랑과 용서의 실천을 통해 복음의 사역자로서 새롭게 일할 수 있도록 허락해 줄 것을 당부하였다. 용서를 통해 한 사람의 일생에 어떤 일이 일어났는지를 보여주는 아름다운 서신이다. 특히 주인과 노예라는 신분의 차별을 극복하고 용서와 사랑으로 일관된 본서는 오늘날의 모든 성도들에게 그리스도의 희생을 본받아 이웃에게 용서와 사랑을 실천하도록 권고하고 있다.

3. 빌레몬서의 파노라마

주제	칭찬(빌레몬)	오네시모의 죄에 대한 용서와 사랑		사랑의 실천
내용 구분	1:1	1:8	1:12	1:17 1:25
	믿음과 사랑(빌레몬)	회심 (오네시모)	바울의 중재	빌레몬에 대한 간구
문체	기독교의 근본 진리인 사랑과 용서에 대한 개인 편지			
장소	골로새에 있는 빌레몬에게 보낸 편지(옥중서신)			
기간	AD 62년경			

4. 빌레몬서 해석의 키워드

★사도 바울의 겸손

사도로서 바울은 자신의 권위를 내세우지 않고 상대방의 입장을 배려하는 겸손함으로 빌레몬에게 호소하고 있다. 사도는 노예 신분이었던 오네시모를 '아들' 이라고까지 표현하면서 그를 용서해 줄 것을 간곡히 당부하였다(8–10). 바울은 빌레몬의 승낙이 없이는 아무 것도 하기를 원하지 않는다고 했다(14). 사도로서 빌레몬에게 권면할 수 있는 입장이었지만 그의 허락을 번저 요청하였다. 바울은 빌레몬에게 신앙의 지도자였지만 결코 명령도, 권면도 하지 않고 겸손하게 부탁하는 태도를 취했다.

★용서와 사랑

이웃을 내 몸 같이 사랑하라는 그리스도의 계명이 바울과 빌레몬을 통해 구체적으로 증언되고 있다. 바울은 오네시모로 인해 빌레몬이 당한 손해를 손수 배상하겠다고 언급하였다. 바울은 빌레몬에게 그저 용서해 달라고 요청하지 않았다. 바울의 태도는 진정한 용서를 구하는 자의 모습을 보여 주었다. 사도는 오네시모에 대한 배려와 사랑을 통해 빌레몬이 오네시모를 용서하게 만들었다. 사도는 오네시모만 배려한 것이 아니라 빌레몬도 함께 배려하면서 오네시모와 빌레몬과의 얽힌 갈등을 풀어 나갔다(18–22).

5. 더 깊은 연구와 삶의 적용

1. 오네시모를 위해 간곡히 부탁하는 바울의 마음에서 무엇을 느끼는가?(1:8–21)

2. 나는 이웃과의 관계에서 평안과 위로, 기쁨을 나누는 역할을 잘 하고 있는가? 어떤 상황에서 다툼과 질시를 일으키는가?

기억할 말씀

몬 1:10–12
갇힌 중에서 낳은 아들 오네시모를 위하여 네게 간구하노라 그가 전에는 네게 무익하였으나 이제는 나와 네게 유익하므로 네게 그를 돌려 보내노니 그는 내 심복이라

몬 1:20
오 형제여 나로 주 안에서 너로 말미암아 기쁨을 언게 하고 내 마음이 그리스도 안에서 평안하게 하라

제10과

공동서신서 I (히브리서 · 야고보서 · 베드로전후서)

기억할 말씀

히 1:1-6
옛적에 선지자들을 통하여 여러 부분과 여러 모양으로 우리 조상들에게 말씀하신 하나님이 이 모든 날 마지막에는 아들을 통하여 우리에게 말씀하셨으니 이 아들을 만유의 상속자로 세우시고 또 그로 말미암아 모든 세계를 지으셨느니라 이는 하나님의 영광의 광채시요 그 본체의 형상이시라 그의 능력의 말씀으로 만물을 붙드시며 죄를 정결하게 하는 일을 하시고 높은 곳에 계신 지극히 크신 이의 우편에 앉으셨느니라 그가 천사 보다 훨씬 뛰어남은 그들보다 더욱 아름다운 이름을 기업으로 얻으심이니 …… 하나님의 모든 천사들은 그에게 경배할지어다 말씀하시며

히브리서

1. 히브리서를 어떻게 읽을 것인가

히브리서는 처음 성경을 읽는 사람들에게 쉽지 않은 본문이다. 다른 서신들과 달리 29개의 구약성경 구절을 인용하면서 하나님과 그 백성 간의 새 언약에 대해 설명하고 있기 때문이다. 예수 그리스도가 구약의 어느 선지자보다, 천사보다 우월하신 분이심을 증언하는 내용으로 시작하고 있기에 구약의 배경을 파악하지 못하면 더 더욱 읽기 어렵다.

히브리서를 읽는 독자는 로마에 살면서 기독교로 개종한 유대인들이었던 것 같다. 초대 교회 시대에는 로마가 식민지의 종교를 허용했기 때문에 전도에 큰 어려움이 없었다. 화평의 시절이 지나가고 로마의 황제들이 기독교를 박해하면서(네로 황제 통치시대, AD 54-68), 기독교인들은 많은 어려움을 겪게 되었다. 유대인들 역시 그리스도인들이 점차 확산되고 숫자적으로 늘어나자 심한 질시와 비난을 가하면서 기독교를 박해하였다. 저자는 기독교로 개종한 유대인들이 다시 유대교로 돌아가는 것을 막기 위해, 예수 그리스도의 우월하심과 믿음으로 구원 얻는 기독교 신앙의 본질을 설명하고 있다. 유대인들의 하나님 신앙을 예수 그리스도를 통한 구원의 신앙으로 안내하였다.

전체적인 내용을 살펴보면 1장에서 4장 13절은 성육신하신 그리스도의 신적인 속성과 그리스도의 품성의 우월하심을 기록하였다. 4장 14절-10장 18절은 그리스도의 신적인 사역의 우월하심에 대해, 10장19절-13장 25절에는 믿음과 인내를 통한 신앙의 위대함을 기록하였다.

믿음을 주요한 주제로 다루고 있다. 특히 11장은 '믿음의 장' 으로 알려져 있다. 구약 믿음의 선진들의 발자취를 소개하고, 12장에서는 '믿음의 주요 또 온전하게 하시는 예수를 바라보자' 고 권면하고 있다. 히브리서 기자는 우리가 예수로 말미암아 항상 찬송의 제사를 하나님께 드리며, 선을 행하고 서로 나누면서 구원의 완성을 향해 성문 밖으로 나아가라는 것이다(13:12-17). 그리스도께서 성 밖에서 수치를 당하며 죽었듯이 유대독자들도 유대교에서 그리스도에게로 분명하게 돌아섬으로써 수치를 당할 각오를 하라는 것이다. 마지막으로 유대 그리스도인들에게 축복의 말씀을 선포하면서 마무리하고 있다.

> "양들의 큰 목자이신 우리 주 예수를 영원한 언약의 피로 죽은 자 가운데서 이끌어 내신 평강의 하나님이 모든 선한 일에 너희를 온전하게 하사 자기 뜻을 행하게 하시고 그 앞에 즐거운 것을 예수 그리스도로 말미암아 우리 가운데서 이루시기를 원하노라 영광이 그에게 세세무궁토록 있을지어다 아멘"(13:20-21)

2. 저자 · 기록연대 · 기록동기

저자와 기록연대: 본서는 저자에 대해 언급하지 않고 있다. 바울, 바나바, 아볼로, 누가 등 어느 누구도 저자임이 분명하지 않다. 기록연대 역시 분명하지 않지만 예루살렘 성전 파괴(AD 70)에 대한 내용이 없다. 대략 AD 65-70년 정도로 본다.

기억할 말씀

히 3:14
우리가 시작할 때에 확신한 것을 끝까지 견고히 잡고 있으면 그리스도와 함께 참여한 자가 되리라

히 4:15-16
우리에게 있는 대제사장은 우리의 연약함을 동정하지 못하실 이가 아니요 모든 일에 우리와 똑같이 시험을 받으신 이로되 죄는 없으시니라 그러므로 우리는 긍휼하심을 받고 때를 따라 돕는 은혜를 얻기 위하여 은혜의 보좌 앞에 담대히 나아갈 것이니라

기록동기: 개종한 유대 기독교인들에게 복음의 진리를 확실히 알게 하며, 고난과 시험을 잘 극복하도록 믿음에 대해 권고하였다. 그리스도의 우월하심과 완전함을 증언함으로써 복음 전파를 촉진하기 위해 기록한 것이다. 모든 신자들의 믿음을 세워 주고, 예수 그리스도와 보다 더 친밀한 교제를 나눌 수 있도록 인도한다. 굳건한 믿음으로 현실의 난관을 이길 수 있도록 격려한다.

3. 히브리서의 파노라마

주제	그리스도의 우월하심		그리스도의 사역			성도의 삶		
내용 구분	1:1	3:1	4:14	8:1	9:1	10:19	12:1	13:1
	선지자와 천사보다 우월하심	모세보다 우월하심	대제사장 그리스도	새언약의 중보자	완전한 희생 제물	믿음의 도리와 선진들	믿음의 역사	믿음과 생활
문체	형식은 서신(13:22)이지만 내용은 설교문							
장소	저자와 장소는 미상							
기간	AD 65-70년으로 추측							

1〉 그리스도의 우월함(1:1-4:13)

선지자와 천사보다 우월하신 예수 1장,
불순종에 대한 심판 2:1-4, 성육신하신 예수 그리스도 2:5-18,
모세보다 우월하신 예수 3:1-11, 복음에 불순종한 결과 3:12-19,
안식에 대한 약속 4:1-13,

2〉 그리스도의 사역(4:14-10:18)

대제사장 예수 그리스도 4:14-5:10, 장성한 신앙 5:11-14,
성숙한 신앙을 권고 6:1-12, 소망 중의 인내를 권고 6:13-20,
멜기세덱의 반차와 예수 7장, 새 언약의 중보자 예수 8장,

불완전한 구약의 제사 9:1-10, 그리스도의 피의 제사 9:11-28,
완전한 희생 제물 10:1-18,

3〉 성도의 삶(10:19-13장)
믿음의 도리 10:19-39, 믿음의 본질 11:1-3,
믿음의 선진들 11:4-40, 믿음의 역사12장, 믿음과 생활 13:1-8,
율법을 초월하는 믿음 13:9-17, 교회와 믿음 13:18-25

4. 히브리서 해석의 키워드

★그리스도의 우월성

그리스도는 선지자보다 우월하신 분이요(1:1-3), 천사보다 우월하시다(1:4-14). 당시 유대인들은 천사를 하나님과 자신들 사이를 중개하는 중보자로 여겼고, 천사를 숭배의 대상으로 생각했다(골 2:18). 그리스도는 하나님의 아들이라는 이름을 받으셨고(4-5), 모든 천사가 경배하실 자(6)이시며, 하나님의 기름부음을 받은 자(8-9)요, 하나님에 의해 높여진 분이시다(13-14). 그리스도는 하나님의 본체의 형상을 지니셨고(3), 태초부터 하나님과 함께 세계를 창조하신 분(2)이시다. 또한 그리스도는 모세보다 우월하시며(3:4-6), 여호수아보다 우월하신 분이시다(4:8-9). 그리스도는 신적 존재, 즉 하나님이시다.

★영원한 대제사장

구약의 대제사장들은 백성들을 대표하여 하나님께 나아갔다. 백성들의 죄를 사함받기 위해 하나님께 나아가는 중보자의 역할을 한 것이다. 그리스도는 연약한 인간 대제사장과는 달리 무죄하신 분으로 자신을 점과 흠이 없는 속죄의 제물로 하나님께 드렸다. 예수의 십자가 대속의 죽음으로 모든 믿음의 성도들은 죄 사함을 받을 수 있게 되었다. 예수는 하나님과 인간을 영원히 화목

기억할 말씀

히 11:1-6
믿음은 바라는 것들의 실상이요 보이지 않는 것들의 증거니 선진들이 이로써 증거를 얻었느니라 … 믿음이 없이는 하나님을 기쁘시게 하지 못하나니 하나님께 나아가는 자는 반드시 그가 계신 것과 또한 그가 자기를 찾는 자들에게 상 주시는 이심을 믿어야 할지니라

히 13:15-21
그러므로 우리는 예수로 말미암아 항상 찬송의 제사를 하나님께 드리자 이는 그 이름을 증언하는 입술의 열매니라 오직 선을 행함과 서로 나누어 주기를 잊지 말라 하나님은 이같은 제사를 기뻐하시느니라 …… 양들의 큰 목자이신 우리 주 예수를 영원한 언약의 피로 죽은 자 가운데서 이끌어 내신 평강의 하나님이 모든 선한 일에 너희를 온전하게 하사 자기 뜻을 행하게 하시고 그 앞에 즐거운 것을 예수 그리스도로 말미암아 우리 가운데서 이루시기를 원하노라 영광이 그에게 세세무궁토록 있을지어다 아멘

히 1:4-9
그가 천사보다 훨씬 뛰어남은 그들보다 더욱 아름다운 이름을 기업으로 얻으심이니 하나님께서 어느 때에 천사 중 누구에게 너는 내 아들이라 오늘 내가 너를 낳았다 하셨으며 또 다시 나는 그에게 아버지가 되고 그는 내게 아들이 되리라 하셨느냐 또 그가 맏아들을 이끌어 세상에 다시 들어오게 하실 때에 하나님의 모든 천사들은 그에게 경배할지어다 말씀하시며 또 천사들에 관하여는 그는 그의 천사들을 바람으로, 그의 사역자들을 불꽃으로 삼으시느니라 하셨으되 아들에 관하여는 하나님이여 주의 보좌는 영영하며 주의 나라의 규는 공평한 규이니이다 주께서 의를 사랑하시고 불법을 미워하셨으니 그러므로 하나님 곧 주의 하나님이 즐거움의 기름을 주께 부어 주를 동류들보다 뛰어나게 하셨도다 하였고

기억할 말씀

히 10:23-28
또 약속하신 이는 미쁘시니 우리가 믿는 도리의 소망을 움직이지 말며 굳게 잡고 서로 돌아보아 사랑과 선행을 격려하며 모이기를 폐하는 어떤 사람들의 습관과 같이 하지 말고 오직 권하여 그 날이 가까움을 볼수록 더욱 그리하자 우리가 진리를 아는 지식을 받은 후 짐짓 죄를 범한즉 다시 속죄하는 제사가 없고 오직 무서운 마음으로 심판을 기다리는 것과 대적하는 자를 태울 맹렬한 불만 있으리라 모세의 법을 폐한 자도 두세 증인으로 말미암아 불쌍히 여김을 받지 못하고 죽었거든

하게 하신 화목의 제물이 되심으로 영원한 대제사장이 된 것이다(5:1-10, 9:11-28, 13:8).

★믿음이란 무엇인가?

11장에는 수많은 믿음의 인물들에 대해 기록하고 있다. 왜 그들이 믿음의 인물들로 언급되었는지 구약의 본문들을 찾아 읽어 보자.

"믿음은 바라는 것들의 실상이요 보이지 않는 것들의 증거니 선진들이 이로써 증거를 얻었느니라"(히 11:1-2)

11장 1-3절은 믿음의 본질에 대해 설명하고 있다.

1〉 믿음이란 약속에 대한 신뢰이고, 2〉 하나님의 인정을 받기 위한 수고이며, 3〉 하나님의 능력에 대한 인정이다.

그러므로 믿음이란 나에게 하나님을 맞추는 것이 아니라 내 생각과 의지를 내려놓고 하나님께 자신의 전인격을 굴복시키는 것이다.

11장 4-7절에서 위대한 인물들의 믿음의 실제적인 사례를 밝히고 있다. 올바른 제사를 드린 아벨(4). 하나님과 동행한 에녹(5), 심판에 대비한 노아(7) 등이다. 이들은 하나님의 상급을 바라봄으로써 세상의 환경 속에서도 의를 행하며 살았다.

11장 8-22절은 족장들의 믿음을 언급한다. 그들은 믿음으로 하나님의 뜻에 순종했고(8), 영적 유산을 상속했으며(9), 약속의 성취를 인내로써 소망했고(9-16, 20-22), 전적으로 하나님께 헌신했다(17-19). 믿음의 사람들은 하나님으로부터 얼마나 많은 것을 받았나에 마음을 두지 않고 믿음의 싸움을 위해 전력투구한 사람들이다.

11장 23-29절은 모세의 믿음을 소개한다. 그는 세상 왕을 두려워하지 않았고(23), 명예도 거절하였으며(24), 세상과 타협하지 않았다.(25-26) 그는 세상과 자신을 분리하였으며(27), 보이지 않는 능력의 손을 의지하였다(28-29).

11장 30-31절은 여호수아와 라합의 믿음을 언급하고 있다. 그들은 믿음으로 군사적 승리와 영적 승리를 얻었다. 32-40절은 선진들의 믿음의 특성을 소개하고 있다. 환경을 초월하는 능력(33-38), 극한 고난에서의 인내(35,38),

약속에 대한 확고한 소망(39–40) 등이다.

위대한 믿음의 승리 이면에는 고난과 역경에 대한 인내가 뒤따랐다.

– 아벨: 하나님을 경배하는 믿음(창 4:3–5, 히 11:4)
– 에녹: 하나님과 동행하는 믿음(창 5:24, 히 11:5)
– 노아: 세상 사람들과 구별된 믿음(창 7:1, 히 11:7)
– 아브라함: 하나님의 명령에 결단하는 믿음(창 12:1–5, 히 11:8–9)
– 사라: 하나님의 역사에 확신하는 믿음(창 17:19, 히 11:11)
– 이삭: 하나님의 인도하심에 순종하는 믿음(창 27:26–40, 히 11:20)
– 야곱: 하나님의 연단을 받는 믿음(창 48:1,5, 히 11:21)
– 요셉: 하나님께 소망을 둔 믿음(창 50:24, 히 11:22)
– 모세: 하나님을 경험하며 순종하는 믿음(출 2:11, 히 11:23–27)
– 이스라엘 백성: 하나님으로 말미암아 승리하는 믿음(출 14:22, 히 11:29)
– 라합: 하나님을 바라보면서 모험도 불사하는 믿음(수 2:1, 히 11:31)

★성도의 인내(10:36–39, 12:4–13)

믿음의 성도들은 고난과 환난 속에서도 구원의 소망을 바라보고 인내하며 믿음을 지켜나가야 한다. 세상에서 당하는 온갖 어려움 속에서도 올바른 길로 인도하시는 하나님의 사랑의 징계를 받아들여야 한다. 하나님의 꾸지람에 대해 낙심하지 않고 자녀에 대한 사랑의 채찍질로 수용할 수 있어야 한다. 오직 인내함으로써 믿음을 굳건히 지켜 선진들의 믿음의 삶을 따라야 한다. 하나님의 징계가 연단 이후에는 의와 평강의 열매를 맺는 오히려 축복의 장임을 더 넓은 시야로 볼 수 있어야 할 것이다.

★거룩한 삶(성숙한 삶)

예수 믿는 성도들은 하나님을 본받는 거룩한 삶을 살아야 한다. 거룩한 삶이란 세상과 구별된 삶으로 하나님을 기쁘시게 한다.

1〉 성도들은 서로 돌아보아 사랑과 선행으로 서로를 격려하며 예수님 오시는 그날이 가까움을 볼수록 더욱 모이기를 힘써야 한다(10:19–25).

기억할 말씀

히 10:36–39
너희에게 인내가 필요함은 너희가 하나님의 뜻을 행한 후에 약속하신 것을 받기 위함이라 잠시 잠깐 후면 오실 이가 오시리니 지체하지 아니하시리라 나의 의인은 믿음으로 말미암아 살리라 또한 뒤로 물러가면 내 마음이 그를 기뻐하지 아니하리라 하셨느니라 우리는 뒤로 물러가 멸망할 자가 아니요 오직 영혼을 구원함에 이르는 믿음을 가진 자니라

기억할 말씀

히 13:1-18

형제 사랑하기를 계속하고 손님 대접하기를 잊지 말라 이로써 부지중에 천사들을 대접한 이들이 있었느니라 너희도 함께 갇힌 것 같이 갇힌 자를 생각하고 너희도 몸을 가졌은즉 학대 받는 자를 생각하라 모든 사람은 결혼을 귀히 여기고 침소를 더럽히지 않게 하라 음행하는 자들과 간음하는 자들을 하나님이 심판하시리라 돈을 사랑하지 말고 있는 바를 족한 줄로 알라 그가 친히 말씀하시기를 내가 결코 너희를 버리지 아니하고 너희를 떠나지 아니하리라 하셨느니라 그러므로 우리가 담대히 말하되 주는 나를 돕는 이시니 내가 무서워하지 아니하겠노라 사람이 내게 어찌하리요 하노라 하나님의 말씀을 너희에게 일러 주고 너희를 인도하던 자들을 생각하며 그들의 행실의 결말을 주의하여 보고 그들의 믿음을 본받으라 예수 그리스도는 어제나 오늘이나 영원토록 동일하시니라 …… 그러므로 우리는 예수로 말미암아 항상 찬송의 제사를 하나님께 드리자 이는 그 이름을 증언하는 입술의 열매니라 오직 선을 행함과 서로 나누어 주기를 잊지 말라 하나님은 이같은 제사를 기뻐하시느니라 너희를 인도하는 자들에게 순종하고 복종하라 그들은 너희 영혼을 위하여 경성하기를 자신들이 청산할 자인 것 같이 하느니라 그들로 하여금 즐거움으로 이것을 하게 하고 근심으로 하게 하지 말라 그렇지 않으면 너희에게 유익이 없느니라 우리를 위하여 기도하라 우리가 모든 일에 선하게 행하려 하므로 우리에게 선한 양심이 있는 줄을 확신하노니

2〉 히브리서 12장 1-3절에서 신앙의 경주를 할 때에 믿음의 주요 또 온전하게 하시는 예수를 바라보라고 권면하고 있다. 믿음에 대한 증거를 삶을 통하여 세상에 드러내라는 것이다.

3〉 형제를 사랑하고, 결혼을 귀히 여기고, 돈을 사랑하지 말라고 했다(13:1-5,16).

4〉 예수로 말미암아 찬송의 제사를 하나님께 드리자. 이는 그 이름을 증언하는 입술의 열매이다(13:15).

★멜기세덱과 그리스도

1〉 멜기세덱은 창세기에 등장하는 실존 인물이다(창 14:17-20). 그는 당시 예루살렘을 통치하던 의의 왕이요 살렘의 왕(평화의 왕)으로 지극히 높으신 하나님의 제사장으로 아브라함의 계보와는 달리 여호와 하나님을 믿은 자이다.

2〉 아브라함이 전쟁에서 승리하고 돌아 왔을 때에 떡과 포도주를 가지고 아브라함을 맞이하였고, 아브라함을 축복했다. 아브라함은 자신의 전리품 중에서 십분의 일을 멜기세덱에게 주었는데 이는 십일조의 기원이다.

3〉 멜기세덱은 아버지도 어머니도 족보도 없는 자요, 시작한 날도 생명의 끝도 없는 하나님의 아들과 같은 자요, 항상 제사장으로 있는 자로 신적인 존재이다(7:1-10).

4〉 제사장은 오직 레위 지파 중에서도 아론의 후예들만 가능한데 멜기세덱은 레위 자손이 있기 이전의 인물이다. 십일조도 레위인에게만 주는데 아브라함은 멜기세덱에게 십일조를 드렸다.

5〉 예수님은 영원히 멜기세덱의 반차를 따르는 제사장이시다(5:6).

히브리서 저자는 예수님의 예표자로서 멜기세덱을 언급하고 있다. 예수님은 멜기세덱과 같은 대제사장으로 아론과는 비교할 수 없는 우월한 분이시다. 아론의 대제사장직은 율법에 기초하였고 대제사장의 죽음으로 영원히 계속될 수 없다. 그러나 예수님의 대제사장직은 율법 이전의 멜기세덱의 반차를 따르는 영원한 대제사장이다(7:21). 멜기세덱은 영원한 대제사장이신 예수 그리스도를 예표하는 인물이다.

5. 더 깊은 연구와 삶의 적용

1. 히브리서 읽으면서 나는 어떤 하나님을 경험하였는가?

2. 우월하신 예수 그리스도에 대해 어떻게 표현하고 있는가?(1:1-14, 3:1-6)

3. 예수 그리스도의 사역(대제사장, 새언약의 중보자, 완전한 희생 제물)에 대해서 설명해보자(4:14-16, 7:11-28, 8:1-13, 9:1-10:18).

4. 히브리서 11-12장 전체를 읽고, 믿음의 본질(1-3), 의인의 믿음(4-7), 족장들의 믿음(8-22), 모세의 믿음(23-29), 승리자의 믿음(30-31), 선진들의 믿음의 특성(32-40)과 믿음의 역사(12:1-29)를 묵상하자.

5. 13장에서 성도들의 믿음 생활에 대해 설명하고 있다. 본문에 나타난 경건한 삶과 믿음으로 드리는 제사란 무엇인가?(1-18)

기억할 말씀

히 7:1-22
이 멜기세덱은 살렘 왕이요 지극히 높으신 하나님의 제사장이라 여러 왕을 쳐서 죽이고 돌아오는 아브라함을 만나 복을 빈 자라 아브라함이 모든 것의 십분의 일을 그에게 나누어 주니라 그 이름을 해석하면 먼저는 의의 왕이요 그 다음은 살렘 왕이니 곧 평강의 왕이요 아버지도 없고 어머니도 없고 족보도 없고 시작한 날도 없고 생명의 끝도 없어 하나님의 아들과 닮아서 항상 제사장으로 있느니라 이 사람이 얼마나 높은가를 생각해 보라 조상 아브라함도 노략물 중 십분의 일을 그에게 주었느니라 …… 멜기세덱과 같은 별다른 한 제사장이 일어난 것을 보니 더욱 분명하도다 그는 육신에 속한 한 계명의 법을 따르지 아니하고 오직 불멸의 생명의 능력을 따라 되었으니 증언하기를 네가 영원히 멜기세덱의 반차를 따르는 제사장이라 하였도다 전에 있던 계명은 연약하고 무익하므로 폐하고 (율법은 아무 것도 온전하게 못할지라) 이에 더 좋은 소망이 생기니 이것으로 우리가 하나님께 가까이 가느니라 또 예수께서 제사장이 되신 것은 맹세 없이 된 것이 아니니 (그들은 맹세 없이 제사장이 되었으되 오직 예수는 자기에게 말씀하신 이로 말미암아 맹세로 되신 것이라 주께서 맹세하시고 뉘우치지 아니하시리니 네가 영원히 제사장이라 하셨도다) 이와 같이 예수는 더 좋은 언약의 보증이 되셨느니라

기억할 말씀

약 2:14-17
내 형제들아 만일 사람이 믿음이 있노라 하고 행함이 없으면 무슨 유익이 있으리요 그 믿음이 능히 자기를 구원하겠느냐 만일 형제나 자매가 헐벗고 일용할 양식이 없는데 너희 중에 누구든지 그에게 이르되 평안히 가라, 덥게 하라, 배부르게 하라 하며 그 몸에 쓸 것을 주지 아니하면 무슨 유익이 있으리요 이와 같이 행함이 없는 믿음은 그 자체가 죽은 것이라

야고보서

1. 야고보서를 어떻게 읽을 것인가

스데반 집사가 순교당한 이후 예루살렘의 유대 그리스도인들은 유대인들의 박해를 피해 소아시아와 멀리 로마에 이르기까지 흩어졌다. 본서는 유대 그리스도인들에게 시련 가운데서도 인내하며 믿음을 구체적으로 잘 실천해 나갈 것을 당부하고 있다. 특별히 믿음의 조상인 아브라함의 믿음을 설명하면서, 행함이 없는 믿음은 죽은 믿음이라고 했다.

그러나 믿음으로 구원받는다는 로마서나 갈라디아서를 부정하는 것은 아니다. 야고보 사도는 믿음에는 행함이 따라야함을 강조하면서 믿음과 행위가 하나 되는 성숙한 신앙인으로 인도하고 있다.

"이는 너희 믿음의 시련이 인내를 만들어 내는 줄 너희가 앎이라"(1:3)

"우리 조상 아브라함이 그 아들 이삭을 제단에 바칠 때에 행함으로 의롭다 하심을 받은 것이 아니냐…… 영혼 없는 몸이 죽은 것 같이 행함이 없는 믿음은 죽은 것이니라"(2:21-26)

야고보 사도는 실천하는 믿음을 강조하면서 언어로 나타나는 믿음, 세상의 정욕과 불의한 재물에 대해 경계하는 믿음에 대해 설명하고 있다. 여기에 덧붙여 성도들을 위해 기도할 것을 권면하면서, 기도는 믿음의 실천임을 가르치고 있다.

"그러므로 너희 죄를 서로 고백하며 병이 낫기를 위하여 서로 기도하라 의인의 간구는 역사하는 힘이 큼이니라"(5:16)

전체적인 내용을 살펴보면, 1장 1-18절은 시련과 시험 중에 있는 고난당하는 자들에 대한 문안과 함께 시험의 근본적인 목적에 대해 설명한다. 1장 19절-5장 6절은 믿음의 실천적인 반응(행함의 믿음)을 강조한다. 5장 7-20절은 믿음으로 고난을 극복한 믿음의 열매(기도)에 대해 기록하였다.

2. 저자 · 기록연대 · 기록동기

저자와 기록연대: 저자가 야고보임이 밝혀져 있다(1;1). 기록연대는 '흩어져 있는 열두 지파에게' (1:1) 문안한 것과 스데반의 순교 이후 박해를 피해 각지로 흩어진 예루살렘 교회의 성도들에게 기록한 것으로 보아 AD 60년경 전후로 추정된다.

기록동기: 스데반의 순교 이후 유대인들의 박해를 피해 초대 예루살렘 성도들은 소아시아, 마게도냐, 로마 등지로 흩어졌다. 이들 성도들은 사도들의 믿음과 사랑의 교제로부터 단절된 채, 고난 속에서 신앙을 내려놓을 정도로 어려운 상황에 처해 있었다. 야고보는 환난과 시험에 처해 있던 성도들을 향해 이를 극복하고 이겨낼 수 있도록 말씀으로 격려하였다(1:2-18, 5:7-18). 또한 믿음으로 구원받는다는 교리가 잘못 해석되어 실생활에서 바르지 못한 삶을 살고 있는 성도들에게 믿음의 실천, 즉 성숙한 신앙을 가르치고자 기록하였다.

기억할 말씀

약 1:2-12
내 형제들아 너희가 여러 가지 시험을 당하거든 온전히 기쁘게 여기라 이는 너희 믿음의 시련이 인내를 만들어 내는 줄 너희가 앎이라 인내를 온전히 이루라 이는 너희로 온전하고 구비하여 조금도 부족함이 없게 하려 함이라 …… 시험을 참는 자는 복이 있나니 이는 시련을 견디어 낸 자가 주께서 자기를 사랑하는 자들에게 약속하신 생명의 면류관을 얻을 것이기 때문이라

3. 야고보서의 파노라마

주제	성숙한 믿음	믿음과 행함	열매 맺는 믿음
내용 구분	1:1 2:1	5:7	5:20
	시련과 시험	실천하는 믿음	인내/ 기도/ 사랑
문체	대화체와 명령형이 담긴 서신		
장소	예루살렘		
기간	AD 60-62년경으로 추정		

기억할 말씀

약 5:15-16
믿음의 기도는 병든 자를 구원하리니 주께서 그를 일으키시리라 혹시 죄를 범하였을지라도 사하심을 받으리라 그러므로 너희 죄를 서로 고백하며 병이 낫기를 위하여 서로 기도하라 의인의 간구는 역사하는 힘이 큼이니라

1〉 성숙한 믿음(1장)

믿는 자들의 시련 1:1-18, 시험과 성숙한 믿음 1:19-27,

2〉 믿음과 행함(2:1-5:6)

바른 인간관계 2:1-13, 죽은 믿음 2:14-26,
언어로 나타나는 믿음 3:1-12, 세상 지혜와 하늘의 지혜 3:13-18,
세상의 정욕에 대한 경계 4:1-12, 허무한 세상 정욕 4:13-17,
불의한 재물에 대한 경계 5:1-6,

3〉 열매 맺는 믿음(5:7-20)

고난 중의 인내 5:7-12, 기도와 사랑 5:8-20

4. 야고보서 해석의 키워드

★신약의 세 야고보

1〉 사도 야고보: 12사도 중의 한 사람이며, 세베대의 아들(마 4:21, 10:2, 막 1:19, 3:17)이요, 사도 요한의 형이다. 최초의 제자 중 한 사람으로 직업은 어부다. 그의 어머니는 살로메로 예수님의 모친 마리아와 자매 관계이다. 그와 동생 요한은 성격이 급하고 활달하여 사마리아의 어떤 마을에서 예수님의 일행을 배척한다고 불살라 버리라고 할 정도였다(눅 9:52-55). 이 때문에 그들은 '보아너게'(우레의 아들)란 이름을 받았다(막 3:17). AD 44년에 헤롯 아그립바에 의해 죽임을 당하여 사도 가운데 첫 순교자가 되었다(행 12:2).

2〉 사도 야고보: 알패오의 아들이며 12 사도 중의 한 사람이다(마 10:3, 막 3:18, 눅 6:15, 행 13장). 그는 작은 야고보(막 15:40)로, 세베대의 아들 야고보는 큰 야고보로 불리었다.

3〉 예수님의 동생 야고보(마 13:55, 막 6:3, 갈 1:19) : 예수님에게는 네 형

제가 있었다. 야고보는 예수님의 바로 아래 동생으로 요셉과 시몬 · 유다의 형이었다. 그는 '의인 야고보'로 불리었다고 한다. 예수님이 부활하신 이후 제자가 되었다(마 13:55, 막 6:3). 후에 예루살렘 교회의 지도자가 되어(행 12:17, 15:13, 21:18, 갈 1:19, 2:9-12), 유대파 그리스도인들에게 큰 영향력을 행사했다. 바울이 회심 후 3년이 지나 처음 예루살렘을 방문했을 때 야고보는 교회의 지도자였다(갈 1:19). 11년 후에는 바울과 예루살렘 교회의 지도자들과 협의하여 이방 전도를 인정했다(갈 2:9). 이방인 그리스도인들에 대한 율법의 의식문제로 예루살렘 공의회가 열렸을 때, 야고보는 "이방인 중에서 하나님께로 돌아오는 자들을 괴롭게 하지 말고 다만 우상의 더러운 것과 음행과 목매어 죽인 것과 피를 멀리하라"고 했다. AD 62년 제사장 아나누스가 야고보를 율법 파괴자란 죄명으로 고소하여 돌로 쳐 죽였다고 한다. 야고보서의 저자이다.

기억할 말씀

약 1:12-15
시험을 참는 자는 복이 있나니 이는 시련을 견디어 낸 자가 주께서 자기를 사랑하는 자들에게 약속하신 생명의 면류관을 얻을 것이기 때문이라 사람이 시험을 받을 때에 내가 하나님께 시험을 받는다 하지 말지니 하나님은 악에게 시험을 받지도 아니하시고 친히 아무도 시험하지 아니하시느니라 오직 각 사람이 시험을 받는 것은 자기 욕심에 끌려 미혹됨이니 욕심이 잉태한즉 죄를 낳고 죄가 장성한즉 사망을 낳느니라

★시련과 시험

그리스도인들은 이 세상에 사는 동안 믿음으로 인한 시험(trial)과 시련(test)을 겪으면서 살아가고 있다. 시험은 신앙으로 인해 겪는 고난과 환난을 의미한다. 그런데 이를 겪는 것을 오히려 기뻐하라고 사도 야고보는 권면하고 있다. 시련이 굴복하지 않는 인내를 만들어 내기 때문이다. 인내는 결국 온전하고 구비하여 조금도 부족함이 없는 성숙한 신앙인으로 세워주는 도구의 역할을 한다(1:2-4). 또한 시험을 참는 자에게는 주님께서 약속하신 생명의 면류관을 얻는 복을 누리게 된다(1:12).

5장에서는 환난에 대해 길이 참고 마음을 굳건하게 하여 주의 강림을 기다리라고 권면하고 있다. 욥의 인내를 통해 하나님은 복된 결말을 허락하셨듯이 인내하는 자를 향해 자비와 긍휼을 베푸시는 분이시다(5:7-11). 그리스도인 스스로가 내적 혹은 외적 유혹에 빠져 미혹되는 어려움을 당하는 경우가 있다. 이런 경우에는 하나님이 주신 시험이라고 핑계하지 말고 죄의 유혹을 물리쳐야 한다(1:12-15).

기억할 말씀

약 1:6-7
오직 믿음으로 구하고 조금도 의심하지 말라 의심하는 자는 마치 바람에 밀려 요동하는 바다 물결 같으니 이런 사람은 무엇이든지 주께 얻기를 생각하지 말라

★하나님의 응답받는 기도

1〉 오직 믿음으로 구하고 조금도 의심하지 말아야 한다(1:6).

2〉 필요를 따라 기도해야 한다(4:2).

3〉 정욕에 사로잡혀 기도하지 말고 하나님의 뜻을 구하며 기도해야 한다. 하나님은 정욕으로 쓰려고 구하는 기도에 응답하시지 않는다(4:3).

4〉 성도끼리 죄를 서로 고백하며 기도할 때 하나님께서 역사하신다(5:16).

5〉 인내하며 간절히 기도할 때 하나님은 응답하신다(눅 18:1, 마 7:7-11).

6〉 예수의 이름으로 기도하면 예수께서 시행하신다(요 14:13-14).

7〉 겸손한 자의 기도에 응답하신다(시 10:17).

8〉 의인(믿음있는 자)의 부르짖음에 귀를 기울이신다(시 34:15).

★행함 있는 믿음(2:14-26)

구원은 믿음으로 이루어지지만, 참된 믿음은 행함을 수반해야 한다. 믿음이 있노라하면서 행함이 없다면 그것은 거짓된 믿음이다. 형제나 자매가 헐벗고 굶주린 상태에 있는데 도움의 손길을 펼치지 않는다면 어떻게 그들을 구할 수 있겠는가! 믿음의 조상 아브라함은 아들 이삭을 제단에 드림으로, 기생 라합은 하나님의 사자들을 접대하고 그들을 구원의 길로 인도하는 결단을 행함으로 의롭다 하심을 받았다. 아브라함과 라합은 그들의 믿음을 구체적인 행동으로 옮김으로 믿음을 증언했다.

참된 믿음은 진리에 대한 지식적 인정으로 그치지 않고 실천하는 순종의 삶까지 담고 있다. 이렇게 야고보 사도는 실천하는 행함을 믿음의 열매로 규정하면서 행함이 없는 믿음을 죽은 것, 헛것이라고 했다. 진정한 믿음이란 진리를 깨달아 이를 의지적인 행위로 나타내는 것이다.

★그리스도인의 언어생활(3:1-12)

행함 있는 믿음을 강조하면서 야고보 사도는 그리스도인의 언어생활에 대해 경고하고 있다. 이는 혀(말)를 조심하는 일이다. 혀는 비록 작은 지체이지만 사람을 비참하게도, 때로는 능히 죽게 하는 힘까지 갖고 있다. 때로는 혀를

통해 하나님을 찬송하며 신앙을 고백하는 역할도 하지만, 경우에 따라서 사람을 저주하기도 한다. 혀를 통제하는 일은 쉽지 않다. 말의 실수가 없는 자는 온전한 사람이라고 했다. 진정한 그리스도인은 무엇을 하든지 하나님의 영광을 위해 해야 한다(고전 10:31). 인간관계에서 언어를 통하여 덕을 세움으로 하나님께 영광을 돌려야 할 것이다.

★세상의 정욕(4:1-17)

"구하여도 받지 못함은 정욕으로 쓰려고 잘못 구하기 때문이라"(약4:3)

세상적인 정욕을 이기적으로 구하는 자는 하나님께 기도해도 아무 것도 얻지 못한다. 그릇된 욕망은 그리스도인을 유혹하는 마귀의 역사이다. 세상을 따라가며 세상과 벗된 삶은 하나님과 원수가 되는 결과를 초래한다. 세상(마귀)을 대적하며, 하나님께 복종하고 자신을 낮출 때 하나님으로부터 높임을 받는다. 세상의 정욕을 따르는 삶은 안개처럼 허무하게 사라지고 만다. 그러므로 성도는 세상 정욕에 사로잡힌 허탄한 자랑을 내려놓고 하나님의 뜻이 무엇인지 늘 생각하며 선을 행하는 삶을 살아야 한다. 세상과 정욕은 모두 다 지나간다. 오직 하나님의 뜻을 행하는 자는 영생을 누린다(요일 2:17).

★성도의 기도(5:13-20)

성도들은 고난당하는 자들과 교제를 나누면서 그들을 위해 기도해야 한다. 행함이 있는 믿음은 기도하는 삶이다.

1〉 믿음의 기도를 통해 환난 당한 자들을 격려하고 극복하도록 도움을 준다.

2〉 성도는 자신의 죄를 고백하면서 기도해야 한다. 회개의 기도는 더 큰 역사를 일으켜 병든 자를 치유하며, 미혹당하여 진리를 떠난 자들을 다시 돌아올 수 있게 한다.

3〉 의인의 간구는 역사하는 힘이 크기에 성도는 기도를 쉬지 않아야 한다.

4〉 성도는 환난 당하는 자들, 질병 속에서 고통 받는 자들, 미혹당하여 다

기억할 말씀

약 4:14-17
내일 일을 너희가 알지 못하는도다 너희 생명이 무엇이냐 너희는 잠깐 보이다가 없어지는 안개니라 너희가 도리어 말하기를 주의 뜻이면 우리가 살기도 하고 이것이나 저것을 하리라 할 것이거늘 이제도 너희가 허탄한 자랑을 하니 그러한 자랑은 다 악한 것이라 그러므로 사람이 선을 행할 줄 알고도 행하지 아니하면 죄니라

기억할 말씀

약 2:18-26
어떤 사람은 말하기를 너는 믿음이 있고 나는 행함이 있으니 행함이 없는 네 믿음을 내게 보이라 나는 행함으로 내 믿음을 네게 보이리라 하리라 네가 하나님은 한 분이신 줄을 믿느냐 잘하는도다 귀신들도 믿고 떠느니라 아아 허탄한 사람아 행함이 없는 믿음이 헛것인 줄을 알고자 하느냐 우리 조상 아브라함이 그 아들 이삭을 제단에 바칠 때에 행함으로 의롭다 하심을 받은 것이 아니냐 네가 보거니와 믿음이 그의 행함과 함께 일하고 행함으로 믿음이 온전하게 되었느니라 이에 성경에 이른바 아브라함이 하나님을 믿으니 이것을 의로 여기셨다는 말씀이 이루어졌고 그는 하나님의 벗이라 칭함을 받았나니 이로 보건대 사람이 행함으로 의롭다 하심을 받고 믿음으로만은 아니니라 또 이와 같이 기생 라합이 사자들을 접대하여 다른 길로 나가게 할 때에 행함으로 의롭다 하심을 받은 것이 아니냐 영혼 없는 몸이 죽은 것 같이 행함이 없는 믿음은 죽은 것이니라

른 길로 가는 자들의 회복을 위해 함께 기도해야 한다. 기도를 통해 행함이 있는 믿음의 삶을 살게 된다.

5. 더 깊은 연구와 삶의 적용

1. 야고보서를 읽으면서 나는 어떤 하나님을 경험하였는가?

2. 생명의 면류관을 얻는 자는 누구인가?(약 1:12)

3. 진정한 믿음의 열매는 무엇인가?(약 2:14-26)

4. 그리스도인들은 왜 중보 기도해야 하는가?(약 5:13-20)

베드로전서

기억할 말씀

벧전 5:9-11
너희는 믿음을 굳건하게 하여 그를 대적하라 이는 세상에 있는 너희 형제들도 동일한 고난을 당하는 줄을 앎이라 모든 은혜의 하나님 곧 그리스도 안에서 너희를 부르사 자기의 영원한 영광에 들어가게 하신 이가 잠깐 고난을 당한 너희를 친히 온전하게 하시며 굳건하게 하시며 강하게 하시며 터를 견고하게 하시리라 권능이 세세무궁하도록 그에게 있을지어다 아멘

1. 베드로전서를 어떻게 읽을 것인가

유대인들의 박해가 심각했고, 이어서 로마 제국도 기독교도에 대해 입박이 점점 심해졌다. 이때 소아시아(본도, 갈라디아, 갑바도기아, 아시아와 비두니아 1:1 참조)에 흩어져 있던 성도들을 향해 그리스도 안에서 구원의 소망을 갖고, 고난 중에서도 인내할 것을 권고하며 격려하기 위해 기록하였다(1:6-7).

> "그러므로 너희가 이제 여러 가지 시험으로 말미암아 잠깐 근심하게 되지 않을 수 없으나 오히려 크게 기뻐하는도다 너희 믿음의 확실함은 불로 연단하여도 없어질 금보다 더 귀하여 예수 그리스도께서 나타나실 때에 칭찬과 영광과 존귀를 얻게 할 것이니라"

1:1-2:12은 성도들의 구원과 구원받은 자가 행해야 할 성결한 삶에 대해, 2:13-3:12은 하나님 나라에 속해 있으나 이 땅에서 살고 있는 그리스도인의 역할과 의무에 대해, 3:13-5:11은 그리스도인들이 고난 속에서도 낙담하지 않고 예수님께서 보여 주신 모범을 따라 하나님의 영적 은사를 활용하는 삶에 대해 기록하였다.

사도 베드로는 초대교회 성도들을 향해 박해로 큰 시련 속에 빠졌을 때 삶에 대한 소망을 심어주었다. 뿐만 아니라 성도들이 비록 거류민과 나그네 같은 삶을 살고 있지만(2:11), 택하신 족속이요 왕 같은 제사장들이요 거룩한 나라요 하나님의 소유된 하나님의 택한 백성이기에 육체의 정욕을 제어하며 정신을 차리고 근신하여 기도할 것을 권면하고 있다.

"만물의 마지막이 가까이 왔으니 그러므로 너희는 정신을 차리고 근신하여 기도하라"(4:7)

오직 기도와 말씀으로 무장하여 영적으로 깨어있는 삶을 살라고 강력하게 권고한다. 이로써 대적 마귀를 물리칠 수 있다. 결국 하나님께서 성도들이 겪는 시련과 고난을 통해 하나님의 영원한 영광에 들어가게 하신다.

2. 저자 · 기록연대 · 기록동기

저자와 기록연대: 베드로서는 네로 황제 시대인 AD 64년경에 사도 베드로가 실루아노의 대필로 기록한 서신이다(5:12).

기록동기: 초대 예루살렘 교회에 대한 유대인들의 박해로 인해 성도들은 유대와 사마리아 모든 땅으로 흩어져 나갔다(행 8:1). 당시 로마 제국은 종교에 대해 비교적 관대한 태도를 취했다. 그러나 기독교가 점점 널리 전파되고 로마황제숭배 사상과 충돌을 빚자, 네로 황제 시대에 이르러 본격적으로 박해가 가해졌다. 이러한 상황에서 베드로는 예수 그리스도의 은혜와 구원의 교리를 상기시킴으로서 그들에게 위로와 용기를 주고, 나아가 그리스도의 재림과 구원의 산 소망을 안고 환난과 박해를 인내로 극복하도록 권고하기 위해 기록하였다.

3. 베드로전서의 파노라마

주제	구원	구원받은 성도의 의무	고난의 의미와 성도의 자세		
내용 구분	1:1	2:13	3:13	4:1	5:1 – 5:14
	구원과 성화된 삶	성도의 삶의 자세	고난과 예수의 모범	구원받은 자의 새 생활	고난 중의 사역
문체	신앙에 대한 교리적인 서신서				
장소/기간	베드로가 로마에서 소아시아 교회와 성도에게 보낸 편지/ AD 64년경				

1〉 구원(1:1-2:12)

미래의 소망과 현재의 시련 1:1-12, 성화된 삶 1:13-25,
성화의 방법 2:1-12

2〉 구원받은 성도의 의무(2:13-3:12)

국가에 대한 성도의 자세 2:13-17, 세상에서의 성도의 자세 2:18-25,
남편에 대한 자세 3:1-7, 성도간의 자세 3:8-12

3〉 고난의 의미와 성도의 자세(3:13-5:14)

의로 인한 고난 3:13-22, 구원받은 자의 새 생활 4:1-11,
성도와 고난의 관계 4:12-19, 고난에 임하는 참 목자상 5:1-6,
고난에 임하는 성도의 자세 5:7-14

4. 베드로전서 해석의 키워드

★성도의 고난과 유익(4:12-19)

예수 그리스도의 부활은 현재의 삶에서 고난을 겪고 있는 성도들을 거듭나게 하고, 확고한 믿음을 심어주며, 산 소망을 갖게 한다. 시련 때문에 근심하기보다는 오히려 크게 기뻐하라고 권면한다. 믿음의 시련이 연단의 과정을 통해 예수의 재림 때에 칭찬과 영광과 존귀를 얻게 할 것이기 때문이다(1:3-9). 베드로 사도는 성도들에게 세상과 더불어 안일한 삶을 살아가기 보다는 그리스도의 고난에 기꺼이 참여하여, 그리스도가 재림할 때에 기뻐하며 즐거워 할 수 있기를 권면하고 있다. 믿음 안에서 고난은 고통이 아니라 은혜이다. 선을 행함으로 고난을 받고 참으면 하나님 앞에 아름다운데, 이를 위해 성도는 부름받은 자이다(2:19-21). 그러나 살인과 도둑질, 악행이나 남의 일을 간섭함으로 빚어지는 고난은 받지 말아야 한다. 오직 하나님의 뜻을 이루기 위한 고난이어야만 한다. 성도가 겪는 고난은 신앙과 삶에 큰 유익을 안겨 준다.

기억할 말씀

벧전 1:7-15
너희 믿음의 확실함은 불로 연단하여도 없어질 금보다 더 귀하여 예수 그리스도께서 나타나실 때에 칭찬과 영광과 존귀를 얻게 할 것이니라 …… 오직 너희를 부르신 거룩한 이처럼 너희도 모든 행실에 거룩한 자가 되라

벧전 2:9
그러나 너희는 택하신 족속이요 왕 같은 제사장들이요 거룩한 나라요 그의 소유가 된 백성이니 이는 너희를 어두운 데서 불러 내어 그의 기이한 빛에 들어가게 하신 이의 아름다운 덕을 선포하게 하려 하심이라

벧전 4:12-19
사랑하는 자들아 너희를 연단하려고 오는 불 시험을 이상한 일 당하는 것 같이 이상히 여기지 말고 오히려 너희가 그리스도의 고난에 참여하는 것으로 즐거워하라 이는 그의 영광을 나타내실 때에 너희로 즐거워하고 기뻐하게 하려 함이라 너희가 그리스도의 이름으로 치욕을 당하면 복 있는 자로다 영광의 영 곧 하나님의 영이 너희 위에 계심이라 …… 만일 그리스도인으로 고난을 받으면 부끄러워하지 말고 도리어 그 이름으로 하나님께 영광을 돌리라 하나님의 집에서 심판을 시작할 때가 되었나니 만일 우리에게 먼저 하면 하나님의 복음을 순종하지 아니하는 자들의 그 마지막은 어떠하며 또 의인이 겨우 구원을 받으면 경건하지 아니한 자와 죄인은 어디에 서리요 그러므로 하나님의 뜻대로 고난을 받는 자들은 또한 선을 행하는 가운데에 그 영혼을 미쁘신 창조주께 의탁할지어다

기억할 말씀

벧전 5:8-9

근신하라 깨어라 너희 대적 마귀가 우는 사자 같이 두루 다니며 삼킬 자를 찾나니 너희는 믿음을 굳건하게 하여 그를 대적하라 이는 세상에 있는 너희 형제들도 동일한 고난을 당하는 줄을 앎이라

1〉 고난을 통해 낮추시며 겸손하게 만드신다(4:1, 신 8:3,16).

2〉 자신의 죄를 깨닫게 한다(4:1, 욥 36:8-9).

3〉 하나님의 뜻을 깨닫게 한다(4:2, 시 119:71).

4〉 예수님의 고난에 참여하게 한다(4:1, 빌 3:10).

5〉 고난을 통해 믿음을 연단시키시며 더욱 하나님의 은혜를 누리게 한다(1:7, 5:9-10).

6〉 하나님의 징계를 통해 하나님의 사랑을 확인하며 확증하게 한다(잠 3:11-12).

7〉 고난을 통해 기도하게 하신다(사 19:20-22).

8〉 하나님 곁에 머물러 있게 하신다(겔 14:11).

9〉 성도들을 성화의 과정으로 인도하신다(시 66:10, 사 48:10).

10〉 하나님의 거룩하심에 참여하게 함으로 의와 평강한 열매를 맺게 하신다(히 12:10-11).

★마귀(4:1-13, 5:1-11)

마귀는 흑암의 주권자요, 사망의 권세 잡은 자이며, 거짓의 아버지이다(엡 6:12, 히 2:12, 요 8:44). 마귀를 대적하기 위해 성도는 먼저 염려와 근심을 하나님께 맡겨야 한다. 인간적인 생각(불안 · 공포 · 근심 · 걱정 · 비교의식 등)에 사로잡히거나 개인적인 사리사욕에 빠져 욕망을 절제하지 못하는 것은 영이 죽고 육이 살아 있는 마귀의 다스림을 받는 삶이다. 여기에서 벗어나려면 정신을 차리고 깨어있어 마귀를 대적하는 삶을 살아야한다. 성령의 인도함을 받아 육이 죽고 영이 살아있는 삶을 의미한다. 영의 사람인 하나님의 자녀는 자신의 생각과 뜻이 아닌 하나님의 뜻을 구하는 기도를 하여 마귀를 대적할 수 있어야 한다(5:7-9). 마귀는 흑암과 사망 · 거짓으로 인도하지만, 예수 그리스도는 성도들을 빛과 생명과 진리로 인도하신다.

베드로후서

기억할 말씀

벧후 1:10-11
형제들아 더욱 힘써 너희 부르심과 택하심을 굳게 하라 너희가 이것을 행한즉 언제든지 실족하지 아니하리라 이같이 하면 우리 주 곧 구주 예수 그리스도의 영원한 나라에 들어감을 넉넉히 너희에게 주시리라

1. 베드로후서를 어떻게 읽을 것인가

베드로전서가 로마 제국의 박해와 환난에 대한 위로와 격려의 내용을 담았음에 비해, 후서는 교회 안의 문제를 다루고 있다. 거짓 교사들에 대한 경계와 경고를 하면서 성도들의 영적 성장을 권면하고 있다. 또한 예수의 재림을 확실하게 전달하면서 성도들의 재림을 맞는 자세에 대해 상세하게 설명하고 있다.

> "하나님의 날이 임하기를 바라보고 간절히 사모하라 그 날에 하늘이 불에 타서 풀어지고 물질이 뜨거운 불에 녹아지려니와 우리는 그의 약속대로 의가 있는 곳인 새 하늘과 새 땅을 바라보도다"(3:12-13)

전체적인 내용은, 1장은 그리스도의 재림과 천국에 대한 소망을 통한 성도의 신앙적 성숙을 권면하고 있다. 2장은 거짓 교사들의 특성을 알리고 그들의 기르침을 경계할 것을, 3장은 그리스도의 재림과 이에 대한 소망을 재확인하면서 구원의 완성을 향해 하나님의 은혜 안에서 영적인 성장을 계속 이어나갈 것을 당부하고 있다. 특별히 성도들로 하여금 새 하늘과 새 땅을 바라보게 한다.

2. 저자 · 기록연대 · 기록동기

저자와 기록연대: 저자는 사도 베드로이다(1:1). 베드로전서가 기록된 후(AD 64년경) 베드로 사도의 말년에 기록된 것으로 알려지고 있다(AD 66~67년경).

기억할 말씀

벧후 1:2-8

하나님과 우리 주 예수를 앎으로 은혜와 평강이 너희에게 더욱 많을지어다 …… 이로써 그 보배롭고 지극히 큰 약속을 우리에게 주사 이 약속으로 말미암아 너희가 정욕 때문에 세상에서 썩어질 것을 피하여 신성한 성품에 참여하는 자가 되게 하려 하셨느니라 그러므로 너희가 더욱 힘써 너희 믿음에 덕을, 덕에 지식을, 지식에 절제를, 절제에 인내를, 인내에 경건을, 경건에 형제 우애를, 형제 우애에 사랑을 더하라 이런 것이 너희에게 있어 흡족한 즉 너희로 우리 주 예수 그리스도를 알기에 게으르지 않고 열매 없는 자가 되지 않게 하려니와

기록동기: 소아시아에 널리 흩어져 있던 교회들을 향해 사도 베드로는 이단의 잘못된 가르침을 바로 고쳐주고자 기록하였다. 초대 예루살렘 교회의 사도들의 활동은 서서히 사라져 갔고 교회 내에는 영지주의를 비롯한 온갖 이단의 활동이 활발히 펼쳐져 기독교 복음의 진리에 대한 혼란과 의심이 발생하였다. 예수 그리스도의 재림을 부인하기도 했다. 베드로는 거짓 교사에 대한 경계와 그리스도의 재림을 확실하게 알려주며, 성숙한 믿음생활에 대해 교훈을 주고 있다.

3. 베드로후서의 파노라마

주제	신앙 성숙	거짓 교사에 대한 경고	재림에 대한 확신
내용 구분	1:1 2:1	3:1	3:18
	믿음과 재림	거짓 교사의 특성과 가르침	재림의 약속과 준비
문체	재림을 준비하는 성도의 삶에 대한 서신서		
장소/기간	베드로가 로마에서 소아시아 교회와 성도에게 보낸 편지 / AD 66–67년경		

1) 성도의 신앙 성숙(1장)

신앙성숙을 촉구 1:1–11, 재림에 대한 준비 1:12–21,

2) 거짓 교사에 대한 경고(2장)

거짓 교사에 대한 심판 2:1–11, 거짓 교사의 특성과 가르침 2:12–22

3) 재림에 대한 확신(3장)

그리스도의 재림 3:1–7, 재림을 준비하는 자세 3:8–13,

미혹에 대한 경고 3:14–18

4. 베드로후서 해석의 키워드

★신앙의 성숙과 열매 맺는 삶

거짓 교사들과 이단들로부터 미혹되지 않으려면 성숙한 신앙인의 삶을 살면서 열매를 맺어야 한다(1:1-11). 믿음의 성숙을 위한 원동력으로 베드로 사도는 7 덕목을 제시하고 있다. 믿음(faith), 덕(virtue), 지식(knowledge), 절제(self-control), 인내(endurance), 경건(piety), 형제 우애(brotherly-love), 사랑(love)을 꼽는다.

이러한 믿음의 과정을 거쳐 하나님의 부르심과 택하심에 대해 굳게 확신하며, 실족하지 않고 구체적인 신앙의 열매를 삶 속에서 맺기에 이른다. 이를 하나님의 성품에 참여하는 삶이라고 했다. 자신의 삶 속에서 열매 맺지 못한 자는 맹인이요, 멀리 못 보는 자라고 했다. 눈에 보이는 현세의 삶만 바라보고 그리스도의 재림 때 누릴 영광은 알지 못하는 자이다. 부활 소망 보다는 현실에서의 성취에 더 마음을 두고 있기 때문이다. 예수의 재림과 성도의 부활을 확신하며 기대할 때, 성숙한 믿음을 이루어가는 7 덕목은 삶 속에서 구체적으로 나타난다.

★성경에 근거한 신앙(1:12-21)

무엇을 믿는가? 믿음의 근거는 무엇인가? 그것은 바로 하나님의 말씀인 성경이다. 그리스도인은 말씀을 마음과 머리에 담고 묵상함으로 믿음에 대한 삶의 자세를 견지해 나간다(시 1:1-3, 119:105).

> "주의 말씀은 내 발에 등이요 내 길에 빛이니이다"(시 119:105)

사도 베드로는 임박한 순교를 예측하고 자신이 떠난 이후에도 하나님의 부르심과 택하심을 굳게 해 실족하지 말라고 강력하게 당부한다. 이를 위해 예수 그리스도를 아는 일에 게으르지 말라고 했다(1:8-11). 예수를 아는 것이 바로 믿음이요, 예수에 대한 기록이 바로 성경에 나타나있다. 예수 그리스도

기억할 말씀

벧후 1:20-21
먼저 알 것은 성경의 모든 예언은 사사로이 풀 것이 아니니 예언은 언제든지 사람의 뜻으로 낸 것이 아니요 오직 성령의 감동하심을 받은 사람들이 하나님께 받아 말한 것임이라

벧후 2:1-2
그러나 백성 가운데 또한 거짓 선지자들이 일어났었나니 이와 같이 너희 중에도 거짓 선생들이 있으리라 그들은 멸망하게 할 이단을 가만히 끌어들여 자기들을 사신 주를 부인하고 임박한 멸망을 스스로 취하는 자들이라 여럿이 그들의 호색하는 것을 따르리니 이로 말미암아 진리의 도가 비방을 받을 것이요

의 구원과 재림에 대한 내용을 담은 말씀은 사람이 만든 이야기가 아니라 하나님의 크신 위엄을 친히 경험한 자들이 성령의 감동으로 기록한 것이다(딤후 3:15-17). 하나님의 말씀을 오직 믿음의 근거로 삼고, 이를 사사로이 풀지 않음으로서 이단과 거짓 교사들로부터 벗어날 수 있다.

★거짓교사(2:1-22)

성도는 거짓 가르침을 행하는 거짓 교사들(이단)을 경계하고 그들의 가르침을 분별할 수 있어야 한다. 거짓 교사들의 가르침은 복음에서 완전히 벗어날 뿐만 아니라 세속적이고 쾌락을 좇는 삶을 추구하면서 성도들을 유혹하고 있다. 당시의 거짓 교사들(이단들)은 윤리와 도덕적인 측면에서도 문제를 일으킬 정도로 부도덕한 삶을 살았다.

거짓 교사들은,

1〉 살아서 역사하시는 예수를 부인하는 자들이다.

2〉 그들은 탐심과 호색하면서 오히려 진리의 도를 비방한다.

3〉 하나님은 그들을 결코 용서하지 않으신다(노아 시대의 홍수 심판, 소돔과 고모라 땅에 임한 멸망).

4〉 그들은 당돌하고 자랑하며 두려워하지 않으며 하나님의 영광 가운데 있는 자들을 오히려 비방하거나 고발한다.

5〉 음심이 가득하여 범죄하기를 그치지 아니한다.

6〉 굳세지 못한 자들을 미혹한다.

★재림의 확실성과 소망(3:1-18)

거짓 교사들은 만물이 현재와 같이 보존되며, 재림이나 심판은 결코 없다고 가르쳤다. 그러나 하나님께서 말씀으로 심판하신다고 베드로 사도는 강하게 경고하고 있다.

*하나님은 하나님의 날이 이르기 전에 모든 사람이 회개하여 멸망하지 않기를 원한다.

*그리스도의 재림은 예고없이 도둑 같이, 그러나 반드시 일어날 것이다.

*그 날은 하늘과 땅에 불이 임하며 모든 감추어진 것이 다 드러난다.

*성도는 거룩한 행실과 경건함으로 재림을 사모하고 준비해야 한다.

베드로 사도는 성도들이 예수 재림을 기다리면서 점도 없고 흠도 없는 삶을 살도록 힘쓰며, 새 하늘과 새 땅을 소망하라 권면하고 있다.

5. 더 깊은 연구와 삶의 적용

1. 베드로전후서을 읽으면서 나는 어떤 하나님을 경험하였는가?

2. 베드로전서와 후서를 기록한 목적은 어떻게 다른지 비교해보자

3. 성도는 왜 시련과 시험을 당할 때 이를 기쁘게 받아 들여야 하는가?(벧전 1:3-9)

4. 우리의 신앙은 무엇에 근거해야 하는가?(벧후 1:12-21)

5. 예수의 재림을 맞이하는 성도의 삶의 자세에 대해 본문(벧후 3:8-17)을 읽고 묵상하자. 나는 어떤 삶의 자세를 취하며 살고 있는가?

기억할 말씀

벧후 3:8-17

사랑하는 자들아 주께는 하루가 천 년 같고 천 년이 하루 같다는 이 한 가지를 잊지 말라 주의 약속은 어떤 이들이 더디다고 생각하는 것 같이 더딘 것이 아니라 오직 주께서는 너희를 대하여 오래 참으사 아무도 멸망하지 아니하고 다 회개하기에 이르기를 원하시느니라 그러나 주의 날이 도둑 같이 오리니 그 날에는 하늘이 큰 소리로 떠나가고 물질이 뜨거운 불에 풀어지고 땅과 그 중에 있는 모든 일이 드러나리로다 이 모든 것이 이렇게 풀어지리니 너희가 어떠한 사람이 되어야 마땅하냐 거룩한 행실과 경건함으로 하나님의 날이 임하기를 바라보고 간절히 사모하라 그 날에 하늘이 불에 타서 풀어지고 물질이 뜨거운 불에 녹아지려니와 우리는 그의 약속대로 의가 있는 곳인 새 하늘과 새 땅을 바라보도다 그러므로 사랑하는 자들아 너희가 이것을 바라보나니 주 앞에서 점도 없고 흠도 없이 평강 가운데서 나타나기를 힘쓰라 또 우리 주의 오래 참으심이 구원이 될 줄로 여기라 우리가 사랑하는 형제 바울도 그 받은 지혜대로 너희에게 이같이 썼고 또 그 모든 편지에도 이런 일에 관하여 말하였으되 그 중에 알기 어려운 것이 더러 있으니 무식한 자들과 굳세지 못한 자들이 다른 성경과 같이 그것도 억지로 풀다가 스스로 멸망에 이르느니라 그러므로 사랑하는 자들아 너희가 이것을 미리 알았은즉 무법한 자들의 미혹에 이끌려 너희가 굳센 데서 떨어질까 삼가라

제11과

공동서신서 II (요한일 · 이 · 삼서 · 유다서)

요한일서

1. 요한일서를 어떻게 읽을 것인가

당시 교회 밖에서는 기독교에 대한 무서운 박해가 가해졌고, 교회 내에서는 영지주의를 비롯한 온갖 이단들이 활동한 시대였다. 특히 영지주의자들은 영혼은 선하고 육체는 악하다는 이원론을 주장하면서 그리스도의 성육신과 신성을 부인하였다. 육체는 악하기에 육체를 통해 하나님의 계명을 어긴다 해도 아무런 문제가 없다는 영지주의자들의 영혼과 육체에 대한 이원론은 도덕적 타락을 야기했다. 요한은 에베소를 중심으로 소아시아에 널리 퍼져 있던 교회들과 성도들을 향해 잘못된 이단들의 가르침을 반박하고, 예수 그리스도에 대한 바른 지식을 가르쳐 교회를 굳건히 세우려고 기록하였다.

"이로써 너희가 하나님의 영을 알지니 곧 예수 그리스도께서 육체로 오신 것을 시인하는 영마다 하나님께 속한 것이요 예수를 시인하지 아니하는 영마다 하나님께 속한 것이 아니니 이것이 곧 적그리스도의 영이니라 오

리라 한 말을 너희가 들었거니와 지금 벌써 세상에 있느니라"(4:2-3)

"사랑하지 아니하는 자는 하나님을 알지 못하나니 이는 하나님은 사랑이 심이라"(4:8)

하나님은 사랑으로 성도들에게 가까이 다가가고 있다. 그리스도인들은 이 하나님의 사랑으로 하나님의 자녀가 된 자들이다. 하나님의 자녀들은 하나님의 사랑을 실천하는 것이 의무이다. 본서는 그리스도인들이 이웃사랑을 어떻게 실천해야 하는지를 교훈하고 있다.

"사랑하는 자들아 하나님이 이같이 우리를 사랑하셨은즉 우리도 서로 사랑하는 것이 마땅하도다"(4:11)

요한복음은 마태 · 마가 · 누가 복음을 바탕으로 예수가 누구이신가를 해석한 복음서이다. 사도 요한은 요한일서를 통해 요한복음의 내용들을 다시금 재해석하면서, 예수 그리스도는 하나님의 아들이시며 육신을 입고 이 땅에 오셔서 인류를 위해 화목의 제사를 드렸음을 알려주고 있다. 누구보다도 예수의 인성을 부정하는 이단들을 향해!

뿐만 아니라 사도 요한은 "예수께서 그리스도이심을 믿는 자마다 하나님께로부터 난 자"(5:1)라고 하면서, 믿는 자는 세상을 이길 수 있다고 했다.

다른 사도들이 다 떠나고 혼자 남은 노사도 요한은, 성도는 하나님께 속한 자이기에 세상에서 승리할 수 있다고 확실하게 가르치고 있다. 교회 안팎으로 큰 어려움을 겪던 당시의 성도들에게 얼마나 큰 위로와 확신을 안겨주는 서신인가! 요한일서를 읽으면서 우리는 하나님의 사랑을 경험하며 다시 한 번 예수 신앙고백을 하는 귀한 은혜를 누릴 수 있다.

기억할 말씀

요일 1:1-4
태초부터 있는 생명의 말씀에 관하여는 우리가 들은 바요 눈으로 본 바요 자세히 보고 우리의 손으로 만진 바라 이 생명이 나타내신 바 된지라 이 영원한 생명을 우리가 보았고 증언하여 너희에게 전하노니 이는 아버지와 함께 계시다가 우리에게 나타내신 바 된 이시니라 우리가 보고 들은 바를 너희에게도 전함은 너희로 우리와 사귐이 있게 하려 함이니 우리의 사귐은 아버지와 그의 아들 예수 그리스도와 더불어 누림이라 우리가 이것을 씀은 우리의 기쁨이 충만하게 하려 함이라

요일 1:9
만일 우리가 우리 죄를 자백하면 그는 미쁘시고 의로우사 우리 죄를 사하시며 우리를 모든 불의에서 깨끗하게 하실 것이요

2. 저자 · 기록연대 · 기록동기

저자와 기록연대: 신약의 다른 서신서와 달리 저자에 대한 언급이 없는 독특한 편지이다. 그러나 초대 교회의 교부들과 사도 요한의 제자인 폴리갑의 증언을 통해, 요한복음과 요한계시록을 기록한 사도 요한이 저자인 것으로 알려지고 있다. 정확한 기록연대도 알 수 없지만 요한복음(AD 85년 전후) 이후부터 요한계시록이 기록되기(AD 95년 전후) 이전 사이로 추정하고 있다(AD 90년 이후).

기록동기: 사도 요한은 말년을 에베소에서 보냈다고 초대 교부들은 증언하고 있다. 에베소에서 요한은 소아시아 곳곳에 흩어져 있던 교회들을 위해 본서를 기록하였다. 초대 예루살렘 교회가 세워진지 이미 50여년의 세월이 흘러간 간 때에 그리스도의 성육신을 부정하고 육체를 악하게 여기는 영지주의의 세력이 강해지면서, 그리스도의 복음은 변질되고 성도들의 윤리적 삶은 허물어져 갔다. 교회는 심각한 갈등에 처하게 된 것이다. 이단 세력에게 미혹되지 않도록 경고하며, 그리스도에 대한 참된 지식을 전하고자 했다. 나아가 하나님과의 올바른 교제를 위해 먼저 진리 위에 설 것을 권고한다. 성도들에게도 사랑의 실천과 윤리적 가르침을 제시하고자 했다.

3. 요한일서의 파노라마

주제	성도의 교제		성도의 교제 실천	
내용 구분	1:1	2:1	3:1	5:1 5:21
	기록동기	교제의 삶과 신앙	교제의 특성	믿음에 기초한 교제
문체	쉽게 이해하도록 대조법을 많이 사용한 서신서			
장소/기간	사도 요한이 말년에 목회하던 에베소에서 기록 /AD 90년경			

1〉 성도의 교제(1-2장)

인사말과 기록동기 1장, 참된 교제의 삶 2:1-17, 그리스도 신앙 2:18-29

2〉 교제의 실천(3-6장)

참된 교제와 사랑의 실천 3:1-24, 이단에 대한 경계 4:1-12,
하나님과 성령 4:13-21, 믿음에 기초한 참된 교제 5:1-21

4. 요한일서 해석의 키워드

★하나님과 교제할 수 있는 근거와 조건(1:1-10)

죄인 인간이 하나님과 교제를 나눌 수 있는 근거는 그리스도 예수께서 십자가에서 치르신 대속의 죽음에서 시작된다(2:2,12). 하나님은 죄를 자백하면 아들 예수의 피로 모든 죄를 사하시며, 모든 불의에서 깨끗하게 하시고 하나님과 화목의 관계를 이루게 된다. 죄를 고백한 이후 하나님과 교제를 나누려면 빛 가운데 행하여야 한다. 빛은 진리와 성결을 의미하는데, 빛이신 하나님 안에 있는 진리를 따르는 성결한 생활을 의미한다. 즉 죄를 멀리하는 삶이다. 죄를 짓는 자는 마귀에게 속한 자이다(3:8). 성도는 하나님과 지속적인 교제를 나누기 위해 죄의 유혹에 빠지지 않아야 한다. 범죄 했을 경우에는 즉각적인 회개로 그 관계를 회복해야 한다.

★성도의 의무(3:15-24)

하나님과 영적 교제를 이룬 수직적 사랑의 교제는 현실 속에서 인간관계의 수평적 사랑으로 이어져야 한다. 다시 말해 성도는 삶의 현장에서 사랑을 실천해야 한다. 왜 성도는 실천해야 하는가! 예수께서 우리를 위해 목숨을 버리셨으니 그 사랑을 알고 우리도 그것을 실천하라는 것이다. 말과 혀로 사랑하지 말고 행함과 진실함으로 사랑을 구체적으로 실천해야 한다. 이것이 바로 하나님이 성도들에게 주신 계명이다.

기억할 말씀

요일 2:2-16
그는 우리 죄를 위한 화목 제물이니 우리만 위할 뿐 아니요 온 세상의 죄를 위하심이라 …… 이 세상이나 세상에 있는 것들을 사랑하지 말라 누구든지 세상을 사랑하면 아버지의 사랑이 그 안에 있지 아니하니 이는 세상에 있는 모든 것이 육신의 정욕과 안목의 정욕과 이생의 자랑이니 다 아버지께로부터 온 것이 아니요 세상으로부터 온 것이라

요일 4:10
사랑은 여기 있으니 우리가 하나님을 사랑한 것이 아니요 하나님이 우리를 사랑하사 우리 죄를 속하기 위하여 화목 제물로 그 아들을 보내셨음이라

요일 5:12-21
아들이 있는 자에게는 생명이 있고 하나님의 아들이 없는 자에게는 생명이 없느니라 내가 하나님의 아들의 이름을 믿는 너희에게 이것을 쓰는 것은 너희로 하여금 너희에게 영생이 있음을 알게 하려 함이라 …… 자녀들아 너희 자신을 지켜 우상에게서 멀리하라

요일 1:7-8
그가 빛 가운데 계신 것 같이 우리도 빛 가운데 행하면 우리가 서로 사귐이 있고 그 아들 예수의 피가 우리를 모든 죄에서 깨끗하게 하실 것이요 만일 우리가 죄가 없다고 말하면 스스로 속이고 또 진리가 우리 속에 있지 아니할 것이요

기억할 말씀

요일 3:18-19
자녀들아 우리가 말과 혀로만 사랑하지 말고 행함과 진실함으로 하자 이로써 우리가 진리에 속한 줄을 알고 또 우리 마음을 주 앞에서 굳세게 하리니

요일 4:1-3
사랑하는 자들아 영을 다 믿지 말고 오직 영들이 하나님께 속하였나 분별하라 많은 거짓 선지자가 세상에 나왔음이라 이로써 너희가 하나님의 영을 알지니 곧 예수 그리스도께서 육체로 오신 것을 시인하는 영마다 하나님께 속한 것이요 예수를 시인하지 아니하는 영마다 하나님께 속한 것이 아니니 이것이 곧 적그리스도의 영이니라 오리라 한 말을 너희가 들었거니와 지금 벌써 세상에 있느니라

★사랑의 본체이신 하나님(4:7-21)

성도들이 믿는 하나님은 본질상 사랑이시다. 하나님은 인류를 구원하시려고 독생자 예수를 이 땅에 보내시고 십자가에서 대속 제물로 죽게 하실 정도로 사랑을 나타내셨다. 이 사랑은 모든 인류를 죄에서 구원하시기 위해 하나님께서 준비하신 구원으로 인류의 역사 안에서 구체적으로 일어났다. 사도 요한은 하나님을 사랑으로 정의하면서 요한복음 3장 16절의 내용을 본서에서 다시금 설명하고 있다. 또한 하나님은 성령을 통해 성도들이 사랑을 실천할 수 있도록 지금도 인도하고 계신다. 하나님께서 먼저 우리를 사랑하셨으며, 그 사랑은 영원히 계속 이어진다. 성도는 먼저 하나님의 사랑을 입은 자이기에 그 사랑을 실천함이 마땅하다.

"사랑하는 자들아 우리가 서로 사랑하자 사랑은 하나님께 속한 것이니 사랑하는 자마다 하나님으로부터 나서 하나님을 알고 사랑하지 아니하는 자는 하나님을 알지 못하나니 이는 하나님은 사랑이심이라 하나님의 사랑이 우리에게 이렇게 나타난 바 되었으니 하나님이 자기의 독생자를 세상에 보내심은 그로 말미암아 우리를 살리려 하심이라 사랑은 여기 있으니 우리가 하나님을 사랑한 것이 아니요 하나님이 우리를 사랑하사 우리 죄를 속하기 위하여 화목 제물로 그 아들을 보내셨음이라"(요일 4:7-10)

★이단에 대한 경계(4:1-6)

영 분별과 영지주의 등 이단에 대해 경계하도록 지침서를 주고 있다. 그리스도에 대해 바르게 이해함으로서 영들이 하나님께 속하였는지를 분별해야 한다. 예수 그리스도께서 육체로 오신 것을 시인하는 영이 하나님께 속한 것이요, 예수를 시인하지 아니하는 영은 적그리스도의 영이다. 그들은 세상에 속한 고로 세상의 말을 하는 자라고 분명히 밝히고 있다. 그러므로 진리의 영과 미혹의 영을 분별하는 능력은 하나님께 속한 자인지 아닌지에 따라 결정된다. 예수 그리스도가 육체로 이 땅에 오신 것을 시인하게 하는 성령의 인도함을 받은 자만이 영 분별을 할 수 있다. 모든 사탄의 세력들이 광명의

천사로 가장하며, 거짓 교사들은 자신을 하나님의 사자로 자처하기 때문이다(고후 11:14).

★성화의 삶(5:5-21)

"물과 피로 임하신 이시니 곧 예수 그리스도시라"(5:6)란 말씀은 세례 요한으로부터 받은 세례와 십자가에서 흘리신 보혈을 가리킨다. 예수를 하나님의 아들로 증언하는 이는 진리의 성령이시다. 하나님의 아들을 믿는 자는 영생이 있고, 이를 믿지 않는 자는 영생이 없다. 성도는 이러한 증거를 확신함으로 영생을 얻었고, 말씀과 기도로 매일의 삶 속에서 죄를 극복하고 거룩한 삶을 향해 나간다. 하나님께로서 난 자는 어떤 어려움 속에서도 죄의 유혹에서 벗어나 하나님께 속한 삶을 살아가고자 늘 수고해야 한다. 이는 세상의 가치관에 흔들리지 않는 삶이요, 세상이 만든 우상을 멀리하는 삶으로 하나님이 원하시는 구별된 삶(롬 12:1-2), 즉 성화의 삶이다. 하나님은 당신의 자녀를 부르시고, 그들이 구원의 완성을 향해 삶 속에서 성화의 삶을 살도록 성령으로 인도하신다.

기억할 말씀

요이 1:4-6
너의 자녀들 중에 우리가 아버지께 받은 계명대로 진리를 행하는 자를 내가 보니 심히 기쁘도다 부녀여, 내가 이제 네게 구하노니 서로 사랑하자 이는 새 계명 같이 네게 쓰는 것이 아니요 처음부터 우리가 가진 것이라 또 사랑은 이것이니 우리가 그 계명을 따라 행하는 것이요 계명은 이것이니 너희가 처음부터 들은 바와 같이 그 가운데서 행하라 하심이라

요한이서

1. 요한이서를 어떻게 읽을 것인가

요한일서가 소아시아에 흩어져 있던 교회와 성도를 향해 기록한 서신이라면, 본서는 택하심을 받은 모든 성도들을 위해 기록하였다(1:1). 요한은 자신을 장로로 표현하고 있는데 연장자란 의미로 보인다. 베드로도 자신을 '장로된 자' 로 칭하였다(벧전 5:1). 사도 요한은 요한일서와 비슷하게 하나님 계명의 핵심인 사랑의 실천과 거짓 교사들에 대한 경계를 주제로 간결하게(1장) 기록하고 있다. 특별히 진리 안에 행하는 자가 되라고 가르치면서, 예수 그리스도의 성육신을 부인하는 자를 적그리스도라고 규정하고 있다(1:7).

"미혹하는 자가 세상에 많이 나왔나니 이는 예수 그리스도께서 육체로 오심을 부인하는 자라 이런 자가 미혹하는 자요 적그리스도니"

2. 저자 · 기록연대 · 기록동기

저자와 기록연대: 요한일서와 마찬가지로 교부들은 사도 요한이 저자임을 증언하였다. 저작 시기는 요한일서를 기록한 직후로 추정된다(AD 90년 전후).

기록동기: 소아시아에 널리 퍼져있던 이단들과 거짓 교사들로 인해 많은 성도들이 그들의 가르침에 미혹되었다. 특히 당시에는 성도들의 집을 방문하여 하나님의 말씀을 가르치는 순회 교사들이 있었는데, 이단의 가르침을 전하는 거짓 순회교사들까지 무분별하게 대접하고 교제하는 경우도 있었다. 사도 요

한은 잘못된 가르침을 바로잡고 그리스도 안에서 사랑을 실천할 것을 권고하고자 기록하였다.

3. 요한이서의 파노라마

주제	사랑의 실천		거짓 교사에 대한 경계	
내용 구분	1:1	1:4	1:7	1:11 1:13
	인사	진리와 사랑 안에서	거짓 교사와 가르침	인사
문체	개인적인 서신			
장소/기간	에베소에서 기록 / AD 90년경			

1〉 사랑의 실천(1:1-6), 2〉 거짓 교사에 대한 경계(1:7-13)

4. 요한이서 해석의 키워드

★진리와 사랑의 실천

진리를 깨달아 아는 성도는 인간관계에서 사랑을 구체적으로 실천하는 삶을 살아야 한다. 그러한 삶의 실천과 적용이 바로 하나님이 원하시는 성도의 삶이다(1:4-6).

★거짓 교사에 대한 경계

당시 영지주의자들을 비롯한 수많은 이단들은 그리스도의 성육신을 부인하면서 성도들을 미혹하였다. 사도 요한은 그들을 적그리스도라 칭하며 강력하게 대적하였다. 잘못된 교훈을 가진 자는 집에 들이지도 말고 인사도 하지 말라고 할 정도로 강력히 대처하였다(7-11).

기억할 말씀

요이 1:6-7
또 사랑은 이것이니 우리가 그 계명을 따라 행하는 것이요 계명은 이것이니 너희가 처음부터 들은 바와 같이 그 가운데서 행하라 하심이라 미혹하는 자가 세상에 많이 나왔나니 이는 예수 그리스도께서 육체로 오심을 부인하는 자라 이런 자가 미혹하는 자요 적그리스도니

기억할 말씀

요삼 1:5-8
사랑하는 자여 네가 무엇이든지 형제 곧 나그네 된 자들에게 행하는 것은 신실한 일이니 그들이 교회 앞에서 너의 사랑을 증언하였느니라 네가 하나님께 합당하게 그들을 전송하면 좋으리로다 이는 그들이 주의 이름을 위하여 나가서 이방인에게 아무 것도 받지 아니함이라 그러므로 우리가 이같은 자들을 영접하는 것이 마땅하니 이는 우리로 진리를 위하여 함께 일하는 자가 되게 하려 함이라

요한삼서

1. 요한삼서를 어떻게 읽을 것인가

'가이오' 라는 개인에게 사도 요한이 보낸 편지이다. 내용을 살펴보면 당시 소아시아 지역을 순회하며 복음을 전하던 모든 사역자들을 어떻게 섬겨야 할지 가르치고자 한다.

1-8절에서는 순회 사역자들을 환대하고 신실하게 접대한 가이오 칭찬을, 9-14절에는 교만한 디오드레베에 대한 정죄의 내용을 담고 있다. 요한은 진리 안에서 행하는 자와 그렇지 않은 자를 대비하면서, 하나님 나라의 확장을 위해 수고한 사역자에 대한 성도들의 자세를 제시하며 진리 안에서의 행함을 강조하고 있다. 복음 사역자들을 영접하라고 권고하면서, 이는 성도로서 마땅히 지켜야 할 일이라고 전하고 있다(1:8).

> "우리가 이같은 자들을 영접하는 것이 마땅하니 이는 우리로 진리를 위하여 함께 일하는 자가 되게 하려 함이라"

2. 저자 · 기록연대 · 기록동기

저자와 기록연대: 저자는 사도 요한이다. 기록연대는 요한이서를 기록한 이후 얼마 지나지 않은 AD 90년 이후로 추정한다.

기록동기: 교회 지도자가 부족했던 초대 교회 당시에 가이오는 순회 복음 사역자들을 섬겼다. 그의 선한 행실을 칭찬하면서 진리 안에서 섬김을 실천할 것을 사도 요한은 강조하고 있다. 이에 반해 사역자들을 배척한 디오드레베의

악한 행실을 지적하면서, 복음 전도자들을 영접하고 환대할 의무가 성도에게 있음을 교훈하고 있다. 또한 충성된 사역자 데메드리오를 칭찬하며 격려하기 위해 기록하였다.

3. 요한삼서의 파노라마

주제	가이오에 대한 격려		교만한 일꾼과 선한 일꾼	
내용 구분	1:1	1:2	1:9	1:13
	인사	가이오의 경건과 관용함	디오드레베의 교만/ 데메드리오를 칭찬	인사
문체	개인적인 서신			
장소/기간	에베소에서 기록/ AD 90년경(요한이서 기록 직후)			

1) 충실한 일꾼 가이오에 대한 격려(1:1-8)

인사와 가이오의 경건 1:1-4, 가이오의 관용 1:5-8

2) 교만한 일꾼과 선한 일꾼 (1:9-15)

디오드레베의 교만 1:9-11, 데메드리오를 칭찬 1:12-15, 인사 1:13-15

4. 요한삼서 해석의 키워드

★충실한 일꾼에 대한 격려

당시 순회 전도자에 대해 많은 사람들이 환영하며 대접하기 보다는 박대하였다. 그러나 가이오는 전도자들을 영접하며 넉넉한 마음으로 그들을 섬겼다(1:5-8). 사도 요한은 성도가 마땅히 해야 할 의무라고 교훈하고 있다. 충성된 일꾼 가이오를 향해 요한은 영혼이 잘 되며, 범사가 잘됨 같이, 강건하기를 간구하고 있다(1:2).

★교만한 일꾼과 선한 일꾼

교회 안에서 교만한 일꾼의 특징은 자신이 최고라고 주장할 뿐만 아니라 순회 전도자들의 사역을 인정하지 않고, 이들의 방문조차 달가워하지 않았다. 디오드레베는 순회 전도자들을 맞아들이지 않았고, 접대하고자 하는 자들을 교회에서 내쫓는 악한 일꾼이었다. 그러나 데메드리오는 뭇 사람에게 인정받았고 진리를 실천한 선한 일꾼이었다. 선한 일꾼은 하나님께 속한 자요, 악한 일꾼은 자신을 주장하는 자이다. 악한 자는 하나님을 만나지 못한 자이다(1:9-12).

5. 더 깊은 연구와 삶의 적용

1. 요한 일서 이서 삼서를 읽으면서 나는 어떤 하나님을 경험하였는가?

2. 사랑은 누구에게 속한 것이며, 하나님의 사랑을 어떻게 나타내셨는가?(요일 4:7-10)

3. 우리는 왜 서로 사랑해야 하는가?(요일 4:11-12)

4. 당시 이단의 특징에 대해 설명해보자(요일 4:1-6, 요이 1:7).

5. 선한 일꾼과 악한 일꾼의 차이는 무엇인가?(요삼 1:5-12)

6. 사도 요한이 가이오에게 축복한 내용을 묵상하는 시간을 갖자(요삼 1:2). 우리도 교회 지도자를 통해 축복 받을만한 삶을 살고 있는가?

기억할 말씀

요삼 1:2
사랑하는 자여 네 영혼이 잘됨 같이 네가 범사에 잘되고 강건하기를 내가 간구하노라

요일 4:1-10
사랑하는 자들아 영을 다 믿지 말고 오직 영들이 하나님께 속하였나 분별하라 많은 거짓 선지자가 세상에 나왔음이라 이로써 너희가 하나님의 영을 알지니 곧 예수 그리스도께서 육체로 오신 것을 시인하는 영마다 하나님께 속한 것이요 예수를 시인하지 아니하는 영마다 하나님께 속한 것이 아니니 이것이 곧 적그리스도의 영이니라 오리라 한 말을 너희가 들었거니와 지금 벌써 세상에 있느니라 자녀들아 너희는 하나님께 속하였고 또 그들을 이기었나니 이는 너희 안에 계신 이가 세상에 있는 자보다 크심이라 그들은 세상에 속한 고로 세상에 속한 말을 하매 세상이 그들의 말을 듣느니라 우리는 하나님께 속하였으니 하나님을 아는 자는 우리의 말을 듣고 하나님께 속하지 아니한 자는 우리의 말을 듣지 아니하나니 진리의 영과 미혹의 영을 이로써 아느니라 사랑하는 자들아 우리가 서로 사랑하자 사랑은 하나님께 속한 것이니 사랑하는 자마다 하나님으로부터 나서 하나님을 알고 사랑하지 아니하는 자는 하나님을 알지 못하나니 이는 하나님은 사랑이심이라 하나님의 사랑이 우리에게 이렇게 나타난 바 되었으니 하나님이 자기의 독생자를 세상에 보내심은 그로 말미암아 우리를 살리려 하심이라 사랑은 여기 있으니 우리가 하나님을 사랑한 것이 아니요 하나님이 우리를 사랑하사 우리 죄를 속하기 위하여 화목 제물로 그 아들을 보내셨음이라

유다서

1. 유다서를 어떻게 읽을 것인가

유다서는 이단과 거짓 선지자들을 강력하게 경계하는 서신서이다. 초대 교회 당시에 기록된 대부분의 서신서들이 이단들로부터 성도들을 보호하고자 기록되었는데, 특별히 유다서는 더욱 이를 강조하고 있다. 그 중에서도 그리스도의 성육신을 부정하며 육체를 악한 것으로 간주하면서 성도들을 미혹하여 무절제한 생활을 초래했던 영지주의 이단에 대해 강력하게 경고하고 있다. 영지주의자들은 성도는 하나님의 은혜아래 있기에 율법을 범해도 무방하다는 엉뚱한 해석을 내렸다. 이로 인해 교회를 무질서하게, 성도들을 방종하게 만들었다. 그들의 무질서한 삶은 소돔과 고모라에 비교될 정도로 간음과 동성애로 이어졌다(1:7). 이는 복음의 의미를 완전히 왜곡한 것이다. 유다서는 교회 내에 일고 있는 이단들의 정체와 그들에 대한 성도들의 올바른 태도를 제시하고 있다. 그들을 정욕대로 행하는 자요 육에 속한 자요 성령이 없는 자라고 규정하면서, 믿음위에 서서 성령으로 기도하며 하나님의 사랑 안에서 자기를 지키며 영생에 이르도록 하나님의 긍휼을 기다리라고 권면하고 있다(1:18-21).

> "마지막 때에 자기의 경건하지 않은 정욕대로 행하며 조롱하는 자들이 있으리라 하였나니 이 사람들은 분열을 일으키는 자며 육에 속한 자며 성령이 없는 자니라 사랑하는 자들아 너희는 너희의 지극히 거룩한 믿음 위에 자신을 세우며 성령으로 기도하며 하나님의 사랑 안에서 자신을 지키며 영생에 이르도록 우리 주 예수 그리스도의 긍휼을 기다리라"

기억할 말씀

유 1:3-7
사랑하는 자들아 우리가 일반으로 받은 구원에 관하여 내가 너희에게 편지하려는 생각이 간절하던 차에 성도에게 단번에 주신 믿음의 도를 위하여 힘써 싸우라는 편지로 너희를 권하여야 할 필요를 느꼈노니 이는 가만히 들어온 사람 몇이 있음이라 그들은 옛적부터 이 판결을 받기로 미리 기록된 자니 경건하지 아니하여 우리 하나님의 은혜를 도리어 방탕한 것으로 바꾸고 홀로 하나이신 주재 곧 우리 주 예수 그리스도를 부인하는 자니라 너희가 본래 모든 사실을 알고 있으나 내가 너희로 다시 생각나게 하고자 하노라 주께서 백성을 애굽에서 구원하여 내시고 후에 믿지 아니하는 자들을 멸하셨으며 또 자기 지위를 지키지 아니하고 자기 처소를 떠난 천사들을 큰 날의 심판까지 영원한 결박으로 흑암에 가두셨으며 소돔과 고모라와 그 이웃 도시들도 그들과 같은 행동으로 음란하며 다른 육체를 따라 가다가 영원한 불의 형벌을 받음으로 거울이 되었느니라

짧은 서신서이지만 이단과 거짓 교사들로부터 성도들의 신앙을 보호하고, 악하고 음란한 세상 문화에서 벗어나도록 격려하며 가르치고 있다.

2. 저자 · 기록연대 · 기록동기

저자와 기록연대: 저자는 야고보의 형제(1:1)인 유다이다. 예수님의 동생으로 예루살렘 교회의 지도자였던 유다로 알려지고 있다. 기록연대는 정확하게 알 수 없지만 예루살렘 함락(AD 70년) 이후에서 AD 80년 사이로 추정한다.

기록동기: 영지주의자들은 육체는 악하기에 구원은 육체와 관계없다고 주장하면서, 예수님의 성육신을 부인했고 개인의 삶에서 윤리와 도덕을 벗어난 방종한 삶을 살았다. 성도들의 신앙을 혼란시키고 공동체를 위협하는 이단과 거짓 선지자들을 경계하고, 믿음의 반석 위에 굳게 설 것을 권하고 있다. 특별히 가장 큰 영향력을 행사하던 영지주의자들로부터 교회를 보호하며 성도들의 신앙을 지켜야 한다는 것이 주된 목적이다(1:3-4).

3. 유다서의 파노라마

주제	이단(거짓 교사)에 대한 분별		신앙에 대한 격려	
내용 구분	1:1	1:5	1:17	1:24
	서론	이단에 대한 심판	이단에 대한 경계	결론
문체	이단(거짓 교사)로부터 성도들의 신앙을 보호하고자 쓴 서신서			
장소/기간	예루살렘에서/ AD 70-80년경			

1) 이단(거짓 교사)에 대한 분별(1:1-16):

2〉 진리에 대한 사수와 결론(1:17-25)

이단에 대한 경계 1:17-23, 결론 1:24-25

4. 유다서 해석의 키워드

★이단에 대한 심판과 경계(1:9-11)

성도를 미혹하는 자들은 구약의 타락한 천사, 가인, 소돔과 고모라의 사람들, 고라, 발람처럼 하나님의 심판을 받는다(1:9-11). 하나님의 진리의 말씀을 왜곡한 영지주의자들과 이단들에게 유혹당하지 않도록, 지도자들은 바른 복음을 힘써 가르쳐야 한다(1:3-4).

★거짓 교사와 배교자(1:12-19)

성도들이 사랑으로 하나 되어 애찬을 나누는데, 거짓 교사들은 애찬의 본의를 저버리고 자신들의 탐욕을 채우는 기회로 삼았다. 그들은 교회 공동체의 아름다운 질서를 파괴하는 암초와 같은 방해자요, 자기 유익만을 챙기는 이기주의자들이다. 그들을 가리켜 '흑암으로 돌아갈 유리하는 별들' 이라고 했다. 이는 올바른 방향을 찾지 못하고 우왕좌왕하면서 방황하는 자들이다(12-13). 뿐만 아니라 그들은 분열을 일으키는 자요, 육에 속한 자이다. 무엇보다도 성령의 인도함과 다스림을 받지 않는 성령이 없는 자이다.

★성도의 삶(1:20-23)

1〉 성도는 인간의 지혜나 지식이 아닌 거룩한 믿음 위에 자신의 삶을 세워 나가야 한다. 그러므로 성령의 감동으로 기도하며, 하나님의 사랑 안에서 자신을 지키며, 예수 그리스도의 긍휼하심을 기다려야 한다.

2〉 믿음에 대해 의심하고 불신하는 자라 할지라도 긍휼히 여겨 그들도 하나님의 구원받는 백성이 되도록 인도해야 한다. 불의 심판을 받을 만큼 미혹된 자라도 하나님께로 인도하는 긍휼을 베풀며, 그들을 위해 기도하는 삶을

기억할 말씀

유 1:12-13
그들은 기탄 없이 너희와 함께 먹으니 너희의 애찬에 암초요 자기 몸만 기르는 목자요 바람에 불려가는 물 없는 구름이요 죽고 또 죽어 뿌리까지 뽑힌 열매 없는 가을 나무요 자기 수치의 거품을 뿜는 바다의 거친 물결이요 영원히 예비된 캄캄한 흑암으로 돌아갈 유리하는 별들이라

유 1:20-23
사랑하는 자들아 너희는 너희의 지극히 거룩한 믿음 위에 자신을 세우며 성령으로 기도하며 하나님의 사랑 안에서 자신을 지키며 영생에 이르도록 우리 주 예수 그리스도의 긍휼을 기다리라 어떤 의심하는 자들을 긍휼히 여기라 또 어떤 자를 불에서 끌어내어 구원하라 또 어떤 자를 그 육체로 더럽힌 옷까지도 미워하되 두려움으로 긍휼히 여기라

살아야 한다.

★영지주의(Gnosticism)

초대 교회 당시 영지주의적 경향을 가진 이단들이 교회 안에 들어와 성도들을 미혹하고 교회를 분열과 혼란에 빠뜨렸다. AD 2세기경부터는 본격적으로 교회에 침투하여 3세기 초에는 로마 제국의 많은 교회들이 영지주의에 오염되었다. 그들의 활동은 150여년 계속되었다.

영지주의에 해당하는 헬라어 '그노시스'는 '지식'을 뜻한다. 영지주의자들은 지식을 중시하였다. 모든 인류는 영적 · 정신적 · 물질적 계급으로 삼분되는데, 특별한 지식을 소유한 영적 계급만이 최고의 신의 영역에 들어갈 수 있다고 주장했다. 영지주의 사상은 헬라, 이집트, 페르시아, 인도의 신화와 철학에서 끌어온 것으로 혼합주의적 경향이 농후하다. 영지주의 제도 역시 이들 신화와 철학을 절충한 것이다. 영지주의자들은 육체를 포함한 물질은 무조건 악하고 영혼만 선하다고 주장한다. 지식은 구원의 필수적인 조건으로, 윤리나 도덕보다 우월하다고 보았다. 신적 세계는 우열에 의해 30등급으로 구성되어 있는데, 세상을 창조하신 유대인의 하나님은 최고 존재가 아니라 30개의 신적 등급 중 최하위라고 주장했다. 예수 그리스도도 또한 인간에 불과하며 성육신하지 않았다고 주장하였다. 인간의 역사 안에 오신 예수 그리스도는 하늘의 그리스도가 인간 예수의 몸을 빌려 활동한 것이며, 하늘의 그리스도는 예수가 십자가에 못 박히기 직전에 다시 하늘로 돌아갔다는 것이다. 신성은 육체와 같은 물질과 결코 연합할 수 없기 때문이라고 한다. 육체는 악하고 영혼만이 선하기에 물질 곧 육신으로부터 영혼이 해방되는 육의 부활(구원)을 인정하지 않았다.

이와 같은 영지주의자의 주장은 교회 내에서 기독교의 근본정신을 흐려 놓고, 이방종교의 가르침과 함께 혼합되었다. 지식만을 앞세워 윤리나 도덕 · 인간의 양심은 중요하지 않고 오직 영혼의 고상한 지식을 통한 구원을 주장하였다. 육적인 방탕과 쾌락을 누려도 무방하다고 충동하는 등 윤리와 도덕을 도외시 했다. 율법을 무시했으며 영혼이 깨끗하면 구원받는다고 주장하여 많은 성도들이 무절제하고 방탕한 삶, 게으른 삶을 살게 만들었다. 초대교회에는 영지주의자들의 거짓된 가르침으로 일부 성도들이 방종함과 나태함에 빠져 일상적인 삶이 무너지는 등 교회 내에 큰 혼란을 야기했다. 영지주의자들은 악하고 거짓된 이단이었다.

5. 더 깊은 연구와 삶의 적용

1. 유다서를 읽으면서 나는 어떤 하나님을 경험하였는가?

2. 이단, 거짓 교사, 배교자는 어떤 사람들인가?(1:4,10, 12-13, 16-19)
   이들에게 하나님은 어떤 조치를 취하시는가?(1:5-11)

3. 성도는 어떤 삶을 살아야 하는가?(1:20-23)

제12과

요한계시록

1. 요한계시록을 어떻게 읽을 것인가

신구약 성경에서 마지막으로 기록된 요한계시록은 성경 전체의 대결론이라고 할 수 있다. 1장 1절의 말씀처럼 미래에 일어날 일들을 예언함으로써 다가오는 모든 세대들에게 예수 그리스도의 재림을 준비하도록 기록하였다.

사도 요한은 로마 황제 도미티안이 기독교를 박해하던 시기에 밧모섬에 유배되었다(AD 95–96). 도미티안 황제는 자신의 정적은 물론이요 심지어 가족까지도 자신을 숭배하지 않으면 처형할 정도로 폭군이었다. 그는 로마 황제 중 처음으로 자기 자신을 신격화했다. 당시 에베소에서는 황제를 숭배하는 신전이 건립되기도 했다.

사도 요한이 계시록을 기록했던 시기는 기독교에 대한 박해가 더욱 가중되어 갔던 때였다. 특별히 유대교로 인해 당시 기독교인들은 반역죄로 고발당하기에 이르렀다. 유대교인들은 기독교와 유대교가 아무런 관련이 없다고 주장하면서 그리스도인들이 황제를 숭배하지 않고, '다른 왕 예수'(행 17:7)를 섬기는 반역 죄인이라고 고발하였다.

교회 내부에서는 기독교 신앙과 거리가 먼 이단 사상들이 나타나면서 교회를 어지럽게 하였다. 니골라(수리아의 안디옥 사람)의 이름을 따라 만들어진 '니골라 당'(2:6)은 영지주의의 교훈(육체를 무시하고 영혼만을 귀하게 여기면서 하나님의 은혜 안에 있는 자는 율법과 관계없이 어떤 일을 해도 무방하다고 주장)을 따랐다. 에베소 교회는 이런 이단 사상을 철저히 배격하는데 성공했지만(2:3), 버가모 교회에서는 니골라 당의 교훈을 따르는 자들이 늘어났고(2:15), 두아디라 교회는 완전히 점령당하고 말았다(2:20). 이로 인해 교회는 분열되었고(2:2-4), 물질적 풍요함으로 인해 자만심과 영적 무관심에 빠지기도 했다. 교회는 외부적으로 로마 제국과 유대교로부터 심한 박해를 받았고, 내부적으로도 이단 사상들로 큰 어려움을 겪고 있었다.

요한계시록은 그리스도의 재림과 그 이후에 있을 심판 및 새 하늘과 새 땅의 도래에 대한 기록으로 사도 요한이 경험한 환상을 바탕으로 하였다.

전체적인 내용을 살펴보면, 1장은 사도 요한이 밧모섬에서 계시를 받았던 과거를 회상하면서 쓴 것이다. 2-3장은 요한 당시의 소아시아 일곱 교회에 대한 현재적인 계시이고, 4-22장은 장래에 일어날 일들에 대한 미래적 계시이다. 특히 주목할 것은 4장 이후의 내용들이 시간의 흐름에 따른 역사적 순서가 아닌 중요한 내용을 반복해 기록함으로써 우리가 이해하기 더 어렵다는 점이다.

중심주제는 그리스도와 교회가 용(사탄)과 용을 따르는 무리들과 싸워서 승리하는 것이다. 무저갱에서 나온 짐승이 승리할 것 같지만(11:7-10), 실제로 승리하는 것은 믿음의 그리스도인들이다(11:11,15). 그리스도가 승리자, 정복자로 묘사되고(1:18, 2:8, 5:9, 11:15, 12:9, 14:1, 15:2, 19:16, 20:4, 22:3) 죽음, 용, 음부, 짐승, 거짓 선지자, 짐승을 경배하는 자들을 물리치고 승리하신다. 예수 그리스도가 승리하셨기에 우리도 승리할 것이다! 7장 14절과 22장 14절을 보면 큰 무리의 성도들이 있는데 그들의 옷은 어린 양의 피로 씻어 희게 되었다. 그들은 큰 환난 중에 있지 않고(7:14), 죽임을 당하지 않고 일어서고(11:11), 용과 짐승과 거짓 선지자들에게 박해를 받지 않고 시온 산에서 승리한 모습을 볼 수 있다. 이는 성도들의 기도가 하나님께 상달되었음을 의미한다(6:10).

심판은 그들의 간구에 대한 하나님의 응답이다(8:3-5). 그들이 세상을 다스리며(5:10), 천 년 동안 왕 노릇 할 것이며(20:4), 세세토록 새 하늘과 새 땅

기억할 말씀

계 1:1-8
예수 그리스도의 계시라 이는 하나님이 그에게 주사 반드시 속히 일어날 일들을 그 종들에게 보이시려고 그의 천사를 그 종 요한에게 보내어 알게 하신 것이라 요한은 하나님의 말씀과 예수 그리스도의 증거 곧 자기가 본 것을 다 증언하였느니라 이 예언의 말씀을 읽는 자와 듣는 자와 그 가운데에 기록한 것을 지키는 자는 복이 있나니 때가 가까움이라 요한은 아시아에 있는 일곱 교회에 편지하노니 이제도 계시고 전에도 계셨고 장차 오실 이와 그의 보좌 앞에 있는 일곱 영과 또 충성된 증인으로 죽은 자들 가운데에서 먼저 나시고 땅의 임금들의 머리가 되신 예수 그리스도로 말미암아 은혜와 평강이 너희에게 있기를 원하노라 우리를 사랑하사 그의 피로 우리 죄에서 우리를 해방하시고 그의 아버지 하나님을 위하여 우리를 나라와 제사장으로 삼으신 그에게 영광과 능력이 세세토록 있기를 원하노라 아멘 볼지어다 그가 구름을 타고 오시리라 각 사람의 눈이 그를 보겠고 그를 찌른 자들도 볼 것이요 땅에 있는 모든 족속이 그로 말미암아 애곡하리니 그러하리라 아멘 주 하나님이 이르시되 나는 알파와 오메가라 이제도 있고 전에도 있었고 장차 올 자요 전능한 자라 하시더라

을 다스릴 것이다(22:5). 세상의 역사 속에서 승리한 듯 보이는 용(12:3), 짐승(13:1), 거짓 선지자(13:11), 바벨론(14;8)은 멸망한다. 18장 2절에 의하면 바벨론이 무너지고, 9장 20절에서는 짐승과 거짓 선지자가 형벌을 받고, 20장 10절에서 용은 갇힌다.

결국 계시록의 핵심 주제는 예수 그리스도의 영광스런 승리이다. 17장 14절은 요한계시록의 요절이다.

> "그들이 어린 양과 더불어 싸우려니와 어린 양은 만주의 주시요 만왕의 왕이시므로 그들을 이기실 터이요 또 그와 함께 있는 자들 곧 부르심을 받고 택하심을 받은 진실한 자들도 이기리로다"

22장 20-21절은 요한계시록과 신구약 성경의 결론이다.

> "이것들을 증언하신 이가 이르시되 내가 진실로 속히 오리라 하시거늘 아멘 주 예수여 오시옵소서 주 예수의 은혜가 모든 자들에게 있을지어다 아멘"

2. 저자 · 기록연대 · 기록동기

저자와 기록연대: 소아시아(현재 터키 지역)의 일곱 교회들에게 보낸 편지로 요한복음과 요한일 · 이 · 삼서를 기록한 사도 요한이 저자이다. 환상 중에 받은 계시를 밧모섬에 유배된 상황에서 기록하였다. 기록연대는 유배된 시기인 AD 95-96년 전후로 알려지고 있다.

기록동기: 하나님께서 교회와 성도들의 고통과 눈물을 보고 계신다는 확신을 주기 위해 사도 요한은 자신이 목격한 환상을 소상하게 기록한다(7:17, 21:4). 더 나아가 예수의 재림과 최후 승리를 확신하며, 혹독한 박해 속에서 고통당하는 수많은 성도들과 교회에 큰 위로와 소망을 주고자 하였다(15:2).

예수께서 재림하셔서 자기 백성을 '어린 양의 혼인 잔치'로 인도하시고, 새 하늘과 새 땅에서 영원토록 함께 하시며(21:22), 사탄의 통치에 복종한 자들은 불과 유황으로 타는 못에 던져짐으로써 둘째 사망을 겪는 영원한 불 심판을 당할 것이다(21:8). 역사의 종말에 나타날 예수 그리스도의 구원과 악한 세상 권세들에 대한 하나님의 심판을 증언함으로 후대의 교회와 성도들에게도 소망을 안고 예수의 재림을 준비하도록 인도한다.

3. 요한계시록의 파노라마

주제	과거	현재	미래에 대한 계시(예수 그리스도의 재림과 미래)							
문단 구분	1:1	2:1	4:1	6:1	8:1	12:1	15:1	19:7	20:1	21:1 22:21
	그리스도에 대한 환상	당시의 일곱 교회	심판자 (하나님·어린양)	일곱인	일곱 나팔	심판 준비	일곱 대접 심판	예수의 재림	천년 왕국	새 하늘과 새 땅
문체	유대의 배경 하에서 기록된 묵시문학									
장소	사도 요한이 밧모섬에서 소아시아 7대 교회에 보낸 편지									
기간	AD 95년경 – 그리스도 재림 때까지					기록연대: 밧모섬 유배시 AD 95–96				

1〉 과거(서론 1장)

문안과 찬양 1:1–8, 그리스도에 대한 환상 1:9–20

2〉 현재(소아시아 일곱 교회들에게 보낸 편지 2–3장)

에베소 교회 2:1–7, 서머나 교회 2:8 11,

버가모 교회 2:12–17, 두아디라 교회 2:18–29,

사데 교회 3:1–6, 빌라델비아 교회 3:7–13, 라오디게아 교회 3:14–22,

3〉 미래에 대한 계시(4–22장)

하나님의 보좌에 대한 환상 4장, 봉인된 두루마리 책과 어린 양 5장,

기억할 말씀

계 7:15–17
그러므로 그들이 하나님의 보좌 앞에 있고 또 그의 성전에서 밤낮 하나님을 섬기매 보좌에 앉으신 이가 그들 위에 장막을 치시리니 그들이 다시는 주리지도 아니하며 목마르지도 아니하고 해나 아무 뜨거운 기운에 상하지도 아니하리니 이는 보좌 가운데에 계신 어린 양이 그들의 목자가 되사 생명수 샘으로 인도하시고 하나님께서 그들의 눈에서 모든 눈물을 씻어 주실 것임이라

6개의 봉인을 떼시는 어린 양 6장,

인침을 받은 14만 4천 성도 7장, 일곱째 인과 일곱 나팔 재앙 8-11장,

하늘과 땅의 전쟁 12장, 바다와 땅에서 나온 짐승 13장,

성도의 상급과 불신자의 심판 14장, 성도들의 찬양 15장,

일곱 대접과 일곱 재앙 16장, 큰 음녀(바벨론) 환상 17장,

큰 성 바벨론의 멸망 18장, 바벨론 멸망에 대한 감사의 찬송 19:1-5,

어린 양의 혼인 잔치 19:6-10, 그리스도의 재림 19:11-16,

아마겟돈 전쟁 19:17-21, 천년왕국과 최후심판 20장,

새 하늘과 새 땅의 환상 21:1-8, 새 예루살렘의 환상 21:9-27,

생명의 낙원에 대한 환상 22:1-5, 신구약 성경의 결론 22:6-21

예수 그리스도에 대한 환상(1장)

▶ 계시록 1장

1장 서두에서 사도 요한은 '예수 그리스도의 계시'를 증언한다고 선포하고 있다(1-3절). 소아시아 일곱 교회를 향하여 축복하며 그리스도의 재림을 선포한다(4-8절). 과거에 보았던 예수 그리스도의 영광스런 모습을 묘사함으로써 계시록을 시작한다(9-20절).

*예수 그리스도의 계시: 계시란 단어 자체는 베일을 벗긴다는 의미를 갖고 있다. 본문에서는 하나님께서 당신의 뜻을 인간에게 나타내 보이시는 것(1:1)을 의미한다. 구약 시대는 계시가 율법과 선지자들을 통해 전달되고 선포되었다. 신약 시대에 이르러 예수 그리스도를 통해 완전한 계시가 나타났다. 계시의 주체는 예수 그리스도이며 사도 요한은 이 계시의 전달자이다.

*때(1:3): 예수 그리스도가 재림하시는 때를 가리킨다.

*일곱 교회(1:4): 당시 소아시아의 7 교회(에베소 · 서머나 · 버가모 · 두아디라 · 사데 · 빌라델비아 · 라오디게아 교회)

*일곱 영(1:4): 칠중적인 하나님의 영, 성령에 대한 표현이다(3:1, 사 11:2).

기억할 말씀

계 1:13-20
촛대 사이에 인자 같은 이가 발에 끌리는 옷을 입고 가슴에 금띠를 띠고 그의 머리와 털의 희기가 흰 양털 같고 눈 같으며 그의 눈은 불꽃 같고 그의 발은 풀무불에 단련한 빛난 주석 같고 그의 음성은 많은 물 소리와 같으며 그의 오른손에 일곱 별이 있고 그의 입에서 좌우에 날선 검이 나오고 그 얼굴은 해가 힘있게 비치는 것 같더라 내가 볼 때에 그의 발 앞에 엎드러져 죽은 자 같이 되매 그가 오른손을 내게 얹고 이르시되 두려워하지 말라 나는 처음이요 마지막이니 곧 살아 있는 자라 내가 전에 죽었었노라 볼지어다 이제 세세토록 살아 있어 사망과 음부의 열쇠를 가졌노니 그러므로 네가 본 것과 지금 있는 일과 장차 될 일을 기록하라 네가 본 것은 내 오른손의 일곱 별의 비밀과 또 일곱 금 촛대라 일곱 별은 일곱 교회의 사자요 일곱 촛대는 일곱 교회니라

★요한계시록 각 장의 내용분석
〈1〉 그리스도에 대한 환상(1장)
〈2〉 현재(소아시아 일곱 교회들에게 보낸 편지 2-3장)
〈3〉 미래에 대한 계시(4-22장)

*구름을 타고 오시리라(1:7): 구약에서 이미 예언하였듯이 주의 날에 구름 타고 올 것임을 예언하고 있다(단 7:13, 마 24:30-31).

*모든 족속이 그로 말미암아 애곡하리니(1:7): 하나님을 찌른 자들이 그를 위해 통곡하리니(슥 12:10)라는 뜻을 담고 있다.

*알파와 오메가(1:8): 헬라어 알파벳의 첫 자와 마지막 자인 알파와 오메가는 처음과 나중을, 시작과 끝을 의미한다. 더 나아가서 하나님은 창조주이시요 역사의 심판자이심을 나타낸다.

*밧모라 하는 섬(1:9): 당시 죄수의 유배지로 에베소 남서 90km 지점에 위치한 섬.

*일곱 금 촛대(1:12): 일곱 교회(11)를 상징한다.

*일곱 별(1:16): 일곱 교회의 사자(20)를 가리킨다.

*오른손(1:16): 신구약 성경에서 오른손은 능력과 의를 상징한다.

*음부(1:18): 죽음의 세계인데, 여기에서는 죽은 자들이 가는 특별한 장소를 의미한다. 구약에서는 무덤 혹은 땅 아래 세상을, 신약에서는 죽은 불신자들이 하나님의 심판 때까지 대기하는 처소를 가리킨다.

*기록하라(1:19): 계시록의 기록동기는 바로 하나님의 명령이다.

★ 1장의 영적 교훈

'촛대 사이에 인자 같은 이' (13절)는 인간(하나님의 형상)의 모습을 하시고 촛대(교회를 상징) 사이에 계신 그 분을 가리키며, 곧 예수 그리스도이시다. 발에 끌리는 옷과 가슴에 금띠는 대제사장과 왕을 상징하는 차림새이다. 흰 머리털은 그의 순결함과 거룩함과 영광을 상징한다. 불꽃같은 눈은 모든 악을 밝히는 공의의 눈을, 빛난 주석 같은 발은 모든 것을 밟아서 심판하는 발을 상징한다. 많은 물 소리와 같은 음성은 책망의 소리와 위로의 소리를 동시에 상징한다. 일곱 별을 들고 계신 오른손은 일곱 교회의 사자들이 예수님의 권세 아래 있음을, 좌우에 날선 검이 나오는 입은 믿는 자를 생명으로 인도하고 믿지 않는 자를 심판하는 말씀의 능력을 상징한다. 해가 힘있게 비치는 얼굴은 지극한 영광을 상징한다.

기억할 말씀

계 2:5-7
그러므로 어디서 떨어졌는지를 생각하고 회개하여 처음 행위를 가지라 만일 그리하지 아니하고 회개하지 아니하면 내가 네게 가서 네 촛대를 그 자리에서 옮기리라 오직 네게 이것이 있으니 네가 니골라 당의 행위를 미워하는도다 나도 이것을 미워하노라 귀 있는 자는 성령이 교회들에게 하시는 말씀을 들을지어다 이기는 그에게는 내가 하나님의 낙원에 있는 생명나무의 열매를 주어 먹게 하리라

1장에서는 천상에 계신 예수 그리스도의 모습을 중점적으로 묘사하고 있다(14-18절). 여러 상징으로 표현된 예수 그리스도의 모습은 선택받은 자들을 위해 죽으시고 부활하셨으며 현재와 미래에 영원히 살아 계셔서 온 세상을 다스리는 영광스러운 분이시다. 우리 성도들이 오늘날 사는 시대는 바로 그분의 재림을 기다리는 때임을 반드시 기억하고 신앙생활을 해야 할 것이다.

● 현재(소아시아 일곱 교회들에게 보낸 편지 2-3장)

▶ 계시록 2장

***에베소 교회(2:1-7)**

에베소는 아데미(Artemis, 행 19:24, 로마의 다이아나) 여신을 숭배하는 상업도시였다. 당시 에베소 교회는 우상숭배와 이단 사상에 대항하여 신앙의 순결을 지켰고 열심 있는 봉사와 수고, 고난에 대해 인내하는 모범적인 교회로 칭찬을 받았다. 그러나 교리에 치중함으로 인해 성도 간의 사랑이 부족하였다. 이에 대해 회개하지 않으면 촛대를 옮기리라는 경고를 받은 교회이다.

*니골라 당(2:6): 초대 예루살렘 교회의 일곱 집사 중 안디옥 사람 니골라(행 6:5)가 있었는데, 그가 일으킨 이단 중 하나이다. 그들은 육체와 물질은 악한 것이며 오직 영혼만을 소중히 여겼다. 예수를 주님으로 신앙고백한 자는 어떤 범죄(음행이나 우상숭배)에도 하나님의 구원을 받는다고 주장했다. 이러한 교리로 인해 교회 내에 방종과 음행이 난무하는 등 도덕과 윤리를 깨뜨린 집단이었다.

***서머나 교회(2:8-11)**

서머나 도시는 황제 숭배의 중심지였다. 에베소와 버가모에 버금가는 부유한 상업도시였지만 서머나 교회는 가난했다. 환난과 궁핍 가운데서도 영적으

로 부요함을 누리는 신앙으로 칭찬받았다. 죽도록 충성하면 생명의 면류관을 받을 것이라는 위로가 담긴 약속의 말씀도 받았다.

*사탄의 회당(2:9): 아브라함의 후손으로 자신들의 혈통을 자랑하는 자칭 정통 유대주의자. 예수를 메시야로 인정하지 않고 성도들을 핍박하였기에 그들을 가리켜 사탄의 회당으로 지칭했다.

*생명의 관(2:10): 생명과 풍요의 표시로 빛을 상징한다. 본문에서는 충성을 다한 믿음의 성도에 대한 하나님의 값진 은혜의 선물을 가리킨다. '관'은 왕관을 가리키는 것이 아니라 경기에서 승리한 자에게 상급으로 주는 화관이다.

*둘째 사망(2:11): 육신의 죽음 이후 하나님의 심판을 받아 영원한 형벌(유황 불못에 영원히 빠진다)을 받는데, 살아생전 예수 믿지 않는 자는 둘째 사망에 처한다(20:13).

*버가모 교회(2:12-17)

일곱 교회 중 가장 북쪽에 위치했으며 황제 숭배와 함께 헬라 신전도 있던 지역이었다. 안디바(순교당한 버가모 교회의 충성된 증인 2:13)가 순교당할 만큼 이 지역은 박해가 심했다. 버가모 교회는 그리스도에 대한 믿음을 저버리지 않아 칭찬을 받았다. 그러나 이단적인 사설에 미혹된 사실을 책망 받았고 회개할 것을 촉구 받았다.

*발람의 교훈(2:14): 발람은 미디안의 마술사로 이스라엘 백성들을 출애굽 당시 광야에서 음행과 우상숭배에 빠지도록 유혹하였다. 그는 모압 왕 발락의 요청에 따라 이스라엘 백성들을 저주하였다(민 22:1-25). 당시 버가모 교회의 일부 성도들은 우상의 제물을 먹고 이방 신전의 여사제들과 문란한 성관계에 빠지는 음행과 우상숭배에 빠져 있었다.

*우상의 제물(2:14): '우상에게 바친 고기'라는 뜻이다. 모든 고기를 이방 종교의 제단에 바쳐 의식을 치룬 뒤에 먹었다. 본문에서는 우상들에게 바쳐진 고기를 먹는 것이 신앙적으로 방종한 태도가 되어서는 안 될 것임을 엄중하게 경고하고 있다(고전 8:4, 7-13 참조).

기억할 말씀

계 2:10-11
…… 네가 죽도록 충성하라 그리하면 내가 생명의 관을 네게 주리라 귀 있는 자는 성령이 교회들에게 하시는 말씀을 들을지어다 이기는 자는 둘째 사망의 해를 받지 아니하리라

계 2:14-17
그러나 네게 두어 가지 책망할 것이 있나니 거기 네게 발람의 교훈을 지키는 자들이 있도다 발람이 발락을 가르쳐 이스라엘 자손 앞에 걸림돌을 놓아 우상의 제물을 먹게 하였고 또 행음하게 하였느니라 이와 같이 네게도 니골라 당의 교훈을 지키는 자들이 있도다 그러므로 회개하라 그리하지 아니하면 내가 네게 속히 가서 내 입의 검으로 그들과 싸우리라 귀 있는 자는 성령이 교회들에게 하시는 말씀을 들을지어다 이기는 그에게는 내가 감추었던 만나를 주고 또 흰 돌을 줄 터인데 그 돌 위에 새 이름을 기록한 것이 있나니 받는 자 밖에는 그 이름을 알 사람이 없느니라

기억할 말씀

계 2:26-29
이기는 자와 끝까지 내 일을 지키는 그에게 만국을 다스리는 권세를 주리니 그가 철장을 가지고 그들을 다스려 질그릇 깨뜨리는 것과 같이 하리라 나도 내 아버지께 받은 것이 그러하니라 내가 또 그에게 새벽 별을 주리라 귀 있는 자는 성령이 교회들에게 하시는 말씀을 들을지어다

*두아디라 교회(2:18-29)

버가모에서 남동쪽 60km 떨어진 두아디라는 일찍이 직조 공업과 염색 산업의 발달로 상인 조합이 결성되는 등 무역의 도시였다. 두아디라 교회는 처음 보다 믿음을 더 잘 지켰다고 칭찬받은 교회였지만, 이세벨과 같은 거짓 선지자로 인해 음행의 죄에 빠짐으로 회개를 촉구 받았다.

*그 눈이 불꽃 같고(2:18): 누구도 그 앞에서는 숨길 수 없는 신적인 권위와 능력을 지닌 예수 그리스도의 통찰력을 의미한다.

*이세벨(2:20): 북 이스라엘 왕국에서 가장 사악했던 아합 왕의 처로 우상숭배를 북 왕국에 펼쳤다(왕상 16:31). 본문에서는 우상숭배와 음행을 조장하는 거짓 선지자를 의미한다. 두아디라 교회의 여성 지도자 중 이세벨은 자신을 선지자로 주장하여 일부 성도들이 그녀를 따랐다. 그녀는 우상 제물이 아무 것도 아니라는 바울의 말씀(고전 8:4)을 전하며, 우상 제물을 먹고 율법으로부터 자유하다고 하면서 성도들을 성적으로 부도덕한 삶에 빠지게 하였다.

*그의 자녀(2:23): 이세벨의 가르침을 따르는 자를 가리킨다.

*사탄의 깊은 것(2:24): 사탄의 깊은 비밀을 가리키는데, 본문에서는 당시의 우상숭배 의식과 그 의식에 뒤따르는 여러 음란한 행위를 의미한다.

*새벽 별(2:28): 예수 그리스도를 가리키는데 특별히 그의 영원한 통치와 영광을 상징한다.

▶ 계시록 3장

*사데 교회(3:1-6)

서머나에서 80km 지점의 고대도시로 무역이 활발하여 상당한 부를 누렸다. 양털 염색과 보석 산업이 발달한 도시로 일곱 교회 중 가장 많은 책망을 받고 있다. 살았으나 죽은 교회라고 예수님께서 지적하셨다. 사데 교회의 성도들은 경건의 모양만 있고 신앙의 능력이 없는 형식적인 신앙을 소유한 성도들이 많았다.

*살았다 하는 이름은 가졌으나 죽은 자로다(3:1): 외면적으로 교회의 이름은 알려져 있었지만 내적으로 심각한 영적 빈곤 상태에 빠져 있음을 가리킨다.

*옷을 더럽히지 아니한 자(3-4): 죄악의 유혹에 물들지 않고 신앙을 지킨 자를 뜻한다.

*흰 옷(3:5): 예수 그리스도의 십자가 공로로 얻게 된 의를 가리킨다. 의의 흰옷은 천국에서 입을 옷, 예복을 상징한다(마 22:11-13).

*빌라델비아 교회(3:7-13)

사데 동쪽 42km 지점에 위치하였고, 극동의 문이라 불릴 정도로 당시 교통의 중심지였다. 많은 신전과 종교적인 축제가 열렸던 지역이기도 하다. 이 교회는 서머나 교회와 함께 책망을 받지 않았다. 유대인들의 격심한 박해 속에도 인내하며 신앙을 지켰기 때문이다. 고난 중에서도 하나님의 말씀에 순종하며 실천한 교회였다.

*다윗의 열쇠(3:7): 다윗은 그리스도의 그림자로 구약의 왕을 대표하는 인물이다. 열쇠는 왕의 통치와 권세를 상징한다. 따라서 예수 그리스도의 절대 주권을 뜻하며 이 열쇠를 가진 자가 바로 예수 그리스도이시다.

*열린 문(3:8): 복음을 전할 수 있는 기회, 혹은 복음을 기쁨으로 듣고자 하는 갈급한 심령을 나타낸다.

*기둥(3:12): 하나님의 귀한 사역자로 인정되어 하나님 나라에 참여하게 됨을 강조하는 말이다.

*라오디게아 교회(3:14-22)

골로새 서쪽 16km에 위치한 교통의 요지로 특별히 양모 산업의 중심지였고 은행업이 발달하여 부유한 도시였다. 당시 눈병의 안약 생산지로도 유명했다. 이 도시민들은 스스로 부자로 여겼고 이를 자랑했다. 물질적인 풍요를 누렸지만 주님으로부터는 어떤 칭찬도 받지 못하고 책망만 받았다. 이 교회는 차지도, 뜨겁지도 않은 신앙을 가졌다. 차다는 것은 악에 대하여 차갑게

기억할 말씀

계 3:1-3
사데 교회의 사자에게 편지하라 하나님의 일곱 영과 일곱 별을 가지신 이가 이르시되 내가 네 행위를 아노니 네가 살았다 하는 이름은 가졌으나 죽은 자로다 너는 일깨어 그 남은 바 죽게 된 것을 굳건하게 하라 내 하나님 앞에 네 행위의 온전한 것을 찾지 못하였노니 그러므로 네가 어떻게 받았으며 어떻게 들었는지 생각하고 지켜 회개하라 만일 일깨지 아니하면 내가 도둑 같이 이르리니 어느 때에 네게 이를는지 네가 알지 못하리라

계 3:12-13
이기는 자는 내 하나님 성전에 기둥이 되게 하리니 그가 결코 다시 나가지 아니하리라 내가 하나님의 이름과 하나님의 성 곧 하늘에서 내 하나님께로부터 내려오는 새 예루살렘의 이름과 나의 새 이름을 그이 위에 기록하리라 귀 있는 자는 성령이 교회들에게 하시는 말씀을 들을지어다

기억할 말씀

계 3:15-22

내가 네 행위를 아노니 네가 차지도 아니하고 뜨겁지도 아니하도다 네가 차든지 뜨겁든지 하기를 원하노라 네가 이같이 미지근하여 뜨겁지도 아니하고 차지도 아니하니 내 입에서 너를 토하여 버리리라 네가 말하기를 나는 부자라 부요하여 부족한 것이 없다 하나 네 곤고한 것과 가련한 것과 가난한 것과 눈 먼 것과 벌거벗은 것을 알지 못하는도다 내가 너를 권하노니 내게서 불로 연단한 금을 사서 부요하게 하고 흰 옷을 사서 입어 벌거벗은 수치를 보이지 않게 하고 안약을 사서 눈에 발라 보게 하라 무릇 내가 사랑하는 자를 책망하여 징계하노니 그러므로 네가 열심을 내라 회개하라 볼지어다 내가 문 밖에 서서 두드리노니 누구든지 내 음성을 듣고 문을 열면 내가 그에게로 들어가 그와 더불어 먹고 그는 나와 더불어 먹으리라 이기는 그에게는 내가 내 보좌에 함께 앉게 하여 주기를 내가 이기고 아버지 보좌에 함께 앉은 것과 같이 하리라 귀 있는 자는 성령이 교회들에게 하시는 말씀을 들을지어다

결별하는 것이고, 뜨겁다는 것은 말씀에 대하여 뜨겁게 받아들이는 것을 의미한다.

*뜨겁지도 아니하고 차지도 아니하니(3:16): 적당히 세상과 악에 대해 타협하면서 무사안일하게 신앙생활을 하는 삶을 가리킨다.

*곤고한 것과 가련한 것과 가난한 것과 눈 먼 것과 벌거벗은 것(3:17): 물질적으로는 풍요로웠지만 영적으로는 자랑할 것이 없는 빈곤한 라오디게아 교회를 가리킨다.

*불로 연단한 금(3:18): 아무런 흠도 점도 없는 온전한 믿음을 가리킨다.

★ 2-3장의 영적 교훈

당시 실존한 일곱 교회에 대해 말씀하시면서 하나님이 원하시는 교회는 어떤 교회인지를 제시하고 있다.

1〉 정통적인 신앙을 고수하면서도(에베소 교회), 처음 예수 믿을 때 경험한 신앙의 감격과 기쁨으로 사랑이 넘치는 신앙 공동체를 하나님은 기뻐하신다.

2〉 환난과 가난한 삶 속에서도 흔들림 없이 굳건히 믿음을 지켜 나가는 아름다운 신앙 공동체(서머나 교회)는 충성스러운 교회이다.

3〉 타락한 세상 문화에 물든 이단적인 사설들이 교회 안에도 팽배해 있다. 이에 미혹되지 않는 신앙 공동체(버가모 교회)는 온전한 교회이다.

4〉 세상과 벗하는 교회 지도자의 가르침을 받지 않고(두아디라 교회), 오직 예수로 신앙을 지켜 나가는 진리 위에 서있는 신앙 공동체가 되어야 한다.

5〉 경건의 모양만 있고 신앙의 능력이 없는 영적으로 죽은 신앙 공동체(사데 교회)가 되어서는 안 된다. 형식적인 교회로 성장이 멈춘 교회이다.

6〉 고난 중에도 하나님의 말씀에 순종하며 실천하는 신앙 공동체(빌라델비아 교회)는 이상적인 교회 상이다.

7〉 물질적으로 부요하나 영적으로 빈곤하여 차지도 뜨겁지도 않은 신앙 공동체(라오디게아 교회)가 되어서는 안 된다. 물질적인 외적 성장에 머물러 있지 말고 영적으로 부요한 성령 충만한 교회가 되어야 한다.

미래에 대한 계시(4-22장)

▶ 계시록 4장: 하늘 보좌에 앉으신 하나님의 환상

4장은 보좌에 앉으신 이와 그를 둘러싸고 있는 사람들의 경배, 그리고 주님의 오른 손에 일곱 인으로 봉한 두루마리가 들려 있다(5:1). 어린 양이 두루마리를 취하시고 찬양을 받으신다. 6장부터는 어린 양이 인을 하나씩 떼어내는 것을 볼 수 있다. 여섯 번째와 일곱 번째 인 사이에 십사만 사천의 사람과 보좌 앞에 서 있는 무수한 무리의 환상을 보았다. 이 부분은 그리스도의 초림부터 재림까지의 전 세대를 포함하고 있다. 죽임을 당하셨으나 지금은 하늘에서 오셔서 다스리시는 분으로 묘사된다(5:5-6). 이 단원의 끝 부분에는 최후 심판이 소개된다. 그날 불신자에게 임할 심판(6:16-17)과 성도가 누릴 복을 보여준다(7:16-17). 이것은 교회 전체의 승리의 모습이며, 아직 실현되지 않은 종말에 대한 이상이다.

*이 일 후에(4:1): 새로운 환상을 서술할 때 사용하는 표현이다.

*하늘에 열린 문(4:1): 공간적인 하늘이 아니라 영적인 의미의 하늘이다.

*보좌(4:2): 등 받침과 팔 받침, 발등상을 갖춘 높은 의자로 특히 왕이 앉는 자리를 가리키는데, 본문에서는 하나님의 높으신 위엄을 강조한 것이다.

*보좌 위에 앉으신(4:2): 역사를 다스리는 심판자요 구원자이심을 상징한다.

*벽옥, 홍보석, 녹보석(4:3): 푸른빛의 옥, 루비, 비취.

*무지개(4:3): 하나님과 노아 사이에 맺은 언약(창 9:8-16).

*이십사 보좌들, 이십사 장로들(4:4): 보좌를 둘러서 24 보좌들이 있고, 그 보좌들 위에 24 장로들이 흰 옷을 입고 머리에 금 면류관을 쓰고 앉았다고 했다. 24 보좌는 천사들을, 24장로들은 그리스도 이전과 이후의 모든 세대에 걸쳐 구원받은 성도들을 가리킨다.

*네 생물(4:6): 사자는 하나님의 전능하심, 송아지는 하나님의 인내하심, 사람은 하나님의 지혜, 독수리는 하나님의 주권을 의미한다. 이 네 생물들은 하나님이 창조하셨고(창조주 하나님), 네 생물들의 속성을 하나님은 다 갖고

계신 전능자이심을 나타내고 있다(겔 1:10, 10:14–22 참조).

*여섯 날개(4:8): 하나님의 뜻을 온 세상에 알리는 재빠른 행동에 대한 상징적인 표현이다.

★ 4장의 영적 교훈

네 생물은 하나님을 찬양하되 하나님의 거룩하심과 전능하심과 영원하심을 찬양하였다(8절). 네 생물의 찬양은 하나님의 존재 그 자체에 대한 찬양이다. 그러므로 성도는 우리를 사랑하시고 구원하시고 보호하시는 하나님의 은혜를 감사, 찬양해야 함이 마땅하다.

▶ 계시록 5장: 어린 양 예수 그리스도에 대한 환상

5장에서 요한은 보좌에 앉으신 하나님께서 오른손에 일곱 인으로 봉한 두루마리를 들고 계신 것을 보았다. 누가 두루마리의 인을 떼고 보기에 합당한가? 오직 어린 양 예수 그리스도만이 인을 떼고 보기에 합당한 분이시다(1–5절). 어린양 예수는 보좌에 앉으신 하나님으로부터 일곱 인 봉한 두루마리를 받았다(6–7절). 어린 양이 두루마리를 취하자 네 생물과 이십사 장로들이 새 노래로 찬양하였고, 수많은 천사들과 온 우주 만물이 찬양하였다(8–14절).

*일곱 인으로 봉하였더라(5:1): 당시 특별한 내용을 담은 편지나 문서 혹은 유언장들은 누구도 볼 수 없도록 봉인하였다. 일곱 인으로 봉한 두루마리의 내용은 하나님의 마지막 말씀으로 종말에 대한 비밀을 기록한 책이다. 이 두루마리의 내용은 하나님의 신비로운 계획으로 모든 피조물들에게 감추어졌다.

*유다 지파의 사자 다윗의 뿌리(5:5): 유다 지파에서 태어난 메시야, 예수 그리스도를 의미한다.

*일곱 뿔, 일곱 눈, 일곱 영(5:6): 일곱 뿔은 그리스도의 완전한 능력과 권위, 일곱 눈은 그리스도의 전지하심과 성령으로 충만하심을, 일곱 영은 하나

기억할 말씀

계 4:7–11
시므온 지파 중에 일만 이천이요 레위 지파 중에 일만 이천이요 잇사갈 지파 중에 일만 이천이요 스불론 지파 중에 일만 이천이요 요셉 지파 중에 일만 이천이요 베냐민 지파 중에 인침을 받은 자가 일만 이천이라 이 일 후에 내가 보니 각 나라와 족속과 백성과 방언에서 아무도 능히 셀 수 없는 큰 무리가 나와 흰 옷을 입고 손에 종려 가지를 들고 보좌 앞과 어린 양 앞에 서서 이십사 장로들이 보좌에 앉으신 이 앞에 엎드려 세세토록 살아 계시는 이에게 경배하고 자기의 관을 보좌 앞에 드리며 이르되 우리 주 하나님이여 영광과 존귀와 권능을 받으시는 것이 합당하오니 주께서 만물을 지으신지라 만물이 주의 뜻대로 있었고 또 지으심을 받았나이다 하더라

님의 성령을 의미한다. 일곱이란 숫자는 완전함을 나타낸다.

*거문고(5:8): 수금에 해당하는 고대의 현악기.

*나라와 제사장(5:10) 예수 믿고 구원받은 하나님의 자녀들은 왕 같은 제사장(벧전 2:9).

★ 5장의 영적 교훈

일곱 인으로 봉한 두루마리를 펴거나 볼 자가 없음에 사도 요한은 크게 울었다. 첫째는 인간의 죄악에 대한 슬픔으로 인한 눈물이었다. 하나님의 계시의 말씀을 들을 자가 한 사람도 없을 만큼 온 세상이 죄악에 깊이 빠져 있음에 그는 큰 슬픔을 느꼈다. 둘째는 하나님의 말씀이 선포되지 못해 하나님의 구원 계획이 무효로 돌아갈 수도 있다는 안타까움으로 눈물을 흘렸다. 하나님의 구원 계시가 닫혀있음을 슬퍼한 것이다. 셋째로 하나님의 말씀이 진리인데 진리를 알 수 있는 기회가 무산될 것이 사도 요한에게는 엄청난 슬픔이었다.

▶ 계시록 6장: 일곱 인을 떼시는 어린 양 예수

이 세상을 향한 하나님의 계획이 기록된 두루마리가 예수의 손에 옮겨진 후 곧 인봉을 떼신다. 6장은 예수가 떼신 여섯 번째 인까지의 내용이 담겨 있다. 첫째 인을 떼었을 때, 흰 말을 탄 자가 활과 면류관을 가지고 나아갔다(1–2절). 둘째 인을 떼었을 때, 붉은 말을 탄 자가 큰 칼로 사람들을 죽였다(3–4절). 셋째 인을 떼었을 때, 검은 말을 탄 자가 저울을 가지고 나와서 사람들에게 기근과 재잉을 내린다(5–6절). 넷째 인을 떼었을 때, 청황색 말을 탄 자가 검과 흉년과 사망의 권세로써 땅의 사분의 일을 멸망시킨다(7–8절). 다섯째 인을 떼었을 때, 순교자들의 영혼이 하나님께 공의의 심판을 탄원한다(9–11절). 여섯째 인을 떼었을 때에, 천지와 일월성신이 모두 대변동을 일으킨다(12–17절).

*흰 말(6:2): 미래에 나타날 정복자는 승리한 후 흰 말을 탄다. 전쟁 중에

기억할 말씀

계 5:12–14
큰 음성으로 이르되 죽임을 당하신 어린 양은 능력과 부와 지혜와 힘과 존귀와 영광과 찬송을 받으시기에 합당하도다 하더라 내가 또 들으니 하늘 위에와 땅 위에와 땅 아래와 바다 위에와 또 그 가운데 모든 피조물이 이르되 보좌에 앉으신 이와 어린 양에게 찬송과 존귀와 영광과 권능을 세세토록 돌릴지어다 하니 네 생물이 이르되 아멘 하고 장로들은 엎드려 경배하더라

기억할 말씀

계 6:9-17
다섯째 인을 떼실 때에 내가 보니 하나님의 말씀과 그들이 가진 증거로 말미암아 죽임을 당한 영혼들이 제단 아래에 있어 큰 소리로 불러 이르되 거룩하고 참되신 대주재여 땅에 거하는 자들을 심판하여 우리 피를 갚아 주지 아니하시기를 어느 때까지 하시려 하나이까 하니 각각 그들에게 흰 두루마기를 주시며 이르시되 아직 잠시 동안 쉬되 그들의 동무 종들과 형제들도 자기처럼 죽임을 당하여 그 수가 차기까지 하라 하시더라 내가 보니 여섯째 인을 떼실 때에 큰 지진이 나며 해가 검은 털로 짠 상복 같이 검어지고 달은 온통 피 같이 되며 하늘의 별들이 무화과나무가 대풍에 흔들려 설익은 열매가 떨어지는 것 같이 땅에 떨어지며 하늘은 두루마리가 말리는 것 같이 떠나가고 각 산과 섬이 제 자리에서 옮겨지매 땅의 임금들과 왕족들과 장군들과 부자들과 강한 자들과 모든 종과 자유인이 굴과 산들의 바위 틈에 숨어 산들과 바위에게 말하되 우리 위에 떨어져 보좌에 앉으신 이의 얼굴에서와 그 어린 양의 진노에서 우리를 가리라 그들의 진노의 큰 날이 이르렀으니 누가 능히 서리요 하더라

는 적의 표적이 됨으로 흰 말을 타지 않는다. 여기에서 흰 말은 현 세상을 정복하고 통치하는 세상을 다스리는 통치자를 가리킨다.

*붉은 말(6:4): 치열한 전쟁과 학살을 상징하는 말이다.

*검은 말(6:5): 폐허와 기근을 상징한다.

*한 데나리온(6:6): 당시 노동자의 하루 품삯.

*청황색 말(6:8): 전쟁과 기근으로 인한 공포와 죽음을 상징한다.

*영혼들이 제단 아래에 있어(6:9): 구약 시대 희생 제물의 피를 단 밑에 쏟아 부었는데, 순교자들의 피가 하늘 제단에 드려졌음을 의미한다.

*대주재(6:10): 세상 만물을 지으시고 다스리는 하나님을 말한다.

*땅에 거하는 자들(6:10): 예수 믿지 않는 하나님을 대적하는 자들.

*흰 두루마기(6:11): 순결과 축복을 상징하는데 성도들의 거룩함과 의로움을 나타낸다.

*아직 잠시 동안 쉬되(6:11): 하나님의 섭리가 이루어질 때까지 평안히 쉬라는 뜻이다.

*자유인(6:15): 노예도, 귀족도 아닌 평민을 가리킨다.

★ 6장의 영적 교훈

첫째 봉인에서 넷째 봉인을 뗄 때 까지 나타난 네 마리 말은 인간의 죄악에 대한 하나님의 심판의 도구임을 상징하고 있다(슥 6:1-8). 그러나 말을 탄자들에게 땅의 1/4만을 다스리도록 허락한 것은 하나님의 심판이 제한적임을 나타내고 있다. 전면적인 심판이 이루어지지 않은 것이다. 전면적인 심판이 있기 이전에 하나님께서 회개의 기회를 주고 계심을 나타낸다.

▶ 계시록 7장: 인침을 받은 십사만 사천 성도들(하나님의 택하심 받은 자들)

6장에 나타난 하나님의 진노의 심판에 의한 비참한 상황과는 대조적으로 7장은 하나님의 택하심과 은혜 가운데 있는 구원받은 자들의 아름다운 모습이 묘사되고 있다. 7장은 6장 17절에서 '그들의 진노의 큰 날이 이르렀으니 누가

능히 서리요' 라는 사도 요한의 질문에 대한 답으로 시작된다. 이 장에서 '이스라엘 자손의 각 지파' 란 문자적 유대 민족이 아니라 영적 이스라엘, 성도들을 의미한다. 계시록은 이스라엘 민족의 미래가 아닌 전 인류를 향한 하나님의 미래적 구원의 역사를 기록한 것이기 때문이다. 지파들의 순서와 내용도 이스라엘의 혈통적 특징보다는 영적 특징을 나타내고 있다. 예수의 혈통인 유다 지파가 가장 먼저 기록되고, 적그리스도가 출현하는 것으로 알려진 단 지파(창 49:16–17, 왕상 12:25–33 참조)는 빠져 있다. 여섯째 인을 뗀 후에 바로 일곱째 인으로 이어지지 않고 잠시 공백기가 있다. 하나님의 천사가 하나님의 종들의 이마에 인을 친다(1–3절), 이스라엘 열두 지파 중의 각 지파마다 일만 이천 명씩 인침을 받는데, 모두 십사만 사천 명이었다(4–8절). 이어서 흰 옷 입은 큰 무리들이 나와서 어린양과 하나님을 찬양하는데, 그들은 다시는 환난을 당하지 않고 영원히 생명수를 마시게 될 것이다(9–17절).

*하나님의 인(7:2): 노예나 가축의 소유권을 표시하기 위해 화인을 찍었는데, 하나님의 소유가 되어 하나님의 보호와 인도하심을 받는 의미를 담고 있다.

*십사만 사천(7:4): 이는 12×12×1000에서 나온 숫자이다. 단순한 문자적인 해석을 해서는 안 된다. 성경에서 12는 완전수요, 하나님의 선택을 상징하는 숫자이다. 1000은 많은 숫자를 나타낸다. 따라서 144,000은 세상의 모든 민족 중에서 구원받게 될 수많은 하나님의 자녀들이다.

*어린 양의 피에 그 옷을 씻어(7:14): 예수 그리스도의 십자가 대속의 피로 죄사함 받아 하나님의 자녀된 구원의 원리.

*장막을 치시리니(7:15): 구약의 성막을 상징하는데 하나님의 임재를 뜻한다. 장막을 친다는 것은 하나님께서 구원받은 성도들과 함께 영원히 함께 거하시고 보호하심을 의미한다(계 21:3).

*뜨거운 기운(7:16): 고통과 환난을 의미한다.

*보좌 가운데에 계신 어린 양(7:17): 어린 양 예수께서 성부 하나님과 같은 왕의 지위에 계심을 나타낸다.

기억할 말씀

계 7:9-17
이 일 후에 내가 보니 각 나라와 족속과 백성과 방언에서 아무도 능히 셀 수 없는 큰 무리가 나와 흰 옷을 입고 손에 종려 가지를 들고 보좌 앞과 어린 양 앞에 서서 큰 소리로 외쳐 이르되 구원하심이 보좌에 앉으신 우리 하나님과 어린 양에게 있도다 하니 모든 천사가 보좌와 장로들과 네 생물의 주위에 서 있다가 보좌 앞에 엎드려 얼굴을 대고 하나님께 경배하여 이르되 아멘 찬송과 영광과 지혜와 감사와 존귀와 권능과 힘이 우리 하나님께 세세토록 있을지어다 아멘 하더라 …… 그들이 다시는 주리지도 아니하며 목마르지도 아니하고 해나 아무 뜨거운 기운에 상하지도 아니하리니 이는 보좌 가운데에 계신 어린 양이 그들의 목자가 되사 생명수 샘으로 인도하시고 하나님께서 그들의 눈에서 모든 눈물을 씻어 주실 것임이라

★ 7장의 영적 교훈

흰 옷 입은 자들의 활동과 축복에 대해 살펴보자(15-17절). 첫째, 그들은 하나님의 보좌 앞에 있다고 했다. 하나님 앞에 거하는 것이 얼마나 큰 축복인가! 둘째, 그들은 성전에서 밤낮 하나님을 섬긴다고 했다. 셋째, 하나님께서 그들을 위해 장막을 쳐 주시어(하나님의 임재) 주리지도, 목마르지도 않게 해 주신다. 넷째, 어린 양이 그들의 목자가 되신다고 했다. 다섯째, 모든 성도들의 눈에서 눈물을 씻어 주신다고 했다. 이것이 바로 성도가 누릴 수 있는 축복임을 기억하자.

▶ 계시록 8장:

마지막 일곱 째 인을 떼심으로 시작되는 일곱 나팔 중 네 재앙(8장은 성도들의 기도에 응답하심으로 생태계를 향한 재앙). 마지막 일곱째 인을 예수께서 떼니 잠시 하늘이 고요하다가 하나님 앞에 서있던 일곱 천사가 일곱 나팔을 받는다(1-2절). 일곱 나팔의 재앙은 성도의 기도가 응답받는 것과 연결되고 있다. 성도들의 간절한 기도는 하나님께 상달되어 하나님의 진노하심과 심판이 가해지는데 이것이 바로 일곱 나팔의 재앙이다(3-5절). 드디어 일곱 천사가 일곱 나팔을 불기 시작한다. 본장에서는 첫째 나팔부터 넷째 나팔의 재앙까지 기록되어 있다(6-13절).

*나팔(8:2): 하나님의 임재와 예수의 재림을 예고하는 소리(마 24:29-31).

*금향로(8:3): 지성소 앞에서 놓인 금향로에 제사장들은 분향했다. 여기에서 금향로는 하나님께 상달되는 성도들의 기도를 상징한다.

*천사의 손(8:4): 하나님의 종으로 봉사하는 것이 천사의 역할(계 19:9-10).

*피 섞인 우박(8:7): 출애굽하기 전 애굽 왕 바로의 완악함으로 인해 하나님은 10가지 재앙을 애굽 땅에 내리신다. 7번째 재앙이 우박이었는데, 우박 재앙에 덧붙여 피 섞인 우박이 내림으로 더 강력한 재앙임을 나타내고 있다. 마지막 일곱 번째 인을 어린 양 예수가 떼심으로 일곱 나팔의 재앙(하나님의 심판)이 시작된다! 8장에 나타난 재앙(네 나팔의 재앙)으로 생태계는 파괴당

한다. 일곱 나팔 재앙은 환난 중에 부르짖는 성도들의 기도에 하나님이 응답하셔서 진노의 심판으로 나타난다.

첫째 나팔은 땅에 관련한 재앙, 둘째 나팔은 바다에 관련한 재앙, 셋째 나팔은 물에 관련한 재앙, 넷째 나팔은 천체에 관련한 재앙이다.

★ 8장의 영적 교훈

금향로에 대한 언급(3-5절)은 기도에 대한 교훈을 보여준다. 성도들의 기도는 금향로에 담기고 금향로의 연기가 하나님의 보좌 앞으로 올라간다. 천사가 이 향로를 가지고 제단의 불을 담아다가 땅에 쏟았다. 이는 성도들의 기도가 하나님께 상달되는 것을 나타내고 있다. 어떤 환란이나 핍박 속에서도 하나님의 응답하심은 계속된다는 것이다. 비록 성도들의 기도가 단시간 내로 성취되지 않는다 해도 종말에 하나님의 종말론적 심판을 통해서 반드시 이루어질 것이다. 기도 응답에 대한 확신을 우리에게 심어주고 있다.

▶ 계시록 9장:

일곱 나팔 재앙 중 다섯째와 여섯째 나팔 재앙(9장은 인간들에게 내린 재앙). 9장 1-12절은 다섯째 나팔의 재앙에 대해서, 9장 13-21절은 여섯째 나팔의 재앙에 대해 기록하고 있다. 다섯째 나팔을 불자 황충이 나와서 사람들만을 해친다(1-12절). 이 재앙은 죽고 싶어도 죽지 못하는 극도의 고통을 안겨다 주는 재앙이다. 여섯째 나팔을 불자 결박당한 네 천사가 풀려나서 세상 사람의 1/3을 죽인다(13-21절). 그럼에도 사람들은 우상을 섬기며, 음행과 도둑질하는 죄악을 회개하지 않고 있다. 다섯째와 여섯째 재앙은 하늘에서 땅으로 떨어진 별(사탄)을 통해 임하고 있다.

*하늘에서 땅에 떨어진 별(9:1): 타락한 천사 혹은 사탄.

*무저갱(9:1,11): 죽은 자가 거하는 음부로 악령과 사탄의 거처를 가리킨다.

*황충(9:3): 떼를 지어 날아다니면서 초목을 갉아먹는 메뚜기의 일종이다. 황충의 떼가 한번 지나가면 완전히 폐허가 될 정도이다.

기억할 말씀

계 8:1-6
일곱째 인을 떼실 때에 하늘이 반 시간쯤 고요하더니 내가 보매 하나님 앞에 일곱 천사가 서 있어 일곱 나팔을 받았더라 또 다른 천사가 와서 제단 곁에 서서 금 향로를 가지고 많은 향을 받았으니 이는 모든 성도의 기도와 합하여 보좌 앞 금 제단에 드리고자 함이라 향연이 성도의 기도와 함께 천사의 손으로부터 하나님 앞으로 올라가는지라 천사가 향로를 가지고 제단의 불을 담아다가 땅에 쏟으매 우레와 음성과 번개와 지진이 나더라 일곱 나팔을 가진 일곱 천사가 나팔 불기를 준비하더라

기억할 말씀

계 9:1-4
다섯째 천사가 나팔을 불매 내가 보니 하늘에서 땅에 떨어진 별 하나가 있는데 그가 무저갱의 열쇠를 받았더라 그가 무저갱을 여니 그 구멍에서 큰 화덕의 연기 같은 연기가 올라오매 해와 공기가 그 구멍의 연기로 말미암아 어두워지며 또 황충이 연기 가운데로부터 땅 위에 나오매 그들이 땅에 있는 전갈의 권세와 같은 권세를 받았더라 그들에게 이르시되 땅의 풀이나 푸른 것이나 각종 수목은 해하지 말고 오직 이마에 하나님의 인침을 받지 아니한 사람들만 해하라 하시더라

*전갈의 권세(9:3): 전갈이 사람을 물면 치명상을 입는다. 황충의 공격과 전갈의 힘으로 사람들이 치명상 입을 것임을 나타낸다.

*하나님의 인침을 받지 아니한 사람들(9:4): 하나님의 택하심을 받지 못한 불신자를 가리킨다.

*다섯 달 동안(9:5): 황충이 활동하는 기간으로 이 기간은 한정된 기간임을 나타낸다.

*황충들의 모양(9:7-10): 말(신속력), 머리에 금 면류관(사탄의 권세), 사람의 얼굴(간교함), 여자의 머리털(매혹적인 유혹), 사자의 이빨(강한 파괴력), 철 호심경(강한 방어력), 날개들의 소리(신속함), 꼬리(악독함) 등을 상징적으로 나타내고 있다.

*아바돈(9:11): 무저갱의 사자로 사탄을 일컫는 표현이다. 9장 12절의 첫째 화에 해당하는 다섯째 나팔의 재앙은 죽고 싶어도 죽지 못할 정도로 끔찍한 재앙이 사람들에게 내려진다.

*유브라데(9:14): 본문에서는 전쟁이 일어난 곳으로 언급되고 있다.

*결박한 네 천사(9:14): 하나님의 계획 하에 지금까지 결박된 악의 천사들.

*그 년 월 일 시(9:15): 정해진 때에 하나님의 심판이 임할 것임을 표현.

*이만 만(9:16): 문자적으로 2억을 나타내지만, 지극히 많다는 의미이다.

*불과 연기와 유황(9:17): 소돔과 고모라의 멸망을 상기시키는 무서운 파괴로 멸망을 나타낸다.

★ 9장의 영적 교훈

나팔 재앙에 죽지 않고 살아남은 자들은 여전히 우상숭배, 살인, 복술, 음행, 도둑질 등을 계속 행하면서 회개하지 않았다. 무서운 재앙을 목격하고도 회개하지 않고 악행을 계속하는 저들은 큰 죄악에 빠져 있다!

인간은 그 어떤 재앙을 통해서도 근본적인 변화가 없는 존재임을 알게 된다. 인간을 변화시킬 수 있는 것은 예수 그리스도의 십자가 사랑 밖에 없다(요 3:16-17). 그러므로 불신자들에게 그리스도의 사랑을 선포해야 한다. 종말의 때가 오면 더 이상 기회가 없을지도 모른다.

▶ 계시록 10장: 임박한 최후 심판을 알리는 천사(작은 두루마리)

9장까지 일곱 나팔 재앙 중에서 여섯 나팔 재앙이 내용이 담겨 있다. 그러나 10장에서는 갑자기 작은 두루마리를 가진 천사에 대한 환상을 기록하고 있다. 이 천사는 임박한 하나님의 최후 심판을 선포한다(1-7절). 그 천사가 요한에게 작은 두루마리를 주면서 먹으라고 하였다. 요한이 그 두루마리를 먹으니 입에는 꿀 같이 달았으나 먹은 후에 배에서는 쓰다고 하였다(8-11절).

*힘 센 다른 천사(10:1): 이는 그리스도 자신이거나 혹은 미가엘, 가브리엘 등 천사장을 의미한다. 그러나 전체적인 문맥으로 볼 때 세상을 통치하는 권세를 갖고 있음으로 보아 그리스도를 가리킨다고 볼 수 있다.

*하나님이 그의 종 선지자들에게 전하신 복음과 같이 하나님의 그 비밀이 이루어지리라(10:7): 성령의 조명을 받아 감추어졌던 하나님의 계획하심이 선지자들을 통하여 나타났고 때가 차매 예수 그리스도의 오심으로 분명하게 드러났다.

*내 입에는 꿀 같이 다나 먹은 후에 내 배에서는 쓰게 되더라(10:10): 하나님의 말씀을 받을 때에는 꿀 송이처럼 달지만, 그 말씀을 소화하기에는 어렵고 힘들다는 의미이다. 하나님의 심판(재앙)이 너무 엄청나기에 이를 선포함이 인간적인 관점에서 마음이 무척 힘들다는 것이다.

★ 10장의 영적 교훈

10장에서 두 가지의 큰 교훈을 찾아 볼 수 있다. 첫째는 하나님의 말씀을 먹는다는 것이다. 우리는 하나님의 말씀을 듣거나, 읽거나, 쓰거나, 암송하는데 말씀을 먹는 것은 완전히 소화시켜 피가 되고 살이 된다는 의미이다. 말씀이 완전히 나의 삶이 되어 말씀과 내가 하나 되는 것이다. 우리는 이같이 말씀을 먹을 수 있어야 한다. 둘째는 말씀이 입에는 달지만 배에는 쓰다고 했다. 이는 말씀을 기쁨과 은혜로 받아들이지만, 이를 삶에서 구체적으로 적용하고 행할 때에는 힘든 고통이 뒤따른다는 의미이다. 또한 말씀을 세상에 선포할

기억할 말씀

계 10:9-11
내가 천사에게 나아가 작은 두루마리를 달라 한즉 천사가 이르되 갖다 먹어 버리라 네 배에는 쓰나 네 입에는 꿀 같이 달리라 하거늘 내가 천사의 손에서 작은 두루마리를 갖다 먹어 버리니 내 입에는 꿀 같이 다나 먹은 후에 내 배에서는 쓰게 되더라 그가 내게 말하기를 네가 많은 백성과 나라와 방언과 임금에게 다시 예언하여야 하리라 하더라

때에도 고통과 고난이 뒤따른다. 말씀은 사람들에게 죄를 고발하고 회개를 촉구하기 때문이다.

▶ 계시록 11장:

두 증인(11:1–4)과 일곱 째 나팔(심판과 상급, 11:15–19)

9장 21절 이후에 잠시 중단되었던 일곱 나팔의 재앙에 대한 내용을 담고 있다. 일곱째 나팔이 울리자 하나님의 최후 승리를 선포하는 음성이 들려온다. 하나님의 성전이 열리고 언약궤가 보이는데 이는 환난과 함께 하나님의 모든 언약이 성취될 것임을 나타내고 있다.

요한은 먼저 하나님의 명령을 받아 성전과 제단과 경배하는 자들을 측량한다. 성전 바깥 마당은 이방인들이 마흔두 달 동안 짓밟을 것이다(1–2절). 두 증인은 천이백육십 일을 예언하게 될 것이다. 두 증인이 증언을 마칠 때에 무저갱에서 짐승이 올라와서 그들을 죽일 것이라고 했다. 사람들이 그 시체를 사흘 반 동안을 보며 장사하지 못하게 하고, 땅에 사는 자들이 그들의 죽음을 즐거워하고 기뻐하였다(3–10절). 그러나 하나님께로부터 생기가 그들 속에 들어가매 두 증인은 살아나서 구름을 타고 하늘로 올라가고 많은 사람들은 심판을 받아 죽게 된다(11–13절). 일곱째 천사가 일곱째 나팔을 불 때에 하늘에서 찬송이 들리고 이십사 장로들이 하나님께 경배한다(14–19절).

*성전 바깥 마당(11:2): 이방인의 뜰. 성도임에도 참된 믿음과 열매 맺는 삶을 살지 못하는 자들로 이들은 결코 하나님의 보호하심을 받지 못한다.

*마흔두 달(11:2): 7년 환난기의 전반기 3년 6개월(1,260일)을 나타낸다.

*두 증인(11:3): 성령의 능력을 입은 교회를 상징한다. 두 선지자(11:10)도 두 증인에 해당된다. 모세와 엘리야를 본으로 삼는다(5–6절).

*두 감람나무와 두 촛대(11:4): 감람나무에서 기름이 흘러 넘쳐 촛대의 불을 계속해서 밝혀준다. 이는 교회에 성령이 함께 한다는 비유이다.

*땅에 사는 자들(11:10): 불신자를 가리킨다.

*삼 일 반 후에 하나님께로부터 생기가 그들 속에 들어가매(11:11): 태초

에 하나님께서 사람을 만드시고 생기를 부어 주셨다(창 2:7). 하나님과의 관계가 단절된 자는 죽은 자이다. 성도는 어떤 상황에서도 하나님과 교제를 통해 생기를 얻으며 영원한 삶을 누리지만(영생), 하나님과 관계가 단절되고 교제가 없는 자는 죽은 자이다. 짐승에 의해 죽임을 당했다가(순교) 삼일 반 후에 부활 · 승천하는 두 증인은 마지막 때에 교회와 성도가 처하게 될 상황임을 나타내는 상징적인 표현이다(8:13 참조).

첫째 화는 9:1-12에 나타났고, 둘째 화는 11:14에 나타났다(10:1-11:13은 막간에 일어나는 사건들이다). 셋째 화는 일곱 천사가 일곱 재앙을 가졌는데, 이것이 마지막 재앙이다(15:1-18:24). (15-16장의 일곱 금대접 심판은 셋째 화의 구성 요소이다).

*하늘에 큰 음성들이 나서(11:15): 보좌 주위의 네 생물과 24 장로들, 천천만만의 천사들이 외치는 음성이다. 이 음성의 내용은 하나님께서 전적으로 다스리시는 세상에 대해서 언급한다. 즉 세상 끝 날에 그리스도의 재림이 있은 후 세계가 하나님께 돌아가게 될 때의 모습을 가리킨다.

*땅을 망하게 하는 자들(11:18): 세상 사람들을 미혹하는 사탄과 음녀, 거짓 선지자를 가리킨다(19:2, 20:10).

*하나님의 언약궤(11:19): 신약에서 언약궤는 그 백성에게 언약을 지키시는 하나님의 신실하심을 상징한다.

★ 11장의 영적 교훈

사도 요한은 성전을 측량하라는 말씀을 받는다. 그런데 성전 바깥 마당은 측량에서 제외되고 있다. 성전 안에 속한 자들(참된 교회와 성도)만 하나님의 진노의 심판 가운데서 안전하게 보호받는다. 성전 바깥 마당(이방인의 뜰), 즉 이름만 그리스도인들은 결코 하나님의 보호의 손길을 받을 수 없다.

계시록 12-16장: 일곱 대접의 재앙

일곱 인의 재앙(6:1-8:5)과 일곱 나팔의 재앙(8:6-11:19)에 이어서 일곱 대접

기억할 말씀

계11:15-19
일곱째 천사가 나팔을 불매 하늘에 큰 음성들이 나서 이르되 세상 나라가 우리 주와 그의 그리스도의 나라가 되어 그가 세세토록 왕 노릇 하시리로다 하니 하나님 앞에서 자기 보좌에 앉아 있던 이십사 장로가 엎드려 얼굴을 땅에 대고 하나님께 경배하여 이르되 감사하옵나니 옛적에도 계셨고 지금도 계신 주 하나님 곧 전능하신 이여 친히 큰 권능을 잡으시고 왕 노릇 하시도다 이방들이 분노하매 주의 진노가 내려 죽은 자를 심판하시며 종 선지자들과 성도들과 또 작은 자든지 큰 자든지 주의 이름을 경외하는 자들에게 상 주시며 또 땅을 망하게 하는 자들을 멸망시키실 때로소이다 하더라 이에 하늘에 있는 하나님의 성전이 열리니 성전 안에 하나님의 언약궤가 보이며 또 번개와 음성들과 우레와 지진과 큰 우박이 있더라

의 재앙(15:1-16:8)이 있기 이전 교회와 성도들에 다가올 박해와 환난의 내용이 전개되고 있다(12:1-13:18). 특히 사탄이 교회에 극심한 박해를 가하는 모습이 담겨 있다. 그 이후 사탄을 향한 일곱 대접의 재앙이 무섭게 가해진다. 그럼에도 사탄은 회개하지 않고 오히려 하나님이 내린 재앙을 비방한다(16:21).

▶ 계시록 12장: 하늘과 땅의 전쟁들(여자와 용)

해를 옷 입은 한 여자가 아이를 배어 해산하게 되었으나, 하늘에 있는 한 큰 붉은 용이 여자 앞에서 그가 해산하면 그 아이를 삼키려 한다. 여자는 천이백육십 일 동안 광야로 도망하였다(1-6절). 그 때 하늘에서 미가엘과 그의 사자들이 용과 전쟁을 했는데, 용은 패배하여 쫓겨나고 만다. 하늘에서는 승리의 노래가 울려 펴진다(7-12절). 용은 땅으로 쫓겨나서 아이를 낳은 여자를 박해한다. 그러나 여자는 큰 독수리의 두 날개를 받아 광야로 피한다. 용이 여자를 해하려고 많은 수단을 쓰지만 하나님의 도우심으로 여자는 보호받는다. 용은 분노하여 그 여자의 남은 자손들과 싸우려고 바다 모래 위에 서있다(13-17절). 사탄(큰 용 · 옛 뱀 · 마귀 · 꾀는 자)이 교회를 박해하여 상당한 타격을 받지만(사탄과의 영적 전쟁), 결국 궁극적인 승리를 보장받는다는 소망이 비쳐지고 있다.

*해를 옷 입은 한 여자(12:1): 참 이스라엘, 영적인 교회를 상징한다.

*아들을 낳으니(12:5): 장차 철장으로 다스릴 여인의 아들 예수 그리스도.

*붉은 용(12:3): 사탄을 가리킨다(12:9).

*여자가 광야로 도망(12:6): 예수의 어머니 마리아와 요셉이 애굽으로 피신한 것을 상기하게 한다(마 2:13-15). 종말의 대환난 때에 교회와 성도들을 온전히 보호하시고 지키시는 하나님의 은혜를 나타낸다.

*미가엘(12:7): 가브리엘 천사와 함께 하나님의 뜻을 선포하며 전달하는 천사장이다(유 1:9).

*큰 용, 옛 뱀, 마귀, 사탄, 꾀는 자(12:9): 모두가 다 사탄을 지칭하는 표현이다. 사탄은 대적자(벧전 5:8), 속이는 자(12:9), 거짓의 아비요 살인자(요

8:44), 귀신의 왕(마 9:34), 시험하는 자(마 4:3), 이 세상 신(고후 4:4), 공중 권세 잡은 자(엡 2:2), 이 세상 임금(요 12:31), 바알세불(마 12:24,27), 악한 자(마 13:19), 벨리알(고후 6:15)로 지칭한다.

*독수리의 두 날개(12:14): 하나님의 구원을 상징하는 표현이다.

*여자의 남은 자손(12;17): 순교를 각오한 성도들을 의미한다.

★ 12장의 영적 교훈

예수 그리스도의 부활을 통해 사탄의 사망 권세가 깨졌다. 여자의 후손이 뱀의 머리를 짓밟으리라는 예언이 성취된 것이다(창 3:15). 그러나 사탄의 권세가 완전히 소멸된 것은 아니다. 땅으로 쫓겨난 사탄은 여전히 여자(교회)를 핍박한다. 사탄은 예수의 부활로 인하여 이미 패배했지만 최후의 발악을 거듭하고 있다. 그러나 승리는 그리스도의 것이다.

▶ 계시록 13장: 바다와 땅에서 나온 두 짐승

요한은 바다에서 나오는 한 짐승을 본다. 그 짐승은 머리가 일곱이요 열 뿔을 가졌고 뿔에는 열 왕관이 있는데, 그 머리들에는 신성 모독의 이름들이 있었다. 그 짐승은 표범과 비슷하고, 그 발은 곰의 발 같고, 입은 사자의 입과 같았다. 그 짐승은 용의 권세를 받고 이적을 행하여 많은 사람들을 미혹하며 하나님의 백성들을 박해한다(1-11절). 이 후에 요한은 땅에서 올라오는 한 짐승을 보는데 어린 양 같이 두 뿔이 있고 용처럼 말을 했다. 땅의 짐승도 놀라운 이적을 행하고 사람들을 미혹시켜 처음 짐승, 즉 바다에서 나온 짐승을 경배하게 하였다. 그 짐승의 이름이나 수는 육백육십육(666)이었다(12-18절).

13장에서는 교회와 성도를 향한 사탄(적그리스도)의 공격에 대한 내용을 담고 있다. 바다에서 나온 첫째 짐승은 교회를 대적하며(1-10절), 또 다른 짐승이 나타나 첫째 짐승을 경배하게 하면서 성도들을 미혹한다(11-18절). 이는 거짓 선지자인데 그들은 세속 정권에 야합하는 종교 지도자를 가리킨다.

*뿔이 열이요 머리가 일곱이라(13:1): 뿔에는 열 왕관이 있고 일곱 머리에

기억할 말씀

계 12:5-13
여자가 아들을 낳으니 이는 장차 철장으로 만국을 다스릴 남자라 그 아이를 하나님 앞과 그 보좌 앞으로 올려가더라 …… 큰 용이 내쫓기니 옛 뱀 곧 마귀라고도 하고 사탄이라고도 하며 온 천하를 꾀는 자라 그가 땅으로 내쫓기니 그의 사자들도 그와 함께 내쫓기니라 내가 또 들으니 하늘에 큰 음성이 있어 이르되 이제 우리 하나님의 구원과 능력과 나라와 또 그의 그리스도의 권세가 나타났으니 우리 형제들을 참소하던 자 곧 우리 하나님 앞에서 밤낮 참소하던 자가 쫓겨났고 또 우리 형제들이 어린 양의 피와 자기들이 증언하는 말씀으로써 그를 이겼으니 그들은 죽기까지 자기들의 생명을 아끼지 아니하였도다 그러므로 하늘과 그 가운데에 거하는 자들은 즐거워하라 그러나 땅과 바다는 화 있을진저 이는 마귀가 자기의 때가 얼마 남지 않은 줄을 알므로 크게 분내어 너희에게 내려갔음이라 하더라 용이 자기가 땅으로 내쫓긴 것을 보고 남자를 낳은 여자를 박해하는지라

기억할 말씀

계 13:8-18
죽임을 당한 어린 양의 생명책에 창세 이후로 이름이 기록되지 못하고 이 땅에 사는 자들은 다 그 짐승에게 경배하리라 …… 지혜가 여기 있으니 총명한 자는 그 짐승의 수를 세어 보라 그것은 사람의 수니 그의 수는 육백육십육이니라

는 신성 모독하는 이름이 있는 한 짐승은 적그리스도를 나타내며 특별히 그 권세가 얼마나 대단한지를 보여준다.

*마흔두 달(13:5): 7년 환난의 후반기 3년 6개월을 가리킨다.

*생명책(13:8): 예수를 믿음으로 구원을 약속받은 자들의 이름이 담긴 책.

*다른 짐승(13:11): 적그리스도와 연합하여 하나님의 백성을 핍박하는 거짓 선지자들의 무리를 의미한다.

*이마에 표를 받게 하고(13:16): 사탄은 세상 사람들에게 짐승의 표를 받게 한다. 마치 하나님께서 하나님의 백성들의 이마에 인을 치신 것처럼(7:3-4) 짐승의 표를 받은 자는 불과 유황으로 고난을 받으며 밤낮 쉼을 얻지 못하는 하나님의 심판을 받는다(14:10-11).

*육백육십육(13:18): 성경에서 '6'이라는 숫자는 불완전을 의미한다. '666'은 사악하고 불완전한 존재를 상징하면서 적그리스도를 의미한다.

★ 13장의 영적 교훈

땅에서 올라온 짐승은 불이 하늘에서 내려오게 할 만큼의 놀라운 이적을 행한다. 많은 사람들이 그 큰 능력에 미혹된다. 그러나 거짓 선지자에게는 하나님의 말씀이 없다. 외형적인 능력만으로는 거짓 선지자를 분별할 수 없는 시대가 올 수 있다. 그러므로 우리는 더욱 하나님의 말씀을 깊이 묵상하고 연구하여 말씀으로 거짓 선지자를 분별할 수 있어야 한다.

▶ 계시록 14장: 어린 양과 십사만 사천 명

14장에서 요한은 어린양이 십사만 사천과 함께 시온 산에 선 것을 보았다. 십사만 사천은 보좌 앞과 네 생물과 장로들 앞에서 새 노래를 불렀다(1-5절). 또한 세 천사가 선포하는 내용을 듣는다. 첫째 천사는 하나님을 두려워하며 그에게 영광을 돌리며 하나님을 경배하라고 한다. 둘째 천사는 바벨론이 멸망하며, 셋째 천사는 짐승과 우상에게 경배하고 그의 표를 받는 자는 누구든지 밤낮 쉼을 얻지 못한다. 그러나 주 안에서 죽는 자는 복되다고 선포하였다(6-

12절). 이어서 구름 위에 인자와 같은 이가 곡식을 추수하는 것과 다른 천사가 포도송이를 거두어 하나님의 진노의 큰 포도주 틀에 던지면서 심판하는 것을 목격하였다(13-20절). 즉 믿음을 지킨 성도는 하나님의 소유로 인정받지만, 적그리스도(짐승의 표)를 따르는 자들은 불과 유황으로 고난 받고 밤낮을 쉬지 못하는 하나님의 심판을 받는다. 끝까지 믿음을 지키고 죽은 자는 수고를 그치고 쉼을 누리는 복을 받는다.

*시온 산(14:1): 메시야가 구원받은 성도들을 불러 모으는 장소이다.

*순결한 자(14:4): 믿음을 지켜 우상숭배에 빠지지 않은 성도.

*처음 익은 열매(14:4): 구원받은 거듭난 성도 혹은 교회.

*큰 성 바벨론(14:8): 우상숭배의 중심지를 가리킨다.

*그의 음행으로 말미암아(14:8): 우상 숭배로 말미암아.

*그의 이름 표(14:11): 짐승의 표 666을 가리킨다.

*땅의 곡식이 거두어지니라(14:16): 구원받은 성도들이 세계 곳곳에서 모아지는데 이 모습이 추수에 비유되고 있다. 곡식은 성도를 상징한다.

*땅의 포도송이(14:18): 회개하지 않는 불신자들을 가리킨다.

*진노의 큰 포도주 틀(14:19): 포도주 틀에 포도를 넣고 발로 밟아 즙을 짜는 고대의 관습을 하나님의 진노의 심판에 비유하고 있다. 즉 무자비한 살육이 일어날 것을 상징한다.

*천육백 스다디온(14:20): 일 스다디온은 192m이다. 4×4×10×10에 해당되는 1600 스다디온은 약 307km인데, 이스라엘의 북쪽에서 남쪽까지의 대략적인 길이다. 이는 온 세상에 대한 심판을 상징한다. 4는 동서남북, 10은 많음 혹은 완전함을 나타내는 숫자이다.

★ 14장의 영적 교훈

구속함을 얻은 자만이 하나님의 보좌 앞에서 새 노래를 부르는 감격스런 자리에 동참할 수 있다. 그들은 신앙의 순결을 지키고 행실을 깨끗하게 한 사람들이다. 기쁨과 감격으로 새 노래를 부르기 위해 우리의 삶을 흠 없는 삶으로 지켜 나가기에 힘써야 할 것이다.

기억할 말씀

계 14:6-13

또 보니 다른 천사가 공중에 날아가는데 땅에 거주하는 자들 곧 모든 민족과 종족과 방언과 백성에게 전할 영원한 복음을 가졌더라 그가 큰 음성으로 이르되 하나님을 두려워하며 그에게 영광을 돌리라 이는 그의 심판의 시간이 이르렀음이니 하늘과 땅과 바다와 물들의 근원을 만드신 이를 경배하라 하더라 또 다른 천사 곧 둘째가 그 뒤를 따라 말하되 무너졌도다 무너졌도다 큰 성 바벨론이여 모든 나라에게 그의 음행으로 말미암아 진노의 포도주를 먹이던 자로다 하더라 또 다른 천사 곧 셋째가 그 뒤를 따라 큰 음성으로 이르되 만일 누구든지 짐승과 그의 우상에게 경배하고 이마에나 손에 표를 받으면 그도 하나님의 진노의 포도주를 마시리니 그 진노의 잔에 섞인 것이 없이 부은 포도주라 거룩한 천사들 앞과 어린 양 앞에서 불과 유황으로 고난을 받으리니 그 고난의 연기가 세세토록 올라가리로다 짐승과 그의 우상에게 경배하고 그의 이름 표를 받는 자는 누구든지 밤낮 쉼을 얻지 못하리라 하더라 성도들의 인내가 여기 있나니 그들은 하나님의 계명과 예수에 대한 믿음을 지키는 자니라 또 내가 들으니 하늘에서 음성이 나서 이르되 기록하라 지금 이후로 주 안에서 죽는 자들은 복이 있도다 하시매 성령이 이르시되 그러하다 그들이 수고를 그치고 쉬리니 이는 그들의 행한 일이 따름이라 하시더라

기억할 말씀

계 15:1-4
또 하늘에 크고 이상한 다른 이적을 보매 일곱 천사가 일곱 재앙을 가졌으니 곧 마지막 재앙이라 하나님의 진노가 이것으로 마치리로다 …이하 중략…하나님의 종 모세의 노래, 어린 양의 노래를 불러 이르되 주 하나님 곧 전능하신 이시여 하시는 일이 크고 놀라우시도다 만국의 왕이시여 주의 길이 의롭고 참되시도다 주여 누가 주의 이름을 두려워하지 아니하며 영화롭게 하지 아니하오리이까 오직 주만 거룩하시니이다 주의 의로우신 일이 나타났으매 만국이 와서 주께 경배하리이다 하더라

▶ 계시록 15장: 구원받은 성도들의 찬양

환난을 통과한 구원받은 성도들이 유리 바다에 서서 찬양하는 광경을 요한이 본다(1-4절). 그 후에 다시 하늘에 증거 장막의 성전이 열리며 일곱 천사가 일곱 재앙이 담긴 일곱 대접을 받는 장면을 본다. 성전에는 연기가 가득 차서 아무도 들어갈 수가 없었다(5-8절). 일곱 대접의 재앙(마지막 재앙)을 시행할 천사들에게 하나님의 진노가 가득 담긴 금 대접이 주어진다. 일곱 천사들이 일곱 대접의 재앙을 내리기 이전의 준비 단계이다.

*하늘에 크고 이상한 다른 이적(15:1): 일곱 천사의 일곱 재앙이 세상을 향한 마지막 심판으로 공포와 파괴를 통해 완전히 성취된다. 이를 이적으로 표현하고 있다.

*불이 섞인 유리 바다(15:2): 4장 6절의 유리바다인데, 불은 대적들을 향한 하나님의 심판과 공의를 상징한다.

*모세의 노래(15:3): 홍해의 이적을 체험한 후 이스라엘 백성들은 큰 기쁨으로 하나님의 구원을 찬양한다(출 15:1-18).

*어린 양의 노래(15:3): 하나님의 어린 양(요 1:29)이신 예수께서 십자가 보혈로 성취한 구원을 찬양하는 노래이다.

*증거 장막의 성전(15:5): 하늘에 있는 하나님의 성전(11:19)을 가리킨다.

*세마포 옷을 입고 가슴에 금 띠를 띠고(15:6): 천사들이 제사장의 복장을 입은 것은 하나님의 심판을 수행하는 대리자임을 나타낸다. 세마포 옷은 순결함을, 금띠는 하나님의 영광을 상징한다.

*네 생물 중의 하나(15:7): 사자, 송아지, 사람, 독수리 중 하나(4:7-11 참조).

*성전에 능히 들어 갈 자가 없더라(15:8): 이 재앙이 끝나기 전까지 아무도 성전에 들어갈 수 없다. 하나님의 마지막 진노의 심판에 대해 그 누구도 막을 수 없다.

★ 15장의 영적 교훈

3절과 4절은 구원받은 성도의 노래이다. 이 찬양의 내용은 첫째 하나님은

전능하신 분이시며, 둘째 하나님의 일이 크고 기이하다는 것이고, 셋째 주의 길이 의롭고 참되다는 것이고, 넷째 만국이 와서 주께 경배하리라는 것이다. 구원의 노래는 종말 이후에만 어울리는 것이 아니다. 구원의 은혜를 체험한 성도들은 현실에서 이러한 노래로 찬양을 드려야 한다. 우리는 어떤 내용의 찬양을 하나님께 올려 드리는지 생각해 보자.

▶ 계시록 16장: 진노의 일곱 대접

지금까지 일곱 인과 일곱 나팔의 재앙에 대한 환상을 기록하였는데, 이제 마지막 최후의 재앙으로 일곱 대접의 재앙이 언급되고 있다. 마지막 재앙은 이전의 재앙 보다 더 강하고 큰 재앙으로 나타난다.

첫째 대접을 땅에 쏟으니 짐승의 표를 받은 사람들에게 악하고 독한 종기가 났다(1-2절).

둘째 대접을 바다에 쏟으니 바다의 모든 생물이 죽었다(3절).

셋째 대접을 강과 물 근원에 쏟으니 피가 되었다(4-7절).

넷째 대접을 해에 쏟으매 해가 불로 사람들을 태웠다(8절).

그럼에도 사람들은 하나님의 이름을 비방하며 회개하지 않았다(9절).

다섯째 대접을 짐승의 왕좌에 쏟으니 그 나라가 어두워졌고 사람들이 아파서 혀를 깨물었다(10-11절).

여섯째 대접을 유브라데 강에 쏟으매 강물이 말랐다. 용과 짐승과 거짓 선지자의 입에서 더러운 영이 나와 왕들을 아마겟돈으로 모았다(12-16절). 여섯째 일곱째 대접의 재앙과 관련하여 인류 최후의 대전쟁인 아마겟돈 전쟁이 언급되고 있다(16:16). 일곱째 대접을 공중에 쏟으니 번개와 우렛소리가 나고 큰 지진이 일어났고, 큰 성이 세 갈래로 갈라졌다. 각 섬도, 산악도 간 데 없이 사라지고 큰 우박이 떨어졌다(17-21절).

*자기 옷(16:15): 예수 그리스도로 말미암아 의를 옷 입은(흰 옷 3:4 참조) 성도들을 가리킨다.

*세 영(16:16): 세 더러운 영(13절). 용, 짐승, 거짓 선지자를 가리킨다.

기억할 말씀

계 16:14-15

그들은 귀신의 영이라 이적을 행하여 온 천하 왕들에게 가서 하나님 곧 전능하신 이의 큰 날에 있을 전쟁을 위하여 그들을 모으더라 보라 내가 도둑 같이 오리니 누구든지 깨어 자기 옷을 지켜 벌거벗고 다니지 아니하며 자기의 부끄러움을 보이지 아니하는 자는 복이 있도다

*아마겟돈(16:16): 므깃도의 산이라는 뜻을 가진 단어이다. 므깃도에서는 구약 시대 많은 전쟁이 있었다. 예후가 아하시야를 죽인 곳(왕하 9:27)이요, 유다 왕 요시야가 애굽 왕 바로 느고에게 패해서 전사한 곳이다(왕하 23:29-30). 에스겔 선지자는 종말에 곡과 마곡이 하나님의 백성과 전쟁할 지역을 므깃도라 했다(겔 39:1-6). 아마겟돈(므깃도)은 인류 최후의 전쟁이 벌어지는 장소를 상징하는 표현이다. 아마겟돈 전쟁을 통해 하나님과 사탄의 세력과의 승리와 패배가 결정된다.

*일곱째 천사(16:17)가 대접을 공중(지구 전체)에 쏟으매 큰 음성이 성전에서 보좌로부터 들려 왔다. 공중은 귀신들의 거처로 여겨진다(엡 2:2). 그리고 온 땅에 큰 지진이 있었다. 이로 인해 섬과 산이 없어졌고 큰 우박이 하늘로부터 사람에게 내려졌다.

*한 달란트(16:21): 원래 재능, 능력을 나타내는 단어로 사용되었다. 본문에서는 무게를 나타내는 단위로 사용되고 있다. 구약에서는 한 달란트의 무게가 34kg(3000 세겔)에 해당되지만 바벨론에서는 60kg에 해당되는 무게를 나타냈고 신약시대에 이르러서는 화폐의 단위로 사용되면서 무게 단위가 약 20.4kg정도 되었다.

★ 16장의 영적 교훈

예수의 재림(종말)은 도둑 같이 온다고 선포하면서 깨어 있으라고 권면한다(15절). 종말을 맞이하는 기본적인 자세는 깨어 있는 것이다. 깨어 있다는 말은 무엇을 의미하는가? 첫째는 항상 준비되어 있는 신앙을 유지하라는 것이다. 둘째는 주어진 삶에 성실하라는 의미이다. 셋째는 예수 그리스도에 대한 충성을 끝까지 지키라는 의미이다. 어떤 시련에도 끝까지 견디는 자만이 구원에 참여할 수 있다. 이는 성도들이 지켜야 할 종말론적 신앙의 자세이다.

17-18장: 큰 음녀(바벨론)의 환상과 멸망

▶ 계시록 17장: 큰 음녀의 환상

큰 음녀가 자주 빛과 붉은 빛 옷을 입고, 온갖 보석으로 치장하고, 붉은 빛의 짐승을 타고 있었다. 큰 음녀는 성도들의 피에 취해 있었다(1-6절). 천사는 요한에게 큰 음녀와 그녀가 탄 짐승의 비밀을 가르쳐 주었다. 비밀이란 짐승의 일곱 머리는 일곱 왕인데, 다섯은 과거에 망하였고 하나는 현재 있고 다른 하나는 미래에 올 왕이라는 것이다. 또한 짐승은 여덟째 왕이 될 것이라고 했다. 그리고 짐승의 열 뿔은 열 왕인데 아직 나라를 얻지 못한 상태라고 했다. 이들은 짐승과 연합하여 어린 양과 싸우는데 어린 양은 그들을 멸하신다. 성도들도 어린양과 함께 승리를 얻는다(7-14절). 천사는 요한에게 열 뿔과 짐승이 큰 음녀를 미워하여 망하게 한다고 전해 준다(15-18절).

하나님의 백성들을 대적하던 큰 음녀에 대한 심판이 나타나고 있다. 열뿔(열 왕)들은 한 뜻을 갖고 능력과 권세를 짐승에게 주어 어린 양과 싸우게 하였다.

*많은 물 위에 앉은 큰 음녀(17:1): 큰 음녀(큰 성 바벨론)은 하나님의 백성들을 박해하며 대적하는 모든 우상숭배의 세력으로 그들이 바로 사탄이다. 큰 음녀는 우상숭배를 조장하는 세상 권력의 중심 세력을 이루는데, 많은 물 위에 앉은 것은 세상의 많은 나라와 사람들에게 큰 영향력을 행사한다는 의미로 우상숭배의 풍조가 말세에 이르러 급격히 확산될 것임을 나타낸다.

*붉은 빛 짐승(17:3): 사치와 부귀로 사람들을 유혹하는 악한 세력으로 하나님을 모독하는 이름들로(13:1) 가득하다.

*가증한 물건과 그의 음행의 더러운 것들(17:4): 하나님이 미워하시는 우상들.

*일곱 머리(17:9): 악의 권세를 상징하는데 세상 제국이나 왕들을 가리킨다. 다섯 왕은 역사에서 구 바벨론, 앗수르, 신 바벨론, 메데-바사, 헬라 제국의 왕들이다. 로마제국은 여섯째 왕, 일곱째 왕은 로마제국 멸망 이후 예수 재

기억할 말씀

계 17:14-18
그들이 어린 양과 더불어 싸우려니와 어린 양은 만주의 주시요 만왕의 왕이시므로 그들을 이기실 터이요 또 그와 함께 있는 자들 곧 부르심을 받고 택하심을 받은 진실한 자들도 이기리로다 또 천사가 내게 말하되 네가 본 바 음녀가 앉아 있는 물은 백성과 무리와 열국과 방언들이니라 네가 본 바 이 열 뿔과 짐승은 음녀를 미워하여 망하게 하고 벌거벗게 하고 그의 살을 먹고 불로 아주 사르리라 이는 하나님이 자기 뜻대로 할 마음을 그들에게 주사 한 뜻을 이루게 하시고 그들의 나라를 그 짐승에게 주게 하시되 하나님의 말씀이 응하기까지 하심이라 또 네가 본 그 여자는 땅의 왕들을 다스리는 큰 성이라 하더라

기억할 말씀

계 18:1-8

이 일 후에 다른 천사가 하늘에서 내려 오는 것을 보니 큰 권세를 가졌는데 그의 영광으로 땅이 환하여지더라 힘찬 음성으로 외쳐 이르되 무너졌도다 무너졌도다 큰 성 바벨론이여 귀신의 처소와 각종 더러운 영이 모이는 곳과 각종 더럽고 가증한 새들이 모이는 곳이 되었도다 그 음행의 진노의 포도주로 말미암아 만국이 무너졌으며 또 땅의 왕들이 그와 더불어 음행하였으며 땅의 상인들도 그 사치의 세력으로 치부하였도다 하더라 또 내가 들으니 하늘로부터 다른 음성이 나서 이르되 내 백성아, 거기서 나와 그의 죄에 참여하지 말고 그가 받을 재앙들을 받지 말라 그의 죄는 하늘에 사무쳤으며 하나님은 그의 불의한 일을 기억하신지라 그가 준 그대로 그에게 주고 그의 행위대로 갑절을 갚아 주고 그가 섞은 잔에도 갑절이나 섞어 그에게 주라 그가 얼마나 자기를 영화롭게 하였으며 사치하였든지 그만큼 고통과 애통함으로 갚아 주라 그가 마음에 말하기를 나는 여왕으로 앉은 자요 과부가 아니라 결단코 애통함을 당하지 아니하리라 하니 그러므로 하루 동안에 그 재앙들이 이르리니 곧 사망과 애통함과 흉년이라 그가 또한 불에 살라지리니 그를 심판하시는 주 하나님은 강하신 자이심이라

림까지 교회를 박해하는 모든 적그리스도를 나타낸다.

*여덟째 왕(17:11): 적그리스도의 세력인 세상의 마지막 통치자 혹은 국가를 가리킨다.

*열 뿔(17:12): 적그리스도를 추종하는 지구상의 수많은 나라와 왕들.

★ 17장의 영적 교훈

짐승이 음녀를 미워하여 멸망시킨다(16절). 악이 스스로 내분을 일으켜 자멸하는 모습이다. 악은 일시적으로 번영을 누리는 것 같지만 결국 멸망하게 된다. 종말론적인 관점에서 보면 악의 세력에 속해 있다는 그 자체가 이미 하나님의 심판의 대상이요 결국에는 멸망하고 만다.

▶ 계시록 18장: 큰 성 바벨론의 멸망

한 천사가 큰 성 바벨론은 음행으로 인해 멸망 받게 될 것이라고 선언한다. 또 다른 천사가 하나님의 백성들에게 바벨론을 떠날 것을 권면한다(1–8절). 바벨론이 하나님의 진노의 심판으로 멸망하자 땅의 왕들과 상인들, 선장과 선객들이 모두 울고 애통하였다(9–20절). 한 힘 센 천사가 큰 맷돌 같은 돌을 들어 바다에 던지는 상징적인 행동을 통하여 바벨론이 완전히 파괴되어 버릴 것을 선언하였다(21–24절). 큰 성 바벨론(사탄)의 멸망에 대해 구체적으로 설명하고 있다. 그 곳에서는 더 이상 맷돌 소리도 들리지 않고 신랑 신부의 음성도 들려오지 않는 철저한 멸망이 임함을 나타내고 있다. 하나님은 결코 그들의 악행(우상숭배와 교만함)을 용납하지 아니하시고 심판하신다.

*가증한 새(18:2): 구약의 율법에 의하면 새는 더러운 날짐승으로 규정되어 먹지 못하게 하였다(레 11:13–19). 새는 특별히 나약한 피조물을 상징하여 바벨론의 멸망을 예고하고 있다.

*여왕으로 앉은 자요 과부가 아니라(18:7): 여왕도 아닌 자신을 여왕으로 여기는 무지함과 교만함을 나타내며, 과부가 아니라는 것은 나약한 과부의 위치에 있지 않고 자신은 힘 있고 번영과 사치한 자임을 드러내고 있다.

*하루 동안에(18:8): 한꺼번에 혹은 신속하게 빨리 하나님의 심판이 임해 악인들은 어떤 방비책도 준비할 수 없음을 나타낸다.

*티끌을 자기 머리에 뿌리고(18:19): 근동 지방에서는 극도의 비통함을 나타낼 때 이러한 관습이 있었다.

*맷돌 소리가 결코 들리지 아니하고(18:22): 곡식을 맷돌에 갈아 음식을 만들어 먹는 행위가 중지됨을 가리킨다. 즉 완전한 멸망을 의미한다.

*신랑과 신부의 음성이 결코 들리지 아니하리로다(18:23): 결혼의 즐거움과 기쁨이 끊어진 바벨론(사탄)의 종말을 의미한다.

★ 18장의 영적 교훈

하나님 앞에서 인간의 가장 근원적인 죄 가운데 하나는 교만이다. 인간은 자신이 유한한 피조물임을 인정하지 않고 하나님의 자리에 올라가려고 하는데 이것이 바로 교만이다. 인간은 자기를 주장하면서 스스로 옳다, 완전하다 생각하는데 이러한 태도가 자신을 삶의 주인으로, 왕으로 여기는 죄악을 일으킨다. 모든 죄를 유발시키는 근원적인 죄이다. 본문의 바벨론은 자기를 영화롭게 하고, 사치하고, 스스로를 여왕으로 생각하고, 결코 애통함을 당하지 않을 것으로 믿었다(7절). 인간은 아담과 하와의 불순종 이후 항상 자기 자신이 주인이 되려고 하면서 하나님의 말씀에 순종하기 보다는 비판하며 판단하려고 한다. 하나님을 믿지 않고 사탄의 세력 하에 움직이는 믿음 없는 불신자의 삶이다

▶ 계시록 19장: 바벨론 멸망과 어린 양의 혼인 잔치

바벨론에 내린 하나님의 공의로운 심판에 대해 찬양하면서 어린 양의 혼인 잔치가 시작된다(1-5절). 성도들은 깨끗한 세마포 옷을 입고 주께 경배를 드린다(6-10절). 이어서 백마를 탄 자(만왕의 왕 · 만주의 주)가 만국을 치며 친히 그들을 철장으로 다스리며 하나님의 심판을 가한다(11-16절). 한 천사가 짐승 세력의 멸망을 선포한다. 짐승과 땅의 왕들이 백마 탄 자와 전쟁을 일으

기억할 말씀

계 19:5-8

보좌에서 음성이 나서 이르시되 하나님의 종들 곧 그를 경외하는 너희들아 작은 자나 큰 자나 다 우리 하나님께 찬송하라 하더라 또 내가 들으니 허다한 무리의 음성과도 같고 많은 물 소리와도 같고 큰 우렛소리와도 같은 소리로 이르되 할렐루야 주 우리 하나님 곧 전능하신 이가 통치하시도다 우리가 즐거워하고 크게 기뻐하며 그에게 영광을 돌리세 어린 양의 혼인 기약이 이르렀고 그의 아내가 자신을 준비하였으므로 그에게 빛나고 깨끗한 세마포 옷을 입도록 허락하셨으니 이 세마포 옷은 성도들의 옳은 행실이로다 하더라

켰으나 짐승과 거짓 선지자는 잡혀서 산 채로 유황불 붙는 못에 던져졌고, 그 나머지는 죽는다(17-21절).

*그 연기가 세세토록 올라가더라(19:3): 큰 음녀 바벨론의 멸망당할 때 치솟은 불길의 연기에 대한 묘사이다.

*어린 양의 혼인 잔치(19:7): 유대의 결혼 풍습은 혼인예식 날에 신랑이 신부의 집에 가서 신부를 자신의 집으로 데리고 오는데, 어린 양 예수께서 다시 세상에 오셔서 성도들을 영원한 하나님의 나라로 인도하실 것을 비유로 말하고 있다.

*그의 아내가 자신을 준비하였으므로(19:7): 신랑 예수를 맞이하기 위해 신부인 성도들은 재림의 예수를 맞이하기 위해 의와 믿음으로 준비해야 할 것이다(마 25:1-13 참조).

*세마포 옷(19:8): 하나님 나라의 잔치에 참석하려면 반드시 예복(세마포 옷)을 입어야 한다. 세마포(예복)를 입는다는 것은 성도의 삶이 얼마나 의로운가 하는 것을 나타낸다.

*예언의 영(19:10): 신구약 성경 전체의 내용은 모두 예수 그리스도에 초점을 맞추고 있고, 성령께서 그 말씀을 취하여 선지자들에게 주신다.

*백마를 타고(19:14): 6장 2절에서 백마 탄 자는 적그리스도를 나타내지만 여기 본문에서는 재림하실 예수 그리스도를 가리킨다.

*피 뿌린 옷(19:13): 예수께서 흘리신 피가 아니라 하나님을 대적하고 성도들을 핍박하던 사탄의 세력들이 흘린 피.

*그 이름은 하나님의 말씀(19:13): 예수 그리스도 자신이 하나님의 말씀이며(요 1:1), 그를 통해 하나님의 뜻이 성취되기에 예수의 이름을 하나님의 말씀으로 표현하고 있다.

*전쟁(19:19): 인류 최후의 전쟁인 아마겟돈 전쟁(16:16) 을 의미한다.

*유황불(19:20): 성경에서 유황불은 하나님의 심판 도구로 사용되고 있다(창 19:24-25). 무저갱이 일시적인 감금 장소(9:2, 20:1)라면, 유황불 붙는 못은 하나님의 영원한 심판과 형벌의 장소이다.

*모든 새가 그들의 살로 배불리더라(19:21): 시체가 땅 속에 안장되지 못

하고 들짐승이나 새의 밥이 된다는 것은 영원한 저주를 의미한다.

★ 19장의 영적 교훈

어린 양의 혼인 잔치는 교회와 성도들이 모든 환난과 박해를 통과하여 예수 그리스도와 함께 영원한 구원과 영광의 축복을 누리는 상태로 들어가는 것을 의미한다. 이 혼인 잔치에 초대받는 자는 일평생 예수 따라 가는 삶을 살아야 할 것이다.

▶ 계시록 20장: 천 년 왕국과 최후 심판(사탄의 멸망)

천사가 용을 결박하여 무저갱에 가두고 천 년 동안 나오지 못하게 한다(1–3절). 순교자의 영혼과 신앙의 순결을 지킨 자들은 그리스도와 함께 천 년 동안 왕 노릇하게 된다(4–6절). 이 천 년 후에 사탄이 옥에서 놓임을 받아 곡과 마곡의 전쟁을 한다. 그러나 사탄은 패배하여 불과 유황 못에 던져지게 된다(7–10절). 그 후 흰 보좌 심판이 진행되면서 죽은 자들이 자기 행위를 따라 책에 기록된 대로 심판받는다(11–15절).

*천 년이 차도록(20:3): 사탄의 세력이 무저갱에 갇힌 기간을 의미한다. 이는 예수 그리스도가 직접 통치하는 천 년 왕국의 기간이다. 이에 대해 학자들 간의 논쟁이 분분하다(후천년설 · 전천년설 · 무천년설).

*첫째 부활(20:6): 믿음으로 하나님의 자녀로 거듭난 성도들은 살아있을 때 이미 영적인 부활을 체험한다. 성도들이 죽은 후 예수의 재림 때 죽었던 몸이 영생의 몸으로 부활하는 것이 육적 부활(첫째 부활)이다(롬 8:2, 고전 15:42–44). 그러나 불신자들은 하나님의 흰 보좌 심판 때 다시 살아나 최후의 심판을 받게 된다(계 20:11–15).

*곡과 마곡(20:8): 마곡은 원래 야벳의 자손이다(창 10:2). 에스겔서에서는 마곡은 곡이 나온 땅으로 나타나 있다(겔 38:2). 예레미야와 스가랴는 곡이 북쪽에서 침략해 올 것이라 예언했다(렘 3–6장, 슥 1:7). 본문에서 곡과 마곡은 하나님을 대적하며, 그의 백성을 핍박하는 사탄과 그를 추종하는 지구상의

기억할 말씀

계 20:6-15
이 첫째 부활에 참여하는 자들은 복이 있고 거룩하도다 둘째 사망이 그들을 다스리는 권세가 없고 도리어 그들이 하나님과 그리스도의 제사장이 되어 천 년 동안 그리스도와 더불어 왕 노릇 하리라 …… 또 내가 크고 흰 보좌와 그 위에 앉으신 이를 보니 땅과 하늘이 그 앞에서 피하여 간 데 없더라 또 내가 보니 죽은 자들이 큰 자나 작은 자나 그 보좌 앞에 서 있는데 책들이 펴 있고 또 다른 책이 펴졌으니 곧 생명책이라 죽은 자들이 자기 행위를 따라 책들에 기록된 대로 심판을 받으니 바다가 그 가운데에서 죽은 자들을 내주고 또 사망과 음부도 그 가운데에서 죽은 자들을 내주매 각 사람이 자기의 행위대로 심판을 받고 사망과 음부도 불못에 던져지니 이것은 둘째 사망 곧 불못이라 누구든지 생명책에 기록되지 못한 자는 불못에 던져지더라

불신자 모두를 지칭한다. 즉 하나님을 대적하는 악의 세력의 지도자이다.

*사랑하시는 성(20:9): 큰 성 바벨론과 대조되는 사랑하시는 성은 예루살렘을 가리키는 표현이다. 혹은 하나님 백성들의 공동체를 의미한다.

*크고 흰 보좌(20:11): 하나님이 앉아 계신 보좌를 가리킨다(백 보좌 심판).

*바다가 그 가운데에서 죽은 자(20:13): 생명책에 그 이름이 기록되지 못한 불신자들이다. '사망과 음부도 그 가운데에서 죽은 자들' 역시 불신자들을 가리킨다.

*불못(20:14): 악인들, 짐승, 거짓 선지자, 마귀 등이 던져질 영원한 형벌의 처소이다. 이곳에 빠지는 것을 가리켜 둘째 사망이라 했다.

*둘째 사망(20:14): 불신자가 육적인 죽음 이후 다시금 받을 영원한 죽음을 의미한다. 첫째 사망은 육적 죽음을 나타내며(영과 육이 분리), 둘째 사망은 육적 죽음 이후 또 다시 받을 영원한 죽음으로 영과 육이 영원히 고통 받는 사망이다(21:8).

★ 20장의 영적 교훈

예수 그리스도의 재림과 최후의 심판은 모든 그리스도인의 간절한 소망이다. 이 소망이 있기에 험난한 세파를 인내하며 넉넉히 승리하는 삶을 살 수 있다. 성도들은 눈앞에 닥친 고난으로 인해 낙심하지 말고 장차 나타날 영광을 바라보며 매일 매일 힘차게 주어진 삶을 살아야 할 것이다.

▶ 계시록 21-22장: 새 하늘과 새 땅에 대한 환상

사도 요한은 새 하늘과 새 땅에 대한 환상을 본다. 눈물도 사망도 아픔도 없는 그 곳에서 생명수 샘물을 마시며 하나님의 아들로 영원한 삶을 누린다(1-8절). 그 후 크고 높은 산으로 올라가 하나님의 영광이 가득하고 온갖 보석들로 꾸며진 거룩한 성 새 예루살렘을 본다(9-21절). 이스라엘 열 두 지파의 이름들이 열두 문에 새겨져 있고, 열두 기초석에는 열두 사도의 이름이 새겨져 있다. 새 예루살렘 성에는 성전과 해나 달이 없는데, 이는 하나님과 어린양

이 성전이고 빛이기 때문이다. 성문들은 항상 열려 있지만 오직 생명책에 이름이 기록된 자들만 들어올 수 있다(22-27절).

- 새 하늘과 새 땅의 환상(21:1-8)

*새 하늘과 새 땅(21:1): 불의와 죄로 오염되거나 타락하지 않고, 하나님의 새로운 질서에 의해 창조된 완전한 세상, 즉 천국을 가리킨다.

*거룩한 성 새 예루살렘(21:2): 하나님의 백성들(구원받은 성도들)의 공동체 혹은 하나님의 백성들이 거하게 될 처소를 가리킨다.

*처음 것들(21:4): 하나님의 나라가 완성되기 이전 비록 구원받은 삶이지만 사람들을 여전히 괴롭히고 힘들게 하던 모든 것들을 가리킨다.

*만물을 새롭게 하노라(21:5): 하나님의 새로운 질서로의 전환을 의미한다. 이는 만물을 충만하게 하시는 자의 충만인 교회를 통해서 이미 시작되었지만(엡 1:23), 궁극적인 완성과 회복은 예수 그리스도의 재림으로 새롭게 온전히 이루어질 것이다.

*그는 내 아들이 되리라(21:7): 아담의 범죄로 인해 하나님과 인간은 불화의 관계에 놓였다. 비록 예수 십자가의 보혈로 하나님과 성도의 관계는 회복되었지만(하나님의 자녀됨 요 1:12), 아직 완성되지 못했다. 그러나 예수의 재림으로 새 하늘과 새 땅에서는 창조주와 피조물의 관계, 왕과 백성의 관계에서 벗어나 하나님을 아버지라 부르는 아버지와 아들의 충만한 관계로 지극히 영광된 상태에 놓이게 된 것이다.

- 새 예루살렘의 환상(21:9-27)

*금 갈대 자(21:15): 금으로 만든 측량사.

*만 이천 스다디온(21:16): 계 14장 20절 참조(P.237) 그리스 올림픽 경기에서의 달리기 구간. 오늘날 경기장을 뜻하는 '스타디움'이 여기서 파생되었다. 이는 크고 넓은 완전한 영광을 상징한다.

*백사십사 규빗(21:17): 약 65m 정도로 선택된 백성들을 향한 거룩한 처소가 아주 넓은 의미로 표현되고 있다(12×12 규빗).

기억할 말씀

계 21:1-8
또 내가 새 하늘과 새 땅을 보니 처음 하늘과 처음 땅이 없어졌고 바다도 다시 있지 않더라 또 내가 보매 거룩한 성 새 예루살렘이 하나님께로부터 하늘에서 내려오니 그 준비한 것이 신부가 남편을 위하여 단장한 것 같더라 내가 들으니 보좌에서 큰 음성이 나서 이르되 보라 하나님의 장막이 사람들과 함께 있으매 하나님이 그들과 함께 계시리니 그들은 하나님의 백성이 되고 하나님은 친히 그들과 함께 계셔서 모든 눈물을 그 눈에서 닦아 주시니 다시는 사망이 없고 애통하는 것이나 곡하는 것이나 아픈 것이 다시 있지 아니하리니 처음 것들이 다 지나갔음이러라 보좌에 앉으신 이가 이르시되 보라 내가 만물을 새롭게 하노라 하시고 또 이르시되 이 말은 신실하고 참되니 기록하라 하시고 또 내게 말씀하시되 이루었도다 나는 알파와 오메가요 처음과 마지막이라 내가 생명수 샘물을 목마른 자에게 값없이 주리니 이기는 자는 이것들을 상속으로 받으리라 나는 그의 하나님이 되고 그는 내 아들이 되리라 그러나 두려워하는 자들과 믿지 아니하는 자들과 흉악한 자들과 살인자들과 음행하는 자들과 점술가들과 우상 숭배자들과 거짓말하는 모든 자들은 불과 유황으로 타는 못에 던져지리니 이것이 둘째 사망이라

*성 안에서 내가 성전을 보지 못하였으니(21:22): 성전은 하나님의 임재를 상징하며 예수 그리스도를 예표한다. 이제 하나님과 영원히 교제 나누며 그리스도와 함께 영원히 사는 새 하늘과 새 땅에서는 더 이상 성전이 필요 없다. 하나님과 어린 양 예수가 바로 성전이다.

★ 21장의 영적 교훈

새 예루살렘에서 성도들은 눈물과 슬픔과 고통이 없는 기쁨의 삶을 누리게 될 것이다. 미래에 대한 이러한 소망은 성도들의 현세적인 삶을 뛰어 넘을 만큼 강력한 힘을 부어준다. 미래에 대한 소망은 오늘을 사는 삶에 의미를 부여해 준다. 새 예루살렘에서의 삶은 빛 가운데서의 삶이요, 성문이 닫히지 않는 자유로운 삶이다. 여기에 진리와 자유가 있다. 성도는 종말을 향한 소망을 안고 오늘을 살아갈 수 있다.

★에덴동산(창세기)과 새 하늘과 새 땅(요한계시록)

에덴동산	천국(새 하늘과 새 땅)
1) 하나님께서 창조하신 하늘과 땅	1) 새 하늘과 새 땅
2) 생명나무와 강	2) 생명나무와 강
3) 아담과 하와	3) 예수 그리스도와 믿음의 성도들
4) 사탄의 유혹	4) 사탄의 멸망
5) 하나님께서 저주를 선언하심	5) 하나님의 저주가 제거됨
6) 죽음이 시작됨	6) 죽음이 없다
7) 낙원에서 쫓겨남	7) 낙원이 회복됨
8) 천사들이 출입을 막음	8) 천사들의 보호를 받는다

22장은 새 하늘과 새 땅에서의 복된 삶에 대한 내용이다. 그 곳은 길 가운데로 생명수의 강이 흐르고 강의 좌우에는 생명나무가 열두 가지 열매를 달마다 맺는다. 하나님과 어린 양의 얼굴을 볼 것이며 세세토록 왕 노릇하게 된다(1–5절).

기억할 말씀

계 22:1-5
또 그가 수정 같이 맑은 생명수의 강을 내게 보이니 하나님과 및 어린 양의 보좌로부터 나와서 길 가운데로 흐르더라 강 좌우에 생명나무가 있어 열두 가지 열매를 맺되 달마다 그 열매를 맺고 그 나무 잎사귀들은 만국을 치료하기 위하여 있더라 다시 저주가 없으며 하나님과 그 어린 양의 보좌가 그 가운데에 있으리니 그의 종들이 그를 섬기며 그의 얼굴을 볼 터이요 그의 이름도 그들의 이마에 있으리라 다시 밤이 없겠고 등불과 햇빛이 쓸 데 없으니 이는 주 하나님이 그들에게 비치심이라 그들이 세세토록 왕 노릇 하리로다 결론 부분에서는 예수의 재림이 속히 이루어지리니 성경 예언의 말씀을 지키라고 당부하고 있다(6–17절). 마지막으로 요한은 자신이 기록한 예언의 말씀을 가감하지 말라고 경고하면서 예수께서 속히 재림하실 것이라고 선포한다. 이것이 바로 신구약 성경의 결론이다(18–21절).

– 생명의 낙원에 대한 환상(22:1–5)

*만국을 치료하기 위하여(22:2): 만국을 치료함이란 하나님의 백성을 치유함으로 선상하게 한다는 의미이다. 즉 하나님의 백성을 생명의 기쁨으로 충만하게 할 것임을 암시하고 있다. 21장 5절에서는 만물을 새롭게 한다고 표현되고 있다.

*저주가 없으며(22:3): 저주받는 것이 없다는 뜻이다. 이는 구약의 예언이 성취된 것이다(슥 14:11). 아담의 죄로 모든 인간은 하나님의 저주를 받아 에덴에서 쫓겨나고 삶에서 고통을 겪으며 죽음에 이른다(창 3:16–24).

*그의 이름도 그들의 이마에 있으리라(22:4): 예수의 이름이 이마에 있다는 것은 예수가 그의 주인이라는 의미이다. 예수의 소유됨을 나타낸다.

– 신구약 성경의 결론(재림에 대한 경고, 22:6–21)

*선지자들의 영(22:6): 성령의 감동을 받은 선지자들의 영을 가리킨다. 믿음을 굳게 잘 지키며 근신하라는 교훈이다.

*자기 두루마기를 빠는 자(22:14): 어린 양의 피에 자기 옷을 씻어 희게 한 자들이다. 그들은 예수 공로를 의지하는 믿음으로 자신의 죄를 용서함 받고 거룩한 삶을 사는 자들이다.

*개들(22:15): 영적인 이방인들을 말한다.

*성 밖에 있으리라(22:15): 하나님의 구원을 받지 못해 예루살렘 성 밖에 있는 자들이다.

*신부(22:17): 성령의 감동을 받아 성령과 함께 사역하는 교회(성도들)를 가리킨다.

*주 예수여 오시옵소서(22:20): 아람어 마라나타(주께서 임하시느니라 고

기억할 말씀

계 22:12–21
보라 내가 속히 오리니 내가 줄 상이 내게 있어 각 사람에게 그가 행한 대로 갚아 주리라 나는 알파와 오메가요 처음과 마지막이요 시작과 마침이라 자기 두루마기를 빠는 자들은 복이 있으니 이는 그들이 생명나무에 나아가며 문들을 통하여 성에 들어갈 권세를 받으려 함이로다 개들과 점술가들과 음행하는 자들과 살인자들과 우상 숭배자들과 및 거짓말을 좋아하며 지어내는 자는 다 성 밖에 있으리라 나 예수는 교회들을 위하여 내 사자를 보내어 이것들을 너희에게 증언하게 하였노라 나는 다윗의 뿌리요 자손이니 곧 광명한 새벽 별이라 하시더라 성령과 신부가 말씀하시기를 오라 하시는도다 듣는 자도 오라 할 것이요 목마른 자도 올 것이요 또 원하는 자는 값없이 생명수를 받으라 하시더라 내가 이 두루마리의 예언의 말씀을 듣는 모든 사람에게 증언하노니 만일 누구든지 이것들 외에 더하면 하나님이 이 두루마리에 기록된 재앙들을 그에게 더하실 것이요 만일 누구든지 이 두루마리의 예언의 말씀에서 제하여 버리면 하나님이 이 두루마리에 기록된 생명나무와 및 거룩한 성에 참여함을 제하여 버리시리라 이것들을 증언하신 이가 이르시되 내가 진실로 속히 오리라 하시거늘 아멘 주 예수여 오시옵소서 주 예수의 은혜가 모든 자들에게 있을지어다 아멘

전 16:22)를 헬라어로 번역한 말이다. 초대교회에서는 성도들이 널리 사용하던 인사말이요 기도였다. 그리스도인들에게 예수의 재림은 최대 소망이다. 당시 핍박당하고 생활이 어렵던 초대 그리스도인들은 이 말로 인사하면서 성도 간에 위로하며 격려했다.

★22장의 영적 교훈

새 하늘과 새 땅은 하나님의 창조 질서의 회복이요, 죄로 인해 타락한 인류의 회복이다. 또한 하나님의 천지창조 당시의 에덴을 향한, 아담 하와의 불순종으로 인해 쫓겨난 에덴을 향한 회복이다. 그 곳에는 진정한 삶, 진정한 기쁨, 진정한 자유가 있다. 그 곳은 온전히 하나님이 다스리시는 나라이다.

새 하늘과 새 땅에 대한 소망은 성도들에게 힘들고 어려운 이 세상의 삶을 살아갈 수 있도록 힘과 용기를 더하여 준다. 비록 오늘 우리의 삶에 고난과 슬픔이 밀려 와도 하나님의 사랑과 공의의 심판을 믿는 믿음과 소망을 안고 "주 예수여 오시옵소서"하고 기도하며, 예수의 재림을 준비하자. 그것이 바로 마라나타의 신앙이다.

4. 요한계시록 해석의 키워드

★심판자요 주관자이신 하나님(1:1-8, 22:6-9)

알파요 오메가이신 하나님은 이제도, 전에도, 그리고 장차 올 자요 전능한 자이시다(1:8). 하나님은 천지만물의 창조자, 역사의 주관자, 심판자이심을 나타낸다. 과거와 현재와 미래의 모든 역사는 하나님의 뜻에 따라 이루어졌고 지금 이루어지고 있으며 앞으로 이루어져 갈 것이다. 하나님께서 예수 그리스도를 통해 자신의 뜻을 계시하셨고 이를 사도 요한이 환상 가운데 본 것이 바로 요한계시록이다. 요한은 자신을 종이라 하면서 오직 하나님께 경배하라고 말씀하고 있다.

★당시 소아시아의 일곱 교회(2-3장)

환난과 시련은 역사의 마지막 때에 더 더욱 심화된다. 예수께서 재림하시기 직전 더 격심한 환난의 날이 성도들에게만 임할 것임을 알려 주고 있다(6장-11장). 당시 소아시아의 일곱 교회를 통해 주님으로부터 칭찬받는 교회보다는 책망 받는 교회가 더 많았고 궁핍한 교회가 물질적으로 부요한 교회 보다 더 헌신하며 충성된 교회였음을 알 수 있다.

1) 에베소 교회(2:1-7)

정통교리에 치중하다가 참된 성도간의 사랑에 소홀한 교회. 주님과의 처음 사랑을 버린 교회. 열심 있는 봉사와 수고하는 교회. 니골라 당(이단)을 배격하는 교회. 고난에 대해 인내하는 교회.

***주신 말씀**: 회개하라. 하나님의 낙원에 있는 생명나무의 열매를 주리라.

2) 서머나 교회(2:8-11)

궁핍하지만 영적으로는 부요한 교회(헌신과 충성하는 교회).

***주신 말씀**: 고난을 두려워 말라. 죽도록 충성하라 그리하면 생명의 관을 주리라. 이기는 자는 둘째 사망의 해를 받지 아니하리라.

3) 버가모 교회(2:12-17)

주님의 이름을 굳게 붙잡는 교회. 순교자를 배출한 교회.

발람의 교훈(음행과 우상숭배)과 니골라 당(이단)을 따르는 자가 있는 교회로 이는 세상적인 풍조에 빠진 자를 말한다.

***주신 말씀**: 회개하라. 이기는 자에게는 만나와 흰 돌, 새 이름을 주리라.

4) 두아디라 교회(2:18-29)

악한 여선지자를 용납한 교회. 행동하는 교회로 사랑과 믿음, 섬김과 인내가 있는 교회. 우상숭배와 행음에 대해 회개하지 않는 자가 있는 교회.

***주신 말씀**: 회개하지 아니하면 큰 환난 가운데 던지고 그의 자녀를 죽이리

라. 각 사람의 행위대로 갚아 주리라. 내가 올 때까지 너희에게 있는 것을 굳게 잡으라. 이기는 자에게는 만국을 다스리는 권세와 새벽 별(그리스도의 영원한 통치와 영광을 가리킨다)을 주리라.

5〉 사데 교회(3:1-6)

이름만 살아 있는 죽은 교회. 하나님 앞에서 온전함이 전혀 없는 교회. 더럽히지 아니한 흰 옷 입은 자(합당한 자)가 있는 교회.

＊**주신 말씀**: 회개하라. 이기는 자는 생명책에 있고 하나님과 천사 앞에서 시인하리라.

6〉 빌라델비아 교회(3:7-13)

적은 능력으로 말씀을 잘 지킨 교회. 인내의 말씀을 잘 지킨 교회.

＊**주신 말씀**: 시험의 때를 면하게 하리라. 네가 가진 것을 굳게 잡아 하나님 주신 면류관을 빼앗기지 말라. 하나님의 성전에 기둥이 되리라.

7〉 라오디게아 교회(3:14-22)

차지도 뜨겁지도 않은 교회(미지근한 신앙, 교만한 신앙). 부자라 생각하지만(물질적으로 풍요하지만) 영적으로 가난한 세속화된 교회.

＊**주신 말씀**: 내 입에서 너를 토하여 버리리라. 불로 연단한 금(흠 없는 순전한 믿음)을 사서 부요하게 하고 흰 옷을 사서 입고 열심을 내라. 회개하라. 이기는 자에게 내 보좌에 함께 앉는 것과 같이 하리라

기억할 말씀

계 14:11-13

그 고난의 연기가 세세토록 올라가리로다 짐승과 그의 우상에게 경배하고 그의 이름 표를 받는 자는 누구든지 밤낮 쉼을 얻지 못하리라 하더라 성도들의 인내가 여기 있나니 그들은 하나님의 계명과 예수에 대한 믿음을 지키는 자니라 또 내가 들으니 하늘에서 음성이 나서 이르되 기록하라 지금 이후로 주 안에서 죽는 자들은 복이 있도다 하시매 성령이 이르시되 그러하다 그들이 수고를 그치고 쉬리니 이는 그들의 행한 일이 따름이라 하시더라

★성도의 고난(14:11-13)

예수께서 재림하시기 이전까지 사탄의 역사는 계속될 것이다. 사탄은 마지막 때에 이르기까지 성도들을 미혹하지만, 하나님의 자녀들은 고난 가운데에서도 성령의 인도하심과 도우심으로 힘써 이겨 나갈 것이다. 사탄의 간계는 종말이 다가올수록 더욱 심화될 것이나 하나님께서는 환난의 날 가운데에서 남은 자들을 보호하신다. 성도들이 격심한 고난을 겪게 될 마지막 때를 두려

워하지 말고 하나님의 예비하심을 믿고 끝까지 인내하며 예수의 재림을 기다려야 한다. 그 날에 성도는 수고를 그치고 주안에서 쉼을 누린다.

★창세기(시작)와 계시록(마지막)의 비교

	창세기	요한계시록
만물	만물의 시작(1:1) 〈창조〉	만물의 종말(22:21) 〈은혜/회복〉
하늘과 땅	처음 하늘과 처음 땅(1:1) 〈에덴동산〉	새 하늘과 새 땅(21:1) 〈하나님 나라〉
아담	첫 아담의 통치(1:26-28) '생육하고 번성하여 땅에 충만하라 땅을 정복하라 다스리라'	둘째 아담의 통치(21:5) '만물을 새롭게 하노라'
사망	첫 사망(2:17)	다시는 사망이 없음(21:4)
바다	모인 물을 바다라 부르시니라 (1:10)	바다는 다시 있지 않더라(21:1) 〈새 하늘과 새 땅 21:1-8〉
밤	해와 달을 지으시고 낮과 밤을 만드심 (1:15-16)	다시 밤이 없겠고(22:5)
생명나무	생명나무의 열매를 죄지은 인간에게 허락하지 않음(3:22)	강 좌우에 생명나무가 있어 열두 가지 열매를 맺되(22:2) 〈만국을 소성〉
사탄	사탄은 인간이 죄에 빠지도록 유혹하기 위해 나타남(3:1)	사탄은 불과 유황 못에 던져져 세세토록 밤낮 괴로움 당함(20:10)
저주	땅은 너로 말미암아 저주를 받고 (3:17)	다시 저주가 없으며(22:3)

★천사와 천사장 미가엘(12:7): 천사 가브리엘은 하나님의 보내심을 받들어 마리아에게 성령으로 예수가 잉태되었음을 알려 준다(눅 1:26-38). 계시록에 나타난 미가엘은 천사들 중에서 천사장(유 1:9)으로, 그의 사자들은 사탄과 전쟁을 한다(계 12:7). 천사는 하나님의 명령에 순종하여 하나님의 뜻을 알리며 사탄과 맞서 싸운다. 천사들은 하나님께서 하실 일을 보이려고 나타나

기억할 말씀

창 3:1
그런데 뱀은 여호와 하나님이 지으신 들짐승 중에 가장 간교하니라 뱀이 여자에게 물어 이르되 하나님이 참으로 너희에게 동산 모든 나무의 열매를 먹지 말라 하시더냐

창 3:17
아담에게 이르시되 네가 네 아내의 말을 듣고 내가 네게 먹지 말라 한 나무의 열매를 먹었은즉 땅은 너로 말미암아 저주를 받고 너는 네 평생에 수고하여야 그 소산을 먹으리라

창 3:22
여호와 하나님이 이르시되 보라 이 사람이 선악을 아는 일에 우리 중 하나 같이 되었으니 그가 그의 손을 들어 생명 나무 열매도 따먹고 영생할까 하노라 하시고

기억할 말씀

계 12:7
하늘에 전쟁이 있으니 미가엘과 그의 사자들이 용과 더불어 싸울새 용과 그의 사자들도 싸우나

살전 4:16
주께서 호령과 천사장의 소리와 하나님의 나팔 소리로 친히 하늘로부터 강림하시리니 그리스도 안에서 죽은 자들이 먼저 일어나고

계 12:1-7
하늘에 큰 이적이 보이니 해를 옷 입은 한 여자가 있는데 그 발 아래에는 달이 있고 그 머리에는 열두 별의 관을 썼더라 이 여자가 아이를 배어 해산하게 되매 아파서 애를 쓰며 부르짖더라 하늘에 또 다른 이적이 보이니 보라 한 큰 붉은 용이 있어 머리가 일곱이요 뿔이 열이라 그 여러 머리에 일곱 왕관이 있는데 그 꼬리가 하늘의 별 삼분의 일을 끌어다가 땅에 던지더라 용이 해산하려는 여자 앞에서 그가 해산하면 그 아이를 삼키고자 하더니 여자가 아들을 낳으니 이는 장차 철장으로 만국을 다스릴 남자라 그 아이를 하나님 앞과 그 보좌 앞으로 올려가더라 그 여자가 광야로 도망하매 거기서 천이백육십 일 동안 그를 양육하기 위하여 하나님께서 예비하신 곳이 있더라 하늘에 전쟁이 있으니 미가엘과 그의 사자들이 용과 더불어 싸울새 용과 그의 사자들도 싸우나

지시하며(계 1:1), 성도들을 섬기며(히 1:14), 예수를 수종들며(막 1:13), 하나님을 찬양하며(시 148:2), 성도를 보호하며(시 34:7), 예수께서 재림하실 때 함께 온다(살전 4:16).

★성경의 부활과 사망

*영적 사망과 육적 사망: 아담의 불순종으로 인해 아담의 후손인 인류는 하나님 앞에서 죄인이 되고 말았다. 죄의 대가로 에덴에서 쫓겨나 세상에 살게 된 아담과 그 후손들은 하나님과 단절되었고 죽을 수밖에 없는 존재가 된 것이다. 하나님의 형상으로 창조된 인간이 죄로 인해 하나님과 불화의 관계가 된 것이 바로 영적 사망이다. 모든 인류는 누구나 육체적 죽음을 맞이하는데 이를 육적 사망이라 한다.

*영적 부활/ 영생의 부활과 심판의 부활: 예수를 구주로 영접하고 믿어 하나님과 관계가 회복되어 하나님의 자녀가 된 자는 이 세상 삶 속에서 기쁨과 평안을 누린다. 이를 영적 부활이라 한다. 역사 종말의 날, 예수께서 재림하실 때에 주안에서 죽은 성도들의 몸은 영생의 몸으로 부활한다(롬 8:2, 고전 15:42-44). 이에 비해 불신자들은 하나님의 최후심판 때 영원히 타오르는 유황 불못에서 고통당한다. 이것이 불신자들이 받는 심판의 부활이다(계 20:11-15).

★요한계시록에 나타난 세 여인들

1〉 해를 옷 입은 여자(12:1-7)는 하나님과 아브라함이 맺은 언약의 성취인 선민 이스라엘을 가리킨다. 궁극적으로 참 이스라엘인 영적인 교회를 상징한다.

2〉 17-18장에서는 타락한 큰 음녀가 등장하는데, 우상을 숭배하며 이를 적극적으로 조장하는 세상의 큰 권세를 의미한다.

3〉 하나님을 믿고 예수 그리스도의 신부로 거룩히 구별된 성도들의 교회를 가리켜 순결한 신부(21:9)로 표현하고 있다.

★새 하늘과 새 땅

사탄이 멸망당하고 악인들이 최후의 심판을 당한 후에 성도들은 이미 천년 왕국 시대에 맛본 바 있는 하나님 나라의 영원한 통치 속으로 들어간다. 죄악으로 오염된 이 세상과 구별하기 위해 '새 하늘과 새 땅'으로 표현된 완성된 하나님 나라의 특징은 하나님께서 친히 성도들과 함께 계신다는 것이다(21:1-8).

★주 예수여 오시옵소서(22:20)

아람어 '마라나타'에 해당되는 헬라어를 번역한 것이다. 초대 교회 성도들은 만날 때 서로 '마라나타'라고 인사했다고 한다. 그들은 예수 그리스도의 재림을 간절히 사모하며 기다렸기 때문이다(고전 16:22). 초대교회 성도들의 신앙은 이 한 마디 인사말로 대변되었다. 오늘 우리들의 인사말은 '마라나타'보다는 '샬롬'의 의미가 더 많다. 매일의 삶 속에서 예수의 재림을 고대하기보다는 오늘 나의 삶에서 평안을 누리기를 소망한다. 우리의 기도는 평안에 대한 기도와 더불어 형통한 삶을 위해 간구한다. 예수 그리스도의 재림을 기다리는 자는 현재의 삶에서 누리는 평안과 형통 보다는 하나님의 나라에 대한 소망이 더 간절하다. 재림은 역사의 종말이요, 하나님의 나라의 완성이다. 믿음의 성도들에게 재림은 더 이상 눈물이 없고 고통이 없는 새 하늘과 새 땅에서의 온전한 삶이다. 재림을 기다리며 준비하는 자는 '마라나타'라고 인사하는 것이 당연하다.

★재림에 대한 소망(22:20-21)

22장은 신구약의 결론이자 하나님의 계시에 대한 종결 부분이다. 무서운 재앙과 심판 속에서도 하나님께서 성도들을 위해 예비해 두신 영원한 기쁨과 만족과 평안으로 마무리하고 있다. 이 세상에서 누리는 고난, 슬픔, 고통이 아무리 크다 할지라도 마침내 하나님의 구원과 위로와 안식을 누리게 될 것이라는 소망과 믿음을 심어주고 있다. "주 예수의 은혜가 모든 자들에게 있을지어다 아멘"

기억할 말씀

계 22:20-21
이것들을 증언하신 이가 이르시되 내가 진실로 속히 오리라 하시거늘 아멘 주 예수여 오시옵소서 주 예수의 은혜가 모든 자들에게 있을지어다 아멘

★천년 왕국과 최후 심판에 대해(20:1-15)

짐승과 거짓 선지자가 유황 불못에 산 채로 던져진 후에(19:19-21), 사탄도 무저갱에 천 년 동안 결박당한다. 그러나 성도들은 천 년 동안 그리스도와 더불어 왕 노릇한다(천년왕국 시대). 천년이 지난 후 사탄은 잠시 무저갱에서 풀려 나와 성도들을 다시금 고난 속으로 빠뜨린다. 결국 하늘에서 내려온 불에 멸망하고 만다. 모든 악한 세력들(사탄 · 짐승 · 거짓 선지자)은 유황 불못에 던져져 영원히 멸망당한다.

5. 더 깊은 연구와 삶의 적용

1. 요한계시록을 읽으면서 나는 어떤 하나님을 경험하였는가?

2. 소아시아 일곱 교회들의 특징을 살펴보고 우리 교회는 일곱 교회 중 어느 교회와 가장 비슷한 유형인가 살펴보자.

3. 구원받은 자의 수는 몇 명이며, 이 숫자는 무엇을 상징하는가?(7:4, 14:1)

   인친 자란 노예나 가축의 소유권을 표시하기 위해 화인을 찍던 고대의 풍습에서 나왔다. 144,000의 인친 자란 하나님의 소유된 백성, 구원받은 자를 의미한다. 144,000이란 숫자는 12×12×1000(많은 숫자를 상징)에서 나온 것으로 12라는 숫자는 성경에서 하나님의 특별한 선택을 의미한다(12지파 · 12사도 등). 7장 5-8절에서 이스라엘 12지파에서 각각 12,000명의 숫자인 144,000은 문자적인 구원받은 사람의 숫자를 의미하는 것이 아니라 수많은 사람들이 구원을 받는 것을 의미한다. 세상의 모든 민족 중에서 차별 없이 하나님께서 구원받을 자를 준비하셨음을 의미한다.

4. 짐승의 표를 받은 자는 몇 명이며, 이 숫자는 무엇을 상징하는가?(13:18)

기억할 말씀

계 7:4
내가 인침을 받은 자의 수를 들으니 이스라엘 자손의 각 지파 중에서 인침을 받은 자들이 십사만 사천이니

계 14:1
또 내가 보니 보라 어린 양이 시온 산에 섰고 그와 함께 십사만 사천이 서 있는데 그들의 이마에는 어린 양의 이름과 그 아버지의 이름을 쓴 것이 있더라

5. 성도의 상급과 불신자의 심판에 대해 사도 요한은 어떤 계시를 받았는가?(계 14:6-13, 22:12-15)

6. 성도에게 최대의 소망은 무엇인가?(계 22:20-21과 고전 16:22 참고)

예수 그리스도의 재림이다. 이는 역사의 종말이요 완성이다. 예수의 재림은 성도에게는 승리와 기쁨의 날이지만 불신자들에게는 영원히 멸망하는 날이다. 성도는 예수의 재림을 소망하며 기다리는 삶을 살기 위해 늘 깨어서 준비해야 한다. 신랑 오기를 기다리면서 등불의 기름을 준비하는 다섯 처녀들처럼!

기억할 말씀

계 22:20-21
이것들을 증언하신 이가 이르시되 내가 진실로 속히 오리라 하시거늘 아멘 주 예수여 오시옵소서 주 예수의 은혜가 모든 자들에게 있을지어다 아멘

고전 16:22
만일 누구든지 주를 사랑하지 아니하면 저주를 받을지어다 우리 주여 오시옵소서

13과

묵상이 주는 보너스

1. 구제와 기도, 금식하는 자의 태도(마 6:1-8)
2. 황금율(마 7:12)
3. 예수님의 이적들
4. 예수님의 권세(눅 20:1-8)
5. 신약에서 성도는 누구인가?
6. 베드로와 바울
7. 로마서에 나타난 인간론
8. 인간의 죄악(롬 1:18-32)
9. 사도
10. 하나님의 은혜(롬 6:12-23)
11. 성경에 있는 죽음에 대한 말씀들
12. 칭의와 성화(빌 2:1-11)
13. 빛의 자녀된 삶(엡 5:1-21)
14. 예수의 초림과 재림
15. 선을 행하다가 낙심하지 말라(살후 3:13)
16. 성경에 나타난 면류관
17. 회개에 대한 하나님의 축복하심(요일 5:13)
18. 요한계시록에 나타난 복있는 자들이란?
19. 예수 그리스도의 재림 목적

제13과

묵상이 주는 보너스

〈1〉 구제와 기도, 금식하는 자의 태도(마 6:1-8)

1〉 남에게 보이려고 구제와 기도와 금식을 한다면, 이는 하나님으로부터 상을 받을 수가 없다. 하나님을 향해 한 것이 아니라 사람을 의식하여 한 것이기 때문이다.

2〉 은밀한 중에 구제, 기도, 금식해야 한다. 남에게 보이려고 하는 것이 아니라 오직 하나님을 생각하며 해야 하늘의 상급이 뒤따른다.

3〉 기도할 때에 중언부언(의미없이 길게 늘어놓는 말) 하지 말라. 이는 사람들을 의식하는 기도이기 때문이다. 기도는 하나님께 구하는 것이다.

4〉 금식할 때 슬픈 기색으로 하지 말라. 이는 사람들에게 금식하고 있음을 나타내기 때문이다. 오히려 금식할 때에 머리에 기름을 바르고 얼굴을 씻음으로 사람들에게 금식을 드러내지 않고 오직 하나님께 초점을 맞추어 금식하라는 것이다.

성도가 기도와 금식과 구제라는 귀한 신앙을 실천하면서 다른 사람을 의식해서 그들에게 보이려고 하는 것은, 하나님 중심의 신앙이 아니라 나를 사람들 앞에 드러내는 신앙이다. 하나님을 바라보며 기도와 금식과 구제가 이루어져야 한다. 세상에서 인정받고 세상적인 성취를 위해 기도하며 금식하며 구제한다면, 이는 하늘의 상급을 바라보는 믿음의 행동이 아니다. 성도는 하늘의 상급을 기대하면서 하나님 중심의 기도와 금식과 구제를 지향해야 한다.

〈2〉 황금율(마 7:12)

"그러므로 무엇이든지 남에게 대접을 받고자 하는 대로 너희도 남을 대접하라 이것이 율법이요 선지자니라"

내가 대접을 받으려면 내가 먼저 남을 대접하라는 이 말씀은 하나님 사랑과 이웃 사랑의 결론에 해당된다. 구약의 율법과 선지자들의 말씀의 결론이요, 마태복음 5장에서 예수께서 선포하신 산상수훈을 완성시키는 말씀이기도 하다. 이름하여 황금율이라고 부른다. 어떻게 남을 먼저 대접할 수 있을까?

1〉 자기중심에서 벗어나 상대방의 입장을 먼저 생각하면서 시작된다. 내 입장을 내세우면 결코 상대방을 먼저 생각할 수 없다. 자기중심적인 나의 것을 내려놓을 때 남을 먼저 대접할 수 있다.

2〉 나의 것을 내려놓는 것은 성령의 인도하심으로 인해 가능하다. 마태복음 7장 11절에 의하면 악한 자라도 자식에게 좋은 것을 주는데, 하물며 하나님께서 자녀가 된 성도들에게 좋은 것을 주심은 당연하지 않겠는가! 하나님 주시는 좋은 것이 바로 성령이시다. 성령께서 내게 오셔서 나를 다스리고 인도하심으로 나를 내려놓을 수 있다. 성령의 인도하심과 다스림을 통해 나를 내려놓고 이웃을 먼저 생각하고 배려하기에 이른다. 이것이 바로 이웃사랑을 실천하는 삶이다. 그러므로 황금율은 하나님 사랑과 이웃사랑을 동시에 이루는 계명이다.

〈3〉 예수님의 이적들

예수님은 말씀과 함께 이적을 통해 하나님의 구원 역사를 펼치셨다. 사탄을 이기시고, 생명을 살리시며, 모든 자연 만물을 순종하게 하는 능력을 행하심으로 자신이 하나님이심을 입증하셨다. 귀신을 내쫓고, 병을 고치시고, 바람과 풍랑마저 잠잠하게 하시며, 오병이어의 이적을 일으키시고, 물위를 걸으시기도 했다. 이를 통해 만물의 창조주이시며 만왕의 왕이심을 나타내시면서 어떤 어려움 속에서도 믿는 자들을 구해주시는 능력의 하나님이심을 증거하셨다(마 4:35-41, 5:1-8, 5:25-43, 6:34-44, 6:47-56, 10:46-52).

특별히 예수님은 이 땅에서 많은 병자들을 불쌍히 여기시고 수많은 이적들을 행하셨다. 이적들은 영적으로 하나님의 구원을 상징적으로 나타내는 경우가 많다. 이적이란 단순히 크고 놀라운 일이 아니다. 하나님의 뜻하심을 따라 자연 질서를 잠시 중단하고, 오직 인간 구원을 위한 하나님의 목적을 이루시는 사역의 현장이다. 신비하고 놀라운 일을 경험하면서 많은 사람들이 신앙으로 인도받는다. 그러나 신앙을 위해 허락된 이적의 그 진의를 깨닫지 못하면, 이적만을 기다리는 기복적인 신앙에 빠지기 쉽다. 때로는 사탄의 간계로 사악한 이적에 사람들이 미혹되는 경우도 있다(막 16:15-18).

1〉 이적은 하나님의 영광을 드러낸다(마 15:31, 눅 5:26).

2〉 이적은 예수께서 그리스도이심을 나타낸다(마 11:2-5).

3〉 이적은 말씀에 대해 구체적으로 확실히 증거한다(마 16:20).

4〉 이적은 선지자의 말씀(구약의 예언)을 성취한다(요 12:37-41).

5〉 예수님께서 수많은 무리들을 불쌍히 여기시고 이적을 행하셨다(마 15:32-38).

6〉 이방인들을 순종하게 하고자 이적을 행하셨다(롬 15:18-19).

〈4〉 예수님의 권세(눅 20:1-8)

예수께서 성전청결 이후 성전에서 백성들을 가르치시며 복음을 전하실 때, 대제사장과 서기관들이 무슨 권세로 이런 일을 하느냐고 물었다. 이때 예수님은 자신이 무슨 권세로 이런 일을 하는지 그들에게 대답하지 않으셨다. 권세가 하나님으로부터 임하였음을 말씀하시지 않으셨다.

1〉 예수님의 권세는 하나님으로부터 임하였다(눅 20:1-8).

2〉 하나님께서 하늘과 땅의 모든 권세를 예수님께 부여하셨다(마 28:18-20).

3〉 세상에서 죄를 사하는 권세를 가지셨다(마 9:6).

4〉 귀신을 쫓으시고 질병을 고치시는 권세를 가지셨다(마 8:1-17, 28-34).

5〉 목숨을 버릴 권세와 다시 얻을 권세 그 모두를 가지셨다(요 10:18).

6〉 사망과 음부를 다스릴 권세를 가지셨다(계 1:18).

〈5〉 신약에서 성도는 누구인가?

구약에서는 주로 하나님의 백성으로(시 85:8), 신약에서는 일반적으로 기독교 신자를 가리키는 용어이다(고전 1:2, 골 1:2). 구약에서도 하나님을 예배하는 사람을 가리켜 성도로 불렀다(시 30:4). 성도는 기독교인 형제와 동의어로 사용되고 있다(골 1:2). 성도는 예수님께는 제자요, 믿음의 친지들이나 무리에 대해서는 형제요 자매이다(골 1:2). 특히 교회의 일치를 강조하고 있는 에베소서에서는 모든 성도란 말이 거듭되고 있다(엡 1:15,18, 6:18).

그러나 신약성서에서는 일반적으로 성도란 모든 믿는 자를 가리키고 있다(행 9:13,41, 26:10, 고후 1:1, 13:12, 엡 1:1, 3:8). 성도는 예수 그리스도의 속량하심으로 세상에서(죄와 죽음의 법) 분리되고, 성별된 자란 뜻이다. 성도는 그 신분이 하나님의 부르심을 받은 자로(롬 1:7) 인격과 덕을 갖춘 동양의 성인과는 그 의미가 다르다.

＊신약에 나타난 성도의 의미를 살펴보자.

1〉 예수를 믿는 자로 하나님의 자녀된 자(예수를 영접하는 자, 요 1:12)

2〉 거듭난 자(예수 그리스도 안에서 새 사람으로 다시 태어난 자, 요 3:3)

3〉 죄에서 자유하며 모든 죄로부터 깨끗한 자(하나님으로부터 죄 사함 받고 자유를 누리며, 죄에서 깨끗한 자, 요 8:36 요일 1:7)

4〉 하나님과 화평의 관계를 누리는 자(예수의 보혈로 하나님과 화목해짐, 롬 5:1)

5〉 하나님의 은혜를 누리는 자(은혜로 의롭다하심 얻은 자, 롬 3:24)

6〉 양자된 자(하나님을 아빠 아버지로 부를 수 있음, 롬 8:15)

7〉 하나님의 나라에 들어갈 자(눅 17:20-21)

8〉 예수 그리스도를 전하는 자(마 28:19-10, 눅 24:46-48, 행 1:8)

9〉 하나님의 선물(구원)을 값없이 받은 자(엡 2:8)

10〉 하나님의 성령의 도우심으로 봉사하며, 나를 자랑하지 않고 그리스도 예수를 자랑하며, 육체를 신뢰하지 않는 자(빌 3:3)

11〉 예수를 하나님의 아들이라 시인하는 자(요일 4:15)

12〉 하나님의 계명과 예수에 대한 믿음을 지키는 자(계 14:12)

＊성도의 의무(벧전 2:9-10)를 살펴보자.

성도는 하나님께서 택하신 족속이요, 왕 같은 제사장이다. 성도들은 영적으로 한 혈통을 가진 가족들이요, 왕과 제사장의 특권을 부여받은 자들이란 것이다. 또한 거룩한 나라요 하나님의 소유된 백성이다. 즉 하나님과 언약을 맺고, 하나님의 긍휼을 얻은 하나님의 백성이다.

"너희는 택하신 족속이요 왕 같은 제사장들이요 거룩한 나라요 그의 소유가 된 백성이니"(벧전 2:9)

성도의 다른 호칭들을 살피면 성도의 의무가 더욱 분명해진다.

-거류민과 나그네(벧전 2:11)
-주의 자녀(요 1:12-13),
-하나님의 성전(고전 3:16),
-세상의 소금과 빛(마 5:13-14)
-새로운 피조물(고후 5:17)
-그리스도의 제자(마 5:1)
-그리스도의 형제(요 20:17)
-아브라함의 자손(눅 19:9)
-그리스도의 신부(엡 5:23)
-그리스도의 종(고전 7:22)
-그리스도인(행 11:26)
-믿는 자(딤전 4:12)
-증인(행 1:8)
-하나님의 상속자(롬 8:17)
-그리스도의 병사(딤후 2:3)

성도는 하나님의 영광을 바라보며, 하나님의 거룩하심을 본받아 거룩한 삶을 사는 자들이다(벧전 1:13-16). 또한 하나님의 심판을 두려워하며, 하나님의 은혜에 감사하며 진리에 순종하여 삶 속에서 거룩을 실천해야 한다(벧전 1:17-25). 이를 위해 성도는 모든 악독과 기만, 외식과 시기, 모든 비방하는 말을 버리고 순전하고 신령한 젖, 즉 하나님의 말씀을 사모해야 할 것이다(벧전 2:1-2).

〈6〉 베드로와 바울

사도행전의 초반부(1-12장)는 사도 베드로의 사역을, 후반부(13-28장)는 바울의 사역을 중점적으로 다루고 있다. 이 두 인물은 사도행전을 이끌어 가는 양대 산맥의 역할을 했다. 베드로는 초대 예루살렘 교회를 중심으로 유대인을 위해 사역하였다. 바울은 이방인을 위한 선교센터의 역할을 한 안디옥 교회에서 선교사로 파송을 받았다. 사도행전의 후반부는 바울 사도의 소아시아와 그리스, 로마로 이어지는 전도의 여정들을 기록하고 있다. 비록 두 사도가 살아 온 환경과 배경은 달랐지만 예루살렘 공의회(총회)를 통해 기독교의 구원론을 세웠고 서로 협력하여 하나님 나라의 확장을 위해 함께 수고하였다(행 15:1-35 참조).

베드로	바울
행 1-12장은 초대교회와 사도 베드로의 사역을 중심으로 기록	행 13-28장은 바울과 소아시아와 그리스, 로마 선교를 중심으로 기록
어부 출신으로 별반 학문이 없는 인물	바리새파, 로마 시민권자, 가말리엘 문하생으로 당대 최고의 학문 소유자
예루살렘 교회의 중심 인물	안디옥 교회에서 선교사로 파송한 인물
고기 잡는 어부로 일하다 부르심을 받았다.	교회와 성도를 박해한 자로 하늘에서 음성이 들리면서 부르심을 받았다(행 9장).
유대인을 위한 사역 (기도와 설교를 통해 개인구원에 중점, 행 2:14-42 3:11-26)	이방인을 위한 사역(이방지역에 복음을 전파하여 가는 곳마다 교회를 설립하고 서신서를 기록하여 후세대들에게 남김)
베드로전후서를 기록	로마서, 고린도전후서, 갈라디아서, 에베소서, 빌립보서, 골로새서, 데살로니가전후서, 디모데전후서, 디도서, 빌레몬서를 기록하여 기독교의 구원론과 교회론, 종말론을 집대성하였다.

〈7〉 로마서에 나타난 인간론

"그러므로 이제 그리스도 예수 안에 있는 자에게는 결코 정죄함이 없나니 이는 그리스도 예수 안에 있는 생명의 성령의 법이 죄와 사망의 법에서 너를 해방하였음이라"(롬8:1-2)

사도 바울은 인간은 자신의 죄를 변명할 수 없으며(2:1), 윤리적으로도 선을 행하는 것이 불가능하며(7:18), 죄로 인해 하나님의 영광에 이를 수가 없다고 했다(3:23).

인간은 본질적으로 마음으로는 하나님의 법을, 육신으로는 죄의 법을 섬기는 존재임을 밝히고 있다(7:21–25). 이는 아담의 타락에서 기인한다. 바울은 로마서 5장 12절에서 '아담 한 사람으로 말미암아 죄가 세상에 들어왔나니, 결국 모든 사람에게 이르렀다' 고 말한다. 여기에서 아담은 인류 전체를 대표하는 자로 나타난다. 아담의 범죄가 인류의 모든 죄의 기원인 것이다. 아담의 타락으로 모든 인간은 죄인이 되었고 하나님과 단절되었다.

그러나 하나님께서는 예수 그리스도를 인간을 구원하기 위한 구원자로 보내시고, 그를 믿는 신앙으로 불순종의 존재로부터 순종하는 아들로 받아들여져 그리스도의 것이 되게 하셨다(5:18–21, 6:1). 그리스도 예수 안에 있는 자는 결코 정죄 받지 않고 죄와 사망의 법에서 해방된 것이다(8:1–2). 새 사람을 가리켜 '그리스도 안에서 새로운 피조물' (고후 5:17), '그리스도의 영을 따르는 자' 라고 불렀다(8:8–11).

죄인인 인간은 하나님께서 보내신 화목의 제물인 예수 그리스도로 말미암아 하나님의 자녀가 됨으로 죄와 사망으로부터 자유함을 누리는 새로운 피조물, 의인이 된 것이다.

〈8〉 인간의 죄악(롬 1:18–32)

로마서에 나타난 인간의 죄악을 살펴보면 아주 다양하다. 하나님의 영원하신 능력과 신성이 만물에 분명히 나타나 있지만 불신자들은 이를 인정하지 않는다. 하나님의 실존을 인정하지 않는 자들의 죄악에 대해서 살펴보자.

1〉 하나님을 안다고 주장하는 불신자들은 하나님을 영화롭게도 아니하며 감사하지도 아니한다. 그래서 그들의 생각은 허망하여지며 미련한 마음이 어두워졌다(1:21).

2〉 인간은 스스로 지혜 있다고 주장하지만 사실 그들은 어리석은 자들이다(1:22).

3〉 하나님께 영광을 돌리지 않고, 썩어질 사람과 동물 모양의 우상을 섬긴다(1:23).

4〉 마음의 정욕대로 살면서 그들의 몸을 서로 욕되게 한다(1:24).

5〉 피조물을 창조주 하나님보다 더 경배하고 섬긴다(1:25).

6〉 남자가 남자에게 음욕을 품고 여자가 여자를 원하는 동성연애에 빠져 들었다(1:26–27).

7〉 마음에 하나님 두기를 싫어함으로 합당하지 못한 일(모든 불의, 추악, 탐욕, 악의, 시기, 살인,

분쟁, 사기, 악독, 수군수군하는 자, 비방을 하는 자요, 하나님을 미워함, 능욕, 교만, 자기를 자랑함, 악을 도모하며 부모를 거역하는 자, 우매한 자, 배약하는 자, 무정한 자, 무자비한 자)을 한다(1:28-31).

8〉 온갖 악한 일을 하는 자를 옳다고 인정한다(1:32).

이와 같은 죄악을 행하는 자는 그 죄가 사형에 해당한다고 하나님이 정하셨다. 첫 사람 아담의 불순종 이후 모든 인류는 죄 가운데 태어났고, 이로 인해 온갖 죄악의 가능성을 안고 있다. 죄 가운데 태어난 인간의 본성은 죄로 뭉쳐져 있다. 이에 대해 공의의 하나님은 모든 사람이 다 죽는 사망으로 심판하셨다. 그런데 인간은 스스로 죄의 문제를 해결할 수 없다. 이 죄의 문제를 해결하기 위해 죄 없으신 예수께서 온 인류를 대표해서 십자가에서 화목의 제물이 되신 것이다.

〈9〉 사도

사도(apostle)는 '보냄을 받은 자' 혹은 '대리자' 란 뜻을 가진 단어이다. 이는 그리스도 예수로부터 권위를 부여받은 대사(ambassador)를 말한다. 따라서 사도는 예수 그리스도에 의해 직접 선택되고 복음을 전하는 권위가 맡겨져 파견된 12제자를 가리킨다(마 10:2-4, 막 3:14-19, 눅 6:13-16, 행 1:13). 12의 수는 이스라엘의 12지파에 관계하는 것으로, 예수께서는 이를 고려해 12제자를 택하신 것으로 학자들은 보고 있다. 가룟 유다가 그 수에서 탈락하고 맛디아가 뽑혀졌다(행 1:15-26). 사도는 예수와 함께 지낸 자요, 부활의 주를 만난 자요, 이를 증거하는 자이다(눅 24:48, 행 1:8,22, 고전 9:1).

12 제자들뿐만 아니라(고전 9:1-2, 고후 12:11-12) 바울이나 바나바, 주의 형제 야고보가 사도로 불리우고 있다(행 14:14, 갈 1:29, 고전 15:7).

바울은 특히 그리스도 예수의 사도(고전 1:1, 고후 1:1)로 이방인을 위한 사도이다(롬 11:13, 갈 2:9). 그의 사도직은 부활하신 예수 그리스도의 계시와 현현에 기초하는데(갈 1:16, 고전 9:1, 15:8), 그의 임무는 복음전파이다(고전 1:17).

갈라디아 및 고린도 교회에서 바울의 적대자들이 그의 사도직을 공격하자, 그는 자신의 사도직을 신학적으로 전개했다.

사도는 진정한 복음을 말하는 자요, 다른 복음(갈 1:6)을 말하는 자는 사도가 아니라 거짓 사도이다(고후 11:13). 사도는 표적과 기사와 능력을 행한 자이고(고후 12:12), 사도의 표(고후 12:12)를 가진 자, 사도됨을 주 안에서 인친 자(고전 9:2)로서 그 정통성을 증명하고 있다. 바울은 자신의 사도직을 신학적으로 규명한 유일한 인물이다. 바울은 베드로가 자신과 같은 사도직을 예수께로부터 받은 것을 알고 있었다(갈 2:8).

〈10〉 하나님의 은혜(롬 6:12-23)

인간의 죄에 대한 충분한 자각이 없다면 하나님의 은혜에 대한 진정한 이해를 기대할 수 없다. 바울 사도는 로마서 1-3장을 통해 인간은 행위를 통해 하나님으로부터 자신의 의를 인정받을 수 없는 존재임을 지적하고 있다. 아담 하와의 죄로 인해 그의 후손인 인간은 하나님 앞에서 죄인이 되고 말았다.

하나님께서 우리를 의인이라 칭함은 선행이 아닌 오직 믿음으로만 이루어진다(창 15:6). 그러므로 누구도 하나님 앞에서 자신을 의인이라 자랑할 수 없고, 유대인과 이방인이나 어떤 차이도 있을 수 없다. 인간의 죄를 대신한 예수의 십자가 죽음은 하나님께서 인간의 죄를 용서하기 위해 준비하신 희생의 제사이다. 이를 가리켜 화목의 제물이요 화목의 제사라 일컫는다. 인간이 원해서도 아니요 노력해서 이루어진 것이 아니라 하나님의 일방적인 은혜로 말미암아 그리스도 안에서 죄 사함을 받았다(엡 1:7). 십자가의 예수가 대신 죄를 지심으로 인간은 하나님의 자녀가 될 수 있는 방법을 하나님으로부터 받은 것이다.

그러나 인간의 행위가 아닌 하나님의 은혜로 의인되었기 때문에 죄를 계속해서 지어도 된다는 것이 아님을 분명히 밝히고 있다(6:12-23, 창 15:6 참조). 하나님의 은혜로 죄 사함 받고 하나님의 자녀가 되었기에 더욱 죄를 멀리하고 새 사람을 입어야 한다(엡 4:21-24).

이제는 죄의 종이 아닌 하나님의 종이 되어 거룩함에 이르는 열매를 맺는 삶으로 나아가 마지막에는 영생을 누리게 된다.

> "그러나 이제는 너희가 죄로부터 해방되고 하나님께 종이 되어 거룩함에 이르는 열매를 맺었으니 그 마지막은 영생이라 죄의 삯은 사망이요 하나님의 은사는 그리스도 예수 우리 주 안에 있는 영생이니라"(롬 6:22-23)

〈11〉 성경에 있는 죽음에 대한 말씀들

"사망이 한 사람으로 말미암았으니 죽은 자의 부활도 한 사람으로 말미암는도다 아담 안에서 모든 사람이 죽은 것 같이 그리스도 안에서 모든 사람이 삶을 얻으리라"(고전 15:21-22)

부활에 대해 많은 의문이 제기되자, 사도 바울은 고린도전서 15장에서 부활을 설명하고 있다. 분명한 것은 예수 안에 죽음을 이기는 부활이 있다는 것이다. 죽음은 무엇인가? 성경이 어떻게 죽음을 설명하고 있는가?

1〉 죽음은 죄의 결과이다(창 2:17, 롬 6:23).

2〉 사람은 죽을 때를 알지 못한다(창 47:29, 50:24).

3〉 죽음은 모든 사람에게 필연적으로 임한다(삼하 14:14, 히 9:27).

4〉 죽음은 새로운 세계로 들어가는 것이다(마 22:32, 빌 1:21-23).

5〉 불신자에게는 형벌의 시작이다(히 9:27).

6〉 성도에게는 회복의 시작이다. 하나님의 나라, 낙원으로 들어간다(눅 23:43).

7〉 죽음은 알몸으로 돌아가는 것이다(욥 1:21).

8〉 죽이고 살리는 권세는 하나님께 있다(신 32:39).

9〉 예수 그리스도는 사망의 권세를 이기셨다(롬 6:9, 계 1:18).

10〉 예수 안에 죽음을 이기는 부활이 있다(고전 15:21-22).

11〉 천국에는 죽음이 없다(계 21:4).

〈12〉 칭의와 성화(빌 2:1-11)

"항상 복종하여 두렵고 떨림으로 너희 구원을 이루라"(빌 2:12)

1〉 예수 그리스도를 닮아간다(2:1-11).

2〉 푯대를 향해 달려간다(3:14).

3〉 주 안에 계속 거한다(요 15:5).

4〉 시련을 통해 연단되어 가며 끊임없이 죄에 대해 죽는다(롬 5:3-5, 6:11).

5〉 순전하고 신령한 젖(하나님의 말씀)을 사모한다(벧전 2:2).

칭의는 예수에 대한 신앙고백으로 이루어지지만, 성화(sanctification)는 일평생 계속 이루어져 가는 신앙 인격의 완성이다. 그러므로 구원받은 하나님의 자녀들은 두렵고 떨리는 마음으로 천국 가는 그날까지 구원의 완성을 향해 질주해 나아가는 삶을 살아야 한다. 구원받은 성도들의 삶, 성화의 삶은 어떤 삶인가?

"그가 우리를 대신하여 자신을 주심은 모든 불법에서 우리를 속량하시고 우리를 깨끗하게 하사 선한 일을 열심히 하는 자기 백성이 되게 하려 하심이라"(딛 2:14)

바울 사도는 디도(그레데 섬의 목회자)에게 보낸 편지를 통해 게으르고 거짓말하기에 익숙한 섬 사람들 가운데 살면서 여전히 옛 행실을 버리지 못하고 윤리와 도덕적인 삶에서 거리가 먼 성도를 향해 강한 어조로 권고하였다(딛 1:10-15).

구원은 사람의 행위에 의해 결정되는 것이 아니라, 오직 하나님의 은혜를 말미암아 믿음의 고백으로 이루어진다. 그러나 믿음의 고백 이후 구원받은 성도는 이 땅의 삶에서 선한 일을 실천하기 위해 구원을 받았다는 것이다(2:14). 성도는 하나님의 말씀으로 변화 받아 선한 행실을 도모하는 의로운 삶을 살아야 한다.

교회 안에서 성도들과의 관계뿐만 아니라 일반 사회에서도 선한 삶을 살아야 한다. 세속 정부에 순종하고, 불신자들에게도 관용을 베풀어 하나님의 사람으로서 세상에서 빛과 소금의 역할을 다함으로 그리스도의 복음을 세상 가운데 드러내야 한다(마 5:13-16). 불신자들에게 성도의 삶을 통해 그리스도를 증거할 수 있어야 한다. 이는 결국 하나님께 영광 돌리는 삶이다. 하나님의 구원은 이 땅에서의 삶에서도 선한 일을 열심히 하도록 인도하고 있다.

〈13〉 빛의 자녀된 삶(엡 5:1-21)

"너희가 전에는 어둠이더니 이제는 주 안에서 빛이라 빛의 자녀들처럼 행하라"(5:8)

빛의 자녀란 하나님의 자녀이기에 하나님을 본받는 삶을 살아야 할 것이다.

첫째, 하나님께서 우리를 사랑하신 것처럼 서로 사랑하자(1–2).

둘째, 불순종한 죄인의 삶(음행과 탐욕, 감사하지 않고 어리석고 희롱하는 헛된 말)을 버리자(3–7).

셋째, 열매 없는 어두움의 삶에서 벗어나 하나님을 기쁘시게 하는 빛 가운데 사는 삶을 살자(8–14).

넷째, 지혜 있는 자 같이 하여 세월을 아끼고, 오직 하나님의 뜻이 무엇인지 알아가자(15–17),

다섯째, 성령의 충만함을 받는 삶(찬송하며, 범사에 감사하며 서로 복종하는 삶)을 살자. 이는 성령의 인도하심을 따르며 성령의 지배를 받는 삶이다(18–21).

〈14〉 예수의 초림과 재림

예수의 초림	예수의 재림
여자의 몸에 나심(말구유에서 탄생)	구름타고 오심(천사장의 나팔소리)
인류를 구원하시기 위해 오심(구원주)	세상을 심판하러 오심(심판주)
세상에 오셔서 멸시 받고, 고난 받으심	모든 사람이 무릎 꿇고 절함(경배 대상)
고난당하시고, 십자가에서 죽으시고, 부활, 승천하심	사탄은 무저갱에 갇힘으로 완전 승리하심
속죄의 제물이 되심(화목 제물)	예수 그리스도의 지배와 통치(왕)
생애는 낮아지심과 가난하심	풍부하시고 권능이 충만하심
불의한 세상에서 사심	세상을 의롭게 하심

〈15〉 선을 행하다가 낙심하지 말라(살후 3:13)

왜 그리스도인은 선을 행하면서 낙심하지 말아야 하나? 그리스도인은 선을 행함으로 구원받은 것이 아니다. 구원은 하나님 앞에서 죄인임을 고백하고 나의 죄를 위해 예수께서 십자가에 돌아가심을 믿는 믿음으로 이루어진다. 구원은 나의 행위에 의한 결과가 아니다.

그리스도인은 구원받은 이후 성령의 인도하심을 따라 예수 그리스도를 닮아가는 성화의 삶을 살게 된다. 즉 나의 힘과 노력이 아닌 성령의 도우심과 인도하심으로 선을 행하게 된다. 구원받은 그리스도인이 선을 행하는 것은 마땅히 해야 할 일이다. 선을 행하고 결과에 대해 낙심하지 말고 하나님께 맡겨야 한다. 선을 행함에 대해 신구약 성경은 어떻게 언급하고 있는지 살펴보자.

1〉 선으로 악을 극복하라. 이는 악을 이기는 방법이다(롬 12:21). 모든 사람을 대할 때에 특별히 악으로 악을 갚지 말고 항상 선을 따라 나아가자(살전 5:15).

2〉 선을 이루고 덕을 세우는 그리스도인의 삶은 이웃을 기쁘게 한다(롬 15:2).

3〉 선을 행할 때에 그 결과로 인해 낙심하지 말아야 한다(살후 3:13).

4〉 하나님을 의뢰하고(하나님을 바라보며) 선을 행하라(시 37:3).

5〉 선한 일을 할 수 있도록 늘 준비하는 마음가짐을 갖자(딛 3:1).

6〉 선을 행할 줄 알고도 행하지 아니하면 죄이다(약 4:17).

〈16〉 성경에 나타난 면류관(CROWN)

성경에는 여러 종류의 면류관에 대해 언급하고 있다. 면류관은 원래 대제사장, 왕과 왕후, 경기에서 우승한 자들이 영광과 권위와 승리를 드러내고자 머리에 썼다. 이와 대조적으로 예수님은 고난의 가시 면류관을 쓰셨다(마 27:29). 때로는 비유로 면류관이란 단어를 사용하기도 했다(의는 면류관 같다 욥 29:14, 어진 여인은 그 지아비의 면류관 잠 12:4, 백발은 영화의 면류관 잠 16:31, 손자는 노인의 면류관 잠 17:6 등).

1〉 **의의 면류관**(딤후 4:8): 의롭다함을 받은 모든 성도들에게 주어지는 면류관이다. 이는 예수의 재림을 사모하는 자에게 주어지는 구원의 상급이다.

2〉 **썩지 않는 면류관**(고전 9:25): 모든 일에 절제하며 끝까지 최선을 다하는 자에게는 세상의 썩을 면류관이 아닌 하나님이 주시는 썩지 않는 면류관이 준비되어 있다.

3〉 **생명의 면류관**(약 1:12, 계 2:10): 온갖 시험을 이기고 죽도록 충성하는 자에게는 생명의 면류관(영원한 생명)을 하나님께서 허락하신다.

4〉 **영광의 면류관**(벧전 5:4): 하나님의 자녀들을 말씀과 기도로 잘 양육한 신앙의 지도자에게는 영광의 면류관이 준비되어 있다.

5〉 **소망과 기쁨과 자랑의 면류관**(살전 2:19): 예수께서 재림하실 때에 성도들은 소망과 기쁨과 자랑의 면류관이다.

6〉 **정금 면류관**(계 14:14; 4:4): 시편 21편 3절: 주의 아름다운 복으로 그를 영접하시고 순금 관을 그의 머리에 씌우셨나이다.

7〉 **영화의 면류관**(사 28:5): 그날에 만군의 여호와께서 자기 백성의 남은 자에게 영화로운 면류관이 되시며 아름다운 화관이 되실 것이라.

8〉 **아름다운 면류관**(사 62:3): 너는 또 여호와의 손의 아름다운 관, 네 하나님의 손의 왕관이 될 것이라.

성경에서 면류관은 하나님의 백성이요, 하나님의 자녀가 된 자들(구원받는 자)에게 주어지는 하나님의 선물이다.

〈17〉 회개에 대한 하나님의 축복하심(요일 5:13)

하나님은 마음을 돌이켜 회개한 자들에게 엄청난 축복을 예비하셨다.

1〉 죄를 자백하면 하나님은 우리의 죄를 사하시며 깨끗하게 하신다(1:9).

2〉 회개하면 과거의 죄를 하나님은 기억하지 않으신다(사 43:25).

3〉 회개한 자들에게 하나님은 성령을 부어주신다(행 2:38-39).

4〉 회개를 통해 하나님과의 관계를 회복시켜 주신다(신 30:2-4).

5〉 하나님께서는 회개하고 돌이키면 기뻐하시며 복을 주신다(신 30:10).

6〉 회개한 자에게는 죄악으로 인해 패망하지 않게 하신다(겔 18:30).

7〉 죄를 회개하고 돌아올 때 하나님은 마음과 육체를 치유해 주신다(호 6:1).

8〉 하나님 앞에 돌아와 회개한 자들은 천사들 앞에서 하나님의 큰 기쁨이 된다(눅 15:7,10).

〈18〉 요한계시록에 나타난 복있는 자들이란?

"이 첫째 부활에 참여하는 자들은 복이 있고 거룩하도다 둘째 사망이 그들을 다스리는 권세가 없고 도리어 그들이 하나님과 그리스도의 제사장이 되어 천 년 동안 그리스도와 더불어 왕 노릇하리라"(계 20:6)

* 예언의 말씀을 읽는 자, 듣는 자, 지키는 자(1:3)
* 주 안에서 죽는 자(14:13)
* 깨어 자기 옷을 지켜 부끄러움을 보이지 않는 자(16:15)
* 어린 양의 혼인 잔치에 청함을 받은 자(19:9)
* 첫째 부활에 참여하는 자(20:6)
* 예언의 말씀을 지키는 자(22:7)
* 자기 두루마리를 빠는 자(22:14)

〈19〉 예수 그리스도의 재림 목적

"세상 나라가 우리 주와 그의 그리스도의 나라가 되어 그가 세세토록 왕 노릇 하시리로다"
(계 11:15)

하나님은 인간의 구원을 계획하셨고, 이를 위해 그리스도 예수의 성육신이 이루어졌다. 인간 구원의 완성은 예수 그리스도의 재림의 날에 이루어진다. 그 분은 백마를 타시고 만국을 다스릴 권세를 갖고 재림하신다. 예수님의 재림으로 성경의 모든 예언은 완성된다(계 19:11-16, 행 1:11). 그 분은 진실과 공의로 심판하신다(계 22:10-15).

재림의 목적은 무엇인가?

1〉 세상을 심판하시려고 오신다(요 5:22, 딤후 4:1).

2〉 세상을 온전히 통치하시기 위해 오신다(계 11:15).

3〉 택한 백성 이스라엘을 구원하시려고 오신다(슥 8:3, 14:3, 롬 11:26).

4〉 하나님께서 택한 자를 모으시고 그들에게 상 주시려고 오신다(마 24:31, 마 16:27).

5〉 사탄을 심판하시고 멸하시려고 오신다(막 1:23-24, 유 1:6).

6〉 하나님의 백성들을 영접하시려고 오신다(요 14:3, 살전 4:16-17, 빌 3:20-21).

7〉 사망을 멸망시키려고 오신다(고전 15:25-26).

8〉 죽은 자(성도)의 몸을 부활시키려고 오신다(살전 4:13-18).

9〉 성도들을 통해 영광을 받으시려고 오신다(살후 1:10).

10〉 성도의 구원을 완성하시려고 오신다(히 9:28, 벧전 1:5).

부록

1. 신구약 중간시대(400년)와 로마시대
2. 로마의 총독정치와 그 이후의 이스라엘
3. 신약시대 주요사건 연대표
4. 바울의 생애와 서신서들
5. 요한계시록의 일곱 인/ 일곱 나팔/ 일곱 대접
6. 지도 찾아보기
    1) 전체적인 신약세계
    2) 바울 사도의 1, 2, 3차, 로마행 전도여행
    3) 소아시아 7대 교회

부록

1. 신구약 중간시대(400년)와 로마시대

구약과 신약의 중간은 어떤 시대었던가? 구약성경에서 신약에 가장 근접한 시대는 느헤미아서이다. BC 586년에 예루살렘이 멸망한 이후 150여년이 지난 BC 444년, 느헤미야의 인도로 3차 포로귀환의 역사가 시작되었다. 그는 예루살렘 성곽을 수축하였고 BC 433년 바사로 돌아갔다. 그 이듬해인 BC 432년에 다시 예루살렘으로 귀국하였고 신앙개혁을 일으켰다(느 13:6-31). 그 후부터 예수님이 오시기 전까지 성경은 침묵하고 있다.

*바사시대(BC 539-331) ➡ *헬라시대(BC 331-167) ➡ *마카비시대(BC 167-63) ➡ *로마시대(BC 63-AD 395)

*바사시대(BC 539-331)

바사제국은 아닥사스다 왕이 죽은 후 백년이 못되어 헬라 제국의 알렉산더 대왕에게 멸망당하였다.

고레스(BC 539-529) → 캄비세스(BC 529-522) → 스메레디스(BC 522) → 다리오(BC 522-486) → 아하수에로(BC 486-465) → 아닥사스다(BC 465-425)

*헬라시대(BC 331-167)

• **알렉산더**(BC 336-323): 알렉산더 사후, 네 장군이 제국을 분할 점령하였다. 프톨레미는 애굽, 리시마쿠스는 비두니아, 셀류쿠스는 바벨론, 카산더는 마케도니아를 각각 분할 받아 다스렸다. 애굽을 점령한 프톨레미 왕조가 팔레스틴 지역을 지배함으로써 100여년 이상 유대인들을 통치하였다.

• **프톨레미 왕조**(BC 323–181): 애굽을 점령하고 프톨레미 5세 때까지 팔레스틴을 지배하다가 수리아로 통치권이 넘어갔다. 당시 유대인들은 이들의 통치를 받았다.

• **셀류쿠스 왕조**(BC 312–150): 지중해 연안의 알렉산더가 점령한 땅 대부분을 차지하여 통치하였다. 셀류쿠스 왕조는 팔레스틴을 사이에 두고 애굽의 프톨레미 왕조와 서로 대립하였다.

*독립 유다시대(마카비시대 BC 167–63)

셀류쿠스 왕조의 안티오크스 4세의 잔인한 박해로 맛다디아 제사장이 혁명을 일으키는데, 그는 혁명 초기에 사망하고(BC 165) 셋째 아들 마카비가 유다의 지도자로 추대되었다. 마카비를 이어 5남 요나단(BC 161–142), 이어 차남 시몬(BC 142–134)의 시대에 오랜 숙원이었던 독립이 이루어졌다. 유대인의 권익을 위한 마카비 다섯 형제들의 투쟁으로 유대는 완전한 독립을 쟁취하고 마카비 가문이 계속해서 국정을 통치해 나갔다(BC 165–161). 이 기간을 하스모니안 왕조(BC 135–63)로 불렀다. 이는 마카비의 아버지 맛다디아가 제사장 반열 중 하스모니안 가문에 속했기 때문이다.

*로마시대(BC 63–AD 395)

로마장군 폼페이우스가 예루살렘을 점령하여 유대는 로마의 속령이 된다(BC 63). 힐카누스 2세(BC 63–40)와 안티고누스(BC 40–37)에 이어 이두매 출신 헤롯 가문의 유대 지배가 시작되었다

• **헤롯 대왕**(BC 37–BC 4): 그의 죽음 이후 세 아들에게 영토 분할, 이를 아우구스투스가 분봉왕으로 승인하였다(예수 탄생 당시의 헤롯왕).

• **헤롯 아켈라오**(BC 4–AD 6): 헤롯 대왕의 첫째 아들 헤롯 아켈라오는 헤롯 대왕이 직접 통치하던 유대와 사마리아 및 이두매 지역을 다스렸다. 아켈라오는 부친 헤롯의 뒤를 이어 유대의 임금이 되었다(마 2:22). 그는 자신의 왕위 계승을 반대하는 유대인 3,000명을 학살하는 등 아버지 못지않게 잔인한 행동을 서슴지 않았던 인물이다. AD 6년 아우구스투스에 의해 골지방으로 추방당했다. 그의 영토는 총독(빌라도)에 의해 다스려졌다.

• **헤롯 안디바**(BC 4-AD 39): 헤롯 안디바는 헤롯 대왕의 둘째 아들로 갈릴리와 베뢰아 지역을 통치하였다. 이 헤롯이 예수님의 사역과 밀접한 관계가 있다. 그는 아우구스투스의 왕위를 이어 받은 디베료(Tiberius)에게 자기의 충성심을 입증하고자 갈릴리 호수 서편에 디베랴(Tiberias) 도시를 건설했다. 갈릴리 호수를 디베랴 바다라고 부르는 것은 여기에서 유래된 것이다. 그는 이복 형제였던 헤롯 빌립(가이사랴 빌립보를 통치한 빌립과 구별하기 위해 빌립 1세라고 부름)의 아내였던 헤로디아와 재혼한다. 이를 신랄하게 책망한 사람이 세례 요한이다. 이로 인해 요한은 구속되고 결국 참수형을 당한다(마 14:1-12). 이 헤롯을 분봉 왕 헤롯이라고 성경은 표현하고 있다. 예수님이 '여우'라고 부른 자이기도 하다. 예수님이 십자가를 지시기 전, 이 헤롯에게 심문을 받았고 결국 유대 총독 빌라도에게 넘겨지고 만다. 그는 로마 황제 칼리굴라에 의해 갈릴리로 추방당했다.

• **헤롯 빌립**((BC 4-AD 34): 셋째 아들 헤롯 빌립은 팔레스타인의 북동쪽에 위치한 이두래와 드라고닛 지방의 분봉 왕이었다(눅 3:1). 빌립은 통치하던 지역 내에 중요한 건축사업을 추진하였는데, 그 대표적인 것이 가이사랴 빌립보(Caesarea Philippi) 도시의 건설이다. 조카였던 헤로디아의 딸 살로메와 결혼하지만 후손 없이 사망하였다.

• **헤롯 아그립바 1세**(AD 34-44): 헤롯 대왕의 손자로 칼리굴라의 신임을 받고 헤롯 빌립에 이어 분봉 왕이 된다. 그는 유다와 사마리아 · 이두매 통치권을 장악한 아그립바 1세로 사도행전 12장에 등장한다. 교회를 박해하며, 요한의 형제 야고보를 죽였다. 베드로도 잡아 가두었는데 천사가 베드로를 옥에서 구출하였다. 그는 영광을 하나님께로 돌리지 아니하므로 벌레에게 먹혀 죽었다(행 12:23). 아들 하나와 딸 둘이 있었는데, 아들이 그를 이어 왕이 되었다(아그립바 2세). 딸 이름은 버니게(행 25:13)와 드루실라(로마 총독인 벨릭스의 셋째 처)이다(행 24:24).

헤롯 대왕의 증손자요 아그립바의 아들 아그립바 2세(행 26:1)는 AD 48년에 왕이 되지만, 예루살렘 성이 함락(AD 70)된 이후 로마에서 법무관으로 임명되었고 AD 100년에 사망하였다.

2. 로마의 총독정치와 그 이후의 이스라엘

예수에게 사형선고를 내린 본디오 빌라도(AD 26–36) 등 로마황제의 임명을 받은 총독들이 유다를 통치했다. 사도행전에 등장하는 벨릭스와 베스도 총독을 거쳐 플로루스 통치 시절에 유대인 폭동이 일어났다(AD 66–70). 로마제국은 이를 진압하고자 유능한 장군 베스파시안을 파견하는데 폭동을 완전히 진압하지 못한 채, 부임 1년 만에 로마에 돌아가 황제가 된다(네로 황제의 갑작스러운 죽음).

그의 후임으로 아들 디도가 로마의 군단들을 이끌고 와서 결국 예루살렘은 함락되고 성전은 불타고 만다(AD 70). 이후 AD 130년경 유대인 강제 추방정책이 실시된 이후 135년 마지막 반란이 일어났다. 그 이후 팔레스타인의 유대 민족은 극소수 집단으로 위축되었지만, 비잔틴 제국의 그리스도교 성지 보호로 인해 어느 정도 번영을 누렸다. 7세기에는 이슬람교도들이 이곳을 점령하고 691년 예루살렘에 돔을 세웠다. 그 결과 예루살렘은 이슬람교의 3대 주요종교의 성지로 남게 되었다.

이 지역은 1100–1291년 이슬람교도들과 십자군에게 번갈아 점령되었으며, 1517년에 오스만 제국에 넘어갔다. 그 뒤 1798–1799년 일시적으로 나폴레옹의 침략을 받았고 다시 이집트의 지배 아래 들어가 무하마드 알리의 통치를 받았다. 무하마드 알리를 통해 서유럽의 영향을 받던 팔레스타인은 1840년 다시 오스만 제국에게 넘어갔다. 19세기 후반 팔레스타인에 유대 국가를 세우려는 '시온주의'가 시작되어, 1882년 최초로 시온주의자들의 정착촌이 세워졌으며, 1917년 영국은 밸푸어 선언을 통해 유대인 국가 건설을 지지했다. 영국이 1918년 팔레스타인을 점령하고, 1922년 국제연맹으로부터 위임통치를 승인받아 정치적 책임을 떠맡게 되었다.

1940년대 초반 아돌프 히틀러의 박해로 유대인의 팔레스타인 이주가 늘어나면서 유대인과 아랍인의 관계는 점차 악화되었다. 이에 유대인 지역과 아랍인 지역으로 분할하자는 제안도 있었으나 거부되었다.

2차 세계대전 후 미국이 시온주의 국가를 배후에서 지원하는 가운데 1947년 국제연합(UN)은 팔레스타인 분할을 결의했다. 1948년 5월 14일 이스라엘 건국이 선포되었고, 이스라엘과 이집트, 트란스요르단(훗날 요르단), 시리아, 레바논, 이라크 사이에 전쟁이 일어났다(중동전쟁). 이스라엘이

1967, 1973년 전쟁에서 승리했으나 중동은 지금까지 계속 불안정한 상태로 남아 있다. 이스라엘은 1979년 이집트와 평화조약을 체결했지만 1967년 전쟁을 전후로 팔레스타인 국가와 그 영토 내의 이스라엘 점령지인 유대인 정착촌 문제로 아랍 국가들과의 관계가 어려워졌다.

1982년 이스라엘은 팔레스타인 해방기구(PLO)에 속한 게릴라 군을 몰아내기 위해 레바논을 침공했다. 1987년 이후 웨스트뱅크와 가자 지구에 거주하는 아랍인들이 인티파다(intifadah: '봉기'라는 뜻)를 일으키기 시작했고, 이에 따라 이스라엘 당국은 1992년 이후 아랍의 여러 국가와 팔레스타인 대표들과 직접 평화 교섭에 나섰다. 이듬해 이스라엘과 PLO는 5년 동안 웨스트뱅크와 가자 지구의 팔레스타인인의 자치를 점차 확대 이행한다는 데 동의했다. 이스라엘은 1994년 요르단과 평화협상을 맺었지만 이스라엘과 팔레스타인에서 전쟁은 아직도 산발적으로 일어나고 있다.

3. 신약시대 주요사건 연대표

BC 37 — 헤롯의 즉위
27 — 아구스도 로마 황제 즉위
5 — 세례 요한 출생 눅 1:57-80
— 아구스도의 호적령 눅 2:1-2
4 — 예수님 탄생 마 2:11, 눅 2:1-7
AD 8 — 예수님 예루살렘 성전 방문 눅 2:41-52
26 — 본디오 빌라도 유대 총독 부임
27 — 세례 요한의 사역 시작 마 3:1, 막 1:1-8, 요 1:15-34
— 예수님의 공생애 시작 마 3:13, 눅 3:21-22
— 가나에서의 첫 이적 요 2:1-11
— 베데스다 연못가의 이적 요 5:1-9
28 — 12 제자 임명 마 10:1-4, 막 3:13-19, 눅 6:12-19,
— 12 제자 파송 눅 9:1-6
— 베뢰아 전도 눅 11:1-54
29 — 세례 요한의 죽음 마 14:1-12
— 오병이어의 이적 마 14:15-21, 막 6:45-56
— 베드로의 신앙고백 마 16:13-19, 막 8:27-30
30 — 삭개오의 구원 눅 19:1-9
— 예루살렘 승리의 입성 막 11:1-11
— 최후의 만찬 막 14:17-25, 눅 22:14-23
— 십자가 수난 마 27:35-58, 막 15:24-47
— 부활 · 승천 마 28:1-20, 막 16:1-20, 눅 23:33-24:53, 요 19:17-21:23
— 오순절 성령강림과 교회 태동 행 2:1-4
— 최초의 순교자 스데반 집사 행 7:1-60
34 — 사울의 회심 행 9:1-19
37 — 바울의 1차 예루살렘 방문 행 9:26-30
— 베드로의 투옥 행 12:3-5
47-49 — 바울의 1차 전도여행 행 13:1-14:28
49 — 예루살렘 공의회 행 15:1-29
50-52 — 바울의 2차 전도여행 행 15:36-18:22
53-57 — 바울의 3차 전도여행 행 18:23-21:16
54-67 — 네로 황제의 통치시대
59 — 바울의 체포와 로마 호송 행 21:27-28:15
61-63 — 바울의 로마 투옥 행 28:16-31
63 — 바울의 석방
64 — 로마 대화재와 네로의 기독교 박해
67-68 — 바울의 순교
95 — 사도 요한의 밧모섬 유배
100 — 사도 요한의 사망

4. 바울의 생애와 서신서들

AD 30	오순절 성령 강림과 예루살렘 교회(행 2:1-4)
34	박해자 바울의 회심(행 9:1-19)
37	바울의 예루살렘 1차 방문(행 9:26-30)
44	야고보의 순교(행 12:1-2)
45	팔레스틴의 대흉년으로 바울의 2차 예루살렘 방문(구제헌금 전달)
47-49	바울의 1차 전도여행(행 13:1-14:28)
50-52	바울의 2차 전도여행(행 15:36-18:22) 고린도에서 1년 6개월 체류(행 18:1-18)
51	데살로니가전후서
53-57	바울의 3차 전도여행(행 18:23-21:16) 에베소 체류(행 18:23-19:41)
55-56	고린도전후서 기록
56	갈라디아서 기록
57	로마서 기록
58	바울의 체포(행 21:27-28:15)
61-63	1차 로마 감옥 옥중서신 기록
61-62	에베소서 기록
62	빌레몬서 기록
62-63	빌립보서 기록
62-63	골로새서 기록
63	석방
64	로마의 대화재와 네로 황제의 기독교 박해
63-65	디모데전서 기록
66	디도서 기록
66-67	2차 투옥
66-67	디모데후서 기록
67-68	바울의 순교

★바울과 서신서들

바울 서신서는 크게 넷으로 분류된다.

1〉 바울의 최초 서신들인 데살로니가전후서(51년경에 기록)로 예수님의 재림과 종말론을 확실히 알게 해준다.

2〉 고린도전후서, 갈라디아서, 로마서를 바울 사도의 3대 서신으로 부른다. 이 서신서들은 어떻게 참 생명(구원)을 얻을 수 있는가를 가르쳐 준다(구원론).

3〉 로마 감옥에서 기록한 옥중서신들이다(골로새서 · 에베소서 · 빌레몬서 · 빌립보서). 예수님은 어떤 분이신가를 보여주어 기독론에 대해 설명하고 있다.

4〉 바울 사도가 순교당하기 직전에 기록한 디모데전후서와 디도서는 교회의 본질과 사명 등을 통해 교회론을 구축하고 있다(목회서신).

총 13권을 기록하였는데 디모데전후서와 디도서 · 빌레몬서는 개인에게 쓴 편지들이며, 나머지 9권은 신앙공동체인 교회를 향해 쓴 편지들이다.

5. 요한계시록의 일곱 인/ 일곱 나팔/ 일곱 대접

(이 세 단계의 재앙들은 서로 단절된 것이 아니라, 서로 연결되어 단계적으로 일어나는 재앙들이다)

구분	번호	내용	성경
일곱 인의 재앙	1	흰 말(세상적인 승리와 끝없는 정복)	6:1~2
	2	붉은 말(치열한 전쟁과 살상으로 민족들 간의 불화)	6:3~4
	3	검은 말(큰 흉년과 기근의 때, 경제 파탄)	6:5~6
	4	청황색 말(전쟁과 기근, 전염병으로 공포감과 죽음)	6:7~8
	5	순교자들의 영혼이 하나님께 호소하며 하나님의 경륜이 임할 때까지 안식	6:9~11
	6	지진과 천체의 대혼란으로 악인들이 두려워 함	6:12~17
	7	(일곱 나팔의 재앙)	

구분	번호	내용	성경
일곱 나팔의 재앙	1	첫째 천사 나팔: 피 섞인 우박과 불이 나와서 지구상의 땅과 수목의 1/3이 불에 탐	8:1~2,7
	2	둘째 천사 나팔: 불 붙는 큰 산이 바다에 던져져 바다의 1/3이 피가 되고 바다생물과 배 1/3이 소멸됨	8:8~9
	3	셋째 천사 나팔: 횃불 같이 타는 큰 별이 떨어져 강과 물샘의 1/3이 쓴 물이 되고 사람이 죽음	8:10~11
	4	넷째 천사 나팔: 해·달·별의 1/3이 어두워짐	8:12~13
	5	다섯째 천사 나팔: 황충이 땅 위에 올라와서 다섯 달 동안 사람들을 괴롭게 함	9:1~11
	6	여섯째 천사 나팔: 네 천사와 2억의 마병대가 사람의 1/3 죽임	9:13~21
	7	(일곱 대접의 재앙)	

구분	번호	내용	성경
일곱 대접의 재앙	1	첫 대접을 쏟으니 짐승의 표를 받은 자와 우상숭배자에게 악하고 독한 종기가 남	11:15~19, 16:2
	2	둘째 대접: 바다가 피같이 되어 모든 생물이 죽음	16:3
	3	셋째 대접: 강과 샘이 피로 변해 악한 자들이 그 피를 마심	16:4~7
	4	넷째 대접: 해가 뜨거워져 사람들을 태움	16:8~9
	5	다섯째 대접: 짐승의 왕좌에 쏟으니 어두움과 질병으로 큰 고통당함	16:10~11
	6	여섯째 대접: 귀신의 영들이 하나님을 대적하기 위해 이적을 행하면서 사람을 모음	16:12~16
	7	일곱째 대접: 번개, 음성들, 우렛소리, 큰 지진으로 큰 성 바벨론이 멸망	16:17~21

전체적인 신약세계 지도

아드리아해
이탈리아
트라키아
흑해
마게도냐
본도
시실리
타레니아해
아가야
갈라디아
갑바도기아
아시아
시칠리아
아오니아해
수리아
구브로
그레데
갈릴리 바다
이스라엘
요단강
지중해
키레나이카
사해
리비아
애굽
아라비아
아프리카
나일강

당시의 이스라엘

가이사랴 빌립보
이두래
지중해
갈릴리
가버나움
갈릴리 바다
가나
갈멜산
나사렛
신약세계 지도
이스라엘 부분 확대
데가볼리
요단강
사마리아
수가
유대
베레아
감람산
예루살렘
베다니
느보산
베들레헴
사해
헤브론
이두매
애굽

바울의 1차 전도여행

① 안디옥 : 안디옥 교회가 전도 사역을 위해 바울과 바나바를 파송.
② 구브로(바보) : 구브로섬을 다스리던 로마 총독 서기오 바울의 회심.
③ 비시디아 안디옥 : 바울이 복음에 대한 유대인들의 강력한 반대에 부딪힘.
④ 루가오니아 : 바울과 바나바가 살해 음모를 피해 이고니온으로 피신.
⑤ 루스드라 : 바울과 바나바가 신으로 오해받음.
⑥ 더베 : 바울이 루스드라에서 돌을 맞은 뒤에도 전도여행을 계속.

바울의 2차 전도여행

① 예루살렘 : 예루살렘 공의회(AD 49년, 행 15:1-30, 갈 2:1-21)에 참석.

② 안디옥 : 바울이 안디옥으로 돌아와 다음 전도여행을 계획.

③ 루스드라 : 바울이 디모데에게도 전도 사역에 동참할 것을 요청.

④ 드로아 : 누가가 바울과 합류. 바울이 마게도냐 전도를 촉구하는 내용의 환상을 봄.

⑤ 빌립보 : 바울이 빌립보, 데살로니가, 베뢰아에 교회를 세움. 바울이 투옥됨.

⑥ 아덴 : 바울이 아레오바고에서 연설.

⑦ 고린도 : 바울이 재판에 회부되어 갈리오 총독 앞에 섬.

→ 바울의 여정
● 도시

바울의 3차 전도여행

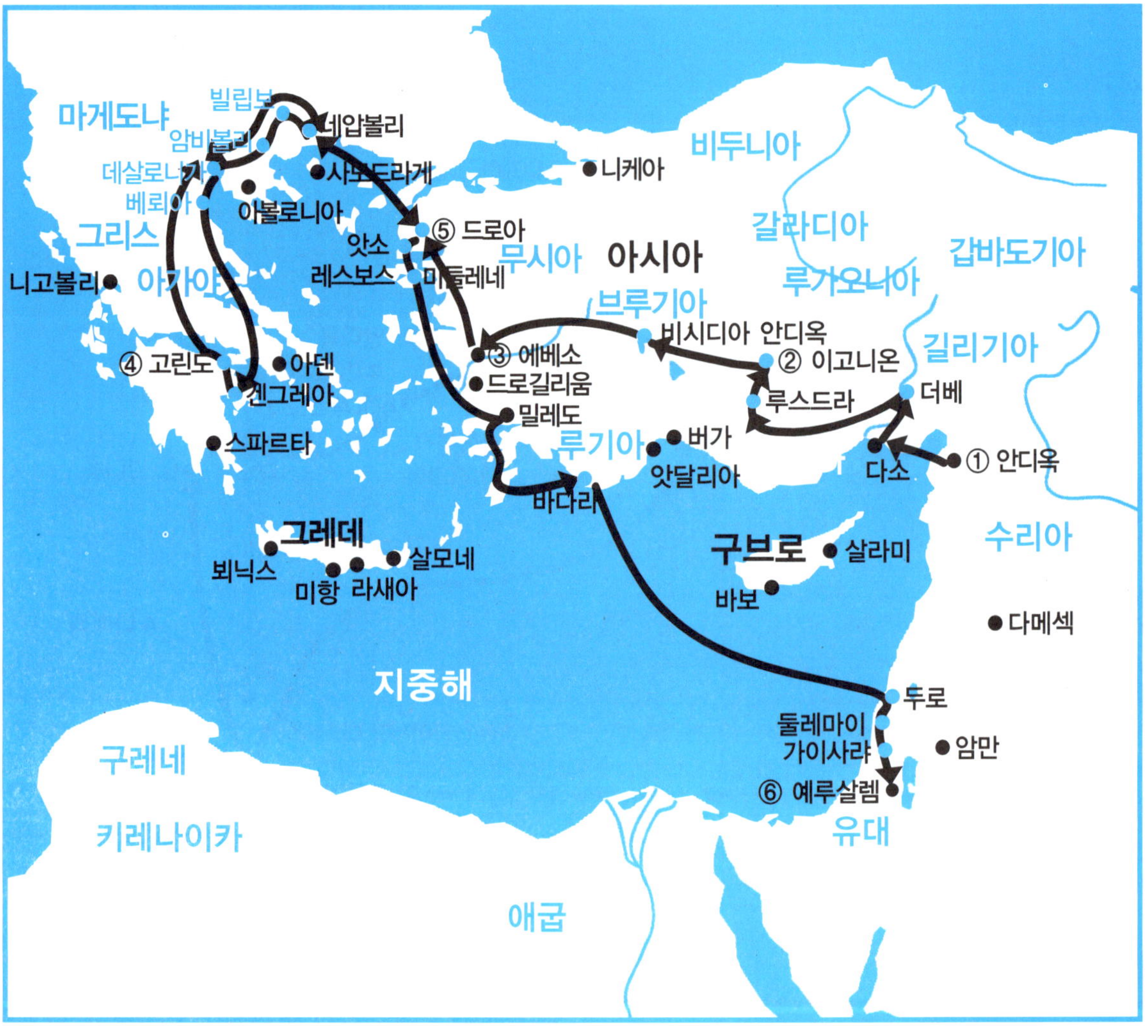

바울의 여정
도시

① 안디옥 : 바울이 3차 전도여행을 시작.
② 이고니온 · 루스드라 : 바울이 갈라디아 지방의 교회를 다시 방문.
③ 에베소 : 바울이 교회를 세우고 고린도전후서를 씀.
④ 고린도 : 바울이 분쟁에 휩싸인 고린도 교회를 다시 방문.
⑤ 드로아 : 바울이 유두고라는 청년의 생명을 되살려 냄.
⑥ 예루살렘 : 바울을 적대하던 유대인들이 폭동을 일으키자 로마 당국이 바울을 체포함.

바울의 로마(감옥)행 항해

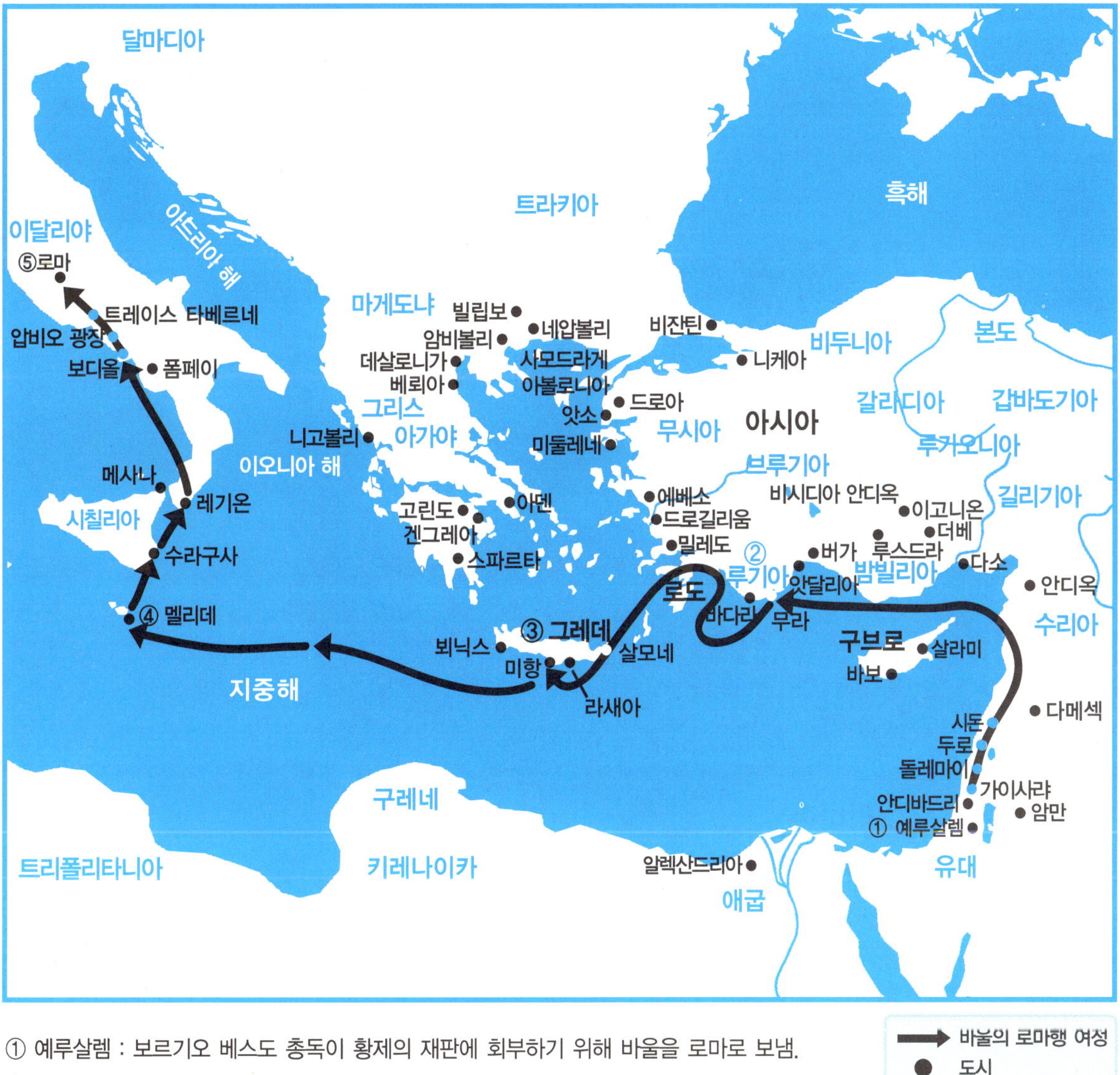

① 예루살렘 : 보르기오 베스도 총독이 황제의 재판에 회부하기 위해 바울을 로마로 보냄.

② 루기아 : 곡물을 실은 큰 배로 갈아 탐.

③ 그레데 · 미항 · 뵈닉스 : 배가 폭풍으로 난파.

④ 멜리데 : 배가 암초에 부딪혀 배에 탄 사람들이 모두 해안까지 헤엄쳐 감.

⑤ 로마 : 바울이 네로의 재판을 기다리는 2년 동안 복음을 전함.

소아시아 7대 교회

[신약 성경]
성경의 맥을 따라 읽으라

■
초판 1쇄 인쇄 / 2014년 8월 5일
초판 1쇄 발행 / 2014년 8월 15일

■
지은이/구 순 옥
펴낸이/민 병 문
펴낸곳/새한기획 출판부

편집처/아침향기
편집주간/강 신 억

■
100-230 서울 중구 수표동 47-6 천수빌딩 1106호
☎ (02)2274-7809 • 070-4224-0090
FAX • (02)2279-0090
E.mail • saehan21@chollian.net

■
미국사무실 • The Freshdailymanna
2640 Manhattan Ave. Montrose, CA 91020
☎ 818-970-7099
E.mail • freshdailymanna@hotmail.com

■
출판등록번호/제 2-1264호
출판등록일/1991. 10. 21

값 16,500원

ISBN 978-89-94043-73-9 04230
ISBN 978-89-94043-68-5 세트(전 2권)

Printed in Korea